dtv

Michael Appel

Die letzte Nacht der Monarchie

Wie Revolution und Räterepublik in München Adolf Hitler hervorbrachten

Mit Bildteil

dtv

Ausführliche Informationen über
unsere Autoren und Bücher
www.dtv.de

Dieses Buch ist auch als eBook erhältlich.

MIX
Papier aus verantwortungsvollen Quellen
FSC® C019821

Satz: Fotosatz Amman, Memmingen
Gesetzt aus der Garamond und DIN
Druck und Bindung: Druckerei C.H.Beck, Nördlingen
Gedruckt auf säurefreiem, chlorfrei gebleichtem Papier
Printed in Germany · ISBN 978-3-423-28162-1

Inhalt

Mit einem Salto in die Gegenwart

Viele Deutsche haben eine Erfahrung gemacht, die Menschen aus anderen Nationen bisher verwehrt geblieben ist und die wahrscheinlich auch in den nächsten Jahrzehnten ziemlich exklusiv bleiben wird. In einer einzigen Nacht lässt sich die Welt verändern – und zwar absolut, nicht nur ein bisschen. Man kann als einfacher Bürger einen Staat aus den Angeln heben und die Regierung zum Statisten degradieren, alles in wenigen Stunden und mit der größten Freude.

In Deutschland ist eine solche magische Nacht 1989 nicht zum ersten Mal geschehen. Fast auf den Tag genau einundsiebzig Jahre zuvor wurde innerhalb von Stunden und auch in einer einzigen Nacht schon einmal ein festes System, ein etablierter Staat, beseitigt. Allerdings war das System, das im Jahr 1918 verschwand, nicht 40 Jahre, sondern über tausend Jahre alt und schien für die Bürger dieser Zeit die selbstverständlichste Sache der Welt zu sein: Die Herrschaft eines Königs, eine ehrwürdige und uralte Monarchie, stürzte in der Nacht vom 7. November 1918 zuerst in München, und in den nächsten Tagen fielen die Throne in ganz Deutschland. Ein scheinbar unangreifbares und unveränderliches System löste sich auf wie Dunst im Sonnenlicht.

Was war in diesem Staat im Süden, an der Peripherie des Reichs, vorgegangen? Warum dieses Erdbeben ausgerechnet im konservativen Bayern? Die Zeitgenossen haben sich darüber gewundert, gefreut und ausführlich davon berichtet, wie es zugeht, wenn ein Staat sich selbst zum Opfer macht und sich auflöst. Auch damals haben Menschen gejubelt und auf den Straßen getanzt. Man begann, die Welt neu zu denken, und die Liste der Neuerungen, die damals aufgesetzt wurde, ist bis heute noch nicht abgearbeitet. Im November 1918 taucht erstmals in den entscheidenden politischen Gremien die Forderung nach einer Gleichstellung von Mann und Frau in Staat und Gesellschaft auf. Die Quote wird debattiert. Mit der Revolution treten wir ins Heute.

Zu viel Euphorie ist dennoch nicht angebracht. Denn in dem Staat im Süden lebte ein Mann, der diese Art von Umsturz gar nicht schön und lustig fand, der nicht tanzen konnte und auch nicht wollte, sondern aufgrund seiner Erlebnisse im verrückten München die Welt mit einer ganz anderen Version von Politik zu beglücken versuchte. Er trug einen geschnittenen Schnurrbart.

Die Revolution der Jahre 1918/1919, als von München ausgehend alle deutschen Fürsten von ihren Thronen stürzten und Adolf Hitler zum Agitator wurde, ist seit fast hundert Jahren ein Gegenstand der historischen Forschung. Diese Forschung ist auch die Grundlage für dieses Buch. Aber das Ziel ist kein streng wissenschaftliches, so wie man es sinnvollerweise von den professionellen Vertretern der Zunft erwartet. Hier sollen vor allem die Menschen zu Wort kommen, diejenigen, die diese magischen Momente erlebten, gestalteten und daraus ihre Schlüsse zogen, die Erinnerungen hinterließen und Wertvolles und Vielsagendes darüber berichteten. Alles ist aus der Sicht derjenigen erzählt, die diese Zeit gestalteten, auf sie läuft es zu, und das ist eine in der Geschichtswissenschaft eher ungewöhnliche Herangehensweise. So kann man mit den Zeitgenossen zum Passanten und Beobachter werden auf den Straßen einer Stadt, in der das Schicksal eines Jahrhunderts Gestalt annahm.

> Kollege H … sagt, noch nie sei eine Revolution so ohne Alkohol durchgeführt worden. Kunststück! wenn keiner da ist!
>
> *Josef Hofmiller, Revolutionstagebuch*

Der Grund dafür, dass in diesem Buch die Menschen im Mittelpunkt stehen, ist nicht willkürlich, sondern hat zutiefst mit den Besonderheiten der Zeit zu tun. Vom Beginn des Ersten bis zum Ende des Zweiten Weltkriegs befanden sich die Deutschen in emotionalen Erregungszuständen, von denen wir uns heute, in unserer gut geregelten und vergleichsweise äußerst gelassenen Welt, kaum mehr eine Vorstellung machen. Angst und Hass, politische Verzweiflung und politische Erlösungssehnsucht, hemmungslose Vaterlandsliebe und hingebungsvolle Revolutionsromantik, menschlich nachvollziehbare Überlebens-, aber auch blinde Todessehnsucht der Soldaten waren allgegenwärtig.

Dieser Schwall der Leidenschaften brach los mit dem Krieg, mit den Exzessen an nationaler Begeisterung und militärischer Opferbereitschaft. Er erschuf Jahr für Jahr – und das über dreißig Jahre und in allen extremen politischen Lagern – stets neue Varianten von radikalen Zukunftshoffnungen und verzweifelten Überlebensstrategien. Die Revolution von 1918 ist dabei einer der Höhepunkte, und noch dazu ist sie ein besonders spektakulärer. Politische Leidenschaften trieben die Menschen voran und machten sie bereit zu radikalen Lösungen, die in unserer demokratischen Welt strengstens verpönt wären und die wir bestenfalls noch von dramatischen Fernsehbildern aus den politischen Brennpunkten in anderen, instabilen Ländern kennen. Die Menschen des Jahres 1918, die eine Welt aus den Angeln hoben und die in denselben Städten und Dörfern lebten, in denen nun wir wohnen, sind uns bei der genaueren Betrachtung ihrer Hingabe zur Revolution oder später dann auch zur Reaktion in all ihrer Radikalität und all ihrem Wunschdenken zwar durchaus fremd, aber – ehrlich gesagt – genau aus diesem Grund lohnt es, ihnen zuzusehen.

1 Die Front ist fern

Sündteure Sinnenfreuden Er hat alles gesehen. Schauspieler, die sich während des Stückes unvermittelt auf den Boden werfen, röcheln, mit den Beinen strampeln, um sich schlagen – und das möglichst besinnungslos. Oder Töne herauspressen, die kein Mensch im Publikum versteht – bis der Intendant entsetzt den Vorhang fallen lässt. Zensurbeirat Josef Hofmiller – von der Polizei für die Sparte Theater bestellt – erträgt so etwas. Und erlaubt es. Schließlich ist er kein Kunstverhinderer. Die Sache mit der Zensur macht er im Ehrenamt. Aber dass Schauspielerinnen auf der Bühne ihre Bluse aufknöpfen und es mit Männern treiben sollen, das sieht er nicht ein. Das geht bei ihm nicht. Doch solche Einfälle gibt es schon lange nicht mehr. Das Schlachtfeld hat sich von den Theatern weg in die Ebenen Nordfrankreichs verlagert. Es ist ruhig in München. Und so ist Zeit für ein Gläschen Wein.

Nur weil Krieg ist, braucht man nicht auf den Dämmerschoppen zu verzichten. Gemäß dieser sinnenfreudigen Münchner Grundeinstellung leistete sich der königliche Beamte Josef Hofmiller auch zwei Jahre nach Kriegsbeginn im Ratskeller zu München sein geschätztes Fläschchen Deidesheimer Herrgottsacker. Im Frühjahr 1916 lag der Preis noch bei 1 Mark 90 und damit etwa auf Höhe der Vorkriegszeit. Hofmiller stieg also abends mit seinen Freunden zum Stammtisch in den Keller hinab, und dann saßen sie beim Wein oder beim Bier und erklärten sich gegenseitig die Welt.

Schriftsteller, Komponisten, Ärzte, Professoren und andere Beamte: eine bunte bürgerliche Gesellschaft. Ihre Gespräche drehten sich um Themen, die auch schon vor dem Krieg verhandelt worden waren. Es war

Politik dabei, ständig ging es um bildende Kunst, die Musik und um die Weltlage ganz allgemein.

Der Arbeitsplatz des ehrenamtlichen Zensurbeirats und nebenberuflichen Kulturkritikers Josef Hofmiller war das Ludwigsgymnasium. Er nannte es seinen geliebten alten Kasten und das gemütlichste Gymnasium Münchens. Vom Ratskeller lag es nur wenige hundert Meter entfernt, und auch der Weg nach Hause war kurz. Er führte durch die Maximilianstraße, eine der schönsten Promenaden der Stadt. Bereits nach einer harmlosen Strecke von etwas mehr als einem Kilometer war Josef Hofmiller zu Hause. Er wohnte im Osten der Stadt, jenseits der Isar, in Haidhausen. In einem Radius von etwa einem Kilometer spielte sich sein geographisch gesehen durchaus überschaubares Leben als Städter ab. Der königliche Beamte, Lehrer für Englisch und romanische Sprachen, war kein Zecher. Wein zu trinken oder im Hofbräuhaus eine Maß Bier zu konsumieren, war eine Begleiterscheinung der Geselligkeit. Bei fast allen Münchnern fand der Austausch von Mensch zu Mensch in einer Gaststätte statt. Um ihn ging es der Runde im Rathauskeller, nicht um die Berauschung. Doch im Verlauf des Ersten Weltkriegs ändert sich die Preisliste.

Wir wissen von diesen Veränderungen, weil Josef Hofmiller 1918 begann, Tagebuch zu schreiben. Zuerst waren es private Aufzeichnungen, die er anfertigte. Er hat sie tagsüber flüchtig festgehalten mit kurzen Notizen, die er sich im Hauseingang irgendwo in München auf seine Manschetten kritzelte und dann abends ins Reine schrieb. Als er im August mit dem Schreiben begann, wollte er lediglich Wahrnehmungen, die er machte, Stimmungen, die er erlebte, Einzelbeobachtungen, die sich aufdrängten, bewahren und sichern.

Später erkannte er, dass er mehr festgehalten hatte als nur private Notizen, dass er vielmehr eine Quelle ersten Ranges in der Schublade liegen hatte. Deshalb arbeitete er die Erinnerungen seit den späten zwanziger Jahren aus. Sein ›Revolutionstagebuch 1918/19‹ zeigt das Fühlen und Denken eines national-deutschen, konservativen Münchner Bürgers, einer engagierten Stütze von Staat und Thron, es offenbart die Ängste und Sorgen eines durchschnittlichen, halbwegs wohlhabenden Beamten, also einer Person, die durch die Revolution mehr zu verlieren als zu gewinnen hatte. Und noch heute ahnt man: Es dürfte hunderttausende Münchner gegeben haben, die ähnlich dachten und die Ähnliches gesehen haben. Hofmiller achtete auch auf Details:

> Ich gehe, wenn irgend möglich, zu Fuß, denn die Atmosphäre in der Straßenbahn, im wirklichen und übertragenen Sinn, ist erstickend. Schon der Zustand der Wagen. Lauter Eisenteile anstatt des Messings, alle verbeult, die Farben abgeblättert, alles schwarz, verrußt, verwahrlost. Die Fahrgäste schauen sich gegenseitig mißtrauisch und giftig an. Dabei, wie hübsch und blitzblank waren unsere Wagen vor dem Krieg.

Den Weg zum Deidesheimer Herrgottsacker macht er also auf Schusters Rappen und auf zunehmend durchgelaufenen Sohlen. Eine schmerzliche Veränderung für die Stammtischrunde des Josef Hofmiller ist im dritten Kriegsjahr zu beobachten. Der Wein wird teuer. Im Frühjahr 1917 liegt der Deidesheimer bei 3 Mark 50 und im Herbst desselben Jahres schon bei 5 Mark. Der königliche Beamte, dessen Gehalt nicht in diesem Umfang steigt, macht es sich zur Gewohnheit, ausländische Weine zu bestellen, die das sonstige Publikum nicht kennt und die im Preis noch nicht so gestiegen sind wie die bekannten deutschen Tropfen. Der Macon und der Chablis, beide wohl Vorkriegsbestände, sind 1917 vergleichsweise günstig und sogar billiger als der Pfälzer.

Der Alkohol wird zwar knapp, aber sicherheitshalber geht Hofmiller zu seinem Arzt für eine Untersuchung der Leber. Es stellt sich heraus, dass alles in Ordnung ist, doch zur Entspannung steckt der Internist den verunsicherten Professor dann noch in das Dampfbad seiner Praxis. Auch unter den Patienten dort ist die problematische Versorgungslage im alkoholischen Bereich das Thema schlechthin, wie der Tagebuchschreiber bemerkt:

> Im Dampf saß neben mir der Hofbräumeister Schindlbeck, den ich noch von Freising kenne. Er jammerte über die »Lumperei« mit dem dünnen Bier. »Sie werden schon sehen«, sagte er, »wir kriegen einen Bierkrawall. Das lassen sich die Münchner nicht gefallen, daß das Bier so dünn wird. So oft das Bier dünner oder teurer geworden ist, haben sie einen Bierkrawall gemacht.«

Es ist nicht allein der Anstieg der Weinpreise oder das dünne Bier, das den Professor stört. Denn Ersatzstoffe und rasant steigende Preise, diese Plage kennt er von allen Nahrungsmitteln. In einer Art familiärer Solidargemeinschaft schwärmen er oder seine Frau deshalb sofort aus, wenn ihnen zu Ohren kommt, dass es irgendwo Milch gibt für ihre kleinen Kinder oder wenn es darum geht, die neu eingetroffenen Kartoffeln für den Winter zu holen. Und immer stellen sie fest: Alles wird teurer. So ist es nicht nur der Preis, der ihm plötzlich den Wein im Ratskeller verleidet. Es ist noch etwas anderes, das ihm weitaus unangenehmer scheint und sich in jedes Gespräch mit seinen Freunden drängt. Das Publikum verändert sich.

Im Tagebuch taucht dieses Thema immer wieder auf. Er beobachtet die neue Klientel aufmerksam und verwundert: Diese Gäste sind laut, rauchen so hemmungslos, dass es für andere Gäste im Ratskeller unerträglich wird, und sie machen zotige Witze in Anwesenheit von Damen, die sich allerdings an solchen schlechten Sitten offensichtlich nicht im Geringsten stören. Mitgebrachte Speisen werden im Lokal aus dem Butterbrotpapier gewickelt und zusammen mit den Gerichten des Hauses und den teuren Weinen vertilgt. Ab zehn Uhr abends steigern sich die Betrunkenheit dieser zahlungskräftigen Gäste und der patzige Ton der Kellnerinnen gegenüber dem neuen Publikum zu einem Furioso, das die gutbürgerlichen Herrschaften der Stammtischrunde aus dem Lokal treibt. Sie überlassen den Ratskeller im Jahre 1918 der neuen Klientel. Hofmiller fragt sich, was das für Leute sind, die nun dort den Ton angeben. Er vermutet, es sind vor allem Schieber, Agenten oder Makler, also Leute, die aus der Kriegsnot und den Versorgungsengpässen ihren Gewinn schlagen. Das gute alte Traditionslokal bekommt sogar einen neuen Namen, und daraus wird klar, was hier vor sich geht:

> Jeden Tag war der Ratskeller eingedrückt voll, man nannte ihn nur mehr das Schwerarbeiter-Kasino. Die Munitionsarbeiter mit ihren Damen kamen angerückt.

Eindeutig identifizierbar in der Schar der vielen neuen Gäste sind die gut bezahlten Rüstungsarbeiter, die ungeniert krakeelen und sich auf den Toiletten übergeben. Hofmiller räsoniert darüber wie vermutlich viele seiner bürgerlichen Zeitgenossen. Es handele sich um »Schwerarbeiter« der Münchner Krupp-Werke, von denen er weiß, dass sie einen stolzen Tageslohn von 15 Mark verprassen können. Er hat sich über sie erkundigt, und auch die Gespräche mit Freunden drehen sich immer wieder um dieses relativ neue Phänomen. Der genauere Befund ist folgender.

Es war der bayerische König, Ludwig III., ein Mann, über den von seinen Zeitgenossen noch viele abschätzige Urteile zu hören sein werden, der diesen fundamentalen Wandel betrieb und diese Leute eigens ins Land holte. München hatte bis zum Krieg nur eine schwache, von der Struktur her eher mittelständische Metallindustrie. Im gesamten Reich fand ab 1914 ein rasanter Anstieg der Rüstungsproduktion statt, der dazu führte, dass die traditionellen Industriestandorte im Saarland, im Ruhrgebiet und in Sachsen immer stärker wuchsen. Südbayern und damit auch München blieb ohne nennenswerte Rüstungsbetriebe. Die Kriegsanstrengungen des Reichs sollte der bayerische Süden eher durch seine landwirtschaftlichen Überschüsse, mit Milch, Butter, Käse und Kartoffeln unterstützen.

Diesen Plan durchkreuzte Ludwig III. Er drängte darauf, die Rüstungsproduktion von Krupp auch in München anzusiedeln. Das geschah tatsächlich. Der Anteil des Königs daran wurde aber von Hofmiller und seinen Zeitgenossen übertrieben. Für sie waren die Rüstungsarbeiter, die auch in Sachsen angeworben worden waren, landfremde Menschen, die ihren Sonderstatus als hochbezahlte Fachkräfte zu flegelhaften Eskapaden in der Münchner Öffentlichkeit nutzten. Da waren nun waschechte Proletarier ins gemütliche München gekommen. Sie wohnten in Arbeiterunterkünften im Norden Münchens und strömten von dort her in die Stadt. Aus dieser Himmelsrichtung war auch schon vorher Ungemach über die Münchner Klein- und Großbürger hereingebrochen. Der Rüstungsstandort Freimann lag nördlich von Schwabing und die beiden Stadtviertel wurden für Hofmiller zum Synonym der Unruhe. In einem Brief an den Schriftsteller Ludwig Thoma erweitert er das Bedrohungsszenario:

> Die Zerstörung Altbayerns durch den Krieg macht Fortschritte. Was jetzt dran glauben muß, wird Freising sein. Die Munitionswerke Schlüter vergrößern sich abermals ums vierfache. Das Bild der Bevölkerung ist schon merklich verändert. Die alten Geschäfte werden in aller

Stille entweder schließen, d. h. verkaufen, oder hinunterschwimmen. Was an ihre Stelle tritt, werden Bazare mit schlampiger Ware sein. Die mehreren Tausend Arbeiter ändern das politische Bild genau so.

In dem Verhalten der Frauen im Ratskeller, die in puncto Lärm, Bierkonsum und Schnapsverbrauch mit den Männern ihrer Begleitung gut mithielten, zeigte sich eine fundamentale Veränderung des Soziallebens während des Krieges. Wenn der Gymnasialprofessor die Zurückhaltung des gesetzten Kulturbürgers aufgab, sich in seinem Stuhl umdrehte und die Damen im Lokal einmal genauer ansah, dann konnte er das auffällige Gelb an ihren Fingern bemerken. Es kam vom Salpeter, mit dem es die Rüstungsarbeiterinnen täglich zu tun bekamen, wenn sie Munition verarbeiteten. »Kanarienvögel« war deshalb ihr Spitzname.

Gut bezahlte Frauen, die in Industriebetrieben eine wichtige Rolle spielten, das war eine große, regelrecht epochemachende Veränderung im sozialen Leben einer Stadt, die eigentlich der Inbegriff von Tradition war. Diese selbstbewussten Frauen sollten auch im Hin und Her zwischen radikalen Arbeitern und der bayerischen Regierung am Ende des Krieges eine wichtige Rolle spielen. Denn so, wie sie im Lokal auftrumpften, so taten sie es dann auch in der Politik. Aber vorerst war die Runde der Honoratioren im Ratskeller eher mit sich selbst und der eigenen Empörung beschäftigt.

Dabei entsprach Josef Hofmiller keineswegs dem Klischee des gemütlichen und behäbigen Münchner Beamten mit mäßiger geistiger Spannkraft, einem unendlichen Schatz an Vorurteilen und ausschließlicher Liebe zum Bier. Eigentlich war er das exakte Gegenteil. Dem Klischee bayerischer Beharrlichkeit entsprach er nur einmal, als er sich 1919 weigerte, aus München wegzuziehen. Der Anlass war ein Ruf an die Universität Köln, wo ihm, dem Essayisten und Nietzsche-Experten, ein Lehrstuhl für romanische Sprachen und Literatur angeboten wurde.

Das Renommee eines versierten Kulturwissenschaftlers hatte sich der 1872 im Allgäu geborene Lehrer über Jahrzehnte durch zahlreiche Artikel in den unterschiedlichsten Publikationen erarbeitet. Deshalb hatte ihn die Münchner Polizei 1912 auch gebeten, nebenbei das Amt eines Zensurbeauftragten in der Sparte Drama zu versehen. Am aufsehenerregendsten war allerdings seine Mitarbeit und Mitherausgeberschaft bei den ›Süddeutschen Monatsheften‹, wo er den Schritt von der Hochkultur zum nationalen Enthusiasmus machte. Dort lernte er Karl Alexander von Müller kennen, der den Lehrer mit der essayistischen Ader folgendermaßen charakterisierte:

> Seine Begrüßung war ebenso freundlich wie kategorisch; er schien in allem Geschäftlichen kurz angebunden, von rasch entschlossener Knappheit, wie ein im großen verfügender Kaufherr, der sich nicht gern bei Kleinigkeiten aufhält. Aber dann, wenn ein geistiges Gespräch in Fluß kam, im kleinen, vertrauten geselligen Kreis, im Café oder gar abends beim Wein! Ich glaube, niemand kann seine Kritiken, seine Essays so genießen wie der, der ihn noch selbst reden gehört hat.

Hofmiller heiratete erst spät, 1916, Hulda Eggart, eine Lehrerkollegin und Schriftstellerin. Rasch kam das erste Kind, und dann kamen noch zwei weitere. Die Eheleute hatten in den Notzeiten während und nach dem Krieg alle Hände voll zu tun, um die Familie sattzubekommen. Hofmiller hielt das in seinem Tagebuch fest. Aber es gibt auch andere Zeitzeugnisse:

> Ich wollte möglichst viel ergattern und mich in einem Berg von Eßbarem einmauern, etwas Geld sparen und dann rasten. Geldsparen aber ging sehr langsam. Der Wochenlohn war hin, eh ich mich versah … Und es war der dritte Kriegswinter. Nichts gab es fast mehr. Zum Anstehen an den Läden war keine Zeit.

Mit diesen Worten schildert ein Arbeiter seine Situation im München des Jahres 1917. Wie sich das Leben eines solchen schwer schuftenden, jedoch auch gut bezahlten Arbeiters gestaltete, aber genauso, wie das Leben eines Schiebers genau aussah, das hat uns nicht ein für die Krupp-Werke angeworbener Sachse, sondern ausgerechnet ein Urbayer aus eigener Erfahrung minutiös geschildert. Oskar Maria Graf, ein Bäckergeselle vom Starnberger See. Seine Lebenserinnerungen ›Wir sind Gefangene‹ brachten ihm 1927 den Durchbruch als Schriftsteller.

Die beiden Zeitgenossen liefen durch dieselben Straßen, standen auf denselben Plätzen, tranken das gleiche Dünnbier und lebten 1918 dennoch wie auf zwei unterschiedlichen Kontinenten – rechts und links im politischen Spektrum, der eine als Beamter und nationaler Publizist, der andere als Gelegenheitsarbeiter, Schieber und Revolutionär. Um die Stimmung der Zeit zu erfahren, um zu verstehen, wie es in der Stadt zuging, wie sich alles Politische und Soziale zwischen den Lagern aufschaukelte, ist gerade der Kontrast ihrer Erinnerungen erhellend. Graf und Hofmiller sind nicht nur politisch ein ungleiches Paar. Der eine wurde ein berühmter Schriftsteller, der andere ist längst vergessen. Doch wenn man sie zueinander in Beziehung setzt, ergibt sich ein gemeinsamer Wert, wie bei einem Puzzle, dessen Einzelteile erst ein Bild ergeben.

Dieser Zweiergruppe werden sich im Lauf der Erzählung noch zahlreiche weitere Zeitgenossen anschließen, oder sie werden ihren Weg kreuzen, und am Ende ist es ein Chor von Stimmen und Menschen, die auf den Plätzen palavern, streiten und sich aneinander vorbeidrängen, sich gegenseitig wegschieben oder drohend aufeinander zugehen. Die Geschichte der Revolution wird aus ihren Erlebnissen erzählt.

Mittags verlässt der Professor sein Gymnasium. Er schlendert langsam vor sich hin und stellt sich eine ganz praktische Frage: Soll er mit der Straßenbahn zur Isar fahren? Er entscheidet sich dagegen. So geht er weiter, kreuzt den Weg eines forsch und wie getrieben ausschreitenden, großgewachsenen, kantigen jungen Mannes, bemerkt ihn aber nicht. Sie gehen aneinander vorbei, beide sind in ihre Angelegenheiten vertieft. Der Gymnasiallehrer lernt den jungen Dichter nicht kennen. In der Vorkriegszeit wären die Zeichen dafür weit besser gestanden, wie Hofmiller resümiert:

> Neulich ein wenig gegen Trudering zu spazieren. Eine wahre Prozession armer Weiber und junger Burschen … Ich versuchte, mit den Leuten zu plaudern, wie dies früher selbstverständlich gewesen wäre. Bekam äußerst bissige, bösartige Antworten. Dabei konnte man sich doch früher gerade mit unsern Vorstädtern ausgezeichnet unterhalten. Welch köstlichen Abend hatten wir vor dem Krieg, im Hofbräuhaus unten, wo sich Pfitzner, Cossmann und ich mit einem Asphaltsieder stundenlang unterhielten! Das war Demokratie!

Wie Hofmiller war auch Oskar Maria Graf kein geborener Münchner. Erst im Jahr 1911 war er in die Stadt gezogen. Seine Jugend hatte er im nahe gelegenen Berg am Starnberger See verbracht. Er hatte dort das Bäckerhandwerk in der seit Jahrzehnten bestehenden Backstube der Familie gelernt. Dabei wurde er vom Chef, seinem Bruder Max, regelmäßig brutal geschlagen und strengstens überwacht. Als Max schließlich herausfand, dass der 17-jährige Oskar Bücher las, solche kaufte und auf dem Dachboden des Hauses versteckte, verprügelte er den kleinen Bruder dermaßen, dass Oskar beschloss, nach München zu flüchten. Dort sollte das Landkind dann mehr als zwei Jahrzehnte bleiben.

Im Ersten Weltkrieg, wenige Jahre nach dem Umzug, wird der junge, ambitionierte Bursche, der Schriftsteller werden will und erste Gedichte schreibt, in einen Strudel gerissen, in dem sich alles ändert und doch alles beim Alten bleibt. Schon wieder geht es um Gewalt. Er wird früh eingezogen und erlebt, wie jene noch nie gesehene Verbindung von Grausamkeit, blinder Menschenverachtung, totaler Mobilisierung und technischer Präzision entsteht, die kennzeichnend ist für den Stellungskrieg und die Massenheere. Das Ausbluten, das Erschöpfen, die Zermürbung des Gegners wird zur gängigen Strategie. Doch Graf ist geistig immun gegen den nationalen Enthusiasmus, der das alles begleitet und überhöht:

> Soweit ich zurückdenken kann, hat keiner in unserer Familie jemals eine ausgesprochene Neigung fürs Vaterland gehabt. Gesetz, Patriotismus und Kriegsbegeisterung waren uns allen fremd. Mit Ausnahme meines älteren Bruders Max hat keiner meiner Brüder oder Schwestern je etwas von Beamten- oder Soldatensein und von Institutionen des Staates und des Militärs gehalten, im Gegenteil, wir fanden dies alles mehr oder weniger lächerlich und verschroben.

Kein Wunder, dass Oskar Maria Graf von Anfang an nichts beabsichtigte, als sich diesem Gewaltinferno zu entziehen. Es gelingt ihm tatsächlich. Als Josef Hofmiller mit seinem Kriegstagebuch beginnt, hat Oskar Maria Graf bereits eine lange Karriere als angeblich psychisch geschädigtes Kriegsopfer und dann als Arbeiter in einem kriegswichtigen Betrieb hinter sich. Er hatte sich somit erneut erfolgreich der Gewalt entzogen. In seiner Autobiographie schildert er den totalen Wertverlust, der auch Josef Hofmiller bei den Münchner Arbeitern im Ratskeller aufgefallen war. Wie auf dem Schlachtfeld und im Generalstab üblich, zählt für den Rüstungsarbeiter Graf vor allem eins: Der Zweck heiligt die Mittel.

Hungerszenen Voller Stolz waren viele, ja vielleicht die meisten Soldaten 1914 ins Feld gezogen. Der Krieg schien gerecht zu sein und ein überschaubares Abenteuer zu werden. Seit aber die Kriegsbegeisterung der ersten Monate verklungen war, hoffte jeder der über 100 000 Münchner Soldaten nur, mit heiler Haut aus dem Inferno herauszukommen. Und Oskar Maria Graf, der wieder als Bäcker arbeitete, und zwar in einer kriegswichtigen Keksfabrik, hatte nicht für eine Sekunde die Vorstellung, er würde den Kameraden im Feld mit seiner Arbeit zur Seite stehen. Eine nationale Schicksals- oder eine Notgemeinschaft, wie sie zu Anfang des Krieges gerühmt wurde, gab es da schon lange nicht mehr. Solidarität ist, wie alles andere in diesem Land, Mangelware geworden. Jeder schaut, wo er bleibt.

Wie gewöhnlich gab es wieder Nachtarbeit, auch sonntags. Wie ausgestorben waren die großen Hallen der Fabrik. Nur zwei Öfen brannten und bloß ein Schießer (erster Geselle) und ein Lehrling waren außer mir noch da. Durch die Markenwirtschaft war der Brotkonsum zurückgegangen.
Oskar Maria Graf, Wir sind Gefangene

Die Firma, in der Graf arbeitete, fertigte Gebäck für Lazarette. Solche Waren für den Heeresgebrauch wurden gut bezahlt, und da eine Million bayerischer Soldaten im Feld stand und damit vom Arbeitsmarkt verschwunden war, konnte nur derjenige Fabrikant erfolgreich sein Geschäft betreiben, der gute Löhne bot und damit die ohnehin raren Arbeiter anlockte. Später sollte genau dies bei Hofmiller lodernden Zorn auslösen. Man hätte alle Arbeiter in die Industrie zwangsverpflichten, das heißt sie als Soldaten behandeln sollen. Dann hätte man ihnen nur den militärischen Sold geben müssen, und so wäre auch das Großgetue der Schwerarbeiter und das Durcheinander in Staat und Gesellschaft gar nicht erst entstanden.

Das Keksbacken verband beide – Graf und Hofmiller. Das wurde sogar im Hause des Beamten betrieben. Da Mehl knapp war und kriegswichtige Fabriken Vorzugsbehandlung erfuhren, musste Ehefrau Hulda immer dann, wenn für Privatkunden Mehl verfügbar war, auf Vorrat trockenes Süßgebäck herstellen. Das löste sie, wenn es mal wieder Milch gab, darin auf und fütterte den Säugling der Familie Hofmiller mit dem Fläschchen. Gab es keine Milch, musste Wasser als Ersatz herhalten. Währenddessen ist der Gatte auf der Pirsch. Er sucht Essbares:

> Um 8 Uhr in der Bazeilleschule, um Lebensmittel fürs Büble zu holen. Man schickt mich nach Metzstraße 12, Säuglingsanstalt, um die Karte abstempeln zu lassen. Ich kann die Beamtin erst um ¾ 11 treffen. Inzwischen heim, um nachzusehen, ob wir die Reserve-Brotmarken-Abschnitte noch haben. Nein. Zur Dollin, Zwiebeln und Beeren bestellt. Sie sagt, der Abschnitt gilt ... In der Schloßstraße versucht, Brot zu kaufen. Der Abschnitt gilt nicht, weil die rechte Hälfte fehlt. Zur Bäckerei Seeberger: versucht, ob mir vielleicht sie für meine Abschnitte Brot geben. Abgewiesen.

Die Odyssee des Gymnasialprofessors beim Lebensmitteleinkauf geht noch Stunden so weiter. Zum Schluss erhält er etwas Brot von der Bäckerei Seeberger:

> Sie gibt mir Brot aus Gnade, weil ich eine alte Kundschaft bin ... So sieht ein Kriegsvormittag aus. Solche Kriegsvormittage habe ich hunderte hinter mir.

Von Ersatzstoffen oder Mangel bleibt der gut bezahlte Arbeiter Graf weitestgehend verschont. Mittags isst er – allein aus Zeitvertreib und Langeweile – zwei Portionen des Essens, das im Katholischen Gesellenhaus ausgeteilt wird. Er kann es sich leisten. Während der Arbeit beleidigt er die Frau des Fabrikanten, doch niemand will ihn wirklich zur Rede stellen. Er baut für schlechtere Zeiten vor, also für eine Periode, in der es Kohlen, Holz, gutes Bier und gute Zigaretten nicht mehr nur gelegentlich, sondern überhaupt nicht mehr geben wird. Hemmungslos bestiehlt er deshalb seinen Chef und legt sich Vorräte an. Gut ausgestattet ist er mit Verachtung für viele Menschen seiner Umgebung.

> Alle krochen hier, alle waren katholisch organisiert, jeder war scheinheilig und fing zu rennen an, wenn der Meister kam ... Nur die Packerinnen, die manchmal herunterkamen, waren dreist und stahlen wie die Raben ... Den ganzen Tag fraß ich Lebkuchen und Keks und trank Trockenmilch. In mein Jackettfutter oberhalb der Brusttasche schnitt ich Löcher und füllte sie stets vor dem Nachhausegehen mit Gebäck, mit Zucker und Mehl.

Davon kann Josef Hofmiller nur träumen. Doch genau dieser Mangel hat uns ein einmalig aussagekräftiges Erinnerungsstück aus dem Alltag der Zeit und aus dem Kampf ums schiere Überleben erhalten. Es sind die

Schilderungen von Hofmillers Landaufenthalten. Der Grund für solche Landpartien ist wirtschaftlicher Natur. Deutschland war 1914 zwar militärisch auf einen Mehrfrontenkrieg vorbereitet gewesen, doch jahrelang sich hinziehende Auseinandersetzungen oder gar eine Handelsblockade hatten die Strategen nicht bedacht. Die Folge war, dass nicht nur kriegswichtige Rohstoffe fehlten, sondern die gesamte Lebensmittelversorgung viel zu gering war und von den deutschen Bauern nie sichergestellt wurde, da konnten die Ernten noch so gut sein. Die tägliche Durchschnittsration der Deutschen lag bei 1000 Kalorien. Das Leben war, nach heutigem Begriff, eine radikale Hungerkur, und das jahrelang.

Die rigorose Bewirtschaftung aller Produkte, sei es der industriellen oder auch der landwirtschaftlichen, war die Antwort der Regierung und der Obersten Heeresleitung auf diese Engpässe in der Versorgung. Der freie Markt wurde einfach ausgesetzt. Aus einer Sonderabteilung in Berlin mit einigen Mitarbeitern, geführt vom AEG-Chef Walther Rathenau, entstand während des Krieges eine Riesenbehörde, die die Bewirtschaftung der kriegswichtigen Rohstoffe in Deutschland organisierte. Sie bestimmte Preise, Absatz und Verteilung. Mit ihren von allen Verbrauchern gehassten Regularien sicherte sie tatsächlich notdürftig, aber dennoch über viele Jahre hin erstaunlich gut das militärische Überleben des rohstoffarmen Deutschland.

Ernährungskatastrophen ereigneten sich natürlich dennoch, und zwar, so wie in vorindustrieller Zeit, also wie vor hunderten von Jahren, genau dann, wenn die Ernte schlecht ausfiel. Das war 1916 so, als die Kartoffelernte nur bei 60 Prozent des Durchschnitts lag und die Deutschen ein halbes Jahr lang fast ausschließlich Steckrüben zu essen bekamen. In Bayern heißt diese Rübe »Dotschn«, und das Erlebnis des »Dotschnwinters« 1916/1917 war so traumatisch, dass die eigentlich schmackhafte Rübe das gesamte 20. Jahrhundert aus dem kulinarischen Orbit im Land verbannt blieb. Im letzten Kriegsjahr hatte die Hungerqual logischerweise einen Höhepunkt erreicht. Der Gymnasialprofessor

Schuhbörsen sind im Fürstenfelder Hof und beim Stiefelwirt in der Sendlinger Straße. Dort haben die Verkäufer die Schuhe an den Füßen, gehen mit dem Käufer auf den Abort, machen dort das Geschäft richtig, ziehen zu diesem Zweck mitgebrachte Hausschuhe aus der Überziehertasche und gehen nach Hause.
Josef Hofmiller, Revolutionstagebuch

stellt fest, dass er zwanzig Kilo Gewicht verloren hat. Die Anzüge schlottern an ihm. Aber er hat kein Geld, sie enger machen zu lassen oder gar neue zu kaufen. Nach einer seiner Hamsterfahrten resümiert er:

> Die Provinz hat keine Ahnung, wie wir hungern; und die Städter haben keine Ahnung, wie das Land im Überfluß schwelgt. Ich fürchte, die Lebensmittel-Rationierung ist ein riesiger Unsinn. Das einzige, was sie bewirkt, ist eine von Woche zu Woche zunehmende Gereiztheit in den großen Städten.

In den Sommerferien 1918 fährt der Münchner Lehrer deshalb zweimal aufs Land. So etwas war zwar schon vor dem Krieg üblich und trug die Bezeichnung »Sommerfrische«. Doch im Krieg und zumal nach mehreren entbehrungsreichen Jahren hat eine solche Fahrt vor allem den Sinn, an die Schmalz-, Butter-, Milch- und Fleischtöpfe der Bauern zu gelangen, etwas eintauschen und nach Hause mitnehmen zu können. Schon die Fahrt hinaus ist eine Zumutung sondergleichen. Die Züge sind überfüllt, sodass sich Menschen außen an die Türen hängen und zig Kilometer unter Lebensgefahr zu den Märkten auf dem Land unterwegs sind. Aussteigen lassen, bevor man selbst in den Zug hineinstürmt, ist nicht mehr üblich. Drinnen im Zug ist alles mit Koffern und Rücksäcken vollgestellt. Ständiges Geschimpfe tost durch die Wagen.

Rückzugsorte wie die Toiletten werden von mehreren Menschen gleichzeitig besetzt. Sie verschließen die Türen und halten sie während der Fahrt geschlossen. Drinnen wird Karten gespielt. An ein Festhalten im Zug ist nicht zu denken. Die Festhaltebänder sind überall abgeschnitten worden. Es herrscht Ledermangel, und Schuhe, ja sogar schon Lederhosen brauchen Flicken. Dabei ist es ein Fanal für das, was kommen wird, dass die Beamten auf dem Bahnsteig und im Zug durch Abwesenheit glänzen. Ordnung, die noch vor wenigen Jahren in einem Atemzug mit deutsch genannt wurde und über die sich die Schriftsteller der Vorkriegszeit noch lustig gemacht hatten, und mit ihr auch die ehemals überall anzutreffende Staatsmacht, sie sind schon längst verschwunden. Niemand kümmert sich mehr um das einst so geheiligte Prinzip. Hofmiller resigniert:

Das Reisen ist fürchterlich geworden. Alle die Züge vollgestopft mit Menschen. Die Leute stehen nicht nur im Mittelgang, sondern sogar zwischen den Sitzbänken. Die Gepäckbretter voll Kisten, Eierschachteln, Honigdosen, Tuch- und Kleiderballen, kleinen Fässern, Blechkanistern, Körben, vor allem aber den schwersten und unförmlichsten Rucksäcken. Wer überhaupt in den Wagen hineinkommt, ist glücklich.

Wenn es dem Professor gelungen ist, nicht allzu zerrupft am Ziel anzukommen, erlebt er zwei grausame Überraschungen. Die Versorgungslage ist zum einen mit derjenigen in der Stadt nicht zu vergleichen. Die Menschen auf dem Land bekommen in der Gaststätte so exquisite Gerichte wie Knödel oder Rühreier mit Semmeln. Auf die Semmeln kann man sogar echten Honig streichen und zu allem ein Bier trinken, das noch Vorkriegsprozente hat, kein gestrecktes, dünnes Gesöff. Zuallerletzt bekommt der bass erstaunte Städter auch noch Malzkaffee mit Milch und Zucker. Das sind Köstlichkeiten, die im hungernden München nur noch in der Phantasie seiner Bewohner existieren. Der Professor berichtet deshalb stolz von seinen Erfolgen:

Eier wurden mir bei jedem Bauer angeboten, ich habe 150 Stück mit heimgebracht. Vor allem aber dies wundervolle Brot, verglichen mit dem grauen Kriegsbrot, das an den Zähnen klebt, und sogar dies ist rationiert. Semmeln, weiße Wecken – lauter Dinge, die hier seit Jahren unbekannt sind.

Die zweite Überraschung erlebt er dann aber als Käufer, wenn er solche Waren mit nach Hause nehmen will. Für Geld ist nur etwas zu bekommen, wenn astronomische Summen bezahlt werden. Der höhere Beamte hat da nur minimale Chancen. Bestenfalls für Eier, kaum aber für Fleisch reicht das wenige Geld in seinem Portemonnaie. Mit den sogenannten Schiebern, also Leuten, die diese Produkte kaufen und in München für noch teureres Geld an eine äußerst kleine, solvente Kundenschar verkaufen, kann er nicht konkurrieren.

Oskar Maria Graf arbeitet als Schieber, nachdem ihm die Arbeit in der Keksfabrik zu anstrengend geworden ist. Der Beamte Hofmiller kann an solche Geschäfte nicht im Traum denken, und deshalb kann er auch nicht mitbieten, wenn es um Lebensmittel geht. Für ihn ist schon die nächtliche Rückfahrt nach München ein Erfolg, immerhin hat er sich mit seinen 150 Eiern in den Zug zwängen können.

Die Fahrt ist ein Erlebnis der schlimmsten Sorte. Eine Beleuchtung existiert in den Zügen nicht mehr. Es herrscht Dunkelheit, die nur von der Glut der Rauchwaren mäßig erleuchtet wird. Der Qualm stammt zum Beispiel von Zigarren, die aus Buchenlaub oder aus anderem Blattwerk gerollt sind und die man noch vor wenigen Jahren auf keinen Fall mit dem Begriff Tabak in Verbindung gebracht hätte. Kinder, die sich im Zug bewegen, werden geschimpft und geschlagen. Niemand protestiert dagegen. Allen ist alles gleichgültig. Jeder interessiert sich nur noch für sich und sein ohnehin mäßiges Wohlergehen. Hofmiller muss sich außerdem warm anziehen – mit dem wenigen, das er noch hat:

> Fast jede zweite Scheibe im Zug hat entweder einen Sprung oder ein Loch. Geputzt ist keine. So ungefähr habe ich mir früher die Wagen letzter Klasse der transsibirischen Eisenbahn vorgestellt.

Er scheint im Gegensatz zu vielen anderen beim Nachhausekommen nie von der Polizei am Bahnhof angehalten, durchsucht und womöglich wegen der illegal organisierten Eier oder anderer Lebensmittel angezeigt worden zu sein. Angesichts solcher Kontrollen hätte sogar bei dem braven Hofmiller Hass auf die Staatsmacht aufkommen können. In seinem Tagebuch findet sich keine Spur davon. Aber nahezu jeder, der in München nicht vom Schiebertum leben kann, sondern einfach nur unter dem Mangel und den galoppierenden Preisen leidet, muss irgendwie mit Notaktionen zu Geld kommen. Er wundert sich:

> Beim Heimweg fiel mir auf, dass es seit neuerem so viele ganz kleine Antiquitätenhandlungen gibt, in allen Straßen: Kleinmöbel, Porzellane, Bronzen, Silber (kein Gold), Geschmeide mit Halbedelsteinen, Rokoko- und Biedermeierhausrat. Wer soll das Zeug kaufen? Und vor allem: wo kommt es her? Ich dachte zuerst, es seien Sachen von der Front. Nein, es sind Familienstücke des kleinen Mittelstands. Die Preise sind hoch.

Wenn der Professor, zurück in München, am Stammtisch dem berühmten Komponisten und Dirigenten Hans Pfitzner lauscht, dessen Ansichten zu Loewe, Liszt und Bruckner vernimmt und sie festhält wie eine ewige Wahrheit, dann ist ihm allerdings noch in Erinnerung, dass wenige Tage zuvor, bei seinem Aufenthalt auf dem Lande, von den Kindern keine Volksweisen mehr gesungen wurden, sondern französische Chansons, die die dortigen Bordelle rühmen. Das ist für ihn seelische Verwüstung und geht ihm nicht mehr aus dem Kopf. Der Krieg ist seiner Ansicht nach dafür verantwortlich. Im Kreis der Freunde wird nicht darüber gesprochen.

Die schnelle Mark Der Bäckergeselle aus Berg war nach München gekommen, um hier Schriftsteller zu werden, und hatte nach der Ankunft großspurig Visitenkarten drucken lassen, auf denen er sich auch schon Schriftsteller nannte. Der angehende Künstler Oskar Maria Graf hatte die Schufterei an der Knetmaschine und am Ofen nicht lange durchgehalten:

> Mechanisch schuftete man. Keine Müdigkeit gab es mehr. Aber wenn's Mittag oder Schluß am Abend war, wenn ich den Motor ausschaltete, um mich anzuziehen und zum Essen oder nach Hause zu gehen, dann konnte ich kaum noch die Füße heben. Es tat weh, in die Joppe zu schlüpfen. Am liebsten wäre ich hingefallen in den klebrigen Dreck und eingeschlafen.

Der barschen Autorität des Fabrikanten mochte er sich nicht mehr fügen. Er versilberte sein Erbe, was aber nicht lange reichte, und stürzte sich in das Boheme-Leben, an Orten, die Josef Hofmiller mit keinem Wort erwähnte und wahrscheinlich auch nie besuchte. Graf verkehrte im Künstlerlokal Simplicissimus, einer Institution im rebellisch-anarchischen, musenlüsternen und von seiner weltgeschichtlichen Bedeutung grenzenlos überzeugten Stadtteil Schwabing. Dort wurde immer noch philosophiert und über Kunst debattiert wie vor dem Krieg, nur dass keiner mehr dem anderen zuhörte. Außerdem hatten alle Hunger. Nicht mehr nur nach Erfolg und Renommee, sondern ganz einfach auf Essen.

Oskar Maria Graf nutzte die Chance. Er hatte bei einem Gelegenheitsjob im Postamt das dort ungeniert betriebene Schiebersystem kennengelernt. Rare Lebensmittel vom Schwarzmarkt waren von seinen Kollegen zu höchsten Preisen gehandelt worden, und dort gab es auch noch so etwas wie Solidarität, eine weitere Mangelware dieser Zeit. Diese Solidarität funktionierte aber nur, wenn es darum ging, den Schieberring vor den Dienststellenleitern, Hausmeistern und Bürokunden geheim zu halten, sich gegenseitig zu warnen und zu tarnen. Dennoch vergaßen die Gauner einander nicht. Und als Oskar Maria Graf im Simplicissimus des Jahres 1918 erlebt, dass auch die dort verkehrenden betuchten Gäste Bedürfnisse haben, die über das rein Geistig-Künstlerische hinausgehen, knüpft er an alte Kontakte an:

> Ich warf mich erst recht auf das schnelle Verdienen. In den Simplicissimus kam ich, setzte mich zwischen die diskutierenden Dichter und Künstler und zog auf einmal eine lange Hartwurst aus der einen Brusttasche, aus der anderen Damenstrümpfe, aus der Joppentasche feinste Schokolade. »Wollen Sie Wurst, Mann? Wurst! … Das ist das einzig Reelle!«

Im Handumdrehen werden in einer Nacht aus einer Mark fünf, und mit ebensolcher Geschwindigkeit macht Graf weitere Bekanntschaften in diesem Milieu. Die Beschäftigten dieser Branche liefern nachts aus, da man in der Dunkelheit weniger auffällt, und sie sind gut sortiert. Kaum eine der Schilderungen Grafs ist so detailliert und so auf die sinnlichen Eindrücke konzentriert wie die Beschreibung der mit Lebensmitteln erster Güte vollgestellten Wohnung eines Schieberkollegen. Schinken, Räucherzungen, Salamis, Schweinehälften hängen in Reihen um einen Tranchiertisch. Auch Alkoholika, Seidenstrümpfe und Seifen finden sich in diesem Warenlager, das hinter zugezogenen Vorhängen schlichtweg alles zu bieten hat, was sich ein zahlungskräftiger Käufer aus dem Simplicissimus nur vorstellen kann. Dort werden in einer Nacht aus den fünf Mark des Schiebers Oskar Maria Graf hundert:

> Mit Schauder dachte ich an die herrschende allgemeine Not, einen Augenblick kam mir sogar der verwegene Gedanke, dies alles anzuzeigen, es durch alle Straßen zu schreien, dann wieder raffte ich mich zusammen, erinnerte mich an meine Misere und murmelte: »Hm, da sind freilich gute Geschäfte zu machen.«

Es entsteht ein Vermögen, das dem fast mittellosen Gymnasialprofessor Hofmiller viele gesellige Stunden mit guten Tropfen versüßt hätte. Oskar

Maria Graf schwimmt plötzlich in Geld. Doch er gerät aus der Spur. Er fühlt sich ins lasterhafte untergehende Rom zurückversetzt, wenn er die Schlemmerszenen bei reichen Kunden und ihren Kostgängern beobachtet, sobald er mit den sündteuren Waren eingetroffen ist. Graf findet seine eigene Lösung: Er macht die nächste Flasche Schnaps auf und betrinkt sich mit seinen Kunden.

Die Begründung für solche Besäufnisse, die ihm selbst zuwider sind, ist bei ihm dieselbe wie bei vielen anderen. Er könne jeden Tag wieder eingezogen werden und schon nächste Woche totgeschossen sein. Warum also an morgen denken, warum irgendetwas Sinnvolles unternehmen? Infolgedessen torkelt er durchs Leben, so wie es auch viele der neuen Gäste im ehemals gutbürgerlichen Ratskeller des Josef Hofmiller tun. Die Angst, schon bald an die Front kommandiert zu werden, macht diese Leute nicht gefügig und politisch unterwürfig. Viele werden rebellisch, und jeder wird es auf seine Art.

Abschied aus dem bayerischen Paradies Zeitzeugen wie Hofmiller und Graf schildern eine rasante und tief gehende Zerstörung: Die gewohnte Ordnung und die jahrhundertealte Stabilität zerfallen. Diesen Prozess beschreiben auch andere Quellen, und das in der gleichen Dramatik. Alle Zeitungen, die großen überregionalen Münchner Blätter genauso wie die zahlreichen kleinen, die einen eng begrenzten Markt vor Ort mit den Details des Alltags versorgen, sie alle thematisieren Ausgabe für Ausgabe die Nahrungsknappheit.

Der Missstand hat strukturelle Ursachen. Als der freie Markt ausgesetzt und behördliche Regulierungen eingeführt wurden, geschah, was auch heute noch passiert, wenn Preise fixiert sind und die Ablieferung zum Zwang wird. Die Bauern geben nur noch das Nötigste an die Behörden ab. Es entsteht ein Schwarzmarkt, in dem nur diejenigen die Mangelware bekommen, die die üppigen Schwarzmarktpreise bezahlen können. Die Landwirte halten ihre Waren zurück, vermeiden die Ablieferung und verkaufen sie schwarz.

In Südbayern war dieses Ungleichgewicht besonders extrem. München war schon im 19. Jahrhundert durch ein Eisenbahnnetz eng an die umgebenden Regionen angebunden worden, und so strömten schon damals Heerscharen von Städtern am Wochenende in die Landstriche vor den Alpen zum Wandern, beschaulichen Spazierengehen oder zum geselligen Beisammensein in den Cafés am Ufer der Seen. Die Zugverbindungen waren bestens.

Ludwig Thoma hat in seinem Roman ›Münchnerinnen‹ das ironische Portrait eines Spießers gezeichnet, der sonntags mit der Bahn an den Schliersee fährt, dort seinen Bierbauch mühsam aus dem Zug wuchtet und ihn bis zum See schleppt, nur um dann in der frischen Luft und im Anblick der Berge seine alten städtischen Gewohnheiten fortzuführen: sitzen, palavern, Karten spielen, Kaffee oder Bier trinken oder beides zusammen und überhaupt eine unerschütterliche Ruhe pflegen. Die Bahnverbindungen funktionierten im Krieg zwar wie bereits vernommen eher schlecht als recht, aber für Hamsterfahrten reichte es durchaus. Die 150 für teures Geld gekauften Eier hatte Hofmiller immerhin unversehrt aus dem Chiemgau nach Hause gebracht.

»Wenn's schon in einer Tour siegen und siegen und Beute machen? Warum gibt's nachher alleweil nichts wie Kaninchenleberkäs, Dotschn und das g'stinkerte Fischzeug?! … Dös ist schon dös rechte Siegen! Schwindl ist's, sonst nichts! Krampf ist's!« raisonierte ein Mann auf der Straße und alle nickten.
Oskar Maria Graf, Wir sind Gefangene

Hamsterer aus München hatten allerdings harte Konkurrenz. Da die touristische Infrastruktur des Voralpenlands gut ausgebaut war, fanden sich bei den Milchbauern nicht nur Münchner ein, sondern Deutsche aus allen Ecken des Reichs, offiziell, um Urlaub zu machen, vor allem aber, um unter der Hand mit den Landwirten ins Geschäft zu kommen und anschließend den Postämtern zu tun zu geben. Paket um Paket wurde in die Städte überall in Deutschland geschickt, sodass auch dort die hungernden Familien zu Hause zu essen bekamen. Anders als es Hofmiller beschreibt, litten deswegen nicht nur die Großstädter unter dem Lebensmittelmangel, sondern auch die Arbeiter auf dem Land, ja eigentlich alle, die mitten in der Milchwirtschaftsregion nur schmale Löhne bezogen. Sie mussten die Butter, den Käse und die Milch meist aus großer Entfernung betrachten. Es war einfach zu wenig für alle da.

Der Zorn der Münchner auf die Bauern, die mit allen nur denkbaren Tricks ihre gesetzlichen Ablieferungsmengen drückten, um mehr auf dem Schwarzmarkt absetzen zu können, war groß. Noch größer war der Zorn auf die bayerische Regierung, die es in den Augen vieler verzweifelter Münchner zuließ, dass die Fremden das Alpenvorland abgrasen konnten und Lebensmittel in Massen exportierten. Die Hilflosigkeit der Hungernden und der Zorn auf die eigene Regierung, der man unterstellte, sie würde gegenüber Berlin und den in der Kriegswirtschaft allmächtigen Berliner Behörden kuschen, zerstörte in kurzer Zeit das Vertrauen und die treuherzige Anhänglichkeit an die bestehende politische Ordnung.

Bei einem Aufenthalt am Staffelsee, also in einer Urlaubsgegend erster Klasse mit hervorragender Bahnverbindung nach München, sieht sich ein Münchner Professor und publizistischer Kollege von Josef Hofmiller, Karl Alexander von Müller, in der Rolle des Unterprivilegierten:

> Es fiel auf, wie viel magerer die meisten von uns Stadtleuten geworden waren als die Eingesessenen, die aussahen wie immer. Aber die Last der unablässigen Menschenopfer lag schwer auf dem Volk, und die Erbitterung gegen den immer wachsenden Zwang der »Berliner Wirtschaft« hatte sich noch gesteigert.

Diese Kausalkette von Ablieferungszwang, Schwarzmarkt, Vertrauensverlust und wachsender Entfremdung zur eigenen Regierung in Verbindung mit der ansteigenden persönlichen Not ist nachvollziehbar. Man möchte deshalb meinen, sie sei – erst recht heutzutage – auch nicht weiter anstößig. Dennoch haben sich im 20. Jahrhundert über Jahrzehnte hin Historiker der bayerischen Landesgeschichte deswegen bekämpft. Im Kern ging es um folgende Frage: Stellt die Empörung über die Lebensmittelregulierung und den Lebensmittelmangel die Ursache für eine substanzielle Entfremdung gegenüber Monarchie und Regierung dar? Lässt sich also sagen, dass die Revolution des Jahres 1918, die Beseitigung der Monarchie und der Regierung, die totale Entmachtung des politischen Establishments dadurch hervorgerufen wurden, dass die Bevölkerung nicht genügend zu essen hatte und sich die Behörden zu wenig um die Sorgen der Bürger kümmerten?

Die Debatte hatte ihrerseits eine lange Vorgeschichte. Kurz nach der Revolution, bereits im Jahr 1920, trat eine der Koryphäen der Bayerischen

Landesgeschichte mit einer flammenden Anklage an die Öffentlichkeit. Michael Doeberl, Ordinarius und Verfassungshistoriker, griff die gestürzte bayerische Regierung wegen ihrer Passivität und Harmlosigkeit, die sie bei der Entstehung der Revolution zeigte, frontal an. Mit seinem Buch ›Sozialismus, soziale Revolution und sozialer Volksstaat‹ war Doeberl der erste Historiker, der das Geschehen des 7. und 8. November 1918 in aller Öffentlichkeit und in einer eigenständigen Publikation als Putsch einer kleinen isolierten Minderheit begriff. Die eigentlich nur winzige Gruppe der Revolutionäre wurde einfach nicht an der Revolution gehindert. Obwohl kein vernünftiger Bayer das wollte, was die paar Revolutionäre vorhatten, geschah nichts von Seiten der Regierung. So war Doeberls Grundannahme.

In den Jahren danach wurde diese Position zum Allgemeingut der politischen Rechten und gipfelte in der Dolchstoßlegende, also der Vorstellung, die Revolutionäre hätten dem Heer eine auch zum Ende des Krieges vorhandene Siegeschance durch ihren politischen Umsturz genommen. Die abstruse Vorstellung entfaltete unter den enttäuschten Deutschen in der Nachkriegszeit enorme Wirkung. Das hatte Doeberl gar nicht beabsichtigt. Ihm war es eher darum gegangen, die Würde und das Lebensrecht der Monarchie trotz der Unfähigkeit ihrer eigenen Regierung zu verteidigen. Doeberl und seine Nachfolger waren der Ansicht, dass nichts an der Institution der Monarchie und am traditionellen politischen System eine Revolution rechtfertigte.

Nachdem der Münchner Historiker 1920 seine Anklageschrift veröffentlicht hatte, bildete sich in Bayern der »Heimat- und Königsbund«, eine, wie der Name schon sagte, äußerst konservative Interessengruppe, deren Mitglieder die Monarchie und mit ihr die untergegangene Welt der Vorkriegszeit zurückhaben wollten. Der Bund trat nicht zu Wahlen an, sondern wollte Stimmung für die Wiedereinführung der Monarchie machen. Das gelang ihm, zumindest, was die Mobilisierung der nostalgischen Bayern betrifft. Er wurde tatsächlich zur mitgliederstärksten politischen Interessengruppe des ganzen Landes. Insofern ist die Sehnsucht nach dem Königtum, die Vorstellung, Ludwig III. sei von einer kleinen Clique von Revolutionären gestürzt worden, in den zwanziger Jahren eine bürgerlich-bäuerliche Mehrheitsmeinung geworden.

Bis weit in die sechziger Jahre hinein, also fast ein halbes Jahrhundert, war diese Meinung in Bayern wissenschaftlich salonfähig; erst dann begannen Historiker, diese königstreue Position grundlegend in Frage zu stellen und von der Gegenthese auszugehen, die Revolution könnte doch auch hausgemacht gewesen und durch langfristige Zerstörungsprozesse ausgelöst worden sein, womit die Nacht des 7. November nur der Kulminationspunkt einer jahrzehntelangen Selbstzerstörung der Monarchie war. In diesem Fall wäre das Lebensrecht der Monarchie wirklich am Abend dieses Novembertags verwirkt gewesen.

Nur wer sich innerlich von dem Glanz oder zumindest dem Charme der Monarchie gelöst hatte, konnte zu solch einer Annahme kommen. Insofern wurde in Bayern bis in die Siebzigerjahre des 20. Jahrhundert ein Nachhutgefecht ausgetragen. War die Monarchie 1918 obsolet? Das war die Frage aller Fragen in der Bayerischen Landesgeschichte. Man sieht: Die Vergangenheit braucht oft lange, bis sie wirklich vergangen ist. Auch bei Fachleuten.

Die Auseinandersetzung der Historiker ist ihrerseits nur die intellektuelle Ausprägung einer weitaus folgenreicheren und äußerst realen politischen Kontroverse gewesen, die Bayern nach dem Zweiten Weltkrieg lange geprägt hat. Es ging um einen Zielkonflikt im konservativen Lager selbst: Sollte das alte bäuerliche, katholisch-konservative Milieu, das irgendwie noch an die gute alte Zeit – was das auch immer war – glaubte und für das die Wittelsbacher Monarchie ein wichtiger Orientierungspunkt war, in seiner Wagenburg überdauern dürfen? Sollte diese Klientel Kultur und Gesellschaft weiter prägen können, oder war es nicht – ganz im Gegensatz dazu – an der Zeit, ein modernes, industriell ausgerichtetes, damit auch pluralistisch-vielfältiges Bayern zu schaffen? An dieser Kontroverse laborierte die Führungspartei des Konservatismus, die CSU, noch bis weit in die sechziger Jahre hinein, sie zerbrach fast wegen dieser kultur- und gesellschaftspolitischen Kontroversen, und so ist es kein Wunder, dass der Glanz der Monarchie für eine große Zahl von Bayern und eben auch für viele bayerische Historiker äußerst verführerisch war – selbst zu einer Zeit, als die Kinder des letzten Königs schon gestorben waren.

Aschenputtel Bayern war in bis in die sechziger Jahre des 20. Jahrhunderts nicht nur von diesen konservativen, katholisch ausgerichteten Eliten geprägt – der Kultusminister nahm sich noch 1950 heraus, »laszive« Aufführungen zu verbieten, bei denen die Unterwäsche der Tänzer sichtbar war. Weit mehr noch kennzeichneten Armut und industrielle Schwäche das Land.

Die wirtschaftliche Rückständigkeit war natürlich in der Zeit des Königreiches weitaus deutlicher. Damals war Bayern, mit einer gewissen Übertreibung gesagt, eine Insel der Beharrung in einem Meer der Veränderung – das gilt vor allem für seine ländlichen Regionen. Die riesige Gruppe der Bäuerinnen, Bauern, Knechte und Mägde prägte das Land. Die Industrie im Süden holte gegenüber den Industriezentren Deutschlands zwar rasant auf, aber sie war meist patriarchalisch, also klein- und mittelständisch organisiert. Niemand machte sich wirklich Sorgen, dass Bayern, so wie man es kannte, dieses ländlich-mittelständische Idyll, vom Bazillus der Revolution und des Sozialismus erfasst werden könnte.

Auch tat die Monarchie viel dafür, dass ihr menschliches Antlitz für alle sichtbar war. Das politische Establishment regierte autoritär, wie in jedem deutschen Staat des Kaiserreiches, aber sogar die Sozialdemokratie bezeichnete man als »königlich bayerisch« – und damit lag man nicht wirklich falsch. Sie machte aus der Not, nur eine Insel zu sein in einer ansonsten weitgehend katholisch-bäuerlichen Umgebung, eine Tugend und verschrieb sich einem streng reformistischen Kurs. Sie lehnte revolutionäre Ideen ab und setzte alles daran, die Gesellschaft mit parlamentarischen Mitteln zu verändern. Ihre rechtliche Stellung im Land war auch deutlich besser als in Preußen. Es gab im Gegensatz zu Preußen ein allgemeines Wahlrecht und sozialdemokratische Bürgermeister, die ungeniert amtieren konnten. Wenn gestreikt wurde, kamen kein Gewerkschafter und kein Sozialdemokrat ins Gefängnis. In Preußen war das hingegen gang und gäbe.

Die Beamtenhierarchie im Land der Wittelsbacher hatte also keine panische Angst vor den Sozialisten. Die waren zwar nicht wirklich ins politische System integriert, nahezu alle ihre Anträge wurden im Parlament zu Fall gebracht, aber sie wurden als Menschen behandelt. Gespräche zwischen dem König und dem Landessekretär der bayerischen Sozialdemokraten Erhard Auer waren seit 1914 üblich und keine politische Sensation.

Es war schon für die Zeitgenossen ein Rätsel – und auch bis in die sechziger Jahre hinein blieb das Fragezeichen stehen –, wie dieses konservativ-gemütliche, mit seinen Monarchen in Frieden lebende Bayern von allen deutschen Staaten am ersten, am längsten und am radikalsten von der Revolution gepackt werden konnte. Wenn ein deutscher Staat vor der Revolution sicher war, so schien es vielen politischen Pessimisten in den Jahren des Krieges, dann war es Bayern. Deshalb ist die Revolution in diesem Hort des Konservatismus auch so herausragend und interessant gewesen – und sie ist es bis heute.

Sie hat nicht nur im Mikrokosmos der Landeshistoriker für Erstaunen gesorgt. Historiker aus aller Herren Länder blickten auf Bayern und fragten sich: Wie konnte das ausgerechnet hier geschehen, wie konnte aus dem bescheidenen Aschenputtel eine weithin beachtete Königsgestalt der deutschen Revolution werden? Genauso rätselhaft ist es allerdings, wie sich jahrzehntelang die Vorstellung halten konnte, die Revolution sei von einer abgehobenen Clique von Revolutionären sozusagen im Alleingang ins Land geschleppt und gnadenlos gegen alles Wollen der bodenständigen Bayern exekutiert worden. Bayern ist in seiner Polarität der extremste Fall der deutschen Revolution von 1918 und wegen genau dieser Spannweite von Konservatismus und Umsturz vielleicht auch der spannendste.

2 Das Land bricht in Teile

Frieden und Burgfrieden Nicht nur der Weinkonsum des Josef Hofmiller, sein gesamtes Denken und Theoretisieren kam während des Krieges zwangsweise ins Stocken. Er gehörte zu der Sorte Mensch, die ihre Gedanken beim Sprechen anfertigt, und zwar am liebsten in der Runde der Freunde. Wenn er dann ein Fläschchen Weißwein intus hatte, war sicher davon auszugehen, dass ihm im Laufe eines angeregten Abends viel Neues eingefallen war und dass er für den Nachhauseweg auch noch eine Begleitung aufgetan hatte, bei der er sich während des nächtlichen Spazierens entlang der Maximilianstraße, über die Isar hinweg und hinauf zum Haidhauser Kirchplatz unterhaken konnte. Nicht selten war es ein zehn Jahre jüngerer Mann, der die Ehre hatte, den Gymnasialprofessor zu begleiten.

Dieser Mann war Karl Alexander von Müller. Er war im Laufe des Krieges in den Mitarbeiterkreis der ›Süddeutschen Monatshefte‹ aufgenommen worden und damit ein Kollege von Hofmiller. In diesen Monatsheften wurden die Trommeln der deutschen Kriegsgesinnung mit am lautesten geschlagen. Annexionen, also Gebietserwerb im Falle eines Sieges und ein unbegrenzter U-Boot-Krieg, gehörten zu den festen Gedankenelementen der Redaktion. Selbst wenn dieser sogenannte uneingeschränkte U-Boot-Krieg gegen alles, was sich auf den Weltmeeren als irgendwie englisch erwies, politisch brandgefährlich war, da er die USA in die Allianz der Gegner hineinbugsierte, war das für die ›Süddeutschen Monatshefte‹ bestenfalls ein Kollateralschaden: Jede irgendwie geartete Schwäche, jeden Kompromiss oder einen sogenannten Verzichtfrieden lehnten die Publizisten vehement ab. Eine Militärdiktatur wäre ihnen ohnehin am liebsten gewesen, und vorsichtig zwar, aber wahrnehmbar ermutigten sie die Heeresleitung dazu.

Die weinseligen Zusammenkünfte von Paul Nikolaus Cossman, dem Herausgeber der Monatshefte, von Hans Pfitzner, dem Komponisten, von Karl Alexander von Müller, dem Professor für Geschichte an der Universität München, und von Josef Hofmiller, dem Gymnasialprofessor für neue Sprachen, waren also eine Art informeller Redaktionssitzungen, denn sie arbeiteten alle an der Zeitschrift mit und firmierten später sogar als Mitherausgeber. In der ihm eigenen rührseligen Art beschreibt Karl Alexander von Müller dieses Zusammensein und den Nachhauseweg in seinen Memoiren, die er in den fünfziger Jahren unter dem Titel ›Mars und Venus‹ veröffentlichte:

> Fast am liebsten waren mir bei diesen Ausgängen die Heimwege. Hofmiller hatte die Schwäche Gottfried Kellers, dass sein Gang vom Wein unsicher wurde, wenn der Kopf noch im vollen Gleichgewicht stand; dann hing er sich vertraulich in den Arm des Begleiters und plauderte, die ganze Maximilianstraße entlang, über die rauschende Isar, bis zur Ecke des Haidhauser Kirchplatzes, wo seine Wohnung lag – etwa über diesen Gottfried Keller … dazwischen von englischer Grammatik, von Schlierseer Landschaft, von Conrad Ferdinand Meyer und Luise Francois, von Regensburg, Landshut, Alfred de Musset, Oxford, dem Maximilianeum, in einem nie ermüdenden Fluß, daß man aus dem Entzücken nicht herauskam.

Es lohnt sich, Josef Hofmiller bei Karl Alexander von Müller weiter untergehakt zu halten. Die beiden zusammen ergeben mit ihren Erinnerungen ein noch besser abgerundetes Bild des Münchner Bürgertums. Beide sind Abbilder der bürgerlichen Münchner Welt, denn richtig zum Adel, im Sinne einer abgehobenen Standesgruppe, gehörte Hofmillers Wegbegleiter Karl Alexander von Müller nicht. Sein Vater hatte erst kurz vor seinem Tod das Adelsdiplom erhalten, und vorher hatte er sich ausschließlich durch seine Leistungen als Kultusminister Bayerns und nicht durch seinen Titel einen Namen gemacht.

Karl Alexanders Karriere startete glänzend. Er war während des Studiums wie schon der Vater Stipendiat der Elitestiftung Königliches Maximilianeum, hatte Geschichte in München und in Oxford studiert, eine zeitgeschichtliche Dissertation geschrieben und ohne die sonst üblichen

Berührungsängste des Wissenschaftlers essayistische Artikel verfasst. Als er schließlich 1917 Syndikus der Bayerischen Akademie der Wissenschaften wurde, deutete sich schon an, dass seine Leidenschaft für politische Aufsätze größer war als die Überzeugungskraft, die er mit wissenschaftlichen Arbeiten gegenüber seinen Fachkollegen entwickeln wollte.

Durch das Erscheinen von Karl Alexander von Müller hat das Duo der beiden durch München stolzierenden Bürger noch mehr innenpolitische Schlagseite nach rechts. In all ihrer Behäbigkeit, aber auch in ihrer publizistischen Schärfe, ihrer politischen Angriffslust und ihrem täglich wachsenden nationalen Radikalismus ergeben sie ein kontroverses Pendant zum ebenso radikal draufgängerischen, aber eben linksrevolutionären Oskar Maria Graf und all den vorwärtsdrängenden Menschen seines Umfeldes.

Die weinseligen Nachtwanderer hatten während des Ersten Weltkrieges nicht nur manche Spaziergänge vom abendlichen Stammtisch in der Stadtmitte oder vom Redaktionsbüro der ›Süddeutschen Monatshefte‹, das nahe am Englischen Garten in der Königinstraße lag, absolviert, sie waren auch publizistisch einen langen Weg gegangen. Ihre Zeitschrift wurde 1904 eigentlich als Kulturblatt konzipiert, um eine süddeutsche Stimme im Kulturbetrieb zu etablieren, wandelte sich dann aber im Krieg sehr schnell zu einem nationalistischen Propagandablatt. In dieser Hinsicht beobachteten die beiden Publizisten nicht mehr nur das Geschehen, sie prägten es auch und wollten politisch wirken. Die Bedingungen dafür hatten sich 1914 deutlich geändert.

Bei Beginn des Krieges wurde im Kaiserreich ein sogenannter Burgfrieden geschlossen. Die mittelalterlich klingende Bezeichnung besagte, dass die großen gesellschaftlichen Konflikte der Vorkriegszeit, also die Auseinandersetzungen zwischen Sozialdemokratie und Gewerkschaften auf der einen Seite und den bürgerlichen Parteien und ihren Interessenverbänden auf der anderen Seite, ruhen sollten und alle Aufmerksamkeit nur noch dem vereinten Kampf gegen die Feinde gelten dürfe. Bis heute ist der Ausspruch geläufig, den Kaiser Wilhelm II. 1914 in bekannt vollmundiger Art tat: »Ich kenne keine Parteien mehr, ich kenne nur noch Deutsche.« In Bayern war der Weg zu einem Burgfrieden kürzer als in Preußen, denn die als königlich bayerische Sozialdemokratie bezeichnete

Linke hatte sich im gemütlicheren, weil de facto nicht so stark industrialisierten, wirtschaftlich fast schon rückständigen Süden immer revolutionsfeindlich gezeigt und war auch weit mehr als in Preußen politisch und verfassungsrechtlich akzeptiert worden.

Einige Jahre hielt dieser Burgfrieden. Das heißt nicht, dass Deutschland damit ein Land der ruhigen Töne wurde. Gegen die teuflischen Gegner, das perfide England, das rachsüchtige Frankreich, das despotische Zarenreich wurde mit einer Polemik gewütet, die uns heute besinnungslos stupide erscheint, die aber auch von den Publizisten der Gegenseite in ähnlichem Ton gekontert wurde und ein Zeichen dieser Zeit ist.

Als sich in den Jahren 1916 und 1917 immer klarer zeigte, dass der Krieg gnadenlos und gefräßig allen Wohlstand und einen Großteil der Soldaten jedes Landes verschlingen würde, dass keine der Parteien selbst bei den größten Anstrengungen es schaffen könnte, an der Westfront dauerhaft auch nur einige Tausend Meter Boden zu gewinnen, rangen sich wichtige Kräfte im Berliner Parlament, dem Reichstag, zu einer Friedensinitiative durch. Es handelte sich dabei um die SPD, das katholische Zentrum und die Fortschrittlichen Liberalen, also um Parteien aus dem Mitte-Links-Spektrum, die zusammen fast eine Zweidrittel-Mehrheit zustande brachten. Sie signalisierten dem Ausland die Bereitschaft, einen Verständigungsfrieden zu schließen, der den Status quo der Vorkriegszeit konservieren würde, der aber auch zeigte, dass für alle Kriegsparteien alles umsonst gewesen wäre, was in Jahren an schweren Opfern gebracht worden war.

Seit dieser Initiative vom Juli 1917, der sogenannten Friedensresolution des Reichstags, die erfolglos versandete, wurde die politische Szenerie äußerst scharfkantig. Es kochten die Emotionen der bürgerlichen Publizisten, die weiterhin felsenfest an Deutschlands Kriegserfolge glaubten. Im Jahr 1918, als sich Josef Hofmiller entscheidet, seine Eindrücke vom Leben um ihn herum im Kriegstagebuch festzuhalten, ist ein historischer Punkt erreicht, an dem der Burgfrieden zerbrochen ist und alle tiefen Konflikte plötzlich sichtbar werden.

Und damit beginnt die Vorgeschichte der Revolution. Sie ist ein Geschehen, an dem beide Seiten – Rechts und Links – teilhaben und das auch beide Lager vorantreiben. Genau dies, die gewollte und ungewollte Gemeinsamkeit von Links und Rechts, die Zerstörung des bestehenden

Systems von zwei Seiten her, ist das Überraschende an der Sache und bedarf einer genaueren Erklärung. Das riskante Tun und Treiben, das Graf 1918 beginnt, macht die historische Pointe verständlicher.

Politisches Erwachen Oskar Maria Graf führte seit Anfang 1918 ein gefährliches Leben. Dies liegt zum einen daran, dass er beschlossen hatte, Revolutionär zu werden, zum anderen aber auch daran, dass die Arbeit der bayerischen Polizei reibungslos vonstattenging. Doch der oberbayerische Querschädel scheint trotzdem nicht allzu große Skrupel gehabt zu haben. Er suchte geradezu das politische Gefecht. Am Anfang steht Grafs Begeisterung für die Oktoberrevolution des Jahres 1917 in Russland und für die Bereitschaft der siegreichen bolschewistischen Regierung, dem Krieg so schnell wie möglich ein Ende zu machen.

Seit dem November 1917 befindet sich Graf wegen dieser grundstürzenden Veränderungen und wegen der Aussicht auf einen Frieden – und zwar möglichst ohne Annexionen – im politischen Fieber. Ähnlich erregt sind die bürgerlichen Rechten, die vor den beginnenden Friedensverhandlungen mit dem revolutionären Russland das genaue Gegenteil, nämlich territoriale Zugewinne für das Kaiserreich, einfordern und Russland für immer schwächen wollen. Ungeniert und ungehindert können sie in den ›Süddeutschen Monatsheften‹ dafür werben. Der Herausgeber Nikolaus Cossmann und seine Kollegen Josef Hofmiller und Karl Alexander von Müller machen nun große Politik. Graf hofft selbstverständlich auf das genaue Gegenteil, er wünscht ein Übergreifen der Friedensbewegung oder zumindest der Friedenssehnsucht auf Deutschland:

> Kein Mensch las mehr die gelben Telegramm-Anschläge der Frontberichte. Ein Murren ging um. Alles schien ausgelargt. Es wirkte nichts mehr. Die Lebensmitteldemonstrationen wuchsen sich zu Friedenskundgebungen aus. Siegen oder Nichtsiegen, Heldentaten und Schlachten, Kaiserworte, Hindenburg und Zweiundvierziger-Mörser – das alles war mit einem Mal nicht mehr wichtig. »Noja, solln's nur so fortsiegen, bis wir ganz und gar im Dreck drinnen sitzen!«, brummten die Leute und dann ging das Erzählen an.

Genauso wie Hofmiller vertraut auch Graf der Macht des Worts. In geradezu naiver Revolutionsromantik verschafft er dem Deserteur Paul Guttfeld eine Bleibe in München. Guttfeld überredet Graf dazu, für die Veröffentlichung von Auszügen aus dem Tagebuch eines deutschen Diplomaten zu sorgen. Es handelt sich um Karl Max Fürst von Lichnowsky, der vor dem Krieg an der Deutschen Botschaft in London tätig war. Die Auszüge aus den sogenannten Lichnowsky-Dokumenten sollen die Kriegsschuld Deutschlands belegen, damit auch die Argumente vieler Annexionisten von einer deutschen Unschuld am Ausbruch des Krieges entkräften und das Kaiserreich so zu einem milden Frieden gegenüber Russland zwingen.

Graf und Guttfeld machen eine Druckerei ausfindig, die die Lichnowsky-Dokumente drucken würde, und verhandeln mit dem Besitzer. Doch der vertröstet sie fürs Erste, und als die beiden dort zum zweiten Termin erscheinen, erwartet sie die Polizei. Sie werden festgenommen, auch eine Flucht von Guttfeld misslingt. Die Polizisten lassen sich nicht abschütteln und wissen, was zu tun ist. Blutend wird der Gefährte im Polizeigriff ins Präsidium geführt. Bei den Vernehmungen der nächsten Tage stellt sich heraus, dass die Polizei schon längst über Grafs politische Aktivitäten im Bilde ist. Denn überall sitzen Spitzel. Sie schreiben mit, was er auf den politischen Versammlungen der letzten Wochen geäußert hat. Man kennt den Bäcker bereits. Die Polizeiarbeit läuft wie am Schnürchen.

Das Agieren des Volksaufklärers Oskar Maria Graf markiert eine entscheidende Weichenstellung. Waren in den ersten Kriegsjahren der Hunger, den auch Graf sattsam erlebte, und – daraus resultierend – das Misstrauen gegenüber der bayerischen Regierung mit die stärksten Motive für Protest oder sogar für politischen Radikalismus gewesen, so erweiterte sich ab 1917 das Repertoire der Enttäuschungen. Nun zeigte sich, dass Regierung und Militär den Deutschen weiterhin keinerlei Friedensperspektiven bieten konnten oder wollten.

Frieden, so schien es, war eigentlich möglich, wenn ihn denn die eigene Regierung wirklich ins Werk setzen würde. Die Losung, mit der die Bolschewisten in Russland den Zarismus beseitigten, umschrieb das genau: »Brot und Frieden«. Was im Zarenreich stattfand, war keine Hungerrevolte, es war eher die politische Revolution von hungernden Menschen gegen eine Regierung, die den Frieden nicht wollte. Die Konstellation in Bayern gewann allmählich ein ähnliches Profil. Überdeckt wurde es allerdings dadurch, dass Polizei und Justiz das Heft immer noch in der Hand hatten und die Radikalen nach wie vor eine fast verschwindende Minderheit darstellten.

Der Gigant aus dem Nichts Graf kommt nach seiner Verhaftung relativ ungeschoren aus der Sache wieder heraus und ist schon bald wieder frei. Anfang des Jahres 1918 findet er sich – immer noch im revolutionären Schwung – bei den politischen Versammlungen der USPD ein. Kurt Eisner, der Mann, über den nun genauer berichtet werden muss, ist die Führungsfigur der »Unabhängigen« und der Vorsitzende dieser Abspaltung der SPD in Bayern.

Die USPD, später heißt sie meist – kürzer gefasst – USP, ist radikal, das heißt, sie propagiert Streik und einen sofortigen Frieden. Manche Mitglieder fordern die Revolution und als deren Folge die Republik. Damit werden alle, die die USP laut unterstützen, Kandidaten für die polizeiliche Beobachtung und je nach Taktik der Behörden auch für den Richter. Die Polizei hat Akten über alle Aktivisten, vornehmlich natürlich über Kurt Eisner, aber auch über kleinere Lichter wie Oskar Maria Graf. Und sie handelt, wenn sie dies für opportun hält.

Kurt Eisner war eine schmächtige Gestalt mit dünner Stimme und schütterem Haar, dennoch war er der Idealtypus eines Willensmenschen, ein Charakter, von dem die Rechten als Vollstrecker ihrer eigenen Ziele immer träumten. Doch Eisner war der Mann, der genau das Gegenteil wollte: die sozialistische Revolution. Und er machte sie. Für die Zeitgenossen war dies schier unbegreiflich, regelrecht fantastisch, denn diesen Mann, der den Staat aus den Angeln hob, kannte in Bayern fast niemand. Das ist wortwörtlich zu nehmen.

Oskar Maria Graf erwähnt ihn lange Zeit in seinen Lebenserinnerungen nur am Rande. Noch deutlicher ist es beim politischen Publizisten Josef Hofmiller. Am Tag nach der Revolution, als das Königtum der Wittelsbacher schon Vergangenheit ist, muss er den ›Kürschner‹, das gängige biographische Nachschlagewerk, aus dem Regal nehmen und dort nachsehen, wer dieser Kurt Eisner eigentlich ist. Man kann annehmen, dass Hofmiller zu sehr mit den vermeintlich großen nationalen Fragen beschäftigt war, als dass er das politische Agieren der Münchner Linken wahrgenommen hätte. Doch immerhin las er Zeitung. Dennoch weiß er nichts über den wichtigsten Mann Bayerns. Genauso ergeht es Karl Alexander von Müller. Und da sind die beiden keine Ausnahme. Den meisten Münchnern ging es so.

Eisner, der Mann, der die Monarchie stürzte, wurde in Bayern ein politischer Gigant, allerdings einer, der aus dem Nichts kam. Es wird sich zeigen, dass er von seinem politischen Erfolg selbst so überrascht war, dass er innehalten musste, um zurückzublicken und sicherzustellen, dass seine politischen Gegner ihn nicht fangen und niederringen würden. Dann aber, und das ist ein deutliches Zeichen seines politischen Spürsinns in den entscheidenden Stunden des 7. und 8. November 1918, als er sah, dass nichts Gefährliches geschah, ging er weiter voran.

»Wer ist der Redner?« erkundigte ich mich leise bei meinem Nebenmann. »Der Eisner«, war die Antwort. Ich suchte in meinem Gedächtnis, ging alle Revolutionäre und Bekannten aus meiner Anarchistenzeit durch, nein, ich mußte mich geirrt haben.
Oskar Maria Graf, Wir sind Gefangene

Kurt Eisner wurde erst im Jahr 1917 zum Politiker. Der 1867 in Berlin geborene Sohn einer jüdischen Familie von bescheidenem, aber dennoch vorzeigbarem Wohlstand und geschäftlichem Erfolg studierte an der Universität in Berlin, brach sein Studium jedoch ab und stieg stattdessen in den Journalismus ein. Dort brachte er es zum leitenden Redakteur des ›Vorwärts‹. Seine Position war de facto die Stellung eines Chefredakteurs. Nominell wurde er aber nie dazu ernannt, denn Wilhelm Liebknecht war unangefochtener Patriarch in dieser Position. Liebknecht, der Chefredakteur des Blatts und eine der großen, geradezu ehrwürdigen Führungsfiguren der SPD, hatte Eisner 1898 in diese Position beim ›Vorwärts‹ gebracht.

Der SPD mangelte es an begabten Journalisten, die das Wagnis unternehmen wollten, einer Partei, die in einer Außenseiterposition war, zuzuarbeiten, und so war Eisner eine vielversprechende Wahl. Er hatte kurz vorher eine Gefängnisstrafe wegen Majestätsbeleidigung vollständig absitzen müssen, die wegen eines Artikels in der ›Hesssischen Landeszeitung‹ gegen ihn verhängt worden war. Damit hatte er sich jedoch ein sozialistisches Adelsdiplom erster Güte erworben, und so war auch sein Einstieg in die Zeitung leicht gewesen. Chefredakteur Liebknecht fremdelte nicht, denn auch er hatte wegen dieses Delikts Jahre im Gefängnis zubringen müssen.

Während seiner Tätigkeit beim ›Vorwärts‹ war Eisner im Kampf der Lager innerhalb der SPD, genauer gesagt in der Auseinandersetzung, ob die Partei auf demokratischem oder auf revolutionärem Weg zum Sozialismus voranschreiten solle, stark unter Druck gekommen, da er sich mit seiner eher reformistischen Position stark isolierte. Seine Grundüberzeugung, dass man allein schon durch die zielstrebige Arbeit im Parlament irgendwann in einer sozialistischen Gesellschaft ankommen könnte, war in der sozialdemokratischen Partei das am stärksten umstrittene Thema und spaltete auch die Redaktion des ›Vorwärts‹. Als sein Förderer Wilhelm Liebknecht gestorben war, konnte sich Eisner gegenüber den taktisch geschickten Widersachern nicht mehr halten und kündigte im Jahr 1905.

Nachdem Eisner den ›Vorwärts‹ verlassen hatte, fasste er in Nürnberg Fuß. Er wurde bei der dortigen SPD-Parteizeitung, der ›Fränkischen Tagespost‹, zum Chefredakteur ernannt. Nach Jahren eines ansehnlichen Erfolgs und der Ausweitung der Verkaufszahlen scheiterte er jedoch auch in Franken. Dort war er der radikalen Fraktion ebenso nicht genehm, außerdem ließ er es sich nicht nehmen, zu reichspolitischen Themen Stellung zu nehmen. Sein Privatsekretär aus den Revolutionstagen, Felix Fechenbach, hat die Hintergründe von Eisner plastisch geschildert bekommen:

> Später, im Jahre 1918, erzählte er darüber, daß das eine Weile ganz gut gegangen sei, bis es eines Tages in der Presse-Kommission eine freundschaftliche Auseinandersetzung gab. Man betonte, dass die Zeitung doch ein deutsches, bayerisches und vor allem ein Nürnberger Blatt sei, und man bemängelte die immer wiederkehrenden Artikel über die auswärtige Politik. Eisner versprach keine Änderung, erklärte vielmehr, dass er so fortfahren werde.

Die Konsequenz war die Kündigung Eisners und der Beginn seiner freiberuflichen journalistischen Arbeiten für diverse SPD-Zeitungen. In

Nürnberg lebte Eisner bereits alleine. Fünf Kinder und seine Frau ließ er in Berlin zurück, und damit war seine Ehe am Ende und der Kontakt zur Familie abgebrochen. Während seiner Tätigkeit in Nürnberg war Eisner bayerischer Staatsbürger geworden. Dieser Status einer eigenen bayerischen Staatsbürgerschaft war einer der wenigen Hinterlassenschaften von Bayerns ehemaliger Eigenstaatlichkeit, neben der eigenen Post, dem eigenen Bahnbetrieb und der in Friedenszeiten von und in Bayern kommandierten Armee.

Eisners Zeit in München begann im Jahr 1910. Mit seiner neuen Partnerin, der Nürnberger Kollegin Else Belli, zog er in die Landeshauptstadt und wurde freier Mitarbeiter der sozialdemokratischen ›Münchner Post‹. Sein Tätigkeitsfeld war eher das Feuilleton, denn die Chefredaktion versuchte, ihn von allen Eskapaden im politischen Journalismus fernzuhalten. Diese erzwungene Konzentration aufs Feuilleton sollte seine späteren, viel zu kurzsichtigen Gegner dazu motivieren, ihn als politisch ahnungslosen Theaterkritiker und Schwärmer kleinzureden. Eine Täuschung, die als solche eher gegen seine Widersacher sprach als gegen ihn.

Jahrzehnte später machte sich Karl Alexander von Müller ganz folgerichtig den Vorwurf, als politisch interessierter Mensch blind gegenüber Eisner gewesen zu sein und damit völlig übersehen zu haben, welch enormer politischer Scharfsinn und welch präzises Analysevermögen dem bayerischen Neubürger zur Verfügung standen. Talente, die er noch dazu nutzte, um die Welt, in der sich Karl Alexander von Müller gut eingerichtet hatte, aus den Angeln zu heben:

> Aber hätten wir nicht auch wissen müssen, dass er einer der hervorragendsten sozialdemokratischen Journalisten überhaupt war, nicht nur ein Mann, der seit bald zwanzig Jahren in der Volksbühnenbewegung wie durch seine weitverbreitete Arbeiterkorrespondenz einen starken Einfluß auf die geistige Bildung des deutschen Arbeiterstandes ausgeübt hatte, sondern auch einer der ersten sozialdemokratischen Schriftsteller, die sich kritisch mit der deutschen Außenpolitik befasst hatten.

In München war Eisners Leben ärmlich. Abgeschnitten von einträglichen journalistischen Arbeiten darbte er, besonders während des Krieges, in einem billigen Häuschen weit außerhalb in Großhadern und musste für alle Kontakte in der von ihm geliebten und zum produktiven Dasein so dringend benötigten Großstadt mühsam mit der Straßenbahn durch die Vorstädte anfahren. Er vermied jedoch Gespräche in städtischen Cafés, da er die 25 Pfennige für eine Tasse der braunen Kriegsbrühe nicht aufbringen konnte. Sogar seine Hausbibliothek war äußerst dürftig und beschränkte sich weitestgehend auf die billigen Reclamhefte. Zuwendungen des Vaters seiner Lebensgefährtin Else hielten die beiden Eheleute finanziell über Wasser. 1917 heirateten die beiden.

Immerhin konnte ihn seine eigene Partei in Gestalt von Erhard Auer, dem kommenden Mann der bayerischen SPD, unterstützen. 1913 sollte Eisner im Auftrag des SPD-Landessekretärs Auer ein umfangreiches Landtagshandbuch verfassen, erhielt dafür auch Vorschüsse, schloss die Arbeit aber nie ab. Langes, zähes Arbeiten war Eisners Sache nicht. Er blieb in Verzug, und Auer war blamiert. Unter diesem Vorzeichen begann die intensive Beziehung der beiden Sozialdemokraten.

Eisner war bei Ausbruch des Ersten Weltkriegs wie so viele in der SPD felsenfest davon überzeugt, dass Deutschland sich des aggressiven und despotischen Zarismus erwehren müsse und deshalb zu Recht Krieg führte. Damit stach er in der SPD nicht heraus. Seine Position lag auf der Generallinie der Partei. Erst im Jahr 1917 tritt der Mann auf, der Geschichte machte.

Die Vorgeschichte der Revolution hat eine Adresse: die Gastwirtschaft Zum Goldenen Anker. Sie war an einer Ecke der Schillerstraße gelegen – außerhalb des alten Stadtkerns –, in der Ludwigsvorstadt. Es war kein Biertempel, sondern eine kleine Gaststätte in einer grauen Gegend am Bahnhof. Typisch münchnerisch ist, dass alles, auch der Umsturz, in einer Gaststätte begann.

Auch Oskar Maria Graf geht dorthin:

> Entschlossen trat ich in die Wirtschaft. In der Meinung, solche Versammlungen müssten geheim und womöglich unter einem x-beliebigen Decknamen abgehalten werden, fragte ich vorsichtig den Wirt, der am Ofentisch mit einigen Gästen gemütlich Tarock spielte, und war erstaunt, als er ohne weiteres sehr laut sagte: »Die Unabhängigen sind im Nebenzimmer. Hat schon angefangen.«

Typisch münchnerisch

Im Verlauf des Krieges war Kurt Eisner zu einem wichtigen Teil der antimilitaristischen Friedensströmung geworden und hatte in der SPD deswegen immer mehr Ausgrenzung – gerade auch im journalistischen Bereich – erleben müssen. Er suchte deshalb politische Gesinnungsgenossen und gedanklichen Austausch, und so kam es zu den Zusammenkünften im Goldenen Anker. Ab der Jahreswende von 1916 zu 1917 veranstaltete er wöchentlich sogenannte »Diskussionsabende«, bei denen die Gegner des Krieges aus dem linken Lager zusammenfanden und sich kennenlernten.

Schon immer waren auffällig viele Jugendliche aus SPD-Jugendorganisationen in den diversen Strömungen gegen den Kriegskurs der SPD aktiv gewesen. Die Mutterpartei musste daraufhin formelle parteirechtliche Tricks anwenden, um ihren Kurs gegen diese Jugendlichen durchzusetzen und jede Abspaltung oder auch nur ein Abirren vom Kurs zu bekämpfen.

Der Radikalismus der Jugendlichen ist leicht verständlich. Sie lebten gefährlich. Jedem 16-Jährigen trauten die Militärbehörden zu, ein Gewehr zu schultern und damit in den Krieg und den Heldentod zu ziehen. Diejenigen, die noch in München wohnten, waren dort eigentlich nur auf einer Durchgangsstation zur Front und zum möglichen frühen Tod. Der bayerische Innenminister Maximilian von Brettreich sah allerdings – ganz typisch für einen Vertreter von Recht und Ordnung – noch ganz andere Veränderungen:

> Die Industrie konnte die Jugendlichen bei dem steigenden Arbeitermangel nicht entbehren und bot ihnen unverhältnismäßig hohe Löhne, die zu einer übertriebenen Genußsucht, zur Verwilderung und Entsittlichung führen mussten.

Sozialgeschichtlich interessant und für die Zeit überaus typisch ist, dass es nicht irgendwelche in Ehren ergrauten Revolutionäre der SPD waren, die Eisner in die Politik bugsierten, sondern die jungen Leute auf ihn zugingen. So schilderte das zumindest Felix Fechenbach, der mit verantwortlich dafür war:

> Schon im Jahre 1915 hatten wir Kurt Eisner wiederholt als Redner für die Jugend-Sektion gewonnen ... Immer enger schlossen sich die jungen Gemüter an Kurt Eisner an. Als dann in der

Generalversammlung der Partei im Juni 1916 nach einer heftigen Auseinandersetzung die Bewegung der Jugendsektion endgültig in eine sozialdemokratische Jugendpflege umgewandelt worden war, trat ich mit einigen Freunden an Kurt Eisner heran mit der Bitte, besondere regelmäßige Diskussionsabende für uns zu veranstalten.

Meist kamen etwa 200 Personen zu den Veranstaltungen, die Kurt Eisner seit Dezember 1916 thematisch und organisatorisch führte. So wie im Ratskeller, so fanden sich auch im Goldenen Anker zahlreiche Rüstungsarbeiterinnen ein, die dort politisch mitdiskutierten und wohlgelitten waren. In diesem späten Moment seines Lebens, also eigentlich erst 1917, wird der nun schon fünfzig Jahre alte Eisner politisch aktiv.

Da dieser Antikriegszirkel sehr klein war, fiel er den bürgerlichen Münchnern natürlich nicht auf. Nur die Polizei bemerkte die Veranstaltungen schnell und schickte routinemäßig ihre Spitzel dorthin. Bei den Diskussionsabenden wird die Polizei auch auf Oskar Maria Graf aufmerksam, aber sie hat keinen Grund, einzugreifen, denn Graf hält sich bei den »Eisnerleuten«, wie er sie nennt, anfangs auffällig zurück.

Aus dieser sich schnell verdichtenden Gruppe der »Eisnerleute« rekrutiert sich ein halbes Jahr nach Beginn der Diskussionsabende die bayerische Sektion der USP, der radikalen Abspaltung von der SPD. Revolutionäre, Kriegsgegner und Antimonarchisten gründen im April 1917 diese »unabhängige« SPD. Kurt Eisner will den Bruch mit der SPD eigentlich nicht vollziehen, denn er weiß, dass die Organisationen der SPD und die Verwurzelung der Partei in der Gewerkschaftsbewegung für einen politischen Erfolg der Linken unverzichtbar sind. Dennoch nimmt er am Gründungskongress der USP teil.

Er ist der Vorsitzende und der führende Kopf der radikal-revolutionären Neugründung in Bayern. Das zeigt sich darin, dass er, wie schon im ›Vorwärts‹ und bei allen Blättern, in denen er sich engagieren konnte, politische Grundfragen aufwirft, gesellschaftliche Zukunftsvisionen entwickelt, nun aber auch ganz konkret für München Streiks und Protestveranstaltungen vorantreibt.

Graf beobachtet den fünfzigjährigen Mann, der älter aussieht, als er ist, genau:

Unerregt saß alles da und blickte auf einen Tisch vorne, hinter dem ein nicht sehr großer Mann mit wallendem, grauen Haupthaar, einem ebensolchen Schnurr- und Spitzbart stand und eine Rede hielt. Einen Kneifer trug er, hinter dem sehr bewegliche Augen saßen. Hin und wieder unterstrich er irgendeinen Satz mit einer kurzen Armbewegung oder streckte den Zeigefinger wie ein Schullehrer in die rauchige Luft. Er hatte eine ziemlich tonlose, etwas kratzende Stimme, sprach aber sehr flüssig. Seine Kleidung war lässig, und alles an ihm machte den Eindruck von einem pensionierten Schulrat oder Professor.

Eisner findet die richtigen Worte – im Berliner Tonfall. Die Versammlung erwacht und gerät in Rage.

Der Mann wischte sich die nasse Stirn ab. Beifall erscholl von allen Seiten. Ich lebte auf.
»Expropriation!« brüllte ein Syndikalist aus irgendeiner Ecke ganz unvermittelt.
»Sabotage in allen Betrieben!« sekundierte ein anderer.
»Jawohl! Sehr richtig!« erscholl es allgemein. Die Fremdwörter ärgerten mich.
»Den Befehl verweigern beim Militär! Einfach nicht mehr mitmachen!« rief ich noch etwas unsicher und erntete sofort Beifall.

Grafs Teilnahme fällt eher in die bereits hitzigen Wintermonate Anfang 1918, doch die Stimmung, die er hier schildert, war vorher sicher ähnlich: Nicht nur Eisner, auch andere Redner feuern die Zuhörer an, machen Stimmung, reden sich in Rage gegen den Krieg. So entsteht ein leidenschaftliches Gemeinschaftsgefühl, das die Gruppe zusammenschweißt und sie auch in hoffnungslosen Momenten zusammenhalten wird. Es macht auch verständlich, warum die staatlichen Behörden der Hartnäckigkeit dieser Leute aus dem Goldenen Anker später völlig hilflos gegenüberstehen.

Revolutionärer Auftakt Ihre Feuertaufe, ja geradezu ihr Erweckungserlebnis als radikale und revolutionäre Friedensbewegung erlebt die Gruppe der »Eisnerleute« im Januar 1918. An einem vergleichsweise harmlosen Vorgeplänkel hat sogar Karl Alexander von Müller unfreiwillig teilgenommen und es in seinen fast vierzig Jahre später erschienenen Lebenserinnerungen genau geschildert. Müller sprach am 18. Januar an einem großen Veranstaltungsort, dem Wagnersaal, bei der alljährlichen sogenannten Reichsgründungsfeier. Eine solche Feier fand überall im Lande statt. Mit ihr wurde an die Kaiserproklamation und die Gründung des Reiches im Jahr 1871 erinnert.

Die Rede Müllers war ohne große Zwischenfälle geblieben, doch als mit Max von Gruber einer der exponiertesten Rassisten Deutschlands, zudem ein Mitbegründer der auf Gebietserwerb drängenden Deutschen Vaterlandspartei, ans Rednerpult schritt, brach von den Rängen lauter Protest los.

> Es gelang dem Versammlungsleiter nicht, die Ruhe wiederherzustellen, der Tumult wuchs mit jedem Versuch, ihn zu beschwichtigen, eine Hälfte der Zuhörer erhob sich für den Redner …

Von Müller hatte schon bei Veranstaltungsbeginn bemerkt, dass sich unter den Zuhörern – wie er meinte – sehr unbürgerliche Gestalten befanden. Die traten tatsächlich in Aktion und schrien den Redner nieder. So kamen sie innerhalb kurzer Zeit mit der – wie Müller sich weiter ausdrückte – patriotisch-bürgerlichen Welt im Saal ins Gehege. Es kommt dann zu Handgreiflichkeiten und schließlich erheben sich auf der Galerie Soldaten in Uniform und singen die Marseillaise. Die patriotisch-bürgerliche Welt drängt die Polizei, einzugreifen, doch die weigert sich, irgendetwas zu unternehmen, sie habe keinen Befehl dafür. Auch das war geradezu ein Fanal für die Zukunft. So antwortet die patriotisch-bürgerliche Welt mit dem Absingen des damals noch gestatteten ›Deutschland, Deutschland über alles‹:

> … im Widereinanderschreien beider Lieder, in dem bald das eine, bald das andere vorklang, leerte sich der Saal. Ich hatte das Gefühl, den Beginn einer Revolution erlebt zu haben.

Stellenweise entwickelt sich sogar eine ganz und gar unbürgerliche Schlägerei, und so sind alle Klischees einer bayerischen Wirtshausrauferei erfüllt, ohne dass man vorher exzessiv zum Alkohol gegriffen hätte. Das war auch definitiv nicht mehr nötig, die politische Situation selbst war schon extrem und erregend genug.

Müller und Hofmiller hatten bei all ihren nationalen Anfeuerungsrufen, die sie in den ›Süddeutschen Monatsheften‹ skandierten, zwar nicht übersehen, dass spätestens seit 1917 nicht nur eine radikale politische Alternativpartei, die USP, im Reich Fuß gefasst hatte und den Mehrheitssozialdemokraten die sozialistische Perspektive streitig machte. Wohl aber war ihnen entgangen, dass sich bei den nicht organisierten und nicht parteigebundenen Arbeitern eine Streik- und Protestbereitschaft breitgemacht hatte, die im Januar 1918 dann tatsächlich zum Ausbruch kam. Der Anlass waren die Niederlage Russlands im Krieg und der Beginn der Friedensverhandlungen.

Oskar Maria Graf war von dieser Perspektive so elektrisiert, dass er Eisners Versammlungen verließ und auf eigene Faust die Tagebucheinträge des deutschen Fürsten Lichnowsky drucken lassen wollte. Eine Veröffentlichung dieser Papiere wurde in der USP diskutiert, doch Eisner blockierte sie. Er wollte in diesem Moment nicht mehr Aufklärung über die Machenschaften der alten kaiserlichen Regierung, sondern Aktionen gegen die aktuell Regierenden. So konzentrierte er sich darauf, in Bayern einen Streik auszulösen, bei dem die Rüstungsarbeiter zeitlich möglichst unbegrenzt die Arbeit niederlegen sollten und einen Umschwung hin zum Frieden und zur sozialistischen Gesellschaft einleiten sollten. Graf hörte von dieser Taktik auf den Diskussionsveranstaltungen Eisners.

> Dort hielt der aus Heidelberg geflüchtete Ernst Toller eine flammende Rede gegen den Krieg. Hitzig, ekstatisch, mit wilden Gestikulationen und verzerrtem Gesicht schrie er seine Gefühle heraus. Er zitterte wie fiebernd und schäumte auf den Lippen. Ganz schwarz kam er mir vor … Er riß alle mit. Einzelne Frauen weinten oder wurden ganz wild.
> »Nieder mit dem Krieg! An den Galgen mit Ludendorff!« stimmte alles zu. Geweckt und unternehmend gingen wir auseinander.

Der Zeitpunkt für den Streik war gut gewählt. Die deutsche Verhandlungsdelegation traf sich Ende Januar mit der russischen Regierungsabordnung unter Leo Trotzki. Das Volk war – gerade in den schlecht versorgten Städten – vom Hunger zermürbt und wollte, dass sich die Regierungen schnell einigten. An vielen Industriestandorten im Reich kam es deshalb seit dem 27. Januar zu Streiks, die von der USP organisiert worden waren.

Eisner gelang es zu Beginn der reichsweiten Streikaktionen am 27. Januar jedoch nicht, die Münchner Arbeiter zu mobilisieren. Es machte sich nun genau das bemerkbar, was ihm bei der Gründung der USP als großes Manko erschienen war. Die Arbeiter waren meist Gewerkschafts- und SPD-Mitglieder und taten letztlich genau das, was Partei- und Gewerkschaftsvorstand wollten. Und die Vorstände und Vertreter der traditionellen Arbeiterbewegung waren gegen jede Aktion. Dies nicht etwa, weil sie grundsätzlich zögerlich oder kompromisslerisch waren, sondern weil sie damit ihren klar formulierten Kurs gestört sahen, den sie seit Ausbruch des Krieges verfolgt hatten. Es war das erklärte Ziel der SPD und ihrer Organisationen, den Ruf der »vaterlandslosen Gesellen« abzustreifen. Sie wollten sich als die für alle Deutsche passende und verantwortliche Zukunftsalternative erweisen. Das schloss Radikalismus aus.

Lange war den Sozialdemokraten von konservativer Seite vorgeworfen worden, sie seien national unzuverlässig und würden Deutschland bei der ersten Gelegenheit zugunsten des Internationalismus der Arbeiter verraten. Insofern war das politische Stillhalten während des Krieges für die Verantwortlichen der Sozialdemokratie nur ein weiterer Schritt zur sozialistischen Gesellschaft, da nach dem Krieg alle Deutschen Vertrauen in die Zuverlässigkeit der SPD haben könnten. Verglichen mit der Kriegsmonat für Kriegsmonat fester etablierten SPD, hatten die Radikalen nur ihre Opferbereitschaft in die Waagschale zu werfen. Davon aber, so meinte Felix Fechenbach, hatten sie genug:

> Die USP war damals in München ein kleines Häuflein ohne Geld, ohne Presse, denn das Geld, das Eisner nach Behauptung in Presse und Flugblättern von der Entente erhalten haben sollte, hatte niemand gesehen. Unser hauptsächlichstes Propagandamittel war die »mündliche Zeitung«. Aber wir hatten etwas anderes, wirksameres. Eisner hatte es verstanden, seine Anhänger mit dem Ethos des Kampfes zu erfüllen, das ihn selbst beseelte: Daß man bereit sein müsse, für die Idee sich selbst zu opfern, wenn man wirken wolle.

Am 27. Januar sprach Eisner auf sieben Veranstaltungen, die in den großen Bierkellern abgehalten wurden. Deren Säle fassten Tausende von Besuchern, und dort gaben die Organisationen der Mehrheitssozialdemokratie Aufklärung über ihre ablehnende Haltung zum Streik. Eisner war stets dabei und musste sich mühsam das Wort erkämpfen, aber es gelang ihm. Das war in dieser Zeit leichter möglich als heute, weil es ganz selbstverständlich war, nach den offiziellen Reden eine Diskussion zu eröffnen, bei der sich alle im Saal – also auch die Vertreter anderer Ansichten – zur Sache äußern konnten. Bei der Parallelveranstaltung seiner eigenen Partei konnte er hingegen nur 250 Besucher begrüßen, also im Wesentlichen den harten Kern seiner »Eisnerleute«, davon war also keine großangelegte spontane Mobilisierung zu erwarten. Allerdings, und insofern hatte er durchaus Erfolg, waren einzelne Vertrauensleute der Rüstungsarbeiter aus den Krupp-Werken bei seiner Veranstaltung zugegen und diese luden Eisner ein, ein größeres Forum zu nutzen.

Am nächsten Tag, dem 28. Januar, sollte eine Betriebsversammlung für die gesamte Belegschaft stattfinden, die von der SPD und den Gewerkschaften organisiert worden war. Nach einer langen und heftigen Geschäftsordnungsdebatte gelang es Eisner dort tatsächlich, zu den etwa 900 Arbeitern zu sprechen. Eine Abstimmung über seine Forderungen kam aber nicht zustande, da die Veranstalter die Versammlung wegen Überschreitung der Polizeistunde nach seiner Rede ganz geschickt im Handumdrehen auflösten.

Der Funke war jedoch übergesprungen, und wiederum am nächsten Tag beschlossen die Vertrauensleute auf einer eigens anberaumten Betriebsversammlung, und erneut unter Anwesenheit von Eisner, tatsächlich in Streik zu treten. Datum würde der 31. Januar sein. Tatsächlich zogen an diesem Tag die Arbeiter der Krupp-Werke in einem Demonstrationszug zur Innenstadt, nicht ohne auf ihrem Weg die Arbeiter der anderen Rüstungsbetriebe im Norden zum Mitmachen aufzufordern. Sie blieben jeweils vor dem Tor des Unternehmens stehen, machten mit Lärm auf sich aufmerksam und holten die Beschäftigten mit Rufen und Parolen heraus. Zeitzeugen aus den Betrieben bestätigten, dass viele Arbeiter sofort alles stehen und liegen ließen, sobald sie von der Aktion draußen hörten. Mit dem Ruf »Alles heraus!« legten sie den Betrieb lahm und schlossen sich dem Zug an. Dort, wo nicht sofort ein Erfolg zu erzielen war, gelang es Eisner auf Versammlungen in der Firma und vor den Arbeitern sogar, den Führer der bayerischen SPD, Erhard Auer, auszustechen und die Beschäftigten zum Mitmachen zu gewinnen.

Es war Eisners Triumph gegen die Mehrheitssozialdemokratie, dass in München 9000 Arbeiter an dem Streik für einen sofortigen Frieden teilnahmen und in Bayern insgesamt 40 000 – angetrieben von seiner Partei – die Arbeit niederlegten. Damit hatte Eisner der SPD das Heft aus der Hand gerissen und bewiesen, dass ernsthafte Aktionen gegen den Krieg nur von seiner Partei zu erwarten waren. Andererseits war die Kluft zur Mehrheitssozialdemokratie damit unüberbrückbar geworden. So groß sein eigener Erfolg auch gewesen sein mag, die Spaltung und damit auch Schwächung der Arbeiterbewegung war unter den bestehenden Umständen nicht mehr rückgängig zu machen.

Dennoch hat er in seinen Aufzeichnungen die Woche der Streikbemühungen als die schönste seines gesamten Lebens bezeichnet. Das ist nachvollziehbar, war er doch – um den Preis seiner Trennung von den politischen Wurzeln in der Mehrheitssozialdemokratie – zu einer politischen Größe und zu einem Taktgeber in Bayern geworden.

In einem Land, das unter Kriegsrecht stand, war diese Aktion zwar eine politisch aufsehenerregende Tat, aber sie war illegal. Noch in der Nacht des Streiktags wurde Kurt Eisner verhaftet und blieb bis Oktober im Gefängnis. Mit ihm verschwanden alle Führungsfiguren seiner Partei in München in der Haftanstalt. Der USP schien damit das politische Genick gebrochen, denn sie hatte zwar einen ansehnlichen politischen Erfolg erzielt und die SPD in die Knie gezwungen, aber sie hatte ihre ohnehin wenigen Mitglieder und Führungsfiguren in diesem Streik verheizt. In den folgenden Monaten verfiel auch die Besucherzahl der Diskussionsabende, so dass im April schließlich nur noch sechs Interessierte von der Polizei gezählt wurden. Jahrzehnte später, als Eisner bereits Geschichte war, dämmerte es auch Karl Alexander von Müller, wie selbstbezogen und ahnungslos er, der Publizist, gewesen war, wie wenig er von Eisners politischer Basisarbeit bei den unzufriedenen Münchnern mitbekommen hatte:

> Hätten wir das nicht wissen müssen? Aber wir wußten es so wenig wie die Regierung … Die Regierung, wurde uns mitgeteilt, gründete ihre Abwehr vor allem auf Vertrauensleute innerhalb der Gewerkschaften und auf »caritative Patrouillen«, nicht zuletzt von Frauen, die in kritischen Augenblicken beruhigend einwirken sollten. Nach welcher Seite trieb die Entwicklung?

Müller schreibt dann weiter, dass sich die Streikenden seiner Ansicht nach zuletzt doch der Ordnungsmacht und der Justiz gnadenlos hätten beugen müssen, dass der Staat souverän die Oberhand behalten habe und der patriotisch-bürgerliche Münchner, so zumindest sein damaliges Fazit, in Zukunft keine Sorgen mehr vor Links haben müsse. Müller und Hofmiller gaben sich also in der Folge ganz unbelastet von der Linken weiter ihren nationalen Träumereien hin, legten aber eine äußerst erfolgreiche Ausgabe der ›Süddeutschen Monatshefte‹ auf, die sie dem deutschen Arbeiter widmeten. Der war nach vier Jahren Krieg immerhin im lange unerreichbaren Orbit der bürgerlichen Patrioten angekommen. Mit einer ähnlich gefährlichen Aktion wie der Organisation eines Streiks landete auch Oskar Maria Graf im Gefängnis, und so schien bei oberflächlicher Betrachtung wirklich der Eindruck realistisch, dass die königliche Regierung den Protest gegen den Krieg im Griff hatte. Graf bekam das hautnah zu spüren:

> Solange ich sozusagen in der revolutionären Strömung gestanden hatte, waren alle täglichen Mißlichkeiten fast weggelöscht. Das Allgemeine, in das ich geraten war, hielt mich ununterbrochen in Spannung. Jeder Tag war eine Sensation ... Jetzt aber, nachdem – rein oberflächlich gesehen – der erste Anlauf der unzufriedenen Massen jäh aufgehalten worden war, nachdem der Wille zum Aufruhr durch Verhaftung der Führer und brutale Schikanen schier ausgerottet war, jetzt stand ich wieder im Kreis der Misere.

Angesichts der Berichte, die in den folgenden Monaten aus ganz Bayern im Innenministerium einliefen, hatte die Regierung ihrerseits keinen Anlass zur Beruhigung. Denn auch nach dem Streik und den Verhaftungen gingen die Proteste weiter, sie waren spontan, von keiner Partei wirklich koordiniert und unglaublich heftig.

Ein Beispiel, vielleicht das sinnfälligste, ist ein Aufstand, der ausbrach, als im Mai Soldaten von den Kasernen in Ingolstadt nach Erlangen verlegt werden sollten, um an die Front transportiert zu werden. Die 150 Soldaten, die dafür vorgesehen waren, bekamen während des Wartens bis in die Nacht hinein Freigang, da man ansonsten eine Meuterei befürchtete. Das Ergebnis war, dass sich etwa 3000 Frauen und Jugendliche den Soldaten anschlossen und in der Stadt randalierten. Sofort wurde Infanterie gegen sie in Bewegung gesetzt, doch die zog dann unverrichteter Dinge wieder ab. Innenminister von Brettreich war trotz der erstaunlicherweise von selbst wieder abebbenden Erregung der Soldaten und Demonstranten äußerst beunruhigt:

> Bedenklicher war, dass sich beim Militär immer mehr Erscheinungen nachlassender Disziplin und Zunahme der Unbotmäßigkeit zeigten. Bei Unruhen, die am 12. Mai in Ingolstadt ausgebrochen waren, versagte das zur Unterdrückung beigezogene Militär vollständig.

Das Beispiel machte Schule. Im nächsten Monat randalierten in München 800 Soldaten, verweigerten den Befehl ihrer Vorgesetzten zur Ruhe, zogen durch die Stadt und hinterließen eine Spur der Verwüstung. Der Münchner Polizeipräsident eilte hinzu und wollte Ordnung schaffen. Er holte sich eine grausame Abfuhr, wurde bedroht und richtete nichts aus, bis sich dann zuletzt auch dort die Empörung der Soldaten von selbst wieder legte. Dem Polizeipräsidenten Rudolph Beckh sollte das eine Lehre sein. Sein zukünftiges Tun zeichnete sich durch äußerste Zögerlichkeit und Zurückhaltung aus.

> Brotkrawalle vor dem Rathaus gab es, die Frauen schrieen und es klang furchtbar. Die Polizei kam und drängte die Massen auseinander. Beschimpfungen hagelten auf sie nieder. Es lag eine finstere Wolke über den Häusern.
> *Oskar Maria Graf, Wir sind Gefangene*

Interessant an anderen, genauso heftigen Auseinandersetzungen in ganz Bayern ist vor allem, dass sich unter den Beteiligten etwa ein Drittel Frauen als Randaliererinnen, Demonstrantinnen und Brandstifterinnen betätigten, also ganz und gar nicht als »caritative Patrouillen«, wie es die Regierung geplant hatte. Auch Tränengas hielt sie nicht davon ab. Sobald die Polizei zu Pferd auf sie zuritt, erhoben sie ein Geschrei von solcher Lautstärke, dass sogar die Tiere scheu wurden. Aktionen von Ordnungshütern zu Fuß wehrten sie ab, indem sie sich ihre Kinder vor die Brust hielten und die Polizei damit blockierten. Auffällig ist auch, dass es vor allem junge Leute unter zwanzig waren, die sich beteiligten. Sie waren ja am ehesten von einer Einberufung an die Front bedroht und nicht so stark wie die Älteren in die streng am Burgfrieden ausgerichteten Organisationen der Arbeiterbewegung eingebunden.

Die neue Frau Gerade erst hatte sie ihre zweijährige Ausbildung an der Lehr- und Versuchsanstalt für Fotografie in München abgeschlossen und mit dem Geld von Freunden ihr Porträtatelier Germaine Krull in der Hohenzollernstraße 5 in Schwabing eröffnet, da klingelte die Tür, und herein kam der Vorsitzende der Unabhängigen Sozialdemokraten, Kurt Eisner. Es dürfte Anfang des Jahres 1918 gewesen sein, dass er die Atelierräume betrat, die am nördlichen Rand der Stadt lagen, denn der spätere Streikanführer und Häftling lief in den Tagen seines Erscheinens bei Germaine Krull noch in Freiheit durch die geliebte Großstadt, durch Schwabing im Speziellen, und war politisch handlungsfähig.

Im Laden begrüßten sich die beiden freundlich, denn man war schon seit Längerem miteinander bekannt. Germaine Krull, die Zwanzigjährige, hatte den Journalisten 1917 bei Freunden der Familie kennengelernt. Daraufhin kam sie zu seinen Diskussionsabenden und folgte seinen wöchentlichen Vorträgen im Goldenen Anker mit heller Begeisterung. Ihre Mutter betrieb eine Pension und nebenbei auch Schwarzhandel, denn die Finanzen der Familie waren schwach aufgestellt. Der Vater, ein verkrachter Ingenieur, der von Dienststelle zu Dienststelle wechselte, war 1917 gestorben. Zu diesem Zeitpunkt hatte die Ehe der Eltern schon Jahre nicht mehr bestanden, und Germaine hatte ihr Leben im Haus der Mutter verbracht. Als kleines Mädchen hatte sie nie eine Schule besucht, da die Familie ständig umgezogen war. Erst als sie mit ihrer Fotografenausbildung anfing, bekam sie ganz normalen Unterricht im Klassenzimmer.

Sie war ein Mensch, der die Freiheit seit frühester Kindheit erlebte und dringend zum Leben brauchte. Ihre Wohnorte, die Menschen und Liebespartner gleich welchen Geschlechts, denen sie nah war, hat sie deshalb zeitlebens freizügig gewechselt. Mit ihrem Naturell passte sie bestens nach Schwabing. Sie war das, was man wenig später »die neue Frau« nannte.

Natürlich fotografiert sie den neuen Kunden gerne, und zwar im suggestiven Hell-Dunkel-Stil der Zeit, genau so, wie man es ihr an der Lehranstalt beigebracht hat. Ob der chronisch finanzschwache Eisner dafür bezahlen muss, ist nicht sicher, denn Germaine Krull hat sich eine spezielle Strategie ausgedacht, wie sie sich als Berufsanfängerin schnell einen Namen machen könnte. Sie bietet kostenlose Porträtfotos an:

Ich machte mich daran, den berühmten Künstlern zu schreiben, ohne eine Antwort zu erwarten. Doch die menschliche Eitelkeit kennt keine Grenzen: Sie kamen alle.

Eisner verlässt das Atelier nach der Sitzung wieder – sicher haben sie über Politik und Kultur gesprochen –, und er muss wie alle Kunden einige Zeit warten, bis die Abzüge fertig sind. Währenddessen findet einige hundert Meter vom Atelier entfernt, in der Kaulbachstraße, eine – zumindest offiziell gesehen – private Teestunde statt. Auf dieses wöchentliche und nur vermeintlich private Zusammensein hat die Polizei allerdings seit Längerem ein Auge geworfen. Sie hört die Telefone ab, bespitzelt die Post und auch das gesamte Umfeld der Teetrinkergemeinde. Es sind allesamt Frauen.

Trotz der Überwachung bekommt die Ordnungsmacht diese Frauen nicht in den Griff. Artikel und Berichte, in denen die Teilnehmerinnen ihre Gespräche zusammenfassen, werden nach den Sitzungen in die neutrale Schweiz geschmuggelt und erscheinen in den dortigen Zeitungen. Alle rufen zu einem Ende des Krieges auf und fordern die Solidarität der Frauen Europas.

In dieser Wohnung in der Kaulbachstraße leben Anita Augspurg und ihre Lebensgefährtin Lida Gustava Heymann. Weil die Behörden Lida Heymann 1917 aus Bayern ausgewiesen haben – sie war, anders als ihre Partnerin, keine bayerische Staatsbürgerin –, konnte sie nur heimlich nach München zurückkommen und lebt nun illegal in der gemeinsamen Wohnung. Die beiden Frauen haben mit Germaine Krull viel gemeinsam, auch wenn sie sich nicht kennen – zumindest hat keine der drei Frauen einen Kontakt erwähnt. Dieses Gemeinsame betrifft vor allem das Berufliche der drei Münchnerinnen. So war Anita Augspurg lange Zeit Münchens bekannteste Fotografin, ein Ruf, den sich Germaine Krull in den nächsten Jahren erst erarbeiten muss, dann aber mit durchschlagendem Erfolg.

Anita Augspurg hatte sich ihre Ausnahmestellung – ähnlich wie später Germaine Krull – nicht nur mit fachlichem Können, sondern auch mit geschicktem Marketing erkämpft, denn kurz nach Eröffnung ihres Fotoateliers im Jahre 1887 war es ihr gelungen, zusammen mit ihrer damaligen Lebensgefährtin Sophia Goudstikker durch aufsehenerregendes

Auftreten zu einer Berühmtheit in der Münchner Gesellschaft zu werden. Ihr exzentrischer Lebensstil, den sie in aller Öffentlichkeit zelebrierte, hatte die Münchner in der steif-bürgerlichen Zeit der Monarchie sofort fasziniert. Unbekümmert um Konventionen, ritt sie lange vor dem Krieg auf dem Herrensattel durch den Englischen Garten oder durchquerte ihn auf dem Fahrrad, trug ihre Haare kurz, residierte in dem schicken und absolut mondän gestalteten Atelier Elvira, verwaltete – genauso wie Lida Gustava Heymann – ihr ererbtes Vermögen erfolgreich ohne männliche Hilfe und wurde so zum beliebten Gesprächsgegenstand bei Nachmittagstees und Soireen. Sie fotografierte das auf Sensationen gierige wohlhabende Münchner Publikum und die politischen Führungsfiguren in Bayern. In ihrem Fall war es der spätere König Ludwig III. So wurde sie »Königlich Bayerische Hofphotographin«. Originellerweise waren Kurt Eisners Eltern ebenfalls »Hoflieferanten«.

Im Jahr 1918 waren es schon fast zwei Jahrzehnte, die Anita Augspurg im Kampf für die politischen Anliegen des Feminismus zugebracht und auch durchlitten hatte. Anfangs war es vor allem um das Frauenwahlrecht und den Zugang von Frauen zu allen Berufen gegangen, doch seit Beginn des Krieges drängte sich immer mehr die Frage in den Vordergrund, was die Frauenbewegung gegen den Krieg und für den Frieden leisten könnte.

Germaine Krull, die junge Fotografin aus der Hohenzollernstraße, sollte sich deshalb schon bald nach der Fotositzung mit ihrem politischen Mentor Kurt Eisner zu einem Terrorakt berufen fühlen, die Feministinnen von nebenan aus der Kaulbachstraße agierten aufgrund ihrer langen politischen Erfahrung deutlich abgeklärter, aber auch so radikal wie nur denkbar.

Anfang 1918 war die bürgerliche Frauenbewegung, die immer schon Frieden propagiert hatte, in mehrere Gruppen zerfallen, und Anita Augspurg führte die radikalste Gruppe an. Der »Nationale Frauenausschuss für dauernden Frieden« hielt als einzige und konsequenteste Fraktion nichts von einem Feminismus, der sich nur um die Frauenrechte im jeweiligen Land kümmerte, also letztlich mit den Generälen gegen die Bevölkerung der Kriegsgegner kollaborierte. Der Feminismus müsse, ganz im Gegensatz zum Krieg der Männer, genügend Kraft und Überzeugung aufbringen, um aus dem Wahnsinn aller dieser Krieger, die sich gegenseitig ermordeten, auszusteigen, und er müsse einen Frieden schaffen, an dem logischerweise die Frauen aller Länder solidarisch mitwirken sollten. Anita Augspurg und Lida Gustava Heymann vertraten einen radikalen Internationalismus.

Völkerverständigung und ein gemeinsames Friedenskonzil sollten nach Ansicht dieser Frauenrechtlerinnen aber zuerst einmal die einzelnen Gruppen des Feminismus selbst zustande bringen. Allein das war schon schwierig genug. Abgesehen von den inhaltlichen Differenzen, mussten auch logistische Probleme gelöst werden. Man konnte sich nur in neutralen Ländern treffen und musste stets Angst vor den Behörden des jeweils eigenen Landes haben. Denn die Forderungen der radikalen Frauenbewegung galten als Gefährdung der deutschen militärischen Stärke und wurden konsequent verboten. Der Radikalismus der Anita Augspurg, ihre kompromisslose Ablehnung jeder Kriegsverlängerung, aber vor allem jeder Solidarität mit den Kriegern ihrer Nation, einte sie mit Kurt Eisner. Als der nach einigen Tagen im Atelier Krull seine Abzüge begutachtete, hatte sich Germaine, die Hörerin von Eisners Reden bei den Diskussionsabenden, durch seine Anregungen zu einer erlösenden Tat durchgerungen:

> Er sagte, daß alle Probleme von den Preußen und dem Kaiser verursacht seien und daß Blut werde fließen müssen. Wir verließen die Versammlung voller Enthusiasmus. Man mußte den Kaiser loswerden; er mußte verschwinden, und wir beschlossen, ihn zu töten.

Germaine Krull wollte mit einem Freund, Ernst Joske, dem Kaiser auflauern und ihn dann erschießen. Der Oberste Kriegsherr überlebte das Projekt, denn der Vater von Ernst Joske hatte von der Sache Wind bekommen, war ins Atelier der Porträtistin gestürzt und hatte die Pistole an sich genommen, die sich das Terrorduo bereits beschafft hatte. Als bräuchte es noch eines Motivs für den Feminismus, fiel er anschließend über sie her und vergewaltigte sie. Der Vorgang ist zwar in keiner Akte dokumentiert, doch darf man Germaine Krull wohl glauben, denn sie beschrieb ihn in ihren Memoiren ziemlich genau. Sie zog sich trotz dieser Erniedrigung nicht zurück, blieb eine treue Anhängerin der USP und ihres Vorsitzenden und sollte dann am 7. November wenige Schritte hinter ihm durch München ziehen.

Wie alle anderen Stadtbewohner konnte diese junge Idealistin im hungernden München des Sommers 1918 erleben, dass es mittlerweile viele Frauen gab, die nichts anderes wollten als ein Ende des Krieges. Dabei waren es nicht nur Feministinnen aus der Oberschicht, etablierte Bürgerinnen oder Schwabinger Lebenskünstlerinnen, die sich rührten. Fast jede Woche demonstrierten Arbeiterinnen vor dem Münchner Rathaus gegen den Hunger und den Krieg. Immer wieder musste die Polizei eingreifen. Eine Mischung aus Verzweiflung und Selbstbewusstsein vereinte die Frauen dieser Zeit. Deshalb erlaubte sich sogar Oskar Maria Graf eine gehörige Portion Sentimentalität:

> Sie arbeiteten in den Granatenfabriken, waren Straßenbahnschaffnerinnen, schufteten sonstwo und erzählten von ihren Nöten, von den Schwierigkeiten der Agitation unter ihren Kolleginnen, und sie machten Vorschläge. Sie waren die Ersten, die in München, in jenem grauenvollen Kriegswinter, die ersten Hungerdemonstrationen wagten, sie gingen als Erste anläßlich des Januarstreiks 1918 mit Eisner ins Gefängnis.

Die »Deutsche Friedensgesellschaft«, ein Männerzirkel, allerdings ein solcher von Pazifisten, sucht 1918 den Schulterschluss zu Anita Augspurgs Organisation, die sich inzwischen in »Deutscher Frauenausschuss für dauernden Frieden« umbenannt hatte. Anita Augspurg ist genauso eine Berühmtheit wie der Pazifist und spätere Friedensnobelpreisträger Ludwig Quidde. Beide verstehen sich. Feministinnen und Pazifisten finden zusammen, sind solidarisch mit Kurt Eisner und werden bis weit in die Monate der Revolution hinein zusammenhalten. So entsteht aus Friedenssehnsucht und schierem Hunger eine Gegenkultur zu Krieg und Entbehrung, zu Kriegertum und Selbstaufopferung. Menschen aus allen Ecken der Gesellschaft sind bereit für eine radikale Veränderung. Neue Monarchen stehen schon bereit. Zumindest sieht das die Sozialistin Germaine Krull so:

> Zu dieser Zeit war mein Atelier eine Art Treffpunkt für ganz Schwabing, und ich träumte davon, die Königin von Schwabing zu werden. Aber die berühmtesten Leute kamen noch nicht in

mein Atelier, manche allerdings doch: Rainer Maria Rilke und Stefan Zweig, aber es hatte sich noch nicht richtig eingespielt. Die kleine Fee war noch nicht die Königin! Ich wollte so sehr die Königin werden.

Noch ist nichts entschieden Die sogenannten Munitionsarbeiterstreiks waren ausgebrochen, weil nach der Oktoberrevolution und der Niederlage Russlands erstmals seit 1914 ein Ende des Krieges in Aussicht stand. Sie sollten die Verantwortlichen unter Druck setzen, um endlich Frieden zu schaffen. Die Losung der Bolschewisten »Brot und Frieden« zündete also auch in Deutschland.

Doch die Geschichte verlief, angetrieben von der deutschen Regierung und dem Generalstab des Heeres unter den Feldmarschällen Ludendorff und Hindenburg, vollkommen anders. Zum einen wurde dem revolutionären Russland im Frieden von Brest-Litowsk ein hartes Los mit Gebietsverlusten und Wiedergutmachungen zuteil. Zum anderen wurden frei werdende militärische Kräfte im Westen gebündelt, um bei einer großen Offensive die Gegner dort niederzuringen. Ludendorff wollte alles auf eine Karte setzen. Der Einstieg der USA in den Krieg hatte in vollem Umfang eingesetzt, und deshalb war Eile geboten. In der nun folgenden Frühjahrsoffensive der deutschen Truppen wurden bei zwei Ansätzen auch tatsächlich enorme, bisher nicht gekannte Geländegewinne gemacht, dennoch aber hielt die Front der westlichen Kriegsgegner und konnte nicht kriegsentscheidend geschwächt werden.

Im August sollte sich dann herausstellen, dass diese Frühjahrsoffensive der letzte Angriff war, den das kaiserliche deutsche Heer zustande brachte, und dass es nach ihrem Scheitern nur noch rückwärts ging – in die Niederlage hinein. Doch diese Erkenntnis verbreitete sich erst Ende August. In der ersten Hälfte des Jahres 1918 konnte man in Deutschland noch die zarte Hoffnung auf ein erfolgreiches Ende des Krieges haben und musste keine absolute, demütigende Niederlage befürchten.

Aus diesem Grund, diesem Hin und Her zwischen Sieg und Untergang, Hoffnung und Sorge, das von den kleinsten Rädchen der Maschinerie, den schuftenden Bäckern in der Keksfabrik, bis hinauf in die Regierung und in die Heeresleitung reichte, ist diese Phase der Geschichte von einer absoluten Ambivalenz geprägt. Wäre die Frühjahrsoffensive gelungen, dann wäre Deutschland ein glänzender Sieg beschert worden, und alle Randale, alle Streiks und Polizeieinsätze mitsamt Kurt Eisner und der USP wären vergessen gewesen. Die Könige hätten sich im Glanz ihrer Herrlichkeit gesonnt, und Europa wäre womöglich neu aufgeteilt worden. Pläne dafür gab es in Deutschland genug.

Niemand im Land konnte unter den Bedingungen einer strengen Zensur wirklich sagen und wissen, wie die Dinge im Feld standen, wie sehr sich das Kriegsglück schon zum Westen hin gewendet hatte, und niemand konnte deshalb auch wissen, ob das Bayern dieser Zeit vor einem neuen Höhenflug oder vor dem Zusammenbruch stand. Diese Ambivalenz durchzieht die Zeit. Alles war zu befürchten, alles war zu hoffen. Wer gegen den Krieg demonstrierte, konnte schon wenige Wochen später als Defätist widerlegt sein. Die Zukunft war eine große, rätselhafte Glaskugel, in die alle blickten, ohne die Spur einer Gewissheit herauslesen zu können. Kurt Eisners Position scheint uns von heute aus gesehen logisch, die Zuversicht der von Müllers und Hofmillers dagegen rätselhaft. Doch ganz im Gegenteil – keine der beiden Positionen war wirklich logisch. Beide schlossen eine Wette auf die Zukunft ab. Klar war nur: Lediglich eines der beiden Lager würde gewinnen.

Diese Ambivalenz ist auch der Grund dafür, dass die Aktionen von vielen der Beteiligten, sei es von der Regierung, der Polizei oder den Militärbehörden in Bayern, durch ein entschiedenes »Sowohl-als-auch« gekennzeichnet sind. Niemand packt zu, keiner führt eine Entscheidung herbei. Man lässt die Dinge schleifen und hofft, dass sich später, also nach dem Krieg, ohnehin wieder alles neu ordnen wird. Es ist eine Strategie des Weiterwurstelns, in der keiner wirklich damit rechnet, dass der monarchische Staat schon bald um seine Existenz kämpfen muss. Als es für die Verantwortlichen dann plötzlich so weit ist, fallen sie aus allen Wolken und sind wie gelähmt. In der Phase, da klar wurde, dass resolutes Handeln dringend nötig sein würde, also in den letzten Wochen des Krieges und in der Phase einer immer weiter zerfallenden Staatlichkeit nach dem Zusammenbruch der Front, fuhren Minister, Militär, Zentrumsabgeordnete und König, also der Machtblock der sogenannten staatserhaltenden

Kräfte, phlegmatisch fort, die Dinge treiben zu lassen und nur auf Druck zu reagieren. Sie konnten sich aus ihrem unbegründeten Zukunftsoptimismus nicht mehr lösen. Man könnte auch sagen: Er ging direkt in Lethargie über.

Dabei hätten die Verantwortlichen im Sommer nur einmal eine kurze Zugfahrt ins Vorgebirge unternehmen müssen, um den Ernst der Lage zu begreifen. Karl Alexander von Müller notierte eine zufällige Unterhaltung bei so einer Gelegenheit:

> Ein andres Mal, ganz in der Frühe, kam ich noch neben einen katholischen Landpfarrer zu sitzen, einen mild-klugen, aufgeschlossenen Mann. Das Gespräch führte uns auf die Gärung im Volk, auf die Gefahr einer Revolution »Ja, ja, es bro-odelt schon«, sagte er ruhig, indem er mit den Fingern seiner rundlichen Hand gemächliche Schlangenlinien durch die Luft zog. Der Gegensatz zwischen dieser friedlich gemessenen, fast behaglichen Bewegung und dem drohenden Inhalt, den sie versinnbildlichen sollte, machte mich lächeln.

Geradezu wortkünstlerisch war der Pfarrer vorgegangen. Das »Odeln«, das er in dem langgezogenen »es bro-odelt« herausschälte, ist in Bayern ein Begriff für das Ausbringen des Urins von Kühen zum Düngen der Weiden. So eine Wortwahl hätte König Ludwig III. genau verstanden. Denn mit dem Rindvieh kannte er sich aus.

Zögern aus Prinzip Von heute aus betrachtet erscheint es, gelinde gesagt, unverständlich oder, hart ausgedrückt, selbstmörderisch, dass sich in der angespannten Situation im Sommer 1918 sowohl König wie auch Regierung und Parlament darin überboten, trotz der miserablen Ernährungslage, der schwindenden Disziplin im Heer und des wachsenden politischen Radikalismus nahezu nichts zu unternehmen. Auch die Spitze des Staates, der Monarch, blieb deswegen von Kritik seiner eigenen Anhänger nicht verschont – vor allem im Nachhinein und als alles schon zu spät war.

Auf den ersten Seiten seines Kriegstagebuchs schildert Josef Hofmiller die abenteuerliche Fahrt durch das Bayern der Hamsterer, der teuren Lebensmittelpreise und der garstigen Eisenbahnfahrgäste. Doch als er nach wenigen Seiten, am 23. August, von der Politik zu sprechen beginnt, nimmt er sofort und zuallererst Ludwig III. aufs Korn. Im August sitzt der König zwar noch auf seinem Thron, aber dass er dort eine ausnehmend schlechte Figur macht, das ist für Hofmiller kein Staatsgeheimnis, sondern eine für die meisten Bürger vollendete Tatsache. Auch Oskar Maria Graf hört die Münchner schimpfen:

»Der König ist der größte Schieber!« schimpfte eine Frau im Milchladen: »Der liefert die Milch von seinen Gütern alle ins Norddeutsche 'nauf, weil er da mehrer kriegt ... Der Geldbeutel spielt bei den hohen Herren die größte Rollen ... Ob wir verrecken, ist ihnen sauwurst.«

Münchner wie die Dame im Milchladen nannten Ludwig III. den »Millibauern«. Das sollte heißen, dass er weniger König denn Milchbauer war. Diese Beleidigung fußte darauf, dass Ludwig nahe bei München in Leutstetten einen großen Milchbetrieb hatte, dem er seine volle Aufmerksamkeit widmete. In der an Absonderlichkeiten reichen Geschichte des Wittelsbacher Königshauses wäre das ja noch angegangen, aber der König machte den Fehler, diesen Betrieb nicht vollkommen karitativ auszurichten, sondern einen Teil der Milch zu ganz normalen Preisen in die Umgebung sowie nach München und Franken zu verkaufen. Das wurde ihm gerade im Krieg nicht verziehen. Er war – im weitesten Sinne – ein Kriegsgewinnler, denn an Monarchen werden nun einmal besonders strenge Maßstäbe der öffentlichen Moral angelegt.

Hofmiller bemängelt in seinen Aufzeichnungen, dass Ludwig falsch beraten sei. Er solle sich nicht mit Großindustriellen, Adeligen und hohen Beamten an einen Tisch setzen, sondern die einfachen Pfarrer aus den Vorstädten nach den Nöten der Menschen befragen, oder noch besser: Er wäre gut beraten, sich diese Nöte von den armen und hungernden Münchnern selbst bei Essenseinladungen in der Residenz schildern zu lassen.

Hofmiller hält sich auch in der Öffentlichkeit nicht zurück:

Noch vor 14 Tagen habe ich Hauptlehrer Breg, den Erzieher des Erbprinzen, den ich auf der Straße traf, gefragt, ob denn der König eine Ahnung habe, wie brenzlig die Lage sei. Er erwiderte, der König wisse sehr wohl, daß er nicht sehr beliebt sei. Ich sagte ihm, »nicht sehr beliebt ist ein starker Euphemismus; der König ist, besonders bei den Bauern, in einer Weise verhaßt, die mich das Schlimmste befürchten läßt«.

Im Laufe der Jahrhunderte hatte es schon zahlreiche bayerische Herrscher gegeben, die unbeliebt oder geradezu verhasst waren. Dennoch entstand der Dynastie daraus nie ein nennenswerter Schaden. Ludwigs Familie herrschte in Bayern seit 1180. Das Haus Wittelsbach gehörte zu den ältesten regierenden Dynastien Europas, es war geradezu eine Institution dieses Kontinents. Es hatte viele Stürme erlebt und sie alle überstanden. Zuerst waren die Fürsten aus dem Hause Wittelsbach die Herzöge, dann seit 1623 die Kurfürsten und schließlich seit 1806 die Könige eines Landes, das Jahrhundert um Jahrhundert an Umfang gewachsen war. Zwar gab es auch schwarze Schafe in dieser Familie, die das Land am liebsten mit anderen, reicheren, kunstsinnigeren getauscht hätten, doch gerade im 19. Jahrhundert hatten die bayerischen Könige eine regelrechte Affenliebe entwickelt zu allem, was bayerisch und traditionell war.

Ludwig I. begründete den Denkmalschutz im Land, sein Sohn Maximilian II. war der eigentliche Erfinder der Volkstrachten, des Zitherspiels und all der alpenländischen Volkskultur, die bis heute fälschlicherweise in einer Art blinder Romantik als urtümlich angesehen wird und die mit Schuhplatteln, Viergesang und Trachtentragen nach wie vor zumindest die Wahrnehmung und auch die Selbstwahrnehmung des Landes prägt.

Ludwig III., geboren am 7. Januar 1845 als Sohn des späteren Prinzregenten Luitpold, wurde schon zu Lebzeiten ein zu weiches Gemüt, also klar gesagt: Feigheit vorgeworfen. Bei solchen Gelegenheiten verwies er auf die preußische Kugel, die in seinem Bein steckte und nicht entfernt werden konnte. Er hatte sich den Schuss als Offizier im Krieg von 1866 eingefangen, als Bayern an der Seite Österreichs gegen Preußen ins Feld gezogen war. Vor politischen Aufgaben hat er sich nie gedrückt – anders als der sogenannte Märchenkönig Ludwig II. –, dennoch warf er sich auch nie leidenschaftlich auf die Politik und konnte dort keine Erfahrungen sammeln.

Nachdem 1886 Ludwig II. in Berg am Starnberger See zu Tode gekommen war, rückte sein Bruder Otto in der Thronfolge nach, doch Otto war geisteskrank und nicht regierungsfähig. So übernahm für ihn Luitpold, der Vater von Ludwig III., die Regentschaft in Bayern. Luitpold war Prinzregent, das heißt Stellvertreter des Königs. Als Prinzregent Luitpold 1912 starb, übernahm sein ältester Sohn Ludwig die Regentschaft – Otto war ja immer noch am Leben. Der neue Prinzregent Ludwig war bereits 67 Jahre alt, seit 1868 verheiratet mit Marie Therese von Österreich-Este und hatte bis dahin mehr die Jägerei als das politische Geschäft betrieben. Seine Ämter im Reich und in Bayern hatte er als Prinz jahrzehntelang standesgemäß wahrgenommen, dabei aber keinen politischen Ehrgeiz entwickelt. Prinz Ludwig von Bayern, der spätere Prinzregent und schließlich König, besaß zwar Vorlieben – zeitlebens hat er vor allem für den Rhein-Main-Donau-Kanal, also für die Schiffsverbindung von der Nordsee zum Schwarzen Meer, geworben und sich von ihm große Vorteile für Bayern versprochen. Doch mehr als Pflichterfüllung in allen Gremien konnte man Ludwig, der 1913 zum König gekrönt wurde, nicht zusprechen. Das war ja auch nicht nötig, er hatte seine Minister, und Bayern glänzte mehr durch sein reiches Kulturleben denn durch eine industrielle Sonderstellung oder ein starkes Militär.

Als Ludwig III. Prinzregent und ein Jahr später König von Bayern wurde, fiel seine Zögerlichkeit nicht weiter auf. Da im Krieg aber jedes Wort auf die Goldwaage gelegt, das heißt als politisches Zeichen gedeutet wurde, geriet er stärker ins Rampenlicht und musste sich der Wirklichkeit stellen. Er hielt Reden, in denen er für Annexionen warb, und wollte nach einem gewonnenen Krieg das Elsass ins bayerische Staatsgebiet eingliedern. Als er damit zu viel Aufsehen erregte, schwieg er, da er die Politik in Berlin nicht unter Druck setzen wollte. Für die Zeitgenossen war der König ein begabter Jäger und ein leidenschaftlicher Landwirt.

Um Ludwigs Vorsicht zu verstehen, muss man allerdings tiefer in die Besonderheiten seiner monarchischen Position und des bayerischen Regierungssystems blicken. Ludwig war tatsächlich entscheidungsschwach. Dies bewies er in den Tagen nach Hofmillers Gespräch mit dem Prinzenerzieher Breg zur Genüge, und davon wird noch viel zu berichten sein.

Doch seine Position innerhalb des bayerischen Verfassungsgefüges erlaubte ihm nicht allzu viel Eigeninitiative. Zur Tragik Ludwigs gehört es, dass er den Mangel an Eigeninitiative als seinen Verfassungsauftrag empfand und sich damit in der Krise seiner Regentschaft sehenden Auges selbst überflüssig machte.

Nur nichts verändern Das Königreich Bayern war seit 1818 eine konstitutionelle Monarchie. Nachdem 1848 der autokratische Ludwig I. an seiner eigenen Halsstarrigkeit gescheitert war und im Jahr der Revolution Amt und Krone niederlegen musste, hatte das Land nur noch Könige gehabt, die aus Überzeugung zurückhaltend waren, beziehungsweise krank oder schwach. Die Monarchie als Institution und Verfassungsgebilde wurde deshalb in der Regierungszeit von so skurrilen Figuren wie Ludwig II. oder so altväterlichen Gemütsmenschen wie Prinzregent Luitpold niemals in die durchaus denkbare Zwangssituation gebracht, im Konflikt mit der Regierung oder gar mit dem Parlament ihre eigenen Grenzen zu finden oder sie von einem der beiden aufgezeigt zu bekommen. Vielmehr hatte sich seit dem Rücktritt von Ludwig I. ein abgehobenes Regierungssystem entwickelt, das man als »Beamtenkabinett« bezeichnete.

Dem entweder zurückhaltenden oder desinteressierten Monarchen standen wie eine Front liberal gesinnte Minister gegenüber, die die Regierung führten und sich nur in einem letzten Schritt der Entscheidungsfindung dem König gegenüber verantwortlich fühlten, dann, wenn sie seine Unterschrift brauchten. Lange konnten sie sich auf ein williges und gefügiges Parlament stützen, in dem die liberalen Kräfte, also ihre Gesinnungsgenossen, die Mehrheit hatten. So konnten die liberalen Minister schalten und walten, wie sie wollten.

Dieses System funktionierte gut, brachte aber auch keine herausragenden und willensstarken Köpfe hervor, wodurch ein rigoroser Machtmensch wie Bismarck mit der vor 1871 ja noch völlig selbstständigen bayerischen Regierung bereits verfahren konnte wie mit einem Haufen von Schulbuben und ziemlich unbeeinflusst durch Bayern die Einigung Deutschlands so gestaltete, wie er sich das vorstellte. Die Schwäche der bayerischen Beamtenkabinette des 19. Jahrhunderts warf damit also ihren Schatten auf das Jahr 1918.

Der Status einer konstitutionellen Monarchie brachte es mit sich, dass die bayerischen Minister im Letzten nicht dem Parlament, sondern dem König gegenüber verantwortlich waren, also auch nur von ihm ernannt oder entlassen werden konnten. Mehr als dieses Recht konnte der bayerische König im Verfassungsgefüge und im politischen Leben nicht beanspruchen und auch nicht erringen. Er war, wenn er seinen Verfassungsauftrag wortgetreu interpretierte, aber auch nur in diesem überkorrekten Fall, zur Passivität verdammt. Dieses System der liberalen Beamtenkabinette erlebte dann zu Ende des 19. Jahrhunderts eine massive Krise. Für die verantwortlichen Minister schwand nämlich die Unterstützung im Parlament, als die Katholikenpartei, das »Zentrum«, ihre liberalen Gegner immer weiter überflügelte.

Damit tritt ein weiterer wichtiger Machtfaktor der bayerischen Politik in Erscheinung, der bis heute das Land prägt: der politische Katholizismus. Bis zur Gründung der CSU im Jahr 1945 hatten die Katholiken im demokratischen Bayern ihre eigene politische Partei, und erst die schlechten Erfahrungen, die man mit einer rein katholisch-konfessionell ausgerichteten Parteipolitik machte, führten dazu, dass man in der CSU beiden Konfessionen Platz und Verantwortung geben wollte und sie so zwang, zusammenzuarbeiten. Doch davon war Bayern im Jahr 1900, als das Zentrum bereits aufsehenerregende Wahlerfolge erzielt hatte, noch weit entfernt. In Bayern lebten zu 75 Prozent Katholiken, warum sollten sie sich nicht ein eigenes politisches Forum suchen und gestalten? So war von da an die bayerische Politik durch drei Machtblöcke geprägt: den König, das Beamtenkabinett und die katholische Mehrheitspartei. Alle versagten 1918 in harmonischer Dreieinigkeit.

Erstaunlich ist das vor allem für die katholischen Politiker. Sie waren gut organisiert, wie auch die Sozialdemokraten. Von ganz unten, also von den katholischen Pfarreien und Gesellenverbänden, den Wohltätigkeitsorganisationen, den christlichen industriellen Gewerkschaften und Bauernverbänden, bis hinauf in die Spitze des Episkopats hatten sie ihre seit den 1860er-Jahren stets wachsende Macht solide und geschickt verankert.

Fast durchgehend hatten sie die absolute Mehrheit im Landtag, und diese nutzten sie – zuerst zögerlich, aber dann zunehmend selbstbewusst. Sie stellten seit 1912 den leitenden Minister, der allerdings in der Person des Freiherrn Georg von Hertling in bewusster Distanz zur eigenen Partei stand. Seine Solidarität, und das gilt letztlich für alle seine Parteikollegen, galt zuerst der Krone und dann erst den Parlamenten, in denen er zuvor jahrzehntelang sowohl in Berlin wie auch in München Mandat und Ämter gehabt hatte. Alle Zentrumsabgeordneten waren bis ins Mark loyal mit der Monarchie. Sie war ihr Fixpunkt, und eine zu starke Opposition zum Beamtenkabinett hätte in ihren Augen letztlich den König, seine Stellung und sein Ansehen politisch beschädigt.

Natürlich war Bayern nicht durch und durch dem politischen Katholizismus ergeben. Oskar Maria Graf und Josef Hofmiller sind das beste Beispiel dafür. Graf kam vom Land aus der kleinen Gemeinde Berg am Starnberger See. Von einem Pfarrer, der zur Tür hereinschaut und sich nach dem Wohl und Wehe der Familie erkundigt, ist bei ihm nie die Rede. Seine Mutter war eine sehr fromme Frau, aber der Rest der Familie hielt eher Abstand zu allem Klerikalen, dachte weniger ans Jenseits als an sich selbst. Tatsächlich hatte sich mit dem »Bayerischen Bauernbund« Ende des 19. Jahrhunderts eine nicht-klerikale politische Alternative entwickelt für all diejenigen Landleute, die sich nicht dem Diktat der Pfarrer und der Zentrumspartei unterwerfen wollten. Auch Josef Hofmiller, der nationalistische Durchschnittsbürger, erwähnt keinen Kirchgang, keinen Kontakt zur Geistlichkeit und ihren Repräsentanten.

Tatsächlich erreichte das Zentrum bei den Landtagswahlen von 1912 gerade noch knapp eine absolute Mehrheit. Es ist deshalb verständlich, dass sich seine Landtagsabgeordneten während des Krieges fest an den politischen Status quo klammerten. In der Zukunft würde die Sozialdemokratie in Bayern immer mehr das Sagen haben, das zeichnete sich ab. Sie hatte schon 1912 mit den Liberalen ein Wahlbündnis arrangiert, und es war zu erwarten, dass die katholische politische Herrlichkeit bald zu Ende sein würde. Unter dieser Bedrohung durchlebten die Vertreter des politischen Katholizismus die erste Jahreshälfte 1918. Deutliche Spuren ihrer Präsenz im politischen Leben oder auch nur nennenswerte Äußerungen zur politischen Lage sind kaum zu finden. Sie mauerten sich ein. Auf ihre Festung war allerdings auch scharf geschossen worden – vonseiten der SPD und der Liberalen.

Konkret ging es bei Angriff und Verteidigung um eine großangelegte Verfassungsreform und in der Spitze um nicht weniger als den großen Schritt hin zur parlamentarischen Monarchie. So handzahm, wie Kurt Eisner es ihr vorwarf, war die SPD nämlich durchaus nicht, und es war vor allem das Zentrum, das diese rigorose Haltung zu spüren bekam. Die Sozialdemokratie hatte während des Krieges im nationalen Burgfrieden stets stillgehalten und eine Opposition gegen den Krieg und die Ziele der Heeresleitung nie zugelassen. Darüber war sogar die Einheit der Partei zerbrochen. Doch für diese Zurückhaltung wollte die SPD nun eine Entschädigung. Hätte sie diese rechtzeitig bekommen, dann wäre, ganz spekulativ gesagt, Bayern womöglich noch heute eine Monarchie, die Revolution und vor allem ihre schreckliche Nachgeschichte hätten sich nicht ereignet.

Im September 1917 legte die SPD dem Landtag, und damit vor allem dem Zentrum, die Rechnung für mehr als drei Jahre Unterstützung und Solidarität vor: Sie forderte in einem parlamentarischen Antrag eine radikale Änderung des Regierungssystems. Fortan sollten die Minister dem Parlament verantwortlich sein. Das hätte zu dem Zeitpunkt sogar bedeutet, dass das Zentrum die absolut gestaltende Kraft geworden wäre, denn als Mehrheitspartei einer parlamentarisch gestützten Regierung wäre es ja das Zentrum gewesen, das die Politik der Regierung bestimmt hätte. Was für uns heute selbstverständlich ist, war damals für die Vertreter des politischen Katholizismus völlig inakzeptabel. Es sei mit der Geschichte Bayerns und der Würde der Monarchie nicht vereinbar, das Parlament in den Mittelpunkt zu stellen. Damit drohe für Bayern die Republik. Der Antrag wurde abgelehnt.

Eine letzte große Chance, Monarchie und Regierung mit dem sogenannten Auer-Süßheim-Antrag auf demokratische Füße zu stellen und den Radikalen rechtzeitig den Wind aus den Segeln zu nehmen, war damit vertan. Die Entwicklung ging ohnehin unabwendbar voran zur »Volksherrschaft« – welcher Art auch immer diese Volksherrschaft sein würde. Das hätte eigentlich auch der Zentrumspartei klar sein müssen. Aber in blinder Hingabe an das monarchische System verweigerte sie jede

Veränderung, igelte sich ein und verabschiedete sich damit tatsächlich bis weit in die zwanziger Jahre hinein als gestaltende Kraft aus der bayerischen Politik. Damit fehlte dem Land seine Mitte, und schon ein Jahr, nachdem die Verfassungsinitiative abgelehnt worden war, in den Wochen der Revolution, sollte sich dieses Fehlen einer politischen Mitte, eines Gravitationszentrums der Politik, als ein entscheidender Faktor erweisen. So ist der politische Katholizismus wider seinen eigenen Willen zum Totengräber der Monarchie geworden.

3 Die Front rückt näher

Die Wahrheit wird offenbar Nur von Ferne hört man ein Rauschen. Gelegentlich hebt sich ein schrilles Motorengeräusch aus dem Brummen des Verkehrs. Es signalisiert, dass der Fahrer noch schneller als die anderen in die Landeshauptstadt oder aus ihr heraus Richtung Starnberger See gelangen muss. Aber das stört die Einsamkeit nicht. Im Forstenrieder Park, wenige Kilometer außerhalb der Stadt, ist jeder Spaziergänger allein. Dieser Wald war schon immer eine ruhige Angelegenheit. Denn dort, im Süden von München, lag seit dem Mittelalter das Jagdrevier der bayerischen Herrscher. Wild und Wald wurden durch Dutzende von Jägern, Jagdgehilfen, Förstern und Forstarbeitern in einem wohlbehüteten Zustand gehalten, Besucher mussten sich anmelden, sodass die Tiere ungestört ihrem Abschuss entgegenleben konnten. In den Zeiten seiner größten Ausdehnung reichte das Revier von Dachau im Norden über fast 40 Kilometer bis nach Wolfratshausen an der Isar. Heute durchschneidet eine Autobahn den Park. Sie verläuft auf der Trasse einer alten Forst- und Jagdstraße.

Am 8. Oktober gibt der Forstenrieder Jagdgehilfe Krembs Nachricht in Leutstetten. Der verschlafene, in eine Hangkuhle hineingeduckte Weiler mitsamt seinem noch heute von den Wittelsbachern bewohnten Schlösschen liegt am Südrand des Parks. Dort befindet sich auch das landwirtschaftliche Gut des Königs. Es liefert täglich 800 Liter Milch, leider nicht ausschließlich für karitative Zwecke. In dieser Stille, abseits der Residenzstadt, hält sich der König gerne auf. Die Nachricht des Jagdgehilfen ruft ihn zur Jagd. Er besteigt sein Automobil und erscheint kurz darauf am vereinbarten Platz. Dort steht eine einzelne kolossale Buche in einer weiten Lichtung. Die zwei Männer steigen aus, und Ludwig erklimmt einen Jägerstand, der an den Baum genagelt ist. Noch Jahre später erinnert sich der Jagdgehilfe genau:

> Allmählich verschwand die Sonne, die ersten Abendschatten senkten sich hernieder und am gegenüberliegenden Hochwald meldete ein Hirsch mit guter Stimme. Nicht lange ließ er auf sich warten und auf dem Plan erschien ein mächtiger 12er Hirsch. Mit erhobenem Haupte, dann und wann einen Schrei von sich gebend, zog der Hirsch näher. In Schussnähe angekommen, erhielt er die Kugel auf das Blatt, um nach einigen Fluchten verendet zusammenzubrechen. Dieses Hirschgeweih habe ich mir später von S. Majestät erbeten und es wurde mir als Erinnerung überlassen.

Das Jagdglück ist dem König weiterhin hold. Ein Zehnender, also ein Hirsch mit zehn Geweihenden, erscheint und wird vom König – etwas unsicherer diesmal – mit drei Schuss zur Strecke gebracht.

> Nachdem die Grandeln [Eckzähne der Hirsche, A. d. A.] ausgebrochen, ging S. Majestät cirka eine halbe Stunde zu Fuß zum Auto, und aus einem Gespräch entnahm ich damals, dass die Lage sehr brenzlig sein müsse. Seine Majestät war über die politische Lage sehr bedrückt und hat, was er sonst nie getan hat, in beredten Worten, seinen Gefühlen Ausdruck verliehen. Ich wollte S. Majestät überreden, noch ein bis zwei geringere Hirsche abzuschießen.

Rührend ist, wie der Jagdgehilfe versucht, die königliche Majestät aufzuheitern und mit einem Schuss von den Sorgen abzulenken. Doch das ist schwieriger als von Krembs gedacht.

> Im Jahr 1918 war sein Abschuss bis auf zwei Stück von 25 erfüllt. Aber nachdem der Etat erfüllt sei, sagte er mir, müsse er sich erst die Erlaubnis einholen, ob es noch jagdlich zuläßig sei, diese abzuschießen. Seine Majestät kam nicht mehr dazu.

Auch im Wald und im Fieber der Jagd ist König Ludwig ganz er selbst. Er meint, die Behörde habe ihm nur 25 Stück als Abschuss genehmigt. Infolgedessen dürfe er, Ludwig, man könnte großzügig sagen: von Gottes Gnaden König von Bayern, nun, nach den gerade geschossenen zwei Hirschen, seine Abschusszahl nicht eigenmächtig erhöhen und einfach weiterschießen, sondern hätte bei der Verwaltung eine Eingabe um Erhöhung der Abschusszahl einzureichen. Alles andere wäre illegal. Er fürchtet nicht die schlechte Presse, die entstehen könnte, wenn er seine Zahlen selbstherrlich überzieht. Ludwig fürchtet vermutlich die eigene Entscheidung. Besser, er fragt nach.

Sogar in den abgelegenen Siedlungen der Jäger am Rande des Waldes hatte sich in diesen Tagen das Beunruhigende herumgesprochen, was den König plötzlich zum Reden über die Politik und seine Sorgen gebracht hatte. Es war die militärische Katastrophe des Landes. Nachdem bis zum Frühsommer vier deutsche Offensiven gegen die Feinde im Westen gescheitert waren, gingen Briten, Franzosen und Amerikaner ihrerseits zum Angriff über. Die ausgemergelten deutschen Soldaten und ihre ausgedünnten Einheiten waren mittlerweile zu schwach für einen erfolgreichen Widerstand. Am 8. August brach dann in Frankreich die deutsche Front ein. Von der Generalität genötigt, erbat die Reichsregierung daraufhin am 5. Oktober einen Waffenstillstand – notgedrungen zu den Bedingungen des Feindes. Damit waren die militärische Niederlage und die zu befürchtende politische Demütigung jedem klar. Bereits vorher, im August und September, hatte sich – trotz allen Stillschweigens in den offiziellen Berichten – die totale Katastrophe abgezeichnet.

Sie ist auch der Grund, weshalb der königliche Beamte Josef Hofmiller am 19. August beginnt, sein Tagebuch zu schreiben. Der erste Eintrag lautet:

> Ich muss zum Schreiben meine Zuflucht nehmen, weil ich mit meinen alten Freunden immer noch weniger zusammenkomme. Und wenn wir zusammenkommen, sitzen wir uns stumm gegenüber. Unser Aussprachebedürfnis ist größer als je, aber wir können uns nicht mehr aussprechen. Keiner glaubt mehr, daß wir den Krieg gewinnen. Alle wissen, dass wir ihn verloren haben, doch keiner rückt mit der Sprache heraus. Wir sind gereizt, sogar, wenn der andere dieselbe Meinung äußert, die wir im stillen selbst hegen; als wären wir abergläubisch, daß sie nicht ausgesprochen werden dürfte. Wir gehen gereizt und verstimmt auseinander, wenn wir es uns auch selbst nicht einzugestehen wagen. Auch in Gesellschaft sind wir allein mit unseren Gedanken und Befürchtungen. Kein Wunder: es ist die seelische Stimmung einer belagerten Stadt, in der wir leben seit vier Jahren.

Vor sich hinstierend und in sich gekehrt, bar jeder Hoffnung für die Zukunft dürfte der Professor über Münchens Pflaster getrottet sein. Mit dem Kopf nach unten hätte er deshalb, sollten sich ihre Wege tatsächlich gekreuzt haben, den hoch erhobenen Haupts durch die Stadt stürmenden, völlig aufgekratzten ehemaligen Rüstungsarbeiter, Schieber und Volksaufklärer Oskar Maria Graf übersehen, der euphorisiert und im Gespräch mit Gleichgesinnten durch das ausgezehrte München lief:

> Jetzt gab es jeden Tag eine Neuigkeit. Ich ließ alles im Stich. Fast wie im Fieber vergingen mir die Tage. Mit Schorsch rannte ich zu jeder Versammlung. Nur ab und zu kam ich in Künstlerkreise. Die schienen unberührt ... »Der Kunst geht's am ersten an den Kragen!« warf ich dreist und bissig dazwischen. »Die muss ausgerottet werden!« Es kam kein Widerstand. Höchstens lächelte da oder dort jemand ironisch.

Nicht nur im selbst schon Tradition gewordenen Simplicissimus herrscht Lethargie. Die Vorsitzenden der bayerischen Landtagsparteien werden am 1. Oktober über das beabsichtigte Waffenstillstandsangebot informiert. Doch erst eine Woche später, am selben Tag, an dem der König im Park seinen letzten Hirsch erlegt, gibt es eine Reaktion dazu aus dem Gravitationszentrum der bayerischen Politik. Heinrich Held, der Vorsitzende der Zentrumsfraktion, der katholischen Partei, die im Landtag die absolute Mehrheit hat, meldet sich zu Wort – ziemlich spät und außerdem nur in einem vertraulichen Schreiben an den leitenden Minister Otto von Dandl.

Helds Äußerung selbst ist nicht unbedingt originell, aber sehr wegweisend. Er habe, so berichtet er dem Ministerpräsidenten, in vielen Veranstaltungen Kopflosigkeit und Ernüchterung, aber vor allem eine erbitterte, zornige Ablehnung der Wittelsbacher Dynastie erlebt. Deshalb müsse sie dringend aus der allgemeinen Abwärtsbewegung herausgehalten und die Enttäuschung auf Berlin gelenkt werden. Bayern müsse sich zu seiner politischen Selbstständigkeit zurückkämpfen, die leider im Krieg durch die Vorherrschaft der Reichs- und Kriegsbehörden verloren gegangen sei. Verklausuliert und vorsichtig formuliert Held seine Strategie: Je mehr Selbstständigkeit Bayern in der Krise erhält, desto besser.

Eine Woche später tagt die Vorstandschaft der Bayerischen Bauernvereine. Das war der bedeutendste Interessenverband im Land, ein solider Machtblock, der die Politik des Zentrums seit Jahrzehnten unterstützte. Ihrerseits hatte die Spitze der Partei im Bauernverband das entscheidende Wort, vor allem die graue Eminenz, Georg Heim, man nennt ihn zu Lebzeiten immer verehrungsvoll Dr. Heim. Dort fordert man nun im Angesicht der Niederlage detailliert, aufgeführt in einer langen Liste von Einzelpunkten, die politische Selbstbestimmung Bayerns in fast allen Bereichen:

> Nur unter diesen Voraussetzungen kann Bayern ein lebendiges, kraftvolles Gebilde auch nach den Schicksalsschlägen des Krieges bleiben; nur unter diesen Voraussetzungen hat ein organischer Zusammenhang zwischen ihm und den übrigen Teilen des Reiches einen dauernden Wert, sowohl für Bayern selbst wie auch für das Reich.

In der politischen Formelsprache der Zeit heißt »organischer Zusammenhang« Folgendes: Bayern den Bayern! Was aus dem Reich wird und wo Bayerns Position in diesem Reich sein soll, das wird sich schon noch zeigen – allerdings später! Dass Bayern sich vom Reich abspalten sollte, wird nicht gesagt. Es wird als Alternative verklausuliert angedeutet. Die Führung des Zentrums sieht jetzt, in der Krise des Reichs, vor allem eine Chance, die politische Uhr zurückzudrehen. Rückwärts in die Zeit, da Bayern weitgehend selbstständig war und das Reich nur als Anhängsel der deutschen Staaten existierte. Mit dieser Wiederauferstehung eines selbstständigen Staates würde der angekratzte Glanz der Monarchie eine neue Qualität erhalten. Das war die rosige Perspektive der politischen Mehrheitspartei. Es war eine Perspektive, mit der sich alle Vertreter des katholischen Establishments sofort, sogar noch vor der Revolution, ins politische Abseits manövrierten.

Wenige Tage vorher, am 12. und 13. Oktober, hatte die bayerische SPD in Nürnberg ihren Parteitag abgehalten. Auch dort wurde in Floskeln geredet, und auch dort waren die Auswirkungen der bevorstehenden Niederlage und das Waffenstillstandsangebot das beherrschende Thema. Nun erklangen in der »königlich bayerischen Sozialdemokratie« bei aller Anpassungsbereitschaft an die Kriegsnotwendigkeiten und bei aller Solidarität mit der Monarchie ganz andere Töne als noch vor einem halben Jahr.

Denn auch die SPD hatte ihre bewusst mehrdeutige und doch für alle Interessierten klar umrissene Formel. Sie wollte den »Volksstaat«. Darunter konnte man durchaus die republikanische Staatsform verstehen. Die Republik war das Gegenmodell schlechthin zur konstitutionellen Monarchie, also war sie verfassungsfeindlich. Wer den schön nebulös formulierten »Volksstaat« statt der eindeutig verständlichen Republik einforderte, landete im monarchischen Bayern nicht als umstürzlerischer Verfassungsfeind und revolutionärer Antimonarchist vor dem Richter. Das war der Charme des Begriffs. Genauso wie die Unabhängigkeit Bayerns in der Gedankenwelt des Zentrums, so war auch der Volksstaat bei der SPD nicht eine offizielle Forderung der Partei. Aber sie stand nun im Raum und wurde von den Rednern auf dem Parteitag immer wieder ins Spiel gebracht. Sie sollte wirken in all ihrer Mehrdeutigkeit.

Die Formelhaftigkeit dieser hochsensibel zu behandelnden Begriffe war während des Krieges zur Perfektion geführt worden, denn in all den Jahren herrschte das sogenannte Kriegszustandsgesetz. Das Gesetz wurde ziemlich weit ausgelegt und hatte es den Behörden erleichtert, Versammlungen zu verbieten oder zu schließen, es erlaubte dem Staat, die freie Meinungsäußerung einzuschränken und Personen in Haft zu nehmen. Man musste sich also jahrelang vorsichtig und diplomatisch ausdrücken. Nun, mit dem nahenden Ende des Krieges, war das plötzlich nicht mehr nötig, weil nicht mehr kriegsentscheidend, so dass der bayerische Kriegsminister Philipp von Hellingrath fast abrupt beschloss, die Zensur und alle weiteren Einschränkungen zu lockern. Die traditionellen Parteien hatten das in ihrem staatstragenden Impetus noch gar nicht richtig begriffen und deshalb ihre formelhaften Begriffe weiter verwendet. Sie lebten noch den Burgfrieden und verharrten im gesellschaftlichen Status quo.

Die Radikalen kapierten die neue Situation weitaus schneller. Sie waren die Ersten, die – in ihrem Fall mit Freuden – wahrnahmen, dass angesichts der Niederlage die politischen Optionen radikal reduziert waren. Ein Weiterwursteln, wie es noch ein halbes Jahr zuvor denkbar erschienen war, und das Vertrauen auf die glückliche Fügung der politischen Dinge im Rahmen der bestehenden Ordnung, genau das war nicht mehr möglich. Ja, diese Ordnung kam nun selbst auf den Prüfstand, denn sie konnte für den Krieg, die bevorstehende Niederlage und die Notlage des Landes verantwortlich gemacht werden – wenn sich ihre Vertreter nicht zu wehren wussten.

Eisner wird entlassen Für die Lockerung der Zensur nach dem militärischen Zusammenbruch gab es einen weiteren, allerdings keinen konkret politischen Anlass. Dennoch hatte er, so harmlos er auch war, eine explosive Wirkung. Betrachtet man nämlich alles aus der Rückschau, kann man sagen: Dieser Anlass war der Anfang der Revolution. Der Fall lag folgendermaßen. Georg von Vollmar, der Übervater der bayerischen SPD, hatte nach langen Jahren schwerer Krankheit im August sein Reichstagsmandat niedergelegt. So kam es zu einer Nachwahl in seinem Münchner Stimmbezirk. Für Vollmars SPD kandidierte Erhard Auer, aber da gab es ja noch die Abspaltung der Partei, die USP, die durch die Verhaftungen vom Januar und Februar fast zur Bedeutungslosigkeit geschrumpft war. Und es gab ihren herausragenden Vorsitzenden, der allerdings im Gefängnis in München-Stadelheim saß, nun aber als Kandidat aufgestellt wurde und deswegen freigelassen werden musste. Jetzt hatte Kurt Eisner freie Bahn. Am 14. Oktober stieg er in den Wahlkampf ein. Auch ein Münchner Schieber ist schon längst Anhänger geworden:

> Eisner sprach in der Schwabinger Brauerei als Kandidat der Unabhängigen und griff seinen Gegenkandidaten von den Sozialdemokraten, Erhard Auer, heftig an. Bissig, heiser und mit einem fanatischen Elan rechnete er mit seinen Gegnern ab. Alles um ihn herum war dicht besetzt. Kopf an Kopf. Er stand auf dem Podium inmitten der hockenden Leute und gestikulierte mitunter wild. Langes Haar, das fast bis auf seine Schultern herabwallte, einen noch zerzausteren Bart hatte er jetzt. Wie ein Apostel sah er aus, nur daß er einen Kneifer trug. »Sie sehen mich so, wie mich Stadelheim der Freiheit übergeben hat!« rief er ungefähr und es klang eine gewisse Eitelkeit aus den Worten.

Zum einen wegen der absehbaren Niederlage, andererseits auch wegen des Wahlkampfs hatte der bayerische Kriegsminister die Zensur gelockert. Er wollte den Radikalen nicht noch Stoff für Unterdrückungsszenarien liefern und hoffte auf die Stärke der SPD. Da würde bis zur Wahl schon nichts passieren.

Gelockert wurde aber nicht nur die Zensur. Alles im Staat änderte sich nun radikal. So kam beispielsweise Felix Fechenbach, ein junger Mann an der Seite von Kurt Eisner, in diesen Tagen ebenso wie sein charismatischer Vorsitzender aus der Untersuchungshaft frei. Fechenbachs Freilassung vermittelt eine Ahnung von dem, was nun, da alles zerbröselte, möglich sein würde. Fechenbach war nach einer Kriegsverwundung im Jahre 1915 zum Garnisonsdienst in Berlin eingeteilt gewesen und anschließend nach München versetzt worden. Dort hatte er, sowohl in Uniform wie auch in Zivilkleidung, an Versammlungen teilgenommen und im Januar die Streiks mit organisiert. Nun, Ende Oktober, wurde sein Fall vor dem Kriegsgericht verhandelt:

> Am Tage vor der Verhandlung hatte ich noch eine ausführliche Unterredung über den Prozeß mit Kurt Eisner; ich ließ mich von ihm beraten, weil es das erstemal in meinem Leben war, daß ich wegen eines politischen Deliktes vor Gericht kam. Eisner riet mir wegen der verbotenen Versammlung, das Verbot für rechtsungültig zu erklären und mich dabei auf die Zusicherung der bayerischen Regierung zu berufen, die bei der Schaffung des Kriegszustandsgesetzes im Jahre 1912 im Landtag ausdrücklich erklärt habe, daß durch das Gesetz die Meinungs- und Versammlungsfreiheit nicht beschränkt werden solle. Daran hielt ich mich dann auch und wurde in diesem Punkt freigesprochen ... Wegen der Streikbeteiligung fällte das Gericht ein Urteil, das in seiner Begründung eine Rechtfertigung des Streiks bedeutet. Es hieß in diesem Urteil, der Angeklagte habe sich nur aus vaterländischen Beweggründen am Streik beteiligt ... Ich wurde deshalb freigesprochen und nur wegen unerlaubter Entfernung vom Heer während der Streiktage mit fünf Tagen Mittelarrest bestraft, die ich aber nie absaß.

Bayern ist im Oktober ganz offensichtlich nicht mehr das Land, das Felix Fechenbach ein halbes Jahr zuvor noch ganz bedenkenlos ins Kittchen gebracht hatte. Sogar die unabhängige Justiz ist extrem vorsichtig und kommt dadurch denjenigen entgegen, die bekennen, dass sie in einer Revolution den Staat umstürzen und die Monarchie abschaffen wollen.

Fechenbach wirft sich ohne Hemmungen an der Seite von Eisner in den Wahlkampf. In der Kaserne erscheint er gar nicht mehr. Da alles, was an revolutionärer Propaganda unters Volk kommt, als Teil des Wahlkampfs deklariert wird, dreht sich seit Oktober in München ein rasendes Karussell von radikalen Veranstaltungen, Friedensdemonstrationen und sozialistischen Diskussionsrunden. Es ist ein nicht enden wollender Zirkus der Meinungen. Meldungen von der Front, vom Rückzug des Heeres, von politischen Verhandlungen um eine Abdankung des Kaisers und eine neue Regierung, von Waffenstillstand und Revolution, sofortigem Frieden oder vielleicht sogar von einem letzten militärischen Volksaufgebot schwirren wild durch die Luft und lösen sich im Sekundentakt ab. Nun ist alles möglich. Sogar der Dichter und ehemalige Bäcker wird zum Revolutionär:

> Mit jedem Tage fühlbarer, geriet die Maschinerie der so fest geglaubten Ordnung aus den Fugen. Es war, wenn man die dunklen, dichten Massen durch die Straßen ziehen sah, wirklich fast so, als sei ein drohender Strom aus seinem eingedämmten Bett gebrochen und überflute alles.

Bis zum 24. Oktober läuft der Unterricht bei Professor Hofmiller noch ganz normal. Er reagiert trotzdem auf Veränderungen, die er mehr ahnt, als dass er sie klar erkennt:

> In der 8. Klasse eine neue Lektüre angefangen: Scènes de la Vie de Commune. Die Schüler fragten, warum ich etwas so Tristes läse. »Weil ich wünsche, den Ereignissen theoretisch voraus zu sein.« »Wieso?« »Weil wir das alles in den nächsten Monaten auch erleben werden.« »Auch Geißeln?« »Auch Geißeln.« »Auch Geißelmorde?« Ich zuckte die Achseln.

Tatsächlich trat Kurt Eisner mit leidenschaftlichem revolutionären Elan auf. Durch die zu erwartende endgültige Niederlage habe sich das alte Regime als eine Vereinigung von Kriegstreibern und Kriegsverlängerern desavouiert. Gegen ein Meer von Lügen hätten sich allein er und die Radikalen der Linken gestemmt. Sie seien die Einzigen, die dem Volk schon früh die Wahrheit gesagt hätten, und nur sie hätten nun die moralische Berechtigung, für Deutschland und Bayern einen erträglichen Frieden auszuhandeln. Sogar in der absoluten Katastrophe generierte Eisner Zukunftseuphorie. Eine erstaunliche Leistung.

Andere steckten den Kopf in den Sand oder waren wie benommen. Josef Hofmiller hatte als Mitherausgeber der ›Süddeutschen Monatshefte‹ jahrelang im härtesten Rhythmus die Kriegstrommel geschlagen. Entnervt macht er nun im Oktober vornehmlich Hamsterfahrten, vernachlässigt sein gerade eben begonnenes Tagebuch und lässt darin Lücken von oft mehr als einer Woche. Er taucht ab in die Welt der Kunst und lauscht den Worten des Komponisten Hans Pfitzner mit ungebrochener Aufmerksamkeit.

Doch mit der lediglich mentalen Zerrüttung ist Hofmiller vergleichsweise gut dran. Sein Freund Karl Alexander von Müller hat im Oktober bereits das zweite Mal eine lebensgefährliche Viruserkrankung. Die sogenannte Spanische Grippe breitet sich seit dem Sommer in ganz Europa aus. Sie trifft das ausgehungerte Deutschland besonders hart. Makabererweise wird sie in Europa mehr Opfer fordern als der gesamte schreckliche Krieg in fast fünf Jahren zusammengenommen. Die Schulen werden wegen der Grippe vom 24. Oktober bis 4. November geschlossen, die Universität betritt von Müller wochenlang nicht. Immerhin hat sich der Historiker im Nachhinein genau über die Verhältnisse vor Ort informiert:

> Ein paar hundert Pflegerinnen fielen jeden Tag allein in den Münchner Lazaretten aus und sollten ersetzt werden, der Straßenbahnverkehr wurde eingeschränkt, in den großen Industriebetrieben waren bis zu einem Drittel der Belegschaften ausgeschaltet: war es der erste der apokalyptischen Reiter – wer wußte, ob nicht die andern im fahlen Abendrot schon ihre Rosse aufzäumten?

Frontstaat Bayern Vorerst waren es keine apokalyptischen Reiter, die dem Lande drohten. Es waren reguläre Truppen der verbündeten Feinde, die sich den bayerischen Grenzen näherten. Am 22. Oktober rief Philipp von Hellingrath seine Ministerkollegen zusammen und machte sie ganz offiziell mit den Verhältnissen bekannt, über die man bereits überall munkelte: Die Donaumonarchie stehe militärisch vor dem Zusammenbruch, und es könne nur noch Tage dauern, bis sie einen Sonderfrieden oder zumindest einen Waffenstillstand schließen würde. Dann könnten die Truppen der Gegner in kürzester Linie ungehindert aus Italien über den Brenner nach Bayern vorrücken.

Doch nicht nur aus dem Süden war das bayerische Kernland bedroht. Schon am 17. Oktober mussten die Grenzstationen nach Böhmen hin verstärkt werden. Dort war zu erwarten, dass sich die Tschechen aus der Donaumonarchie lösen und einen eigenen Staat gründen würden, sodass dann womöglich deutschstämmige Böhmen über die Grenzen flohen. Apokalyptische Reiter, die Karl Alexander von Müller befürchtete, näherten sich – wie es sich für solche Reiter mitunter gehört – aus der Luft:

> Fliegerangriffe schienen München bevorzustehen, Luftschutzräume, Verbandplätze wurden hastig vorbereitet ... Während ich eben bei einer Besprechung im Kultusministerium war, ertönten zum ersten Mal die Sirenen, und alles fand sich nach wenigen Minuten im Keller, der damals noch an die Neunersche Weinhandlung vermietet war, zwischen großen Fässern mit würzigem Weinduft ... alles war, vom zweiten Weltkrieg her gesehen, harmlos und etwas komisch. Aber die Wirkung dieses neuen, unerwarteten Schlages auf die ohnehin tief erschütterte allgemeine Stimmung war verheerend und gab den Radikalen einen unerhörten Auftrieb.

Die Reaktion der Verantwortlichen im Militär fiel überraschend tatkräftig aus. Sie schafften es tatsächlich, dass zügig Truppen aus dem Westen abgezogen und zur Grenzsicherung nach Bayern verlegt wurden. Insgesamt eine Division schützte ab Ende Oktober das Land. Es waren zudem bayerische Einheiten, die die Grenzen verteidigen sollten, und sie hatten nun auch ein eigenes Generalkommando für ihre in einem mobilen Armeekorps zusammengefassten Kräfte.

Der Kommandierende, der bayerische Generalleutnant Krafft von Dellmensingen, saß nicht mehr im fernen Frankreich, sondern zog im Oktober nach München um. Man hatte ihm und seinen Offizieren Räume im Hotel Bayerischer Hof frei gemacht – wenige Schritte vom Bayerischen Landtag entfernt. Über alle diese Maßnahmen durfte in der Presse nicht berichtet werden. Doch natürlich bekam jeder in München diese Veränderung mit. Gerüchte und Befürchtungen wurden dadurch nur noch mehr angeheizt. So wurde alles instabiler. Bereits am 17. September, als die gesamte Situation eigentlich noch viel einfacher und weniger bedrohlicher gewesen war, hatte Hofmiller notiert:

> Alles ist seelisch erschüttert. Erschüttert ist 1. der Arbeiter, 2. die Bauern, 3. (eigentlich hätte ich sagen sollen 1.) das Militär, 4. die Frauen, 5. alle Angestellten, 6. alle Beamten, 7. die Presse. Die Demobilisierung hat bei den Gemütern begonnen. Das ist schlimm, sehr schlimm. Die Stimmung ist früher da als die Ereignisse. Keine Hemmungen, keine Dämme, die Stimmung im Land ist furchtbar. Wer glaubt denn noch an einen guten Ausgang? Der Tagesbericht? Keine Spur. Aber ist es dann nicht unsinnig, immer noch Tagesberichte zu frisieren? Das Publikum schaut sie längst nicht mehr an. Die Leute lachen, wenn sie angeschlagen werden. Die Oberste Heeresleitung hat nicht mehr das geringste Vertrauen. Man hat damit Raubbau betrieben.

Geradezu makaber wirkt es, dass in den Wochen, als eine Handvoll von Revolutionären und Soldaten darangehen, den Staat und die Monarchie aus den Angeln zu heben, so viele kampfbereite und kampferfahrene bayerische Truppen zur Verteidigung der Heimat im Land stehen wie nie in den viereinhalb Jahren des Krieges zuvor – noch dazu angeführt von einem zahlenmäßig ebenso beeindruckenden Generalkommando in Rufweite von Regierung und Parlament. Sie alle werden gegenüber den an Köpfen weit unterlegenen Revolutionären dennoch nicht die Spur einer Chance haben.

In dieser Phase, da jede Woche wie eine neue Epoche ist, da Flugzeuge München bedrohen und Soldaten Richtung Süden vorrücken, klingen die Stoßseufzer des Karl Alexander von Müller vom September wie Räsonnements eines Unbetroffenen.

> Die allgemeine Stimmung völlig ratlos und gedrückt. »Bei jedem anderen Volk«, schrieb ich am 19. September an Irma, »müßte man eine Revolution fürchten, bei uns kommt es meiner Meinung nach kaum zu explosiven Erschütterungen, wohl aber, wenn die Führung so richtungslos bleibt, zu tiefen inneren politischen und sozialen Machtverschiebungen, deren Ende nicht abzusehen ist.«

Die letzte Rettung Richtungslosigkeit und Untätigkeit waren während des gesamten Jahres 1918 das große Manko des Beamtenkabinetts gewesen. Nichts war vorangegangen, um Staat und Gesellschaft zu reformieren. Mit geradezu selbstmörderischer Leidenschaft hatten Zentrum und Regierung seit mehr als einem Jahr jede Veränderung der Regierungsform und die Entwicklung hin zu einer parlamentarischen Monarchie blockiert, womit nur den Revolutionären gedient war und nichts von dem Druck, der sich aufgestaut hatte, abgeleitet wurde oder irgendeine Spur von Hoffnung entstehen konnte.

Als die Revolutionäre am ohnehin schon düsteren politischen Horizont immer näher kamen, raffte sich die Regierung des Ministerpräsidenten Otto von Dandl doch noch auf und begann am 17. Oktober mit den Landtagsparteien Gespräche über eine Verfassungsreform. Es war genau der Tag, an dem bayerische Einheiten an die böhmische Grenze kommandiert wurden. Und es war die letzte Gelegenheit für eine Reform an Haupt und Gliedern. Das Verhältniswahlrecht, eine für die Städte und die Arbeiterparteien in Bayern gerechte Wahlkreiseinteilung, das Frauenwahlrecht, die Entmachtung der sogenannten »Kammer der Reichsräte«, einem von Wittelsbacher Prinzen, Großgrundbesitzern und reaktionären Unternehmern dominierten Senat, standen auf der Tagesordnung. Die Kammer der Reichsräte wurde auch die »Erste Kammer« genannt, und das nicht von ungefähr. Sie konnte die »Zweite Kammer«, also das gewählte Parlament, weitgehend blockieren, denn die Reichsräte mussten nahezu immer und überall mit zustimmen.

Wer in dieser Phase, als sogar die Regierung aktiv wurde, nicht vorankam, das war das Zentrum, die katholische Mehrheitspartei. Am 25. Oktober – nun zählte angesichts der sich überstürzenden Nachrichten und der zunehmenden Panik in der Bevölkerung eigentlich jeder Tag – war das Zentrum noch immer um keinen Zentimeter von seiner Bestandswahrung abgerückt. Nicht ein einziger der Reformwünsche war für die katholischen Politiker akzeptabel, denn von keiner erwarteten sie einen Machtzugewinn für ihre Partei.

Die Lage und die »Volksstimmung«, auch das war eine Formel, nämlich die Formel dafür, dass dem Volk mittlerweile alles zuzutrauen sei, waren noch nicht schlecht genug. Einen Minimalkompromiss gestanden die Zentrumspolitikern allen nun drängenden politischen Kräften am 25. Oktober zu, doch der war so windig, dass darauf die Sozialdemokraten sofort und die Liberalen einen Tag darauf aus der Konsensfindung ausscherten und auf der vollständigen Umsetzung ihrer Forderungen bestanden. Dem Zentrum als selbsternannter Bestandswahrer der konstitutionellen Monarchie stand das Wasser immer noch nicht weit genug bis zum Hals.

Bei den Bürgern eines jeden Staates gehört es scheinbar zum guten Ton, die Regierung mit den saftigsten Kraftausdrücken zu beschimpfen. Diese normalste Sache der Welt wurde 1920 von Michael Doeberl in seiner Schrift ›Sozialismus, soziale Revolution und sozialer Volksstaat‹ für die abgetretene königlich bayerische Regierung spektakulär auf die Spitze getrieben. Wie schon geschildert, warf Doeberl in seinem Pamphlet weniger den mitverantwortlichen Parteien als vielmehr der Beamtenregierung in kräftiger Wortwahl völliges Versagen vor. Damit lag er zwar nicht völlig falsch, aber er hatte dennoch hemmungslos übertrieben.

Der ehemalige Innenminister Maximilian von Brettreich konnte diese Vorwürfe nicht auf sich sitzen lassen und verfasste eine ausführliche Erwiderung. Sie wurde nie gedruckt, sondern schlummert im Archiv. Für die Vorgänge vom Oktober und November 1918 ist sie eine wichtige Quelle, und eben weil sie nicht gedruckt wurde, wird sie hier noch oft ausführlich zitiert werden. Sie ist ein historischer Schatz, denn der Minister schilderte in seiner Erwiderung alle Vorgänge detailliert aus seiner Sicht. Für das unentschiedene, zögerliche Dahingetapse während der Verfassungsreform sieht er nicht sich und auch nicht sein Ministerium in der Verantwortung:

> Ein Beweis dafür, wie wenig geklärt die parlamentarische Lage damals war, ist der Vorgang in der Sitzung des Finanzausschusses vom 18. Okt. 1918. In dieser Sitzung des Finanzausschusses drohte bei der Besprechung der innenpolitischen Reformen der sozialdemokratische Abgeordnete Hofmann-Kaiserslautern mit der Revolution, falls nicht schleunigst weitgehende Reformen bezeichneter Art in Angriff genommen werden. Die sozialdemokratischen Abgeordneten Auer und Timm wiesen gleichfalls in Ruhe auf diese Gefahr hin. Die Drohung war in erster Linie gegen das mit seiner Mehrheit in der Kammer der Abgeordneten Ausschlag gebende Zentrum gerichtet, das damals noch wenig von einer tiefer gehenden Umgestaltung, insbesondere bezüglich des Wahlrechts, wissen wollte. Die Redner des Zentrums

ließen sich auch zunächst durch die Drohung Hofmanns nicht beeinflussen. Führer der Partei, insbesondere Dr. Pichler, waren sogar unangenehm berührt, dass Staatsminister v. Dandl namens der Staatsregierung, die davon überzeugt war, dass rasch etwas geschehen müsse, auf den Ernst der Lage hinwies und zum Entgegenkommen gegenüber den Forderungen der Sozialdemokratie riet.

Volk an die Waffen In diesen Tagen der Verfassungsverhandlungen war die Aufmerksamkeit der Öffentlichkeit allerdings kaum auf das parlamentarische Spiel hinter den Kulissen gerichtet. Denn zeitgleich war es aus nachvollziehbaren Gründen zu einer regelrechten Panik in der Bevölkerung gekommen. Militär und wichtige Kreise in der Reichsregierung begannen nämlich spätestens seit dem 7. Oktober, über einen nationalen Verteidigungskrieg nachzudenken. Noch war der Waffenstillstand ja nicht unterschrieben, und noch immer war deshalb eine ganz entgegengesetzte Option möglich.

Alle, die eine Waffe halten konnten, sollten an die Front kommandiert werden. Ein Volksaufgebot, eine leveè en masse, wie es schon in der Französischen Revolution mit Erfolg ausgehoben worden war, sollte das eigentlich schon längst besiegte Deutschland verteidigen und doch noch zum Sieg führen. Somit hätte nahezu jeder Münchner einem überlegenen, gut bewaffneten Feind und seinen Kanonen, Panzern und Giftgasgranaten mit einem windigen Karabiner und ohne jede Kampferfahrung in einer Art Himmelfahrtskommando entgegentreten sollen. Zusätzlich zu diesen hochexplosiven Plänen, die nun neu in den Alltag hineindrängten, war der Krieg, der nun auf die Spitze getrieben werden sollte, in München schon immer allgegenwärtig.

Hofmiller kannte die Schauplätze:

München besitzt seine Klagemauer: die Arkaden des Kriegsministeriums. Dort sind die Gefallenen- und Vermißten-Listen. Die Leute stehen dort stundenlang und suchen. Jedes Alter ist vertreten, jeder Stand. Kein Wort wird gesprochen. Es ist herzzerreißend. Täglich immer noch Todesanzeigen mit dem Eisernen Kreuz in der linken oberen Ecke.

In den Wochen Ende Oktober und Anfang November, da sich Nachrichten, Gerüchte und Vermutungen aus vermeintlich gut unterrichteten Kreisen ständig ablösten, war die Perspektive einer zwangsweisen Volksbewaffnung für die hungernde und kriegsmüde Bevölkerung tatsächlich die schrecklichste aller vorstellbaren Optionen. Sie war die beste nur denkbare Wahlpropaganda für Kurt Eisner und den Dichter in seinem Gefolge. Viele Wochen geisterte sie durch den politischen Orbit und war erst mit Abschluss des Waffenstillstands am 11. November als Alternative der militärischen Führung und als Schreckensgespenst der Bevölkerung vom Tisch. Der neugebackene Revolutionär Oskar Maria Graf erlebte, wie gewaltig der Schuss der Heeresleitung nach hinten losging:

> »Nationalverteidigung!?« Nichts wie wieder ein neuer Schwindel! »Bloß, daß die Kleinen sich die Köpfe einschlagen lassen und die Großen noch mehr ergattern!« konnte ein Mann in einer Bräuhalle unangefochten in die Menge schreien. Die meisten nickten: »Recht hat er!« Viel heftiger rumorte es jetzt. Jeder Erlaß wurde mit höhnischer Gleichgültigkeit übergangen.

Über alle diese Äußerungen berichtete nicht nur Oskar Maria Graf. Vor Ort waren Journalisten, Polizei- und Militärspitzel, und alle schrieben auf, was in solchen Bierkellern gesagt wurde. Am nächsten Tag stand es in der Zeitung und in Berichten an den Polizeipräsidenten und den Innenminister. Diese sogenannte Volksstimmung war allen Verantwortlichen in Staat und Gesellschaft bestens bekannt. Getan wurde wenig.

Als die Grenztruppen seit einer Woche die Südgrenze sicherten und der militärische Zusammenbruch nicht mehr zu leugnen war, bewegte sich das Zentrum. Spät, aber noch rechtzeitig genug, meinten die Beteiligten. Um genau einen Tag zu spät, so wissen wir heute. Die Führung des Zentrums gab ihren jahrelangen Widerstand auf und damit konnte am 2. November eine Verfassungsreform über die Bühne gehen, in der alle Forderungen der SPD erfüllt wurden und mit der Bayern urplötzlich eine parlamentarische Monarchie war. Die Kammer der Reichsräte musste ihrer Selbstentmachtung noch zustimmen, und dafür war der Termin auf den 8. November gelegt worden. An diesem Tag sollte eine Regierung ins Amt kommen, in der zwar immer noch ein Großteil der Minister aus der Beamtenhierarchie kam und in der der bisherige leitende Minister Otto von Dandl auch weiterhin die Geschicke der bayerischen Politik bestimmen sollte, in der aber auch Sozialdemokraten, Zentrumsleute und Liberale saßen.

Es blieb eine Schattenregierung, denn an dem Tag, an dem sie die alte Regierung ablösen und ins Licht der Öffentlichkeit treten sollte, am 8. November, war die Revolution geschehen, und von einer parlamentarischen Monarchie sprach niemand mehr. Die Bremser aus dem Zentrum hatten sich zu viel Zeit gelassen.

Die Stunde des Königs Flugblätter und Plakate, Umzüge und neue Lebensmitteldemonstrationen gab es. Tafeln trugen die Leute mit, darauf stand »Friede und Brot«, »Brot und sofortigen Frieden«, und neue Zusammenstöße ereigneten sich da und dort. Viel, viel kühner war die verbitterte Masse. Rottungen gehörten zum täglichen Bild. Durch die Amnestie waren die Revolutionäre wieder frei und arbeiteten mit aller Macht.

Man muss sich das, was Oskar Maria Graf, vielleicht etwas überzeichnend, aber dennoch zutreffend, vom Geschehen im Oktober und November berichtet, einmal räumlich vorstellen. In der Innenstadt von München, um den Odeonsplatz herum, lagen damals die Quartiere des Königs. Er wohnte entweder im sogenannten Wittelsbacher Palais oder, wie in diesen Monaten, da das Palais renoviert wurde, in der königlichen Residenz, dem riesigen Stadtschloss, einem der größten Europas. Und draußen demonstrieren die Bürger. Nicht immer direkt vor seiner Tür. Doch muss er all das, was da draußen nun schon über Monate hin passierte, im relativ überschaubaren München auf jeden Fall mitbekommen haben.

Ein Vorfall aus den Sommertagen ist tatsächlich dokumentiert, an dem die Demonstranten von der Polizei aus dem Umfeld des Wittelsbacher-Wohnsitzes gedrängt werden mussten. Natürlich ist nicht klar, ob der König solche Ereignisse als Augenzeuge mitbekam, berichtet wurde es ihm sicherlich, und aus seiner täglichen Zeitungslektüre konnte er entnehmen, was er nicht selbst zu sehen bekam. Ludwig gehörte gelegentlich zu den Lesern der sozialdemokratischen Tageszeitung, der ›Münchener Post‹. Bei einem Frontbesuch soll er sie sogar den Soldaten mitgebracht haben.

Sogar für einen so entscheidungsschwachen Mann wie Ludwig war in diesen hitzigen Herbstwochen mehr als genug Zeit, um sich zu einer offensiveren gestaltenden Haltung durchzuringen. Denn bereits am 15. August hatte Kriegsminister Philipp von Hellingrath alle Minister darüber informiert, dass die Front definitiv zusammengebrochen und der Krieg nicht mehr zu gewinnen war und dass nun alles darangesetzt werden müsse, so schnell wie möglich einen Waffenstillstand zu schließen und einen erträglichen Frieden auszuhandeln. Aus diesem Grund war Ministerpräsident von Dandl am Tag darauf zum König gegangen und hatte auch ihn unterrichtet. Was dann, als sowohl Kabinett wie auch König eingeweiht und zum Handeln aufgefordert waren, wirklich geschah, kann man mit nur wenig Übertreibung als nichts bezeichnen.

Ministerpräsident von Dandl konferierte lediglich mit den süddeutschen Kollegen und ließ in Berlin den sogenannten Auswärtigen Ausschuss einberufen. Dies war ein Gremium der Reichsländer, in dem sie Einfluss auf die Außenpolitik nehmen konnten. Als sich herausstellte, dass Reichskanzler von Hertling von sich aus nichts unternehmen würde und dass ihn dabei seine eigene Partei, das Zentrum, sowohl im Reichstag wie auch im Landtag aus reinem Selbsterhaltungstrieb heraus decken würde, versandete der bayerische Impuls sofort.

Ende August kam sogar Ludwigs Sohn Rupprecht nach München. Kronprinz Rupprecht kommandierte eine der drei Heeresgruppen an der Westfront und war einer der Generalfeldmarschälle der kaiserlichen Armee. Auch er drängte auf Friedensaktivitäten. Zu guter Letzt erschien sogar der österreichische Kaiser Karl in München und stieß ins selbe Horn. Ohne Erfolg. Es passierte nichts. Ludwig fuhr nach Leutstetten und ging mit trübem Sinn auf die Jagd. Er ist der falsche Mann für die Krise – wie sogar sein treuer Beamter aus dem Ludwigsgymnasium spürt:

> Dienstag, 15. Oktober. Vormittags kein Unterricht wegen des Namenstags der Königin. Aber es war nirgends beflaggt wie in früheren Jahren, nicht einmal die Staatsgebäude. Ist das der Anfang vom Ende? Man kann hundertmal sagen, in dieser Zeit ist es nicht angebracht, an einen Fürstennamenstag zu erinnern, bedeutet es nicht dennoch ein feiges Sichselbstaufgeben?

Ganz so feige, wie Hofmiller vermutete, war das Haus Wittelsbach in seiner Gänze dann doch nicht. Kronprinz Rupprecht, war es zeitlebens und ganz besonders, seit er in Frankreich eine der deutschen Riesenarmeen befehligt hatte, gewohnt, sich durchzusetzen. Außerdem war er ein anderer Charakter als die führenden Köpfe im Heer und auch in Bayern. Verglichen mit seinem Vater war er zupackend, verglichen mit den Chefs der Obersten Heeresleitung Hindenburg und Ludendorff war er besonnen. Er hatte es für unsinnig gehalten, alles auf eine Karte zu setzen und die Frühjahrsoffensive anzugehen, da man damit ein viel zu hohes Risiko eingehen und die Chance auf einen Frieden vergeben würde. Er hatte Recht behalten. Im Oktober versuchte er geradezu verzweifelt, das Generalkommando der Truppen im Bayerischen Hof zu übernehmen. Ihm wäre tatsächlich mehr zuzutrauen gewesen als allen Militärpersonen in hoher Position in Bayern. Doch der Kaiser ließ ihn nicht aus Frankreich weg. Rupprecht saß also weiter dort an der Front und konnte nur noch hoffen, dass sich der Sturm in seiner Heimat ohne großen Schaden legen würde.

Der bayerische Zentralismus Früher war Ludwig jeden Montag kegeln gegangen – in der Zeit, als sein Vater Luitpold regierte und er selbst die leicht zu tragende Bürde eines Wittelsbacher Prinzen hatte, sich also nicht unter das Joch des Königtums mit all seinen Repräsentationsaufgaben beugen musste. Das lockere Leben als Kegelbruder mit seinen Geschwistern und den Kavalieren des Königshauses fand nahe am Bahnhof direkt neben einer dort angesiedelten Waggonfabrik statt. Im sogenannten Seidl-Garten, nahe dem Hauptbahnhof, einem Anwesen der gleichnamigen Familie – sie war die bedeutendste Münchner Patrizierfamilie und eine weitverzweigte Unternehmerdynastie –, standen mitten in der Stadt nicht nur Aprikosen- und Apfelbäume, Kastanien und Traubenstöcke, sondern auch ein Gartenhaus sowie eine malerische Kegelbahn. Diese nutzte das Haus Wittelsbach jeweils am Montag, die Münchner Künstler wie zum Beispiel Franz von Lenbach, Wilhelm Busch oder Friedrich von Kaulbach kamen am Mittwoch, und der Samstag war für die Wirtschaftselite der Stadt reserviert. Wenn große Feiern angesagt waren, kamen natürlich alle – kunterbunt durcheinander. Das war der Charme von München. Auch das Leben der Oberschicht hatte etwas Volkstümliches.

Im Seidl-Garten traf sich aber nicht nur die Spitze Münchens, sondern eigentlich versammelte sich dort zugleich die Elite des gesamten Königreichs, denn München war Hauptstadt, und was dort passierte, ging ganz Bayern an. Für die Endphase des Krieges gilt das ganz besonders. Alle Entscheidungen mussten schnell und auf kurzen Wegen getroffen werden. Alles passierte in München.

Es gibt Meinungsunterschiede unter Historikern, wie übermächtig der Zentralismus im Königreich wirklich war. Als das moderne Bayern 1806 gegründet wurde, war das französische Vorbild stilbildend, und lange nahm man deshalb an, dass der französische Zentralismus, in dem alles auf Paris ausgerichtet ist und alles dort entschieden wird, von den Bayern kopiert wurde. Mittlerweile sind sich die Historiker nicht mehr so sicher, ob Bayern wirklich eine Nachahmung des französischen Vorbilds war, doch für das Ende des Krieges ist dieser Eindruck wirklich übermächtig.

Eine Hauptstadt erfüllt ihre Zentralfunktion erst dann richtig, wenn in ihr nicht nur die Spitzen der Behörden und die Wirtschaftseliten versammelt sind, sondern auch die Intellektuellen und Künstler, die Journalisten und Meinungsmacher ihren Einfluss ausüben. Das war in München mehr als anderswo der Fall, und dieser Umstand hat mit dem Stadtviertel Schwabing zu tun.

Im Norden der Stadt, in direkter Nachbarschaft der Universität, fanden sich Schriftsteller und Maler, Anarchisten, Rassisten und Revolutionäre, Verleger und Kunstmäzene in einer Zahl, die für eine mittlere Großstadt wie München absolut außergewöhnlich war. Rilke und Kandinsky, Lenin und Hitler, sie alle wohnten dort. Oskar Maria Graf war in Schwabing zuhause, und Josef Hofmiller schaute mit deutlicher Geringschätzung auf dieses kulturelle Babylon Deutschlands. Noch heute zehrt der Ruf Münchens von dem geistigen Ausnahmezustand, den Schwabing und seine Bohemiens München und dem zu ihm gehörenden Rest des Landes zumuteten.

Erst in einer Stadt, die wirklich Mittelpunkt ist, also mehr als nur eine

Regierungszentrale oder ein Wirtschaftszentrum, kann man den Lauf der Geschichte eines Landes im Handumdrehen in neue Bahnen lenken. Deshalb gehen auch heute alle Putschisten dieser Welt davon aus, dass ihnen in einer Hauptstadt, die wirklich alles im Land bestimmt – und mit der fortschreitenden Verstädterung wird dieser Typus der Stadt immer häufiger –, ein Umsturz viel leichter gelingt, als wenn sie es mit einer Struktur zu tun haben, in der die Unternehmen, die Regierung und die Medien in unterschiedlichen Städten zu finden sind.

München war also ein ideales Terrain für Veränderungen. Alle zentralen Einrichtungen Bayerns waren in der Innenstadt und befanden sich in fußläufiger Entfernung voneinander. Aus Schwabing kam ein ständiger Strom an Ideen und Idealen, und so musste ganz Bayern nahezu unbeteiligt zusehen, was in München geschah. Nur dort spielte die Musik, und zwar in höchster Lautstärke.

4 Ein Staat schafft sich ab

Heldentaten Immer wieder während der Jahre des Krieges waren englische Soldaten und ihre Offiziere überrascht und völlig ratlos, mit welcher Schicksalsergebenheit – oder nennt man es Tapferkeit? – sich deutsche Soldaten ins Gefecht Mann gegen Mann warfen. Ihr eigenes Leben schien den seltsamen Deutschen nichts zu bedeuten. Aus dieser Verwunderung entstand bei den britischen Kriegsberichterstattern die Rede von der deutschen Todessehnsucht. Ein Mensch, der am Leben hing, würde dieses Leben keinesfalls so stoisch riskieren, wie es die Deutschen fortlaufend und an allen Fronten taten. Als fast zwei Millionen deutscher Soldaten gefallen waren – sicherlich eher weniger heldenmütig, meist äußerst ungern und ohne große Sehnsucht, den Tod zu finden –, war eine letzte Frage offen: Wie stand es mit der Todessehnsucht des obersten Kriegsherrn? Ein siebzehnjähriger Münchner, Hermann Heimpel, stand im Oktober kurz davor, erstmals an die Front zu kommen, ja – wie er meinte – zu dürfen, und hatte schon klare Vorstellungen, was er mit seinem Kaiser dort erleben könnte.

> Wir träumen sogar, daß wir mit dem Kaiser aus dem Graben stürzen. Wir wissen nämlich, daß alles aus ist. Da denken wir uns aus, der Kaiser stiege irgendwo in einen Graben oder in einen Trichter, und dann stürzt er hinaus. Vielleicht gar nicht mit einer Handgranate, wahrscheinlich könnte er mit dem Ding nicht umgehen und hat davor genauso Angst wie wir, seit wir in den Turnstunden mit Holzkolben Handgranaten werfen. Er könnte ruhig seinen altmodischen Degen nehmen, es käme nur auf das Stürzen an – ach, es wäre schön. Wir wissen nicht, ob er es tut, aber wir wären dabei.

Kaiser Wilhelm II. hat im Oktober 1918 tatsächlich davon gesprochen, an der Spitze seiner Truppen ins Gefecht ziehen zu wollen, um dort tapfer den Tod zu suchen und sicher auch zu finden. Aber wie das beim Kaiser eben so war: Er hat nur davon gesprochen. Dabei wäre der Heldentod Wilhelms eine elegante Lösung für eines der größten politischen Probleme der deutschen Politik in der letzten Oktober- und der ersten Novemberwoche gewesen.

Deutschland, so viel war allen Verantwortlichen zwischen Berlin und München klar, kam nicht darum herum, einen demütigenden Waffenstillstand zu unterschreiben und anschließend einen vom Wohl und Wehe der Sieger bestimmten Frieden zu schließen. In diesem Prozess, den der Reichskanzler von Hertling viel zu lange verzögert hatte, spielte Wilhelm eine, wie es den Deutschen erschien, entscheidende Rolle. Er war überflüssig, ja, fast mehr noch, er störte zwar, konnte aber nicht einfach entfernt werden. Schließlich war er der Kaiser, das Staatsoberhaupt.

Als die Vereinigten Staaten 1917 in den Krieg eingetreten waren, hatte Präsident Woodrow Wilson ein Grundsatzpapier veröffentlicht, das indirekt auch seine Verbündeten verpflichtete und den Deutschen damit eine Richtlinie gab, was die Sieger von ihnen erwarteten, was sie also von ihnen befürchten mussten, aber auch erhoffen konnten. Ein wichtiger Punkt in diplomatischen Noten, die diesem sogenannten 14-Punkte-Plan des Präsidenten folgten und mit denen er seinen ursprünglichen Plan präzisierte, war der Rücktritt des deutschen Kaisers und damit – so sahen ihn die Kriegsgegner – des Oberhaupts des preußischen und damit auch des deutschen Militarismus.

Wochenlang zog sich die Diskussion über und mit dem Kaiser hin. Würde er zurücktreten oder den Heldentod suchen? Wer könnte an seine Stelle treten? Würde man in Zukunft überhaupt einen Kaiser in Deutschland brauchen? Auf dem vollbesetzten Markt der Meinungen und Probleme war mit dem nahenden Waffenstillstand ein entscheidender Punkt dazugekommen. Bald nachdem die Überlegungen zu einem Waffenstillstand in Schwung gekommen waren, wurde jedoch klar, dass Wilhelm alles daransetzen würde, seine Krone zu behalten, auch um den Preis, dass deswegen kein Einvernehmen mit den Siegern gefunden werden konnte.

Genau dies war die entscheidende Stunde für Ludwig III. Wer, wenn nicht er, der Vertreter der ältesten und nach Preußen größten Monarchie des Reiches, konnte dem Kaiser einen Rücktritt nahelegen und einen Schritt einfordern, der für Deutschland ein großer Fortschritt gewesen wäre? Der Kaiser war nur primus inter pares. Somit war der König von Bayern derjenige Mann, den Wilhelm, der König von Preußen und Kaiser des Deutschen Reiches, am wenigsten von seiner Tür weisen konnte. Würde Ludwig den Rücktritt des Kaisers erreichen, indem er ihn in einer bayerischen Initiative verklausuliert oder vielleicht sogar offen befürwortete, so hätte er gezeigt, dass das Reich den Forderungen Wilsons entgegenkommen wollte. Zwar war mittlerweile nicht mehr Graf von Hertling, der Vertraute des Königs, Reichskanzler, sondern Prinz Max von Baden, aber ein Kontakt zum Kaiser wäre ohnehin über den Kopf des Kanzlers hinweg eingeleitet worden.

Auf Ludwig und seiner Regierung lasteten Hoffnungen und Pflichten. Er musste in Neuland vorstoßen, denn für eine Initiative, den Kaiser vom Thron zu bitten, gab es keine Regelung. Nach allem, was wir vom bayerischen König wissen, war klar, wie die Sache ausging. So wie er sich schon weigerte, gegenüber Reichskanzler von Hertling irgendeine wahrnehmbare Rolle zu spielen, so verschloss er sich der Idee, in der Kaiserfrage den politischen Knoten zu durchschlagen.

Mehrere Noten hatte der amerikanische Präsident bis zum 24. Oktober an die deutsche Regierung geschickt, um seine Forderungen zu präzisieren. Die Entmachtung der kaiserlichen Generalität in Kriegskabinett und Oberster Heeresleitung war ein Element seiner Vision für ein friedliches Deutschland, außerdem war die diplomatisch zurückhaltend formulierte, aber für jeden Politiker entzifferbare Forderung nach einer Abdankung des Kaisers ein weiterer Schwerpunkt seiner Wünsche.

Die Schlinge um den Hals des Obersten Kriegsherrn hatte sich noch weiter zugezogen, als am 26. Oktober bekannt wurde, dass die österreichische Regierung einen Sonderfrieden erbitten würde. Zwar verhandelte der bayerische Ministerpräsident von Dandl während dieser Tage in Berlin, aber mehr als nur Sondierungen wollte er in der Kaiserfrage nicht einleiten. Inzwischen war die Sache noch komplizierter geworden, denn es hatte sich herausgestellt, dass aus dem Hause Hohenzollern kein Spross verfügbar war, der an des Kaisers statt hätte treten können und zugleich bei den Kriegsgegnern Vertrauen erweckt hätte. Die Hohenzollern waren in den Augen des Westens allesamt eingefleischte Militaristen. Zugegebenermaßen hatten sie in der Vergangenheit wenig getan, um diesen Eindruck zu entkräften. Das war ja bisher auch nicht ihre politische Aufgabe gewesen.

Zwar hatten bayerische Gesandte immerhin Fühler ins Große Hauptquartier im belgischen Spa ausgestreckt, in das sich der Kaiser – sozusagen zu seinem Schutz – abgesetzt hatte. Sie gingen aber zu Recht davon aus, dass sie beim Kaiser nur etwas ausrichten konnten, wenn sie berichten würden, dass sie im Auftrag ihres Königs handelten. Nicht einmal das wollte man im Hause Wittelsbach riskieren. Es sei mit der fürstlichen Würde nicht vereinbar, wenn ein Monarch dem anderen den Rücktritt nahelege. Ludwig verharrte regungslos und schob die Verantwortung der Reichsregierung zu.

Dem entscheidungsschwachen, politisch schmächtigen König und seinen Ministern, die bestens zu ihm passten, war das Gewand der konstitutionellen Monarchie in diesen Tagen eindeutig zu weit geschnitten. Genau das ist der Dreh- und Angelpunkt für alles, was in der ersten Novemberwoche mit dem Königreich geschah. In der konstitutionellen Monarchie liegt ein Teil der politischen Initiative beim König. Er muss stark und erfahren genug sein, um auch in einer solch extrem verfahrenen Situation wie im Oktober und November 1918 seine Minister zu fordern. Ist er schwach, so müssen die Minister von durchsetzungsfähigem Format sein. Nun zeigte sich, dass das monarchische Deutschland weder einen handlungsfähigen Fürsten noch einen handlungsfähigen Minister hervorgebracht hatte.

Anders als im Vereinigten Königreich hatte das gekrönte Haupt in Deutschland ja tatsächlich etwas zu sagen und konnte sich aufgerufen fühlen, Politik, aber auch die Politiker, also das Establishment der Entscheider, mit zu formen. Kaiser Wilhelm II. hatte deswegen ganz stolz von seinem »persönlichen Regiment« gesprochen. Zumindest nahm er ein solches persönliches Regiment zu der Zeit für sich in Anspruch, als Regieren einfach war und als sich in Friedenszeiten die Aufmerksamkeit eher auf seine täglich mehrmals gewechselten Uniformen richtete denn auf seine politischen Fähigkeiten.

Am Beispiel der 1918 äußerst beliebten britischen Monarchie, aber auch aller anderen europäischen Königreiche – in Belgien, den Niederlanden und Skandinavien –, zeigt sich, dass es nicht die Monarchie war, deren Zeit abgelaufen war, sondern nur die konstitutionelle Variante. Das, was die Sozialdemokraten als Volksstaat bezeichneten, also die eindeutige Herrschaft des Parlaments, genau das war die Notwendigkeit der Zeit. Für einen Monarchen, der mehr war als Dekor, war kein Platz mehr. Mit der Revolution wurde dann zwar das Kind mit dem Bade ausgeschüttet, denn tatsächlich waren ja wenige Tage vor dem Umsturz sowohl in Bayern wie im Reich die Weichen für eine parlamentarische Monarchie, also für eine vollständige Demokratie mit königlicher Ornamentik, gestellt worden. Doch war das Vertrauen, das die Fürsten verloren hatten und in Zukunft sogar für eine Existenz als reines Anhängsel des Parlaments benötigt hätten, nicht in wenigen Stunden oder einigen Tagen wieder herzustellen.

Es war also nicht die Niederlage im Krieg, die die Throne stürzen ließ, sondern es war die Tatsache, dass man in Deutschland bis in die ersten Novembertage des Jahres 1918 hinein Monarchie nur denken und praktizieren konnte, wenn man dem König und dem Kaiser bedeutende Rechte gab. Ludwig und Wilhelm überzeugten die Deutschen davon, dass man solche Rechte niemandem aus einem Fürstenhaus mehr zugestehen sollte.

Die Saalschlacht So war auch in der ersten Novemberwoche nichts geschehen, um der Bevölkerung Zuversicht zu vermitteln und ihr die Sicherheit zu geben, dass die Regierungen in Berlin und München die außenpolitische Situation noch mitgestalten würden. Bezeichnenderweise war die große bange Frage dieser Tage nicht allein von der Reichsregierung ins Spiel gebracht worden. Walter Rathenau hatte in einem Zeitungsartikel am 7. Oktober die »Nationale Verteidigung« gefordert, also die totale Mobilisierung der Bevölkerung und ihre Verwendung im Kampf. Seinen Forderungen schlossen sich viele national gesinnte Redner an.

Eine Versammlung in München wiederum, wie schon bei der Reichsgründungsfeier vom 18. Januar, im sogenannten Wagnersaal, zeigte, was diese Spekulationen im Guten wie im Schlechten auslösten. Friedrich Burschell, ein Unteroffiziersanwärter, der sich elegant aus der Armee davongemacht hatte und der als hoffnungsvoller Schriftsteller das Vorkriegsschwabing gut kannte, war Anfang November mit seinen Freunden zu einem Vortrag gegangen, um den großen Intellektuellen Max Weber zum Thema Nationaler Verteidigungskrieg zu hören:

> Versammlungen gab es in dieser von Spannung geladenen Zeit fast täglich, manchmal mehrere an einem Abend. Alle hatten großen Zulauf … Als ich mich umschaute, entdeckte ich an einem anderen Tisch Rilke, seltsam genug anzuschauen in dieser urbayerischen Umgebung. Der Biergeruch, der Tabaksdunst, die lauten Stimmen, die Kellnerinnen, die mit hocherhobenen Krügen und Gläsern sich durch die Menge schoben, schienen den sonst so empfindlichen Dichter nicht zu stören. Er winkte mir, als er mich erkannte.

Auch Rainer Maria Rilke, der Feinsinn in Person, der schon damals hochverehrte Lyriker, hatte sich in die Volksmenge geworfen und konnte dort mit anhören, wie Weber den Deutschen jede Zuversicht auf einen erträglichen Frieden zu nehmen versuchte und zur Nationalen Verteidigung aufrief. Weber war außerdem gut unterrichtet über die Münchner Verhältnisse.

> Er schien schließlich selber zu merken, dass man ihm nur noch aus Höflichkeit zuhörte. Denn er wurde bitter. In München, sagte er am Ende, habe man, wie man ihm versichert habe, das Gegenteil vor, eine pazifistische Revolution. München sei aber in aller Welt als Stadt des Faschings bekannt und das möge sie auch bleiben.

Man kann sich vorstellen, was dann geschah. Der Professor hatte seine Rede beendet, die Diskussion wurde eröffnet, und der Tumult brach los. Vor allem Kriegsteilnehmer stürmten das Podium und schilderten Soldatenschicksale. Auch ein Bäckergeselle stieg zum Rednerpult hinauf:

> Ich zitterte am ganzen Körper, als ich auf dem hohen, halbüberkuppelten Rednerraum stand und schrie ungeschlacht: »Die Revolution wird kommen! Sie kommt! Ich fordere die Soldaten auf, den Befehl zu verweigern und aus den Kasernen zu gehen!«

In diesem Stil ging das dann noch weiter, bis sich die Argumente und die Gefühle mitsamt der dazugehörigen Redner erschöpft hatten. Nur Friedrich Burschell erlebte noch eine Überraschung:

> Den meisten der Redner schien es gar nicht zu Bewußtsein zu kommen, daß es Aufruhr war, was sie proklamierten, so selbstverständlich erschien es ihnen. Auch hinderte sie niemand am Sprechen, niemand unterbrach sie. Von Polizeibeamten, die noch kurz zuvor jede politische Veranstaltung streng überwachten, war weit und breit nichts zu sehen ... schließlich, als ein Sprecher den anderen in der Verdammung des Kriegs ablöste, brach ein Beifall aus, nicht der übliche Beifall wie im Theater, sondern der Beifall von Menschen, die selber mittun wollen und denen da oben ihre Hilfe anboten. Viele waren von ihren Stühlen aufgesprungen, manche gingen im Saal umher und suchten Bekannte auf, um sich auch ihrer Zustimmung zu versichern. Auch Rilke war von seinem Tisch aufgestanden, er kam bei mir vorüber und begrüßte mich. Ich hatte ihn noch nie so erregt und aufgewühlt gesehen, während er mir sagte, es sei wunderbar, ein großer Moment, und auch er fühle sich getrieben, zu der Versammlung zu sprechen. Natürlich tat er es nicht, es hätte seinem Wesen wenig entsprochen und überdies war es nicht nötig, da schon alles gesagt war.

Die Erregung des Dichterfreundes von Friedrich Burschell ist aussagekräftiger als hundert Polizeiberichte: Wenn sogar Rainer Maria Rilke in den Zustand von nahezu hemmungsloser Handlungsbereitschaft versetzt war, dann konnte und musste man alles erwarten für München und Bayern. Auch ein zukünftiger bayerischer Minister musste diese elementare Erfahrung machen. Der Liberale Ernst Müller-Meiningen sollte im neuen, dem ersten parlamentarischen, Kabinett vom 8. November an als Minister ohne Geschäftsbereich amtieren. Was auf ihn zukommen würde, konnte er bei einer fast zeitgleich mit der Veranstaltung im Wagnersaal abgehaltenen Versammlung seiner Partei erleben:

> Trotz großer Radauszenen blieb die Versammlung in unserer Hand. Aber es war charakteristisch, daß der Hinweis auf die Polizeistunde seitens des Vorsitzenden wahre Orgien von Wut entfesselte. Hunderte schrien: »Was geht uns die Polizei an!« »Die Polizei hat nichts mehr zu sagen.« »Wir pfeifen auf die Polizei und die Polizeistunde« usw. »Uns hat kein Mensch mehr etwas zu sagen; das Volk regiert.« Tatsächlich rührte sich auch die Polizei nicht.

Für uns heute wirken die Herbsttage des Jahres 1918 von militärischer Seite her unspektakulär. Diesen Charakter hatten sie aber bestenfalls unter strategischem Gesichtspunkt und eben aus heutiger Sicht. Der Krieg war zwar entschieden, doch er war noch immer nicht beendet. Und das zählte für die Menschen mehr als strategische Erwägungen.

Am 5. November rückten bayerische Truppen Richtung Brennergrenze vor, um an der Engstelle bei der Franzensfeste und ebenso auch am Jaufenpass den Weg nach Norden zu blockieren. Das Generalkommando für die Grenztruppen wirkte dienstbeflissen in München. Die Nationale Verteidigung war nicht vom Tisch, denn die Kriegsgegner waren immer noch nicht auf deutschem Territorium, und erst dort sollte die Nationale Verteidigung einsetzen. Die Truppen im Feld kämpften nach wie vor. Sie warteten vergeblich auf einen Waffenstillstand. Der wurde erst nach der Revolution, am 11. November, geschlossen. Deshalb ist die Erregung bei den Münchnern in dieser militärisch absolut aussichtslosen Situation so groß. Der Krieg war für sie nicht vorbei, sondern allgegenwärtig. Und: Er war in diesen Tagen sinnloser als je zuvor.

Der Sturm auf die bayerische Bastille Für das Wohlergehen der Menschheit war die Erfindung des Kühlschranks ein großer Segen. Lebensmittel konnten frisch gehalten werden und verdarben seltener. Das rettende Serum konnte bei jedem Arzt vorrätig sein. Man möchte meinen, dass es dieser zivilisatorische Impuls war, der den Erfinder des Kühlschranks angetrieben hat. Dem war mitnichten so. Carl von Linde, Professor an der Technischen Hochschule in München, dachte hauptsächlich ans Bier. Brauer hatten ihm, dem begabten Erfinder, ihre Nöte geschildert und ihn zu seiner Erfindung animiert. Brauer waren es auch, die den Professor so weit brachten, dass er sein Lehramt aufgab und mit ihnen ein Unternehmen gründete, das sich auf die Entwicklung und Herstellung von Kühlanlagen konzentrierte. Die Erfindung war tatsächlich ein Welterfolg. In ihrem Gefolge konnten Gasthäuser immer kühles Bier anbieten.

Man darf sich die Münchner Etablissements, in denen nun ständig gekühlter Gerstensaft verfügbar war, nicht als überschaubare Gasthäuser vorstellen. Die größten Exemplare hatten Kapazitäten, wie man sie heute von Hallen kennt, in denen um den nationalen Meistertitel im Basketball oder im Handball gespielt wird. Der Münchner Kindl-Keller, der spektakulärste Bierkeller der Stadt, fasste mehr als 5000 Besucher. Und von dieser Sorte gab es in München fast ein Dutzend. Nur noch der Begriff des Bierkellers erinnerte daran, dass man früher die Fässer in tiefen Kellergewölben hatte kühl halten müssen.

Wenn also Kurt Eisner in diesen Bierhallen brillierte, dann war das etwas grundlegend anderes als der Auftritt bei einer Diskussionsrunde mit 200 Anhängern. Eine Versammlung im Bierkeller war ein Großereignis. Und solche gab es in diesen Wochen täglich. Platz und Leidenschaft waren genug vorhanden. Der Triumph auf einer Versammlung im geschlossenen Raum hat für einen echten Revolutionär aber nur geringen Wert. Wer den Umschwung will, muss den öffentlichen Raum erobern. Die Straße muss dem Volk gehören, und das Volk muss wissen, dass es auf der Straße herrscht. Von dort aus wird man in die Zentralen der Macht vorrücken, und wenn das geschafft ist, setzt man sich an die Schreibtische der vormals Herrschenden.

Diese Bewegung von drinnen, also vom Bierkeller, nach draußen, zur Herrschaft auf Straßen und Plätzen, fand nun auch in München statt. Mittlerweile waren es nicht mehr 200 Revolutionäre, die Eisner mobilisierte, sondern immerhin gingen schon etwa 1000 Anhänger auf die Straße. Felix Fechenbach hat uns geschildert, wie sie das organisierten. Für den 3. November hatte die USP eine Friedensdemonstration auf der Theresienwiese angemeldet:

> Die Einladungen zu dieser Friedenskundgebung konnten nur mit hektographierten Handzetteln erfolgen. Das Generalkommando hatte den Anschlag von Plakaten verboten, und es war kein Geld da, Flugblätter drucken zu lassen. Wir waren die halbe Nacht in den Arbeitervierteln herumgelaufen und hatten unsere Einladungszettel an Telegrammtafeln, Mauern und Umzäunungen angeklebt. In der Reihe von Gastwirtschaften konnten wir sie auch mit Reißnägeln an die Wand heften.

Sogar Innenminister Maximilian von Brettreich war mit der Sache befasst worden. Sollte er die Veranstaltung vom 3. November genehmigen, bei der es »losgehen« konnte? Er stellte Bedingungen, wie Fechenbach von höchster Stelle zu hören bekam.

> Die Polizeidirektion forderte von der Versammlungsleitung, daß sie die Soldaten nicht zum Ungehorsam und zur Meuterei auffordere, dass sie keine Demonstrationen veranstalte und die Republik nicht ausrufe. (!) Es knisterte schon im Gebälk.

Die süffisante Note in Fechenbachs Erinnerungen und sein Ausrufezeichen sind berechtigt. Man kann es sich tatsächlich kaum vorstellen: Eine Partei, die die Monarchie stürzen will und die soziale Revolution predigt, bekommt vom Minister gesagt, sie solle sich anständig, das heißt im Rahmen der politischen Sitten, brav und zurückhaltend benehmen. War es Naivität oder Schicksalsergebenheit, wir können nur spekulieren.

Über alles, was in den Nachmittagsstunden des 3. November geschah, scheint sich Minister Brettreich Aufzeichnungen oder kurze Notizen gemacht zu haben. Sonst hätte er zwei Jahre später – in seiner Erwiderung auf Doeberls Vorwürfe – den Ablauf der Ereignisse nicht so haargenau darstellen können.

> Die Versammlung war nur schwach bewacht. Unter den Besuchern waren ziemlich viele Soldaten, Eisner und Dr. Jaffé sprachen. Nach Schluß der Versammlung forderte Unterleitner auf, die letzten Untersuchungsgefangenen, die noch im Gefängnis Stadelheim wegen der Januarunruhen schmachteten (Schröder, Winkler, Kämpfer) eine Sympathiekundgebung darzubringen. Hierauf setzten sich sofort die Veranstaltungsteilnehmer truppweise gegen Stadelheim in Bewegung. Das Ministerium des Inneren erteilte sofort dem Polizeipräsidenten den Auftrag, gegen etwaige Demonstrationen und Unruhen mit aller Entschiedenheit vorzugehen. Infolge einer Panne an dem mit der Polizei nach Stadelheim entsandten Kraftwagen gelang es dieser nicht, noch vor den Demonstranten vor dem Gefängnis in Stadelheim anzukommen und diese von dem unmittelbaren Zugang zum Gefängnis fernzuhalten.

Erst als die Veranstaltung auf der Theresienwiese ihr Ende gefunden hatte und man nicht einfach wieder nach Hause laufen wollte, wurden Stimmen laut, die sagten, diese Protestdemonstration, das könne es doch nicht gewesen sein, man solle mehr unternehmen. Zu allem entschlossen und relativ spontan, kam man auf die Idee, vom Westen Münchens durch die ganze Stadt in den weit entfernten Osten zu ziehen. Dort saßen die letzten drei Revolutionäre ein, die nach den Januarstreiks festgenommen worden waren. Ihnen sollte eine sogenannte Solidaritätskundgebung dargebracht werden. Die Demonstranten hatten sich dieses Recht, durch München zu marschieren, einfach genommen. Wen kümmerte die königlich bayerische Regierung? Felix Fechenbach erlebte ihre Entmachtung:

> Vor dem Gefängnis wurde eine Abordnung gewählt, die zur Direktion ging, um die Freilassung der Verhafteten zu fordern. Der Polizeipräsident kam und versuchte vergeblich, die vor dem Gefängnis Harrenden zu beruhigen.

Direkt vor dem Gefängnis erst hatten sie ihre Forderungen in die Höhe geschraubt und erlebten dann tatsächlich, dass niemand sie bremsen konnte oder wollte. Innenminister Brettreich musste zusehen, wie den Behörden die Initiative fast minütlich mehr entglitt. In seiner Rechtfertigungsschrift spürt man immerhin auch Selbstkritik.

> Die Zahl der Demonstranten wuchs nach und nach auf 1000 und mehr Leute an, die die sofortige Freigabe der Gefangenen stürmisch forderten. Eine Abordnung der Menge setzte sich telefonisch mit dem Oberstaatsanwalt ins Benehmen. Letzterer erklärte, er werde das Ansuchen dem Oberreichsanwalt in Leipzig telefonisch übermitteln und, falls vom Reichsgericht genehmigt, die Gefangenen entlassen. Angesichts dieser Sachlage wäre es sicher geboten gewesen, gegen die Demonstranten mit Gewalt vorzugehen, falls die Polizeimannschaft nicht ausgereicht hätte, militärische Hilfe anzufordern. Der Polizeipräsident glaubte indessen immer noch ohne gewaltsames Einschreiten, bei dem voraussichtlich Blutvergießen nicht zu vermeiden gewesen wäre, mit der Menge fertig zu werden. Ein militärisches Eingreifen wollte er auch deshalb vermeiden, weil man schon damals gewisse nicht unbegründete Bedenken gegen die Zuverlässigkeit der Münchner Truppen hegte.

Entweder ahnten die Demonstranten die Schwäche der Staatsmacht, oder sie wollten sie nur auf eine weitere Probe stellen. Brettreich blieb in seiner Schilderung ohne Wertung.

Etwa gegen 4 Uhr nachmittags stellte eine Abordnung der Menge der Polizei ein Ultimatum, die Menge werde das Gefängnis stürmen, falls die 3 Untersuchungsgefangenen nicht freigelassen werden.

In diesem Moment, als die Polizei immer noch keine Gegenwehr zeigte, scheinen die Demonstranten begriffen zu haben, dass sie und nicht die Minister und Beamten des Königs das Zepter in der Hand hatten. Sie setzten ihre Wunschliste auf und erlebten, dass sie damit der Regierung, der Polizei und der Justiz den Lauf des Geschehens diktieren konnten, dass der ganze Staat nach ihrer Pfeife tanzte. Das Leben war ein revolutionäres Wunschkonzert. Welch ein Erfolgserlebnis. Sogar der Polizeipräsident kuschte.

Um Zeit zu gewinnen, trat die Polizei dem aufgetauchten Gedanken, eine Abordnung der Menge zum Minister des Inneren zu entlassen, nicht entgegen und ließ die Sprecher dorthin führen. Der Minister des Inneren empfing etwa um 4 ½ Uhr die Abordnung.

Der Minister kontaktierte daraufhin den Oberstaatsanwalt, der verwies ihn in der Sache an das Reichsgericht in Leipzig, und so rief von Brettreich sofort beim Reichsanwalt an. Die Abordnung der Demonstranten war schon wieder aus dem Ministerium abgezogen, sie mussten sich nicht weiter um die Sache kümmern, das machte der Innenminister schon alleine, wie er treulich schilderte:

Hierbei machte der Minister des Inneren dem übrigens bereits vollständig unterrichteten Oberreichsanwalt Mitteilung über die Lage, insbesondere darüber, daß Stadelheim von der demonstrierenden Menge bedroht sei, daß die Gefahr bestehe, daß sie von dort vertrieben, in der inneren Stadt die Ordnung stören werde. Der Oberreichsanwalt teilte dem Minister mit, daß das Reichsgericht zu der Haftentlassung der drei Untersuchungsgefangenen Stellung nehmen werde. Im Hinblick auf die Lage sei jedoch der Oberreichsanwalt damit einverstanden, daß die Gefangenen sofort auf freien Fuß gesetzt werden.

Nicht nur die Behörden in München, sondern auch das Reichsgericht im fernen Leipzig wissen also, dass 1000 Leute gerade Randale machen, dass man nichts unternehmen kann, sondern kuschen muss und einfach nur hoffen sollte, dass alles glimpflich abgeht.

Um ein Abströmen der Menge von Stadelheim und den östlichen Vorstädten in die inneren Teile von München zu verhindern, hatte der Minister des Inneren die Polizeidirektion angewiesen, sofort Absperrmaßnahmen, insbesondere bei den Isarbrücken, durchzuführen. Die Durchführung erwies sich aber wegen der geringen Anzahl der verfügbaren Kräfte technisch unmöglich. Am Abend sammelten sich mehrere hunderte von Menschen zu einem Umzug in der inneren Stadt; sie begaben sich auch vor das Wittelsbacher Palais, das vom König aber nicht bewohnt war. Ein unbekannter Mann brachte ein Hoch auf die soziale Republik Bayern aus, worauf sich die Menge zerstreute. Die Polizei war zu schwach, um wirksam einschreiten zu können. Militär stand nicht zur Verfügung.

Wer dieser dem Minister unbekannte Mann war, der das Hoch auf die soziale Republik ausbrachte, lässt sich leicht klären. Felix Fechenbach nahm in seinen Erinnerungen die revolutionäre Ehre für sich in Anspruch, und dort liest sich das Ganze klar und deutlich als eine atemberaubende Erfolgsgeschichte:

Dann zog man zur Stadt. In den Straßen hallten Kampflieder der Arbeiter wider, Friedensrufe erschollen, und der Zug der Demonstranten schwoll an, je näher man dem Stadtinneren kam. Alles, was auf den Straßen war, zog mit, und als die Demonstration vor dem Wittelsbacher Palais – dem Wohnsitz des letzten Bayernkönigs – ankam, war sie zu einer unübersehbaren Menschenmasse angewachsen. Da stieg ich aus der Menge auf das Eisengitter vor dem Königspalast.

An das Gitter gekrallt bringt Fechenbach nach der Rede sein Hoch aus. Währenddessen kommen die Kameraden in Stadelheim frei:

Zwei von ihnen, Richard Kaempfer und Fritz Schröder, hatte man vom Gefängnis direkt in die Kaserne gebracht und dort eingekleidet. Sie haben dann in ihren Kompagnien für die nötige politische Aufklärung gesorgt.

Nachdem die kleine Truppe der Münchner Revolutionäre Landes- und Reichsbehörden demütigen konnte, war natürlich die Frage unvermeidbar, wie sich diese Behörden in Zukunft verhalten sollten. Von Brettreich meinte, nur noch militärische Kräfte könnten die Sache richten. Deren Verlässlichkeit schätzte er aber zugleich äußerst gering ein. Das Absurde an dieser Situation ist, dass er es bei dieser Erkenntnis mehr oder minder bewenden ließ:

> Es wäre richtiger gewesen, die Demonstranten rechtzeitig mit Gewalt auseinander zu treiben, auch wenn es zu einem Blutvergießen gekommen wäre. Hätte das Militär allerdings nach der Befürchtung des Polizeipräsidenten schon hierbei versagt, so wäre wahrscheinlich bereits am 3. XI. die Lage gefährlich geworden.

Immerhin blieb König Ludwig III. von Bayern mit dem Zögern der bayerischen Behörden vor Stadelheim eine historische Parallele zu seinem Namensvetter Ludwig XVI. von Frankreich erspart. Der wurde nach dem Sturm auf das Pariser Vorortgefängnis, die Bastille, vom Thron gefegt.

Soldaten für den König So ganz und gar hilflos, wie er es gebetsmühlenartig darstellte, war der Minister nicht. Zweifelsohne war die Polizei unterbesetzt. In ganz München gab es nur noch einen einzigen hochrangigen Polizeioffizier, alle anderen waren an der Front. Deshalb musste von Brettreich tatsächlich auf das Militär zählen. Kriegsminister von Hellingrath wiegelte zwar bei den Bedenken, die von Brettreich gegenüber der Verlässlichkeit der Truppen hatte, immer wieder ab und versicherte im Stile eines guten Hausvaters, er hätte die Sache im Griff. Der Innenminister wollte ihm das berechtigtermaßen schon lange nicht mehr glauben, doch hat er seinerseits nichts unternommen, um seinen Kollegen, vielleicht sogar mithilfe des Königs, unter Druck zu setzen.

Deshalb kam es auch nicht zu einer eigens zusammengestellten Offizierstruppe, die dem König ergeben war. Offiziere gab es genug in München, Waffen, mit denen sie umgehen konnten und die sie gegen die unerfahrenen jungen Ersatztruppen und Revolutionäre in München einsetzen konnten, gab es auch genug. Doch weder von Brettreich noch von Hellingrath haben sich darum bemüht.

Das sollte dann 1920 einer der Hauptvorwürfe von Michael Doeberl sein. Mit solchen Vorwürfen stellte Doeberl natürlich wilde historische

Spekulationen an. Er hatte ja genug Zeit gehabt, sich eine solche Lösung auszudenken. Wer hätte das Aufgebot und die Logistik organisieren sollen, wer die politische Verantwortung übernehmen wollen? Das waren vermutlich Gründe, die die Zeitgenossen schon im Ansatz einschränkten. Andererseits war allen Ministern in diesen Tagen die Gefahr bestens bekannt, und verlässliche Soldaten zu finden, war kein Ding der Unmöglichkeit. Sie kamen in Massen nach München. Die Erfahrungen des Münchner Bahnhofsvorstandes, Max Siegert, machen das deutlich:

> Am Sonntag, den 3. November 1918, trafen von der bisherigen deutschen Werft in Pola ungefähr 1000 Matrosen in München am Hauptbahnhof ein ... Die Führer der Truppen, ein Kapitän-Leutnant und ein Oberzahlmeister, kamen nach der Ankunft zu mir und ersuchten mich um vorübergehende Anweisung eines sicheren Raumes für ihre Geldkassetten, bis sie bei einer militärischen Stelle passende Versorgung gefunden hätten. Dabei waren sie über die Mannschaften voll des Lobes und betonten ganz besonders, dass es lauter erstklassige, zuverlässige Leute seien, die jetzt nach strengem Dienste in Pola nach Hause kämen.

Die Soldaten waren im Urlaubsparadies der K.-u.-k.-Monarchie, dem heutigen Pula auf Istrien, stationiert gewesen.

> Obwohl aus dem schönen Süden kommend, wurden die Matrosen in Massenquartieren in hiesigen Bierkellern untergebracht ... Aber schon nach 2 Tagen klagten die Leute über die kalte, ungemütliche Unterkunft und über die Verpflegung, so daß der Truppenführer bei der Linienkommandatur L K I München dahingehend vorstellig wurde, entweder den Truppentransport weiterzuführen oder die Leute in besseren Quartieren unterzubringen, da sie sich nach dem langen Aufenthalte im Süden nur schwer an das rauhe Münchner Klima gewöhnen könnten.

So gelang es tatsächlich, diese Soldaten in das politische Kielwasser ihrer Kameraden in Kiel zu treiben, die am 5. November eine große Meuterei gegen einen letzten selbstmörderischen Einsatz der Marine angefangen hatten. Der Kriegsminister war nie vor Ort in den Münchnern Bierkellern oder den Kasernen, um die Soldaten auf seiner Seite zu halten.

Auch die Umquartierung erfolgte aus mir unbekannten Gründen nicht, so daß die Klagen und die Unzufriedenheit dieser zuverlässigen Truppen immer größer wurden. Als nun am 5. November 1918 die Marine in Kiel meuterte, wurde der Abtransport der hiesigen Matrosen auf Anordnung von Wilhelmshaven und Kiel vorerst überhaupt gesperrt, damit diese Mannschaften nicht mit den bereits verseuchten Kameraden in Berührung kommen sollten. Jedenfalls sind aber trotzdem die Berührungspunkte zwischen Wilhelmshaven, Kiel und München frühzeitiger als wünschenswert gefunden worden, und so kam es, daß sich bei dem Umsturze in München am 7. und 8. November 1918 die noch wenige Tage vorher als äußerst zuverlässig bekannten Matrosen mit an die Spitze stellten und zu den gefürchtetsten Leuten des Umsturzes zählten.

Die Trägheit des Kriegsministeriums verwundert tatsächlich. Denn wie wackelig die Situation in der Marine und wie groß die Ansteckungsgefahr für das gesamte Militär war, das hatte sich zweifelsohne auch bis ins Arbeitszimmer des Ministers herumgesprochen.

Dolch im Gewand? Bei aller Unzuverlässigkeit der Truppen und trotz der leichtsinnigen Haltung des Kriegsministers waren von Brettreich und der Ministerpräsident nach dem 3. November nicht völlig chancenlos. Es gab noch politische Optionen. Immerhin waren die Revolutionäre nur eine kleine Splittergruppe des Sozialismus. Die Demonstrationen vor dem Gefängnis hatten gezeigt, dass sie in München nicht mehr als etwa 1000 Leute auf die Beine bringen würden. Das war nichts verglichen mit den Massen von Arbeitern, die treu an der Seite der SPD und ihrer Parteiführung standen. Diese Parteiführung war also die wichtigste Stütze der Regierung und der Monarchie. Von ihrem beherzten Einsatz hing die Zukunft ab.

Hier tut sich ein großes Rätsel auf, das bis heute nicht gelöst ist und über die Jahre hin Spekulationen geradezu herausgefordert hat. Der Anführer der bayerischen Sozialdemokratie war Erhard Auer. Er gab den Weg vor, auf dem die Partei in dieser kritischen Woche ging. Hatte er einen Plan, wie er vorgehen wollte, und sprach er aus, was dieser Plan beinhaltete? Bayerns bedeutendster Sozialdemokrat im 20. Jahrhundert, der spätere Ministerpräsident Wilhelm Hoegner, hatte Auer schon in der Vorkriegszeit erlebt, und sogar er drückte, allerdings äußerst verklausuliert, seine Bedenken gegenüber Erhard Auer und dessen politischem Handeln aus. Auer sei ein geschickter Taktiker gewesen, aber in strategischen Dingen ohne Konzept vorgegangen. Hoegners Kritik richtete sich zwar hauptsächlich gegen Auers spätere Haltung zu Hitler und der NSDAP, aber sein Urteil betrifft auch dessen politische Grundeinstellung.

Taktiererei und sogar eine geheime Kollaboration mit den Revolutionären warf ihm auch der politische Gegner, der Liberale Ernst Müller-Meiningen, vor. Selbst Auers Parteigenossen und erst recht die Mitglieder der USP hatten den nicht von der Hand zu weisenden Verdacht, dass Auer das eine sagte und das andere tat. Der USP galt er als konservativer Wolf im sozialdemokratischen Schafspelz. Es war für die Regierung also keine einfache Sache, mit dem gewieften Politiker Erhard Auer ins Geschäft zu kommen. Dennoch hatte er bei Hofmiller Respekt gefunden:

> Er wäre längst der gegebene Mann für ein Reform-Ministerium gewesen, wenn die Regierung soviel Verstand gehabt hätte, die guten Köpfe der Sozialdemokratie heranzuziehen. Daß man Leute wie Auer, Vollmar, Schmitt, Adolf Müller, Segitz, Timm nur in eine unfruchtbare Opposition drängte, war Unsinn. Ich erinnere mich noch des Eindrucks, den in dem dicken Sammelbande ›Das geistige und literarische München‹ die Selbstbiographie Auers auf C. und mich machte; sie war der bemerkenswerteste Beitrag des Bandes, der sonst vielfach nur ein Jahrmarkt der Eitelkeiten war.

Aus Auers Biographie kann man den Leidensweg gut ersehen, den ein Sozialdemokrat sogar im vergleichsweise liberalen Bayern durchschreiten musste, wenn er Anerkennung finden wollte. Seine Geschichte macht auch verständlich, dass für ihn das mühsame, schrittweise Sich-Durchkämpfen und das schnelle Ergreifen der jeweils nächsten Chance ein Grundprinzip geworden war.

Als uneheliches Kind und Neffe des sozialdemokratischen Reichstagsabgeordneten Ignaz Auer 1874 in einem kleinen Dorf bei Passau in Niederbayern geboren, war er bis zu seinem elften Lebensjahr als sogenanntes Armenkind zur Schule gegangen, wurde dann landwirtschaftlicher Arbeiter und bereits mit sechzehn Jahren inhaftiert, weil er eine angeblich gemeingefährliche Organisation mit gegründet hatte, einen Interessenverein der Landarbeiter. Nach seiner Entlassung engagierte er sich für den Bayerischen Bauernbund, den Gegenspieler des katholischen Zentrums auf dem Land. Immerhin wurde er in das Paraderegiment der Monarchie schlechthin aufgenommen, als er 1894 seinen Militärdienst antrat: Er wurde »Leiber«, Soldat im Infanterie-Leibregiment des Königs.

Nach dem Militär arbeitete er sich zur Bürokraft hoch, besuchte Fortbildungskurse, wurde Kommis, das heißt Büroangestellter, und trat dann von der Ortskrankenkasse in das Sekretariat beim Landesvorstand der SPD über. 1907 wurde er Landtagsabgeordneter. Von ganz unten hatte er es bis ganz nach oben geschafft. Im Krieg konferierte er im Ernährungsrat mit dem König, und der hatte, anders, als es in Preußen üblich war, keine Zurückhaltung gegenüber dem ehemaligen Dorfarmen und Sträfling. Das war die positive Seite der altehrwürdigen bayerischen Monarchie.

Dennoch hat sich die bayerische Regierung in den Tagen, da ihr der eigene Untergang bereits vor Augen stand, nur halbherzig auf Auer zubewegt. Die Verfassungsreform war zwar gelungen, und am 8. November sollte Bayern tatsächlich eine parlamentarische Monarchie werden. Damit wäre Auer gefordert gewesen. Der zukünftige Minister Auer hätte als Vorsitzender der SPD von seinem Kollegen Brettreich auch schon vor Antritt seines Amts in Anspruch genommen werden können. So hat der Innenminister den Vorsitzenden der SPD zwar tatsächlich immer wieder mit den Polizeiberichten konfrontiert, denen zufolge die Radikalen bereit waren, loszuschlagen, doch Auer wiegelte genauso ab, wie es auch der Kriegsminister tat. Beide meinten, sie hätten ihre Leute im Griff. Die Soldaten in den Kasernen würden dem Minister gehorchen und die Arbeiter in den Fabriken dem Parteivorsitzenden. Von Brettreich wusste, dass das Wunschdenken auf beiden Seiten war. Doch hat er seinerseits nicht nachgehakt, sondern sich mit Zusagen beruhigen lassen. Sogar Karl Alexander von Müller erfuhr davon:

> Schon am Anfang des Monats hatte Auer dem Innenminister erklärt, des Waffenstillstands wegen würden keine Unruhen ausbrechen; das Volk sei einfach kriegsmüde und werde froh sein, wenn endlich Friede in Sicht käme; auch die große Überzahl der organisierten Arbeiterschaft trachte nach keiner Umwälzung.

Bei Erhard Auer hätte von Brettreich besonders misstrauisch sein müssen. Der Taktiker hatte als Einziger aller Politiker im damaligen Bayern zwei Trümpfe in der Hand, und es ist nicht zu beweisen, aber doch naheliegend, dass er das auch selbst wusste: Auer konnte mit der Revolution an die Macht kommen und ohne sie. Was auch immer geschah – er würde nicht verlieren. Alle brauchten ihn. Eine Revolution und eine sozialistische Republik ohne Sozialdemokratie war genauso ein Unding wie eine parlamentarische Monarchie ohne Erhard Auer. Das war das Problem des Innenministers von Brettreich. Aus dem, was er sagte, geht nicht hervor, dass Brettreich diese Gefahr wirklich erkannte.

Er verließ sich auf Auers Abscheu vor einer Revolution. Der bestand tatsächlich. Der Sozialdemokrat zog die parlamentarische Monarchie jedem Umsturzregime vor. Aber das galt natürlich nur so lange, wie er die Dinge selbst steuern konnte. Auer sollte am 8. November ein zweitrangiges Ministerium im königlichen Kabinett übernehmen. Der Posten des Ministerpräsidenten blieb den Parteien, vor allem natürlich dem Zentrum, aber auch der SPD vorenthalten. Der amtierende, parteilose Ministerpräsident von Dandl hätte auch weiter die Regierung geleitet. Insgesamt war diese Reform deshalb nur ein halbherziger Schritt zur parlamentarischen Monarchie. Die Macht blieb bei den Beamten, die schon vorher im Kabinett saßen. Einen Ministerpräsidenten Auer oder, was realistischer gewesen wäre, einen Sozialdemokraten, der als Innenminister amtierte, hätten die Revolutionäre wohl kaum aus dem Amt jagen können, und als deren Anhängsel hätte womöglich auch die Monarchie überlebt.

Eines Tages hatte ich mit Schorsch eine hitzige Diskussion über dieses Thema. Ich schwärmte immer nur für Gewaltanwendung und »Losgehen«. Er sagte aber auf einmal sehr nüchtern: »Ja, wie stellst du dir das eigentlich vor? … Glaubst du vielleicht, wenn die Revolution ist, dann brauchst du keine Stellung mehr annehmen? …«
Oskar Maria Graf, Wir sind Gefangene

Ministerpräsident von Dandl und Innenminister von Brettreich sahen keine Notwendigkeit, so radikal auf die Sozialdemokratie, aber auch auf das Zentrum zuzugehen. Sie hätten sich im Interesse der Monarchie selbst entmachten müssen. Nur die Parteien konnten den Volksstaat vertreten. Nur noch sie waren in der Lage, den König vor der Revolution zu bewahren, und über kurz oder lang wäre die Macht im Staat ohnehin in ihre

Hände gelangt. Die Karten des politischen Spiels waren durch die Niederlage im Krieg neu verteilt worden. Das alte Beamtenkabinett hatte keinen Trumpf mehr und wusste das auch. Nur zur entscheidenden Konsequenz konnte es sich nicht durchringen.

Gute Sichtverhältnisse Wie ein Dauerfeuer prasseln nach dem 3. November Warnungen auf den König und das Kabinett herab. Die Minister wissen aber auch selbst, wie gefährlich die Lage ist. Anders als am Stammtisch von Josef Hofmiller spricht man im Amtszimmer alles klar und deutlich aus. Am 6. November versammeln sich die zukünftigen Minister und mit ihnen auch Ernst Müller Meiningen:

> Anwesend war auch der Kriegsminister v. Hellingrath und der sozialdemokratische Abgeordnete Erhard Auer. Ich stellte an den Kriegsminister die Frage, ob er die Armee auch wirklich noch in seiner Hand habe. Anzeichen sprächen dafür, daß die Zersetzung schon ziemlich weit gediehen sei. In der etwas schläfrigen, von uns vordem als Kraftausdruck angenommenen schwerfälligen Ausdrucksweise erklärte der Kriegsminister: »Es gibt unruhige und unzuverlässige Elemente auch in der bayerischen Armee. Aber, meine Herren, Sie können ganz beruhigt sein. Die Armee als Ganzes ist noch fest in unserer Hand (!). Es wird nichts passieren.«

Das Unken über die Zukunft hatte in diesen Tagen eine Redundanz erreicht, die an ein Rosenkranzgebet erinnert. Als eine graue Eminenz der bayerischen Politik, der Nürnberger Oberbürgermeister Otto Geßler, einen Tag zuvor, am 5. November, mit solchen Warnungen an den König herantrat, wurde von Ludwig III. umgehend der Ministerpräsident hinzugerufen. Geßler erinnerte sich noch Jahrzehnte später an die entscheidende Zusammenkunft:

> Ich trug auch Dandl die Einzelheiten vor, vor allem, daß Deserteure entlassen würden und in der Arbeiterschaft allmählich immer größere Unruhe entstehe. Dandl sagte, das seien keine Deserteure, es handle sich nur um unerlaubte Entfernung vom Heer. Ich sähe wohl die Dinge infolge nervöser Überarbeitung etwas zu schwarz. Damit war die Audienz erledigt.

Der erfolgreiche Kommunalpolitiker Geßler, Mitglied zahlreicher Reichsausschüsse und engagierter Liberaler, war kein großer Freund des bayerischen Ministerpräsidenten.

> In Bayern hatte der Nachfolger Hertlings, Herr von Dandl, auf jede politische Führung verzichtet. Er glaubte, nach dem alten Rezept regieren zu können: Vertrauensmann des Königs zu sein, der maßgebenden Partei in allem Wesentlichen den Willen zu tun und sich nach links nicht allzusehr zu kompromittieren. Ohne jede politische Führereigenschaft, ohne maßgeblichen Einfluß auf die staatliche Willensbildung.

Möglicherweise war Geßler am 5. November nach München gekommen, weil er in Bereitschaft stehen sollte. Er war mit König Ludwig gut vertraut, und so mutmaßen seit der Schrift von Michael Doeberl manche Historiker, dass Erhard Auer und hohe Beamte den untätigen von Dandl noch vor Antritt des neuen Kabinetts stürzen wollten und Geßler an diesem Tag auf dessen Stuhl zu bringen versuchten. Wie die Sache verlief und möglicherweise versandete, lässt sich nicht mehr rekonstruieren und deshalb beschränkte sich das Kommen von Otto Geßler wirklich darauf, vom Ministerpräsidenten eine gehörige Abfuhr zu erhalten und den König kurz zu sprechen. Den Zusicherungen des Ministerpräsidenten hätte Ludwig schon aufgrund seiner eigenen Erfahrung misstrauen müssen. Sogar Karl Alexander von Müller hatte von Insubordination erfahren:

> Schon kam es vor, daß der König im Hofgarten sich durch eine aufgelöste Abteilung seines eigenen Leibregiments mühsam den Weg bahnen mußte, ohne daß ein Mann ihn grüßte.

Völlig überraschend kam es am 5. November wie in einem klassischen Drama zu einem kleinen retardierenden Moment. Chronische Optimisten meinten, durchatmen zu können, und sahen den König gerettet, chronische Pessimisten wie Oskar Maria Graf sahen die soziale Republik plötzlich in weiter Ferne:

> Am selben Abend hatten die Unabhängigen im kleinen Saal des Hackerkellers eine Versammlung einberufen. Als wir hinkamen, hieß es, die Massen seien auf die Theresienwiese. »Du«, sagte Schorsch ganz seltsam, »am End' geht's heut schon an.« ... »Abwarten!« hörten

wir da und dort. Und schließlich ging man doch wieder auseinander. Die meisten Leute brummten. Einer sagte sackgrob: »Der damische Hund! Der sagt auch ewig, es geht an, und tut doch nichts ... Bloß, daß er Anhänger kriegt!« Auch ich war enttäuscht.

Oskar Maria Graf konnte nicht wissen, dass Kurt Eisner noch Zeit brauchte. Er hatte am Nachmittag des 3. November, vor der Gefangenenbefreiung in Stadelheim, eine Fahrt aufs Land unternommen und sich mit dem Vorsitzenden des Bayerischen Bauernbundes, Ludwig Gandorfer, besprochen. Der hatte in der neuen Regierung keinen Ministersitz bekommen, war also nicht im System der parlamentarischen Monarchie festgezurrt worden. Ihn zog Eisner in längeren Besprechungen auf seine Seite und erhielt von ihm das Versprechen, dass der Bauernbund auch nach der Revolution für die Lebensmittelversorgung Münchens geradestehen würde. Erst damit war alles gerichtet für den großen Schlag.

Am 6. November konsultierte Josef Hofmiller seinen Arzt. Noch immer grassierte die Spanische Grippe:

»Ei, ei, Grippeferien haben Sie? Sehr interessant. Sie werden staunen, welche Grippe hier in München in den allernächsten Tagen ausbricht, welche Opfer sie fordern wird und wie lange sie dauern wird.« »Meinen Sie auch Kopfgrippe?« »Natürlich, Kopfgrippe. Es wird eine hartnäckige Grippe werden ... Wie wäre es, verehrter Herr Professor, könnten Sie nicht einen kleinen Krankheitsurlaub nehmen? Oder könnten Sie nicht wenigstens Ihre verehrte Frau Gemahlin und die Kleinen längere Zeit aufs Land schicken? ... Die Deutschen sind immer am gefährdetsten, wenn Volksseuchen kommen. Wenn solche Mengen beschäftigungsloser Mannschaften in den Kasernen herumlungern, sind ernste Sachen zu befürchten.«

Solchen ärztlichen Rat hatte Innenminister von Brettreich nicht nötig. Er war vollkommen darüber im Bilde, was am nächsten Tag zu erwarten war:

Am 6. November, in den ersten Nachmittagsstunden, meldete die Polizeidirektion dem Staatsministerium des Inneren, sie habe aufgrund ihrer Überwachungsmaßnahmen mit Sicherheit feststellen können, daß die U.S.P.D. im Anschluß an die große Versammlung einen großen Schlag plane.

5 Der Umsturz

Vorbereitung auf den großen Schlag Für alles, was in München zwischen Dienstag, dem 5., und Donnerstag, dem 7. November 1918 politisch möglich war, gab es Planskizzen – bei jedem, der handelte. Niemand stolperte achtlos vor sich hin und vertraute dem Augenblick. Schließlich hatten in den letzten Wochen alle führenden Köpfe – von links bis rechts – eine Vorstellung entwickelt, was im günstigsten Fall durchzusetzen war und wo die Schwachstellen der Gegner lagen.

Sicherlich existierten keine detaillierten Szenarien, die die Vertreter der unterschiedlichen Blöcke nur aus der Schublade ziehen mussten und die sie dann wie am Schnürchen realisieren konnten. So etwas hätte schon allein deswegen nicht geklappt, weil bereits in Bayern zu viele Beteiligte im Spiel waren. Außerdem wirkte das Geschehen in Berlin – bei Reichsregierung und Reichstag, im Hauptquartier der Armee und in den westlichen Hauptstädten – immer wieder kräftig in das Münchner Geschehen hinein und potenzierte die Unwägbarkeiten. Umso erstaunlicher ist, dass es in dem bunten Strauß der Pläne genau einen gab, bei dem zumindest die Schwerpunkte richtig gesetzt wurden, und das auch nur deshalb, weil im Vorhinein die entscheidende Stellschraube verortet worden war. Der Einzige in dem furiosen Finale, der treuherzig dem Zufall vertraute und deshalb fast ohne großes Arg in diese Tage ging, war König Ludwig III. Ihn überraschte das Geschehen dann auch vollkommen.

Erhard Auer befand sich von allen Beteiligten in der luxuriösesten Situation. Die Dinge liefen auf ihn zu. Er, der zukünftige Minister, musste gar nicht mehr antreiben, sondern nur geschickt und spontan reagieren – und das war ohnehin sein Talent. Unfreiwillig behilflich waren ihm in diesem Moment die Matrosen der kaiserlichen Marine im hohen Norden. Ende Oktober hatten die Soldaten in Wilhelmshaven den Dienst verweigert, als sie zu einer letzten, von der Flottenführung vermutlich als selbstzerstörerisch gedachten Aktion gegen die übermächtige Royal Navy in See stechen sollten. Es ging den Admiralen um Offiziersehre, das Leben der einfachen Männer würde Nebensache sein. Denn statt in die Hände der Feinde zu fallen, sollten die Schiffe lieber angreifen und schlimmstenfalls mit Mann und Maus untergehen.

Der spontane Aufstand in Wilhelmshaven hatte sich bis zum 4. November nach Kiel ausgedehnt und auch an der Ostsee die Marine handlungsunfähig gemacht. Dort war ein Aktionskomitee gebildet worden, das aber gar keinen Umsturz beabsichtigte. Alle Forderungen waren auf Frieden ausgerichtet, die politische Revolution war kein entscheidendes Thema. Dennoch hatten dieses Komitee und die Wucht des Aufstands der Reichsregierung das Heft entrissen.

Erst als Gustav Noske aus dem Führungszirkel der SPD von Berlin nach Kiel geeilt war und sich an die Spitze des Aufstands setzte, ging die Empörung in die Hände von Politikern über, mit denen sich die Reichsregierung zusammenraufen konnte. Gustav Noske sorgte dafür, dass sich die Rebellion beruhigte, und nutzte sie zugleich zum Machtgewinn seiner Partei. Sie stand in der Mitte zwischen Regierung und Aufruhr – lebensnotwendig für beide. So konnte die Sozialdemokratie auch in Bayern Mut schöpfen. Die Machtverhältnisse schoben die SPD automatisch in eine starke Position – in jeder nur denkbaren Regierung und in jedem denkbaren deutschen Staat. Während die Spitzen der SPD für die kaiserliche Regierung an der Ostsee die Kastanien aus dem Feuer holten, traf sich ein kleines Grüppchen von etwa zehn Revolutionären in München-Großhadern und entwarf im Häuschen von Kurt Eisner seine eigenen Pläne. Felix Fechenbach war unter ihnen:

> Die USP. hatte inzwischen für den 7. November eine Friedenskundgebung auf der Theresienwiese beschlossen und – um die gesamte Münchener Arbeiterschaft dafür zu gewinnen – auf dem Wege über die Gewerkschaften erreicht, dass die Kundgebung gemeinsam von SPD. und USP. veranstaltet werde.

Fechenbach, der Vertraute von Kurt Eisner, behauptete weiter, dass das Motiv für die geplante Veranstaltung nicht nur gewesen sei, für den Frieden zu demonstrieren, sondern sich gegen jene Kräfte in der Zentrumspartei zu wenden, die den Wirrwarr zu Ende des Krieges dazu nutzen wollten, Bayern vom Reich zu trennen, einen Sonderfrieden zu schließen und die bayerische Selbstständigkeit wieder herzustellen.

Man kann ihm das nun wirklich nicht abnehmen. Er entwickelte zwar einen interessanten und die bunte Vielzahl der Stimmen bestens illustrierenden Gedanken, aber das Motiv, Bayern im Reich zu halten, war ein vorgeschobenes Argument. Räsonnements über Bayerns Stellung im Reich dürften die Revolutionäre kaum mehr interessiert haben. Zwar hat Kurt Eisner die bayerische Karte bei seinen öffentlichen Auftritten in München immer gerne gespielt und gegen den preußischen Militarismus sowie die Diktatur des Kaisers und die Unterdrückung Bayerns durch das Reich gewettert, er hatte einen günstigen Frieden in Aussicht gestellt, sobald sich der demokratische Süden vom despotischen Preußentum absetzen würde. Doch letztlich war das Bierkellerpropaganda und Wunschdenken in einem.

Wie Fechenbach in seinen Erinnerungen wenige Seiten später selbst darstellt, war es der Ablauf der Friedenskundgebung und das, was in der Phase sofort nach der Veranstaltung geschehen sollte, worum es in Großhadern ging. Die Vorlage hatten die Vertrauten von Kurt Eisner ja bereits selbst geschaffen, als sie am 3. November mit tausend weiteren Radikalen nach Stadelheim gezogen waren, ihre drei dort einsitzenden Parteimitglieder befreit und sowohl Polizei wie Militär zum Narren gehalten hatten. Allerdings waren bei dieser Aktion nur wenige Soldaten beteiligt, die mussten ja Dienst tun, auch wenn sich schon damals viele, ohne zu fragen, für die Demonstration und die Befreiungsaktion aus dem Kasernenstaub gemacht hatten. Bei der Besprechung ging es vor allem darum, die Strategie zu verfeinern und möglichst viele Soldaten für die Radikalen zu mobilisieren. Man musste ihre Friedenssehnsucht nutzen und planen, wie man sie und ihre Waffen für das eigene Projekt einspannen konnte.

Der Zug nach Stadelheim hatte der SPD gezeigt, dass sie die radikalsozialistische Abspaltung um den charismatischen Vorsitzenden nicht unterschätzen durfte – so klein diese Gruppe auch immer noch war. Deshalb konnte Erhard Auer am 7. November angesichts der Handlungsbereitschaft Eisners nicht abseitsstehen und seinen Konkurrenten alleine machen lassen. Er musste bei der Kundgebung mitziehen und tat das dann, wie er selbstbewusst gegenüber allen Skeptikern und Mahnern behauptete, vor allem, um die Radikalen mit der schieren Größe der Mehrheitspartei im Zaum zu halten. Sie sollten nur Ornament sein.

Andererseits war selbst dem Vorsitzenden der SPD die ganze Sache nicht mehr recht geheuer. Sicher, er wollte sich einer Friedenskundgebung keinesfalls verschließen, dies vor allem angesichts des Matrosenaufstandes am anderen Ende Deutschlands und mittlerweile auch schon wegen der Tatsache, dass sich in Stuttgart am 4. November ein regional ausgerichteter Arbeiterrat gegründet hatte, und zuletzt noch im Hinblick darauf, dass die Waffenstillstandsverhandlungen nun endlich ins Rollen gekommen waren und eine deutsche Delegation im Begriff stand, nach Frankreich zu reisen. Es war nur logisch, dass die SPD der Regierung in Berlin die Friedenssehnsucht der Bevölkerung klarmachte, Forderungen stellte und Resolutionen verabschiedete. Genau das sollte auf der Theresienwiese geschehen.

Aber Auer hatte Bedenken, dass ihm das Kommando vielleicht doch entgleiten könnte. Aus diesem Grund wollte er am Vormittag des 7. November nicht nur den Ablauf der Veranstaltung mit Eisner genau besprechen, sondern er fragte ihn bei dieser Gelegenheit auch, ob die Radikalen irgendetwas geplant hätten, was über das gemeinsame Veranstaltungsprogramm, also die politischen Reden und die Verabschiedung einer Resolution, hinausginge.

Der Hintergrund der verklausulierten Frage war beiden Gesprächspartnern klar. Andererseits war es schon arg naiv von Auer, einen Mann, der sich zur Republik bekannte und als Revolutionär begriff, zu fragen, ob er irgendetwas Umstürzlerisches vorhabe. Dass Eisner an nichts anderes dachte, das pfiffen ja mittlerweile die Spatzen von den Dächern.

Gegenüber anderen wiederum wies der Vorsitzende der SPD alle Bedenken zurück, dass die gemeinsame Kundgebung eine gefährliche Sache werden könnte. Am Vorabend war das zukünftige bayerische Kabinett zusammengekommen und hatte sich mit seinem Vorgängerkabinett, das am 8. November abtreten würde, ausgetauscht. Als die Minister über die

Kundgebung sprachen – jeder wusste mittlerweile von der drohenden Gefahr –, versicherte der Kriegsminister wie bereits gehört, dass er die Armee im Griff habe und sich niemand Sorgen machen müsse. Ihm sekundierte Auer – vor Selbstbewusstsein strotzend, wie Brettreich hören konnte:

> Reden Sie doch nicht immer von Eisner; Eisner ist erledigt. Sie dürfen sich darauf verlassen. Wir haben unsere Leute in der Hand. Ich gehe selbst im Zuge. Es geschieht gar nichts.

Innenminister von Brettreich wollte weder dem zukünftigen Minister Auer noch dem amtierenden Kriegminister von Hellingrath wirklich glauben. Doch Eisner in letzter Minute festnehmen zu lassen und damit aus dem Spiel zu nehmen, das verbot sich inzwischen. Die Kundgebung wurde ja von beiden Arbeiterparteien veranstaltet, so dass man Eisner nicht willkürlich aus der neu entstandenen Gemeinschaft herausbrechen konnte. Der Plan des Innenministers war damit auch schon am Ende. Man muss aber auch dem Minister Gerechtigkeit widerfahren lassen und bedenken, dass er den demokratischen Neubeginn Bayerns auf keinen Fall durch radikale Verhaftungsaktionen stören wollte. Er und auch der König wollten sich nicht unmöglich machen, indem sie die Bürger gleich zu Beginn der neuen Geschichtsepoche mit autoritären Unterdrückungsmaßnahmen vor den Kopf stießen. Das hätte den Eindruck vermittelt, als wollte der Innenminister nach wie vor sein eigenes Spiel treiben und als hätte sich politisch doch nichts geändert.

Von Brettreich musste auf seinen Kollegen aus dem Kriegsministerium hoffen. Der hatte im Gegensatz zur ausgedünnten Münchner Polizeitruppe immer noch eine ansehnliche Mannschaft in der Stadt. Allein im Ministerium arbeiteten vermutlich etwa 1000 Offiziere und sonstige Mitarbeiter, die mit Waffen umgehen konnten. Das Generalkommando der Grenztruppen im Bayerischen Hof war voll besetzt, und die Kommandeure in den Kasernen waren genau über die Gefahr eines Aufstands informiert und dazu instruiert worden. Man würde sie nicht überrumpeln können.

Die Ermahnungen aus der Ministerrunde schienen im Kriegsministerium gefruchtet zu haben. Um die Kundgebung herum, nicht direkt im Umfeld und auch nicht deutlich sichtbar, das hätte zu sehr provoziert, war

Militär aufgestellt worden. Sogar Maschinengewehre wurden besetzt. Karl Alexander von Müller hat, wie das Historiker auch machen sollten, später über all diese Maßnahmen genauere Nachforschungen in den Akten der Behörden angestellt:

> Generalkommando, Stadtkommandantur und Polizeipräsidium erließen bis ins kleinste ihre Befehle: Absperrungen, Truppenbereitschaft, Schutz bestimmter Gebäude, alles war auf dem Papier seit langem pünktlich vorbereitet.

Der Kriegsminister scheint die Maßnahmen vom Schreibtisch aus in Szene gesetzt und geleitet zu haben. Die Befürchtungen des Innenministers, dass die Münchner Truppen unzuverlässig seien und sich weigern könnten, von der Waffe Gebrauch zu machen, waren für Philipp von Hellingrath allerdings kein Grund, der Sache persönlich nachzugehen. Zur Beruhigung der ängstlichen Zivilisten kommandierte er einen vermeintlich zuverlässigen Anwärterkurs für Unteroffiziere aus dem nahe gelegenen Freising nach München. Aus Schweinfurt war ein Grenzschutzbataillon, das über alle Zweifel erhaben war, nach München beordert worden. Müller konnte das alles rekonstruieren:

> Bis in die tiefe Nacht spielten die Fernsprecher. Ich habe später die amtlichen Akten dieser Anordnungen einmal eingesehen: es war tragisch und komisch zugleich, mit welcher nichtigen Peinlichkeit alles überdacht und vorgesehen war; nur der leitende Wille war vergessen: die ganze vollendete Maschinerie war umsonst.

Es sind für die Stärke der tatsächlich verlässlichen Militärpersonen oder Truppen später die unterschiedlichsten Schätzungen angestellt worden. Sicher gab es eine große Zahl von treu der Krone ergebenen Offizieren, und vielleicht hätten diese Diener des Königs auch noch ausreichend viele einfache Soldaten zusammenkratzen können, um die Veranstaltung in Bahnen zu halten und den König mit brennender Lunte zu verteidigen. Doch das sind alles Phantasiegeburten. Der Kriegsminister war auf einem völlig anderen Informationsstand als diejenigen Kommentatoren, die Jahre später die Versäumnisse der führenden Persönlichkeiten in aller Ruhe auflisten konnten und einen leitenden Willen vermissten.

Für den Kriegsminister war die ganze Sache zwar kitzlig und gefährlich. Aber weil er meinte, sich auf seine Truppen und vor allem auf die Befehlsgewalt seiner kommandierenden Offiziere verlassen zu können, aus welchen Gründen auch immer er das tat, dachte der Kriegsheld Philipp von Hellingrath – er war jahrelang ein mutiger und entscheidungsfreudiger Kommandeur an der Front im Osten gewesen – nicht im Traum daran, eine Garde zu bilden, also die Offiziere aus dem Amt zu bewaffnen, mit Aufträgen zum Gebrauch dieser Waffen und zur tapferen Verteidigung des Königs zu versehen und ins München des 7. November zu schicken. Ganz im Gegenteil: Sie bekamen dienstfrei.

Der Festplatz des Königs Wenn im Frühjahr der Schnee schmilzt oder auch nach tagelangen Regengüssen im Sommer rauscht die Isar mit immenser Wucht durch ein relativ enges Tal Richtung München. Dort weitet sich die Landschaft, der Fluss findet ein breiteres Bett und wird zahmer. Genau an dieser Stelle, wo der westliche Uferrand des Isartals in die Ebene hinabtaucht, befindet sich die weltberühmte Theresienwiese, der Schauplatz des Oktoberfestes. Seit 1810, als anlässlich der Hochzeit des späteren Königs Ludwig I. mit Therese von Sachsen-Hildburghausen auf der Wiese vor der Stadt ein Pferderennen veranstaltet wurde, feiert man an dieser Stelle das große Bierfest.

Auch heute, da die Stadt kilometerweit über die Wiese hinaus nach Westen gewachsen ist, erstreckt sich – wie ein Relikt aus längst vergangener Zeit – die riesige Freifläche ohne aufwendige Anlage, ohne besondere Gestaltung – einfach so daliegend – mitten in der Stadt. Kaum eine europäische Großstadt leistet sich solch einen Luxus der Schmucklosigkeit. Das gilt auch schon für das Jahr 1918. Bereits zu dieser Zeit befindet sich die Theresienwiese nicht mehr am Rande Münchens, sondern ist Richtung Mitte gerückt. Nur ein einziger – allerdings äußerst reizvoller – Gebäudekomplex ziert das westliche Umfeld dieses Orts, und genau dort, sei es unter oder neben der Monumentalfigur der Bavaria und der sie umgebenden sogenannten Ruhmeshalle, machen die Spaziergänger schon immer Rast und schauen für einige Zeit auf die kahle Freifläche.

Als am 7. November die Fotografen anrücken, um die Friedenskundgebung der sozialistischen Parteien zu fotografieren und dann Postkarten davon zu verkaufen, spielen die riesenhafte Bronzefigur und die dekorative Ruhmeshalle die Hauptrolle bei der Bildgestaltung. Sie überragen alles im Bild. Die Menschen verlieren sich in der Weite der Wiese, sind Statisten des von König Ludwig I. entworfenen Bauprogramms. Die hungernden Sozialisten wimmeln auf den Fotografien anonym wie Ameisen durchs Bild. Die Lichtverhältnisse für die Fotografen mit ihren unhandlichen Apparaten sind den ganzen Tag gut. Es ist sonnig, bei Temperaturen etwa um zehn Grad, außerdem sind die meisten abgehärtet, und keiner jammert. Karl Alexander von Müller übertreibt ein wenig:

Es war ein schöner, warmer Herbsttag, friedlich gedämpftes Licht über der Bavaria und den alten Türmen der Stadt.

Dieser Donnerstag ist für viele Münchner etwas ganz Besonderes, denn die städtischen Beamten haben eigens wegen der Veranstaltung frei bekommen, die Offiziere des Kriegsministeriums können schon früh ihre Büros verlassen und dürfen ungeniert nach Hause gehen, die Räder in den Fabriken stehen ab Mittag still. Gewerkschaften und sozialistische Parteien haben durchgesetzt, dass die Arbeiter dabei sein können. Es herrscht fast so etwas wie Feststimmung. Tatsächlich wird am 8. November die deutsche Verhandlungsdelegation nach Frankreich abreisen, um – wie man meint – in Verhandlungen zu treten über einen Waffenstillstand und ein Ende des Krieges.

Es ist der Anbeginn dieser so lange ersehnten neuen Friedensepoche, der auch schon an diesem Tag zu spüren ist. Alle wissen von der Veranstaltung. Selbst wer sich keine Zeitung leisten kann, hat durch die überall angeschlagenen grellgelben Plakate des Innenministeriums von ihr erfahren. Die weisen auf die Kundgebung hin und fordern die Bürger dringend auf, Ruhe zu bewahren. Innenminister von Brettreich weiß, dass er sich dessen nicht sicher sein kann, und lässt am Vormittag von der Polizeidirektion im Umfeld der Theresienwiese Nachforschungen anstellen:

> Um 10 Uhr vormittags meldeten die Beamten die betrübliche Tatsache, daß gewisse Truppenteile, insbesondere Mannschaften an den Maschinengewehren, als durchaus unzuverlässig bezeichnet werden mußten. Wenn Zivilisten, namentlich Arbeiter, an solchen Truppenteilen vorbeigingen, rufe die Mannschaft den Leuten zu, sie sollten außer Sorge sein, heute Nachmittags würden die Mannschaften nicht auf die Bevölkerung schießen und etwaigen derartigen Befehlen keine Folge leisten. Die Polizeidirektion gab die Meldung an die militärischen Stellen weiter, die daraufhin die unzuverlässigen Mannschaften durch andere ablösen ließen. Als aber die Polizeibeamten die Ablösungsmannschaften neuerdings beobachteten, ergab sich vielfach, daß auch diese schon nach links abgeschwenkt waren. Wiederum übermittelte man den Militärbehörden die Befürchtungen u. dringende Warnungen, allein die Kommandobehörden waren schon jetzt nicht mehr im Stande, gewisse Truppenteile im Zaume zu halten.

Einige Stunden blieben den Militärbehörden noch. Veranstaltungsbeginn war um drei Uhr nachmittags. Kurt Eisner konferierte in diesen Vormittagsstunden mit Erhard Auer. Der scheint nicht weiter beunruhigt aus diesem Gespräch herausgegangen zu sein und bereitete sich auf seine große Rede vor. Um ein Uhr schlossen in der Münchner Innenstadt die Geschäfte. Josef Hofmiller war bis sechs Uhr abends an der Schule beschäftigt und bekam nichts mit von dem, was dann tagsüber in der Stadt passierte. Karl Alexander von Müller hatte seine Grippe überwunden. Seine Stelle als Syndikus der Bayerischen Akademie der Wissenschaften war nicht allzu aufreibend, so war Zeit für die publizistischen Arbeiten:

> Als ich am 7. November mittags von der Akademie wieder zu den Monatsheften ging, las ich auf den Straßen einen Aufruf des Innenministers, die Aufrechterhaltung von Ruhe und Ordnung sei gesichert. Hatte man schon nötig das anzuschlagen? ... Gleich nach mir kam unser Papierindustrieller Heuß, lebhaft und aufgeräumt wie immer: ob wir schon wüßten, dass heute Nachmittag die Revolution ausbrechen werde? Er hatte es in der Nacht vom Oberkellner im Odeonskasino genau gehört: Eisner werde auf der Theresienwiese die Revolution ausrufen, mit einer ganzen Reihe Einzelheiten des Plans.

Daraufhin rief der Herausgeber Paul Nikolaus Cossmann sofort beim Innenminister an und wurde tatsächlich durchgestellt. Von Müller hörte am zweiten Apparat mit. Jeder, der die letzten Seiten noch nicht vergessen hat, weiß, was der Innenminister antwortete: »Auer bei mir« … »Eisner wird heute Nachmittag an die Wand gedrückt werden» … »Kriegsminister nochmals die Versicherung gegeben» … »Militär wird standhalten«. Cossmann und von Müller wurden vom siegessicheren Innenminister abgefertigt:

> »Genügt Ihnen das? Nur die Nerven nicht verlieren, meine Herren!« Hatte der Oberkellner recht oder der zuständige Minister?

So weit war es also schon gekommen, dass der Oberkellner und die Gäste vom Odeon wussten, was die nächsten Stunden der bayerischen Geschichte bescheren würden, nicht aber der König oder die Minister. Bei der Schilderung von Müllers kann natürlich ein gehöriges Stück Erfindungsgabe mitgespielt haben, wer weiß, ob sich die Szene so abspielte und der Papierindustrielle und vermutlich auch die anderen Gäste im Odeon genau über die bevorstehende Revolution ins Bild gesetzt worden waren.

Dennoch ist die Wahrscheinlichkeit groß, dass es genau so war, denn derart detaillierte Schilderungen erfinden Zeitzeugen selten, und Schankkellner gab es unter den Radikalen zuhauf. Es hatte sich also herumgesprochen, was geplant war, und eigentlich ist dies auch kein Wunder, denn Eisner und seine Leute ahnten, dass sie keine Gegenwehr seitens der Behörden befürchten müssten und niemand in der Polizei sie verfolgen würde, wenn sie Gerüchte streuten. Dass es demnächst »losgehen« würde, damit rechneten ohnehin die meisten, und die Veranstaltung am 7. November war auch die letzte Möglichkeit, von Deutschland aus den Frieden zu erzwingen. Schon am nächsten Tag wurde dem Volk das Heft aus der Hand genommen und die Friedenslösung von der internationalen Politik organisiert.

Am 8. November reiste die deutsche Delegation ins französische Compiègne, und dort wurde ohne Diskussion von der französischen und britischen Generalität ein Waffenstillstand zu ihren Bedingungen und damit ein Ende des Krieges diktiert. Allerdings kursierte in diesen Tagen – bis hin zum Abschluss des Waffenstillstands am 11. November – immer noch die Idee, die Deutschen könnten im Eisenbahnwagen von Compiègne irgendetwas verhandeln oder sogar ihre Bereitschaft zu einem Waffenstillstand hinauszögern, womöglich sogar zurücknehmen. Solange nicht allen in Deutschland klar war, dass die Entente der Kriegsgegner die Bedingungen einfach diktieren würde, und solange man nicht sicher sein konnte, dass die deutsche Delegation diese Bedingungen ohne Widerstand akzeptieren würde, hatte Eisner noch eine Chance, den Frieden von München aus ins Werk zu setzen. Der 7. November war seine letzte Chance.

Wer waren diese Leute, die Gerüchte über eine bevorstehende Revolution an den Oberkellner im Odeon weitergaben, wer organisierte am 6. November bei dem Treffen in Großhadern die Aktionen der USPD? Zwar traten nach der Revolution zahlreiche Personen sofort als Führungsfiguren des neuen Systems hervor, und auch die Verhafteten des Januarstreiks waren ja wieder frei und handlungsfähig, aber ob sie schon bei den Planungen dabei waren, lässt sich nicht mit Sicherheit sagen. Felix Fechenbach nennt keine Namen:

> Um die Mittagsstunde des 7. November fand noch eine Vertrauensmänner-Besprechung der USP. statt, wobei die letzten Parolen ausgegeben wurden. Von 1 Uhr mittags ab standen alle Betriebe still. Die Abendblätter konnten nicht mehr erscheinen.

Alle städtischen Mitarbeiter – damals nennt man sie noch Beamte – haben frei. Friedrich Burschell muss deshalb zu Fuß von Schwabing zur Theresienwiese gehen:

> Die Elektrischen hatten ihren Betrieb eingestellt, das erste Signal, daß etwas bevorstand. Viele Menschen, meist in Gruppen, bewegten sich mit uns in der gleichen Richtung ... Auf der Theresienwiese sah es zunächst recht harmlos und keineswegs nach einer organisierten Massenveranstaltung aus. Die Menschen, es mochten am Anfang nicht mehr als Tausend gewesen sein, schienen eher aus Neugierde gekommen zu sein. Sie standen in lockeren Gruppen umher und warteten in ruhiger Haltung ab.

Während Josef Hofmiller in diesen Stunden brav seinen Dienst an der Schule versieht, es gab auch in dieser Zeit schon Nachmittagsunterricht, sitzt Oskar Maria Graf im Krankenhaus am Bett seiner Frau. In einer seltsamen Art von innerer Zerrissenheit hat er Monate vorher Karoline

Bretting geheiratet, ist mittlerweile schon Vater, hat aber sowohl zur Mutter wie zum Kind ein leidenschaftsloses, liebesarmes Verhältnis. Er verlässt um die Mittagszeit das Krankenhaus und eilt zu seinem revolutionären Freund Schorsch:

»Heut kann sich was entscheiden«, meinte mein Freund, als wir uns auf den Weg machten. Wir trafen etliche Bekannte. Eine Arbeiterin riß jeden Verfügungsanschlag herunter. Ab und zu schrie sie: »Hoch die Revolution!« Schutzmann war keiner zu sehen. Je näher wir der Wiese kamen, desto mehr Menschen wurden es. Alle hatten es eilig. Vor der Bavaria waren dichte Massen und wuchsen von Minute zu Minute.

Ob der Oberkellner recht behalten würde? Karl Alexander von Müller will es wissen und kommt um diese Stunde ebenfalls zur Kundgebung:

Als ich gegen halb drei Uhr von der Paulskirche herkam, war das weite Wiesenoval, das sonst nur zu den fröhlichen Zeiten des Oktoberfestes von lauter Buden und Menschenmengen belebt war, noch beinahe leer; erst die vordersten Züge der geschlossen anrückenden Gewerkschaften begannen rings an den Einmündungsstraßen sichtbar zu werden. Aber am westlichen Wiesenhang, vom alten Schützenhaus bis zur Ruhmeshalle hinüber, standen, je einige hundert Schritt voneinander entfernt, schon drei, vier dunkle Menschenhaufen, wie einzelne Bienenschwärme, um rote Sowietfahnen – die ersten, die ich in meinem Leben sah – geschart, alle Köpfe nach innen gewandt. Näherkommend vernahm ich bald die gellenden Stimmen der Redner, die auf Tischen und Stühlen in jedem solchen Sturmtrupp schrien, und sah unter diesen, neben vielen Soldaten, die ungewohnten Uniformen von Matrosen.

Eine Übertragungstechnik mit Mikrofon und Lautsprecher existiert in dieser Zeit noch nicht. Wer die Massen erreichen will, muss deshalb in einem geschlossenen Raum mit guter Akustik so laut wie nur möglich reden, eigentlich schreien – man kennt das dann von den Hitlerreden später –, oder er muss die Botschaft von vielen einzelnen Rednern verkünden lassen. Genau das geschieht auf der Theresienwiese. Eisner und Auer haben am Vormittag vereinbart, dass jeder der beiden und zusätzlich auch noch andere Vertreter des jeweiligen Lagers reden sollen. Es werden so viele Teilnehmer erwartet, dass man eine Vielzahl von Rednern brauchen wird. Aber natürlich versammeln sich die Redner der beiden Parteien in unterschiedlichen Ecken des Festplatzes.

Eine Gruppe setzt sich ab Im Laufe einer Stunde ziehen immer mehr Teilnehmer heran. Am Schluss werden etwa 50 000 Münchner auf dem Platz stehen – nach wie vor irgendwie verloren, denn die Fläche hat Raum für mindestens das Zehnfache an Menschen. Alle Beteiligten, die die Szenerie schilderten, erwähnten wie gut organisiert, geradezu militärisch exakt die Gewerkschaftsmitglieder und SPD-Abordnungen auf den Platz ziehen – mit klingendem Spiel ihrer zahlreichen Kapellen. Felix Fechenbach und seine Genossen waren die ersten, die aufmarschierten:

> Es war keine alltägliche Kundgebung. Auf den Gesichtern lag Spannung. Man wußte: heute geschieht Entscheidendes. Die Ortskommandantur hatte den größten Teil der Soldaten in den Kasernen zurückgehalten. Sie standen dort in bewaffneter Bereitschaft. Aber manche waren ohne Erlaubnis weggegangen, und vom Feld waren viele Urlauber in München. Und die grauen Uniformierten mischten sich unter die Männer in Arbeitskittel. Plötzlich hebt ein Soldat eine wallende rote Fahne hoch über die Köpfe und ruft in die Menge: »Alle Soldaten zu Kurt Eisner!« Der Ruf pflanzt sich fort wie ein Befehl. Die Feldgrauen sammeln sich um die rote Fahne.

So prall von Revolutionsromantik diese Schilderung auch sein mag, ganz unzutreffend war sie nicht. Oskar Maria Graf, der nach einer zwei Tage früher an derselben Stelle im Sande verlaufenen Veranstaltung der USP nicht erwartet, dass diesmal etwas Revolutionäres passieren könnte, berichtet immerhin, wie Soldaten ihn ansprechen, zurechtweisen und für diesen Tag den großen Schlag garantieren. Felix Fechenbach hat die Szenerie beobachtet, zugleich aber auch selbst eine Rede gehalten:

> Fünfzehn Minuten sollten die Redner sprechen, dann sollte eine Resolution angenommen werden, die den Abschluß des Waffenstillstandes forderte und den von den Alldeutschen propagierten Gedanken der »Nationalen Verteidigung« ablehnte. Auch Forderungen nach Parlamentarisierung des Staatswesens und Demokratisierung der Verwaltung fehlten nicht. Oben an der Bavaria, auf der großen Freitreppe, standen Erhard Auer, der Führer der SPD.;

dann folgten die anderen Redner am Wiesenhang mit 50 Meter Abstand, und weit unten stand Kurt Eisner, der Hauptredner der USP.

Seine Gruppierung hatte sich nördlich der Bavaria aufgestellt – in möglichst kurzer Entfernung zu den Kasernen. Bei der Menge von geschätzt etwa 50 000 Teilnehmern, exakte Zahlen gibt es nicht, fiel seine Truppe nicht wirklich auf, sie stand ohnehin abseits, ihr wurde auch von den Mehrheitspartei-Mitgliedern keine große Aufmerksamkeit geschenkt, und niemand verfolgte ihr Tun und Treiben mit Skepsis. Die Veranstalter dürften allesamt zufrieden gewesen sein mit dem Zuspruch der Bevölkerung. München hatte damals etwas mehr als 600 000 Einwohner, da war die Teilnehmerzahl äußerst respektabel. Friedrich Burschell, der, wie viele andere Soldaten auch, soeben erst nach München gekommen war, kämpfte noch mit Orientierungsproblemen:

»Das ist der Auer«, wurden wir belehrt. Ich wußte von ihm nicht mehr als dass er der Vorsitzende der bayerischen Mehrheitssozialisten und ein Gegner Eisners war. Auer sprach mit der weithin vernehmbaren und geschulten Stimme eines alten Volksredners und Parlamentariers. Was er im einzelnen sagte, ist mir entfallen. Nur die königlich bayerische Ruhe bewahren, nur nichts überstürzen, nur keine gewaltsamen oder illegalen Aktionen, so oder so ähnlich erging er sich. Er schien selber zu merken, daß er mit seinen Mahnungen und Beschwichtigungen keinen rechten Anklang fand, und kam leicht gereizt mit dem Vorschlag heraus, mit ihm durch die Maximilianstraße zum Friedensengel zu marschieren und an diesem dafür aufs beste geeigneten Ort für den Frieden zu demonstrieren.

Wenige Minuten trennten Burschell in diesem Moment von seiner Karriere als Revolutionär. Womöglich deswegen schilderte er Auers Ansinnen zum einen als spontan und darüber hinaus als umwölkt von Enttäuschung und Isolation. Tatsächlich war das Gegenteil der Fall. Der Zug der Teilnehmer zum Friedensengel war schon vorher geplant worden, und deswegen machten sich fast alle Anwesenden, aber vor allem natürlich die Gewerkschafter und SPD-Mitglieder, mit dem Vorsitzenden auf den Marsch durch München. Mittlerweile war am Ludwigsgymnasium Schulschluss, und Josef Hofmiller bekommt nun doch etwas mit:

> Wenigstens, als ich aus meiner Englischstunde nach Haus ging, abends zwischen ½ 6 und 6, wälzte sich ein unendlicher Zug, jedoch nicht in zugmäßiger Aufstellung, sondern das Zurückfluten einer gewaltigen Volksmenge, durch die Theatiner- und Weinstraße und durch die Residenz- und Dienerstraße. Auch die Maximilianstraße wimmelte von Leuten, die alle nach Haidhausen hinausströmten. Mama war mit meiner Schwester spazieren gegangen, und sie waren dabei in die Nähe des Friedensdenkmals gekommen, wo es ebenfalls von Menschen wimmelte. Ich kümmerte mich nicht weiter um die Dinge, da ich sah, daß die Leute ruhig waren.

Nachdem die Kundgebung am Friedensengel mit einer weiteren Rede und den Klängen der sozialistischen Musikgruppen ihren Höhepunkt gefunden hatte, gingen alle auseinander, waren zufrieden mit sich und voller Hoffnung, dass das Königreich nun bessere, das heißt demokratischere, sozialere und vor allem friedlichere Zeiten erleben würde.

Von der Theresienwiese waren allerdings nicht alle Richtung Friedensengel abgezogen. Schon zu Beginn der Veranstaltung standen viele Soldaten in der Gruppe um Eisner und Felix Fechenbach. Um zu verstehen, was dort geschah und wie sich die Dynamik der Gruppe entwickelte, lohnt es sich, den Ablauf der Geschichte nochmals bis zu der Situationsschilderung von Felix Fechenbach zurückzuspulen und nun genauer zu beleuchten, was er mit seiner Erinnerung wirklich ausdrücken wollte. Fechenbach hatte ja geschrieben:

> Es war keine alltägliche Kundgebung. Auf den Gesichtern lag Spannung. Man wußte: heute geschieht Entscheidendes. Die Ortskommandantur hatte den größten Teil der Soldaten in den Kasernen zurückgehalten. Sie standen dort in bewaffneter Bereitschaft. Aber manche waren ohne Erlaubnis weggegangen, und vom Feld waren viele Urlauber in München.

Der kurze Satz, in dem Felix Fechenbach von den Gesichtern spricht, denen man die Spannung ansehen könne, ist die einzige Stelle in seinen Erinnerungen, an der er seine Gefühle offenbart. Tatsächlich schwebt er in absoluter Lebensgefahr. Die Soldaten um ihn herum und er selbst kennen diese Situation. Es herrscht nun die Stimmung wie im Schützengraben an der Front – vor dem Signal zum Herausspringen, zum Sturm auf den Gegner und in dessen Maschinengewehrfeuer. Auf der Wiese ist man noch in Sicherheit. Die Gefolgsleute der SPD sind eben abgezogen. Tausend Leute sind zurückgeblieben. Unter ihnen Fechenbach:

> Aber dort, wo auf der Wiese die Soldaten standen, war nicht alles so programmgemäß verlaufen. Drei Redner sprachen an dieser Stelle. Zuerst Kurt Eisner, kurz und bündig. Es sei jahrelang geredet worden, man müsse jetzt handeln. Der Bauernführer Ludwig Gandorfer verspricht, daß das Landvolk die Arbeiter nicht im Stiche lassen werde. Dann trete ich vor in Uniform, die rote Fahne in der Hand, erinnere daran, daß die Soldaten in den Kasernen zurückgehalten werden. Und dann: »Soldaten! Auf in die Kasernen! Befreien wir unsere Kameraden! Es lebe die Revolution!« Das war das Signal. Brausender Jubel setzt ein, und im Sturmschritt geht's zu den Kasernen, voran die rote Fahne.

Das Signal ist gegeben. Der Trupp setzt sich in Bewegung. Eingehakt am angeblich totblassen Kurt Eisner zieht der blinde Ludwig Gandorfer, kurz hinter den beiden marschieren Oskar Maria Graf, Germaine Krull und abseits auf dem Trottoir Friedrich Burschell. Er hat auf der Wiese die Seiten gewechselt von Erhard Auer hin zu Kurt Eisner. Burschell ist Soldat. Auch er weiß, was das Signal bedeutet. Zwar hat der Innenminister Nachricht bekommen, dass die Maschinengewehrtruppen nicht verlässlich sind, aber sind wirklich alle unzuverlässig, oder sind nicht doch einzelne darunter, die schießen werden? Keiner der Revolutionäre weiß das, als sich die etwa 1000 Leute aufmachen zur ersten Kaserne. Burschell bemerkt, dass die Organisatoren des Zugs ihre prekäre Lage kennen.

> Mehr und mehr Zivilisten schloßen sich dem Zug an, viele begleiteten ihn … Die Straße war leer. Ein einziges Maschinengewehr, richtig placiert, ging mir dabei durch den Kopf, hätte den Zug auseinander gesprengt … Transparente, die offenbar schon vorbereitet waren, erschienen über ihren Köpfen. »Brüder, nicht schießen«, »Wir kommen ohne Waffen«, »Schluß mit dem Krieg« konnte ich lesen.

Ein Demonstrationszug, der sich als Pulk mit eng geschlossenen Reihen über eine Innenstadtstraße fortbewegt, ist ein einfaches Ziel für eine Maschinengewehrmannschaft. Ein Feuer von höchstens einer Minute, und die USP in München liegt in ihrem Blut und ist Vergangenheit. Das ist der Grund, warum Kurt Eisner schon früh allen sagte, wer jetzt Geschichte machen wolle, müsse bereit sein, sein Leben zu opfern.

Der Sturm Erstes Ziel der Revolutionäre ist ein Behelfsquartier, die Guldeinschule. Sie liegt etwa einen Kilometer westlich der Theresienwiese und beherbergt mehrere Einheiten des Militärs, die dort allerdings nur notdürftig untergebracht sind. Schon der Bahnhofsvorstand Max Siegert hatte ja beobachtet, dass man in München nicht mehr wusste, wo man Soldaten noch unterbringen könnte. Das Ziel ist geschickt gewählt. Eine Schule, auch wenn sie für Soldaten umfunktioniert wurde, ist nicht so gut gesichert wie eine Kaserne. Man kommt dort leichter an die Truppe heran. Fechenbach geht vor:

> Das Tor ist verschlossen. Man schlägt Fenster ein. Mit noch einem Soldaten steige ich durchs Fenster. Mit den draußen Wartenden war vereinbart worden, nach fünf Minuten zu stürmen, wenn das Tor nicht geöffnet würde. Im Zimmer des Bataillonskommandanten verhandeln wir wegen der Übergabe der Schule. Der Major weigert sich. Die fünf Minuten verstreichen.

Felix Fechenbach verhandelt nun mit den Mannschaften. Schließlich wird das Tor von draußen gesprengt. Oskar Maria Graf ist dabei:

> In die aufgerissene Tür der Guldeinschule stürmten wir. Auf einmal standen wir festgestaut in einem dunklen Gang ... Durcheinandergerede, Schreie, und plötzlich riß einer oben das Fenster auf, schwenkte eine rote Fahne heraus und schrie: »Die Mannschaft hat sich für die Revolution erklärt! Alles ist übergegangen! Weitergehen, Marsch, marsch! Weiter!«

Das Ergebnis ist dennoch zwiespältig. Die Schule ist genommen, aber die meisten der befreiten Soldaten denken nicht im Traum daran, sich sofort in ein neues Gefecht zu werfen, nun im Interesse der Revolution. Sie sehen diese sogenannte Kasernenbefreiung als Gelegenheit, sich aus dem Staub zu machen, und verschwinden wie von Geisterhand. Darin liegt das Risiko der Politik von Kurt Eisner. Auf seinem Marsch durch München kann er die Friedenssehnsucht der Soldaten nutzen, um das Militär zu entmachten, aber genau wegen dieser Friedenssehnsucht wird niemand von den Befreiten einen Finger krummmachen, um Kurt Eisners Revolutionszug mit der Waffe zu verteidigen. Er ist ein Koloss auf tönernen Füßen. Der Marsch geht weiter Richtung Norden in die nahe gelegene Maxvorstadt mit ihren großen Kasernen. Friedrich Burschell hat von allen Beteiligten die detailliertesten Schilderungen hinterlassen:

> Wir begleiteten den Zug bis zu seinem ersten Ziel, der Kaserne des Infanterieleibregiments in der Türkenstraße. Was sich dort abspielte, ist mir besonders lebhaft in Erinnerung geblieben. Der Zug löste sich auf, einige der demonstrierenden Soldaten traten vor das große Portal. Es war verschlossen, sie pochten, riefen laut und stürmisch. Das Tor blieb verschlossen.

Die Revolutionäre haben sich nicht irgendein militärisches Ziel vorgenommen. Das Infanterieleibregiment ist die Eliteeinheit des bayerischen Militärs schlechthin. Die »Leiber« sind die stolzeste Truppe und der Schild des bayerischen Monarchen – seit mehr als hundert Jahren. Das Regiment ist während des Krieges an allen Fronten eingesetzt worden. Nach schweren Verlusten wurde es immer wieder mit neuen Soldaten aufgefüllt, sodass am Ende des Krieges über 3000 Leiber gefallen waren – mehr als die Sollstärke der Einheit. Noch heute pflegt die Bundeswehr die Erinnerung an dieses Eliteregiment. Doch jetzt am Ende des Krieges ist nichts mehr so, wie es einmal war. Die Leiber, der Schutz des Königs, denken an sich selbst und nicht mehr an das Haus Wittelsbach. Ein Soldat öffnet schließlich weit oben im Gebäude ein Fenster und redet mit den Revolutionären. Burschell schaut zu:

> »Runterkimma sollts!« schrie man im Chor zu ihnen hinauf. »Mir kenne net«. »Warum kennts ehr net?« »Weil mir eingesperrt san«, ging es hin und her, unter Schreien, Johlen und Pfeifen. »Dann trets halt die Tirn ei!« kam es gebieterisch von unten, gefolgt von saftigen bayerischen Flüchen. Die Flüche, wie vorauszusehen, taten ihre Wirkung. Die Gesichter verschwanden von den Fenstern und bald hörte man es oben krachen.

Noch im Oktober waren in ganz Bayern 67 000 Männer des Jahrgangs 1900 einberufen worden. Die Kasernen stecken also nicht nur voller nach hinten verlegter Veteranen, sondern auch voller junger Soldaten, und gerade diese militärisch Unerfahrenen hatten nun eine lebensentscheidende Wahl. Wenn sie meuterten, würden sie nicht in letzter Minute des Krieges in der untergehenden Armee als Kanonenfutter dienen müssen.

> Wir hatten nicht lange zu warten. Das große Tor tat sich auf und ein Anblick bot sich, der mir unvergeßlich geblieben ist. Aus dem offenen Portal quollen, begrüßt von dem Jubel der Menge, die jungen Leibinfanteristen heraus. Sie waren feldmarschmäßig ausgerüstet, mit Stahlhelmen und sauberen Uniformen, Patronengurte um die Hüften, die Gewehre umgehängt.

Kaum in Freiheit, werfen sie die Patronengurte und ihr Koppelzeug ab. Offiziere sind nicht mehr zu sehen.

> Dann packten sie ihre Gewehre mit beiden Händen, einer hinter oder neben dem anderen und zerschmetterten sie mit mächtigem Schwung an den Steinpilastern des Tores.
> Ich fand ihn wunderbar, diesen spontanen Akt der Befreiung. Aber einer meiner Bekannten, der neben mir stand, meinte bedauernd: »Diese Gewehre werden uns noch fehlen.« Die Soldaten waren offenbar anderer Meinung. »Der Krieg ist aus, hoam gehma«, hörte ich sie sagen und das gleiche konnte ich noch oft an diesem Abend hören.

Der Grund, warum Burschell dies noch öfter hört, ist, dass auch alle anderen Kasernen in München nach diesem Muster zur Revolution überlaufen. Zug der Demonstranten, Palaver vor der Kaserne, Aufmunterung zum Öffnen, Meuterei der einfachen Soldaten, Zerstörung der Waffen und Verschwinden der Soldaten, das ist das System, das die Revolutionäre wahrscheinlich schon am Tag vorher bei ihrem Treffen im Haus von Eisner ausgeklügelt haben.

Womit sie bei dieser Besprechung nicht rechnen konnten, ist, dass in manchen Kasernen sogar die Unteroffiziere untätig bleiben und die Dinge geschehen lassen. Gelegentlich wird zwar Tränengas gegen die Demonstranten eingesetzt, es fallen Schüsse, aber das bleiben Einzelaktionen. Einmal wird immerhin das Kommando erteilt, scharf zu schießen, doch die Soldaten verweigern den Befehl, die Demonstranten niederzumetzeln. Eine nennenswerte und vor allem hartnäckige Gegenwehr gibt es nirgendwo. Sogar die Kommandanten der Offiziersschulen ergeben sich.

Die Macht des Kriegsministers löst sich innerhalb weniger Stunden völlig friedlich und ohne ein Todesopfer auf. Um etwa acht Uhr abends ist klar, dass die Meuterei alle Kasernen erfasst hat. Unbemerkt bleibt freilich vorerst, dass Eisner mehr ein militärisches Machtvakuum denn eine verlässliche Rote Armee geschaffen hat. Der Überraschungserfolg ist vorerst das Entscheidende. Wenn es dem Kriegsminister allerdings gelingen sollte, einsatzbereite Truppen nach München zu bringen, würde sich die schwache militärische Position der Revolution schnell offenbaren.

Der Spaziergang des Königs Durch den dunklen Kuhbogen und die schmale Gasse hinter dem schönen Preysingpalais sah ich zur Residenz. Über ein Menschenalter lang, soweit meine Erinnerung zurückreichte, war hier, zwischen den beiden Bronzelöwen, unter dem Erzbild der Patrona Bavariae, jeden Mittag mit klingendem Spiel eine Kompagnie des Leibregiments zur Wache des Königshauses aufgezogen. Nun, am ersten Tage meines Lebens, da das Königshaus wirklich des Schutzes bedurft hätte, fehlte sie. Dunkel lag der Wachraum, leer standen die Gewehrständer neben der leeren Fahnenöse.

Auch Karl Alexander von Müller ist an diesem Tag ständig auf den Beinen. Um sieben Uhr abends, kurz bevor er an der Residenz ankommt und alles verwaist vorfindet, hat sich die Wache des Königspalastes davongemacht und ist zu den Aufständischen übergelaufen. In den Stunden davor war der König seinen Gewohnheiten gefolgt und hatte einen Nachmittagsspaziergang gemacht. Der Ministerpräsident riet ihm jedoch, nicht durch die Stadt zu laufen, sondern sich im nahe gelegenen Englischen Garten die Füße zu vertreten. An diesem ruhigen Ort würde während der Kundgebung sicher kein Radikaler wertvolle Zeit vergeuden.

Anders als Otto von Dandl ihm geraten hat, trödelt der König aber. Um vier Uhr nachmittags ist er nicht, wie vom Ministerpräsidenten empfohlen, wieder zurück, sondern noch nicht mal losmarschiert. Kaum ist er zum Englischen Garten unterwegs, holt ihn ein Polizist auf dem Fahrrad ein und drängt ihn, sofort wieder in die Residenz zurückzukommen. Es seien bereits die ersten Demonstranten aus der Truppe des Erhard Auer nahe der Residenz gesichtet worden.

Als Ludwig in die Residenz zurückwill, findet er die Pforte verschlossen. Die Verwaltung war davon ausgegangen, er wäre schon längst wieder zurück. Der König lässt deshalb telefonieren, womöglich von einem der gegenüber der Residenz gelegenen Cafés aus. Als schließlich jemand aus der Residenzverwaltung ans Telefon gegangen ist, gelingt es dem Monarchen, eine Tür öffnen zu lassen – am anderen Ende des Riesenschlosses. Den Haupteingang will man lieber verriegelt halten. So gelangt Ludwig, als die ihm ohnehin nicht feindlich gesonnenen Sozialdemokraten seinen Königspalast passieren, an die abendliche Tafel. Das Essen ist schnell beendet. Die Königin geht sofort zu Bett, sie ist krank. Um 19.30 Uhr besucht sie noch einmal ihr Leibarzt.

Kurz darauf, um 20.00 Uhr, eilt der Ministerpräsident in die Residenz. Otto von Dandl hat eine heikle Mission. Er weiß natürlich vom Erfolg der Revolutionäre und ist deshalb überzeugt, dass die Lage für den König brenzlig wird. Die Kaserne der Leiber und der Palast des Königs liegen eine knappe Viertelstunde voneinander entfernt. Sobald alle Kasernen zu den Revolutionären übergelaufen sind, wird es Richtung Innenstadt gehen. Der leitende Minister rät dem König also dringend, München zu verlassen. Er bezeichnet es nicht als Flucht, sondern empfiehlt ihm nur, der Hauptstadt so lange fernzubleiben, bis verlässliche Truppen die Ordnung wieder hergestellt haben. Auf solch eine Übergangslösung lässt sich der König ein.

Schnell wird das Nötigste eingepackt. Beim König ist es vor allem die Zigarrenkiste, die er unter den Arm klemmt und mit zum Auto bringt. Dort lauert eine böse Überraschung auf die Familie. Die Fahrzeuge sind ein Opfer der Bescheidenheit des Monarchen geworden. Sie sind nicht fahrbereit. Die Gummireifen fehlen und auch Benzin ist kaum vorhanden. Schließlich finden sich zumindest eisenbeschlagene Räder, und für eine kurze Fahrt müsste das Benzin gerade noch reichen, denn weit kann man angesichts des Zustands der Königin ohnehin nicht fahren. Ludwig, sein Sohn Albrecht und der Adjutant, Graf von Holnstein, beschließen, die Königsfamilie Richtung Chiemsee zum Schloss Wildenwart zu bringen. Dort befinden sich Grenztruppen, bei denen man sich sicher fühlt.

Da stellt man fest: Der Oberchauffeur des Königs fehlt, und schließlich erfährt man, dass der bereits zu den Revolutionären übergelaufen ist. Zum Glück erinnert sich der König daran, dass in der Nähe der Residenz ein privater Mietwagenbetreiber wohnt, von dem er früher schon öfter gefahren wurde. Ludwig telefoniert selbst. Er fragt den Mann, ob er Schneid habe, die Fahrt könne gefährlich werden. Der Mietwagenbetreiber Tiefenthaler empfindet solch eine Frage als ehrenrührig. Der Mann hat keine Angst, kommt in die Residenz, setzt sich ans Steuer und bleibt die nächsten Tage an der Seite des Königs. Mit Müh und Not entkommt der Monarch.

An diesem Tag des Abschieds zieht ein Demonstrationszug, es ist nicht derjenige, der zur Befreiung der Kasernen unterwegs ist, sondern eine Gruppe von Frauen und sogar Kindern, Richtung Residenz. »Raus mit dem Millibauern«, rufen zahlreiche Frauen, die wissen, wie schwer es ist, Milch für die Kinder zu bekommen. Der König und Landwirt ist nicht zuhause.

Revolution auf der Kippe Nur gut zwei Stunden waren vergangen vom Abmarsch an der Theresienwiese bis zur vollkommenen Lähmung des Militärs und der Öffnung aller Kasernen. Die Soldaten hatten sich aus dem Staub gemacht, ihre Offiziere waren also ohne Mannschaften und damit überflüssig. Dasselbe galt für die schwarz-weiß-roten Abzeichen des kaiserlich deutschen Militärs an Mütze und Uniform. Entweder hatten die Offiziere die Kokarde an der Mütze und die Schulterstücke am Rock sicherheitshalber selbst entfernt, oder die Revolutionäre hatten sie mit einem theatralischen Gestus bei jedem Offizier, der ihnen unter die Augen kam, heruntergerissen.

Niemand, der später als Augenzeuge die ersten Stunden der Revolution wiedergab, vergaß, diese Aktionen ausführlich zu schildern. Das Herunterreißen war ein Akt von höchstem Symbolwert, und es passierte an jeder Ecke, um die ein ahnungsloser Offizier bog, der Kokarde und Schulterstücke noch nicht selbst abgenommen hatte. Die weiß-blauen Abzeichen hinwiederum, die ebenso an der Uniform prangten, wurden von den

Revolutionären nicht entfernt. Kurt Eisner hatte ja immer gesagt, dass Deutschland von Bayern aus eine neue, demokratische und republikanische Ordnung bekommen würde, und die Sieger des Krieges – allesamt ja Demokratien – würden deswegen dem neuen Deutschland mit Sicherheit einen milden Frieden gönnen. So war Bayern womöglich zur Wiege einer neuen Welt geworden und durfte seine Landesfarben stolz der ganzen Welt zeigen.

Es liegt nahe, dass Revolutionäre, die solches vollbracht haben, von sich selbst berauscht sind. Bei Oskar Maria Graf spürt man es in jeder Zeile seiner Schilderung. Was taten sie nun?

Ich hatte Hunger. »Gehn wir in die Wirtsstube und essen und trinken was«, sagte ich zu Schorsch. Wir drängten uns durch und traten in das rauchige Lokal. Da saßen breit und uninteressiert Gäste mit echt Münchnerischen Gesichtern. Hierher war nichts gedrungen. »Wally, an Schweinshaxn!« rief ein beleibter, rundgesichtiger Mann der Kellnerin zu. Dort aß einer, dort spielten sie Tarock wie immer. Niemand kümmerte sich um uns. »Mensch! Sowas!« konnte ich nur herausbringen, so verblüfft war ich. Wir bestellten Bier und Wurst und schlangen alles hastig hinunter.

Kein Wunder, dass Graf vollkommen verdutzt ist. Da hat man soeben die Welt aus den Angeln gehoben, und die Münchner scheren sich kein bisschen darum, sondern spielen in aller Seelenruhe ihr Kartenspiel weiter und halten sich am Maßkrug voller Dünnbier fest. Es ist verständlich, dass in der Schilderung von Oskar Maria Graf Enttäuschung zu spüren ist. Wäre er aufmerksamer gewesen, hätte er bemerkt, dass manche Münchner den Errungenschaften der neuen Zeit schon in der ersten Stunde gleichgültig gegenüberstanden. Doch im Moment hatte Graf für solche selbstkritischen Reflexionen begreiflicherweise keine Zeit.

In seiner ungebremsten Euphorie am Abend der Revolution war er weit naiver als sein politisches Vorbild. Auch Kurt Eisner hatte sich nach vollbrachter Tat erst mal in einen Bierkeller gesetzt. Er musste durchatmen. Später hat man gerätselt, was für Gründe ihn, den Mann mit

Am Isartorplatz rannte ich in den Friseurladen, zu Nanndl. »Revolution! Revolution! Wir sind Sieger!« schrie ich Nanndl triumphierend an. Sie ließ die Brennschere fallen und strahlte. Ich war schon wieder weg.
Oskar Maria Graf, Wir sind Gefangene

der feinen politischen Spürnase, bewogen hatten, nach dem erfolgreichen Sturm auf die Kasernen nun im Wirtshaus Rast zu machen – in dieser so kritischen Phase des Umsturzes. Man vermutete – und diese Unterstellung ist durchaus plausibel –, dass Eisner anders als seine Mitstreiter mit einem Gegenschlag der Regierung rechnete. Er hatte keine nennenswerten eigenen Streitkräfte und konnte ja nicht sicher wissen, ob nicht doch irgendwo noch Truppen standen, die dem König treu ergeben waren.

Also wartete er im Franziskanerkeller, ziemlich weit draußen im Osten der Stadt. Erst als er sich sicher war, dass ihm nichts passieren konnte, machte er weiter voran. Die Revolutionäre hatten währenddessen ihren Zug auch ohne den wartenden Kurt Eisner abgeschlossen. Damit war der Kontakt zu ihm verloren gegangen, und deshalb waren sie in einen großen Bierkeller gezogen, in den Mathäserbräu, ebenso ein gastronomischer Riesenbau, nahe dem Bahnhof gelegen. Schließlich erfuhr Kurt Eisner davon und eilte dorthin. Sein Adjutant Felix Fechenbach organisierte dort bereits die Revolution:

> Vor dem Mathäser ging es stürmisch zu. Lastautos mit Gewehren und Munition fuhren an. Soldaten und Arbeiter kamen und wurden bewaffnet, zu kleinen Trupps zusammengestellt und marschierten ab zur Besetzung öffentlicher Gebäude. Patrouillenautos wurden ausgerüstet und fuhren mit lautem Geratter über das holprige Pflaster des Hofes auf die Straße.

Mittlerweile sind diese Soldaten sogar in offizieller Mission unterwegs. Kurt Eisner war nach einem Fußweg durch die Stadt im Mathäserbräu angelangt und hatte sich durch die Mengen der Biertrinker seinen Weg gebahnt. Im Obergeschoss des Lokals waren die siegreichen Revolutionäre, und unter ihnen vor allem die vielen Soldaten, bereits dabei, genauso wie in Kiel einen Soldatenrat zu wählen. Eisner ging jedoch nicht hinauf, sondern blieb im Erdgeschoss, im weitläufigen Speisesaal. Dort waren mitten unter den Gästen revolutionäre Arbeiter versammelt. Sie wählten Eisner umgehend zum Vorsitzenden des Arbeiterrats, einer Einrichtung eigenen, revolutionären Rechts.

Bei Lichte besehen wurde also die Keimzelle des neuen Bayern – und bei etwas historischer Kühnheit darf man wohl sagen, des bis heute existierenden republikanischen Bayern – mitten unter Biertrinkern fast so nebenbei im Gasthaus gegründet. Wenn es irgendein bayerisches Klischee gibt, dann taugt dieser Geburtsakt dafür. Kraft seines Amtes konnte Eisner nun mit den führenden Kräften des ebenfalls in diesem Moment gewählten Soldatenrats zusammentreten. Sie vereinigten beide revolutionären Parlamente zum Arbeiter- und Soldatenrat. Eisners erste Maßnahme war, wie von Fechenbach beschrieben, Soldaten auszurüsten, sie auf Lastwagen zu setzen und von ihnen die strategisch wichtigen Gebäude in der Stadt besetzen zu lassen.

Über die Schlagkraft dieser Einheiten gehen die Angaben weit auseinander. Felix Fechenbach traute ihnen wenig zu, denn erst viel später in der Nacht wird er brauchbare Truppen bekommen. In diesen Abendstunden muss er mit den Soldaten, die er hat, auskommen. Ihr Vorteil sind nicht ihre militärischen Tugenden, sondern der Überraschungseffekt und die allgemeine Lähmung in den Behörden. Einige Abteilungen werden zum wenige Schritte entfernten Bahnhof abkommandiert. Als müssten sie einen Beleg ihrer Unzuverlässigkeit abgeben, demolieren sie Wartesäle, schießen wild in die bereits leeren Aufenthaltsräume für Offiziere und blockieren den Zugverkehr.

Der Bahnhofsvorstand Max Siegert steht allein vor ihnen, denn die schwache militärische Bewachung ist auf seinen eigenen Vorschlag hin bereits abgezogen. Ohne irgendetwas ausrichten zu können, verbarrikadiert er sich in seinem Büro, und dort erhält er dann einen Anruf vom Arbeiter- und Soldatenrat. Es wird ihm erklärt, dass der Bahnhof besetzt sei. Siegert und der Anrufer vereinbaren, sich umgehend im belagerten Büro zu treffen. Nachdem der Soldatenrat, also der Vertreter der Macht im Staate, eingetreten ist, entspannt sich ein äußerst vielsagender Dialog:

> »Im Auftrage des Soldatenrates ergreife ich Besitz vom Bahnhofe.« Ich erwiderte ihm: »Sie werden es für begreiflich finden, daß ich wissen muß, mit wem ich es eigentlich zu tun habe. Es ist dies auch deshalb notwendig, damit ich meinen vorgesetzten Behörden melden kann, mit wem ich verhandelt habe.« Während ich nun dem Unteroffizier ein Telegrammformblatt und einen Bleistift auf meinem Tische bereitlegte, ersuchte ich den Soldatenrat, seinen Namen herzuschreiben, er entgegnete aber: »Schreiben Sie nur ›Georg Müller, 1. Inf.-Regt. 5Cp.‹«

Der Bahnhofsvorstand tritt der schwer bewaffneten Staatsmacht ohne die geringste Unterwürfigkeit entgegen. Der Grund dafür ist, dass der Bahnhof für die Revolution eine Falle darstellt, die sie in kürzester Zeit zum Scheitern bringen kann. Siegert sagt das ganz unverblümt:

> »Wenn Sie für Ruhe und Ordnung garantieren, dann kann ich für die ungestörte Aufrechterhaltung des Verkehrs sorgen. Denn wenn der Betrieb im Bahnhofe stillsteht, dann spüren Sie es morgen bereits in der Verpflegung der ganzen Stadt. In erster Linie würde die Milch-, Expressgut- und Eilgutzufuhr usw. stocken, in der Hauptsache also die Lebensmittelzufuhr, und wenn es da spukt, dann hilft Sie die ganze Besetzung des Bahnhofes nichts. Ich muß deshalb schon bitten, daß in erster Linie diese dumme Schießerei im Bahnhofe aufhört und das Herumlaufen der Soldaten mit den Gewehren im äußeren Bahnhofe, denn sonst laufen mir alle meine Leute davon und dann ist es mit der Eisenbahn gleich aus.«

Was der Bahnhofsvorstand nicht sagte, ist, dass es dann nicht nur mit der Eisenbahn, sondern auch mit der Revolution aus sein würde. Fraglich ist natürlich, ob Max Siegert dem Unteroffizier Müller wirklich mit solchem Löwenmut entgegentrat. Möglich ist es aber durchaus, denn schon in diesen Stunden war klar, dass die Zukunft der Revolution von der Haltung der Eisenbahnbeamten abhängig war. Nur wenn sie mitmachten, sich nicht an ihren Eid gegenüber dem König gebunden fühlten und nicht die Arbeit verweigerten, hatte der Arbeiter- und Soldatenrat auch nur die Spur einer Chance. Schon am Morgen des nächsten Tages war diese ungeklärte Frage dann das Politikum schlechthin.

Der König auf Nachtfahrt Etwa zur gleichen Zeit, da Max Siegert die Versorgung der Hauptstadt sicherstellte, kam die Wagenkolonne des Königs in dichten Bodennebel. Normalerweise war die Strecke in den Chiemgau zum Schloß Wildenwart in gut zwei, maximal drei Stunden zu bewältigen. Doch die Verhältnisse an diesem 7. November waren nicht normal. Am Stadtrand bei Trudering meinte Chauffeur Tiefenthaler, es wagen zu können, endlich das Licht des Fahrzeugs anzuzünden. Hier war nicht mehr zu befürchten, dass Ludwig irgendwelchen Revolutionären in die

Hände fallen würde. Die Lampen am Automobil des sparsamen Königs zündeten aber nicht, denn die Gasbehälter waren leer. Als Tiefenthaler stattdessen seine Taschenlampe in die Scheinwerfergehäuse steckte, war ihr Licht nach kurzer Zeit erloschen.

Im Kriechgang tastete er sich durch den Nebel. 50 Kilometer weiter, bei Großkarolinenfeld, kam er trotzdem von der Straße ab und landete im Graben. Die Räder des Fahrzeugs drehten trotz aller Fahrkünste durch, es steckte fest. In einem nahe gelegenen Bauernhof fand man schließlich zwei Soldaten mit Pferden. Sie waren dort einquartiert, vielleicht auch nur untergetaucht, und zogen das Fahrzeug des Königs wieder aus dem Sumpf. Adjutant von Holnstein konnte beim Bauern für gutes Geld sogar noch eine Stalllaterne erwerben. Mit ihrem schwachen Licht kam man nach Rosenheim, und dort gelang es tatsächlich, mitten in der Nacht eine Karbidlampe zu kaufen. Um halb fünf Uhr in der Früh war der König im Schloss Wildenwart angekommen.

Erst Stunden später trafen die Kinder des Königspaares ein. Sie saßen im zweiten Fahrzeug. Auch das Automobil der Prinzessinnen und Prinzen war von der Straße abgekommen. Sie erreichten ihr Ziel am Vormittag des 8. November.

In diesen Stunden von Ludwigs Odyssee zerfällt die Macht des Königs in seiner Hauptstadt weiter. Die letzten Soldaten aus der königlich bayerischen Armee machen sich auf den Weg nach Hause. Auch für Burschell ist damit der Krieg vorbei:

> Das Bild, das sie boten, war überall das gleiche. Sie trugen statt der weggeworfenen oder zerschlagenen Gewehre ein oder gleich zwei Paar funkelnagelneue Kommißstiefel über den Schultern und unter die Arme hatten sie sich große Konservendosen geklemmt. Sie hatten diese Schätze als letztes und höchst willkommenes Andenken an den überstandenen Krieg aus den Kammern und Vorratsräumen ihrer Kasernen mitgehen lassen.

Während sich die Soldaten aus dem Staube machen, ist die Besetzung des Bahnhofs, der Ministerien und der Münchner Zeitungen in der Mitternachtsstunde voran gegangen. Erhard Auer weiß von alldem, wie von Brettreich feststellte:

Zwischen 12 und 1 Uhr nachts kam auf Ansuchen des Ministers des Inneren zu diesem der Landtagsabgeordnete E. Auer, um die Lage, die Möglichkeit der Unterdrückung durch die Regierung und dgl. zu besprechen. Auer erklärte, daß die rechtsstehende Sozialdemokratie die gewaltsame Umwälzung nicht wünsche u. fördere; eine Unterdrückung durch die Regierung (nicht durch Auer) könnte aber noch in der Nacht erfolgen, morgen sei zu spät, da müßte die gesamte sozialdemokratische Arbeiterschaft Mittel und Wege suchen, um wieder Ordnung zu schaffen.

Was der Innenminister, der in seiner Stellungnahme von dem Gespräch berichtete, auf Auers Argumente erwiderte, ist klar. Er habe keine Mittel mehr, um die alte Ordnung zu bewahren, und ob der Kriegsminister noch verlässliche Truppen fände, stehe in den Sternen. Deshalb ist an dieser Besprechung weniger der Inhalt bedeutend denn das Zustandekommen.

Die Revolutionäre und die USP erfuhren in den nächsten Tagen von der Besprechung zwischen den beiden Politikern und konnten aus Vorgängen wie diesem nächtlichen Treffen einen Mythos stricken, der in seiner Grundkonstellation in der gesamten Linken bis zum Zerfall des Kommunismus von Bedeutung war, und das natürlich weit über Bayern hinaus. Die Sozialdemokraten hatten sich nicht leidenschaftlich auf die Seite der Revolution geschlagen und waren keinesfalls bereit, den alten sozialistischen Traum, nun, da er zum Greifen nah war, zu verwirklichen. Für die USP belegten die Kontakte von SPD und wankender Regierung, die es in ähnlicher Form in vielen deutschen Staaten gab und die ausgerechnet in der intensivsten Phase des Umsturzes die Linke und die Rechte auf Tuchfühlung hielten, dass sozialdemokratische Politiker mit den Vertretern der traditionellen Ordnung offenherzig kungelten und schamlos politische Wege gingen, bei denen die große sozialistische Vision einer belanglosen Beteiligung an der parlamentarischen Macht geopfert wurde.

Zur immer schon harten politischen Rivalität der beiden linken Parteien kamen nun tiefes persönliches Misstrauen und unüberwindbare charakterliche Abneigungen hinzu. Das Tischtuch schien zerschnitten zu sein. Aber in den Nachtstunden des 7. November dachten die radikalen Linken begreiflicherweise noch nicht an Streit im sozialistischen Lager, sie waren ausschließlich mit ihrem eigenen Projekt beschäftigt.

Vom Mathäser aus machten sie sich in einem großen Pulk zu dem Ort auf, an dem auch die Vertreter der Mehrheitssozialdemokratie sitzen wollten. Sie strebten auf die Regierungsbank im Landtagsgebäude. Dort, in der Prannerstraße, war die letzte Sitzung des alten Landtags um sechs Uhr abends geschlossen worden. Nur noch der Hausmeister befand sich im Gebäude. Das Parlamentsgebäude lag in einer Nebenstraße, in Nachbarschaft zum Palais des Erzbischofs, zum Generalkommando, zum Außenministerium und zum Ludwigsgymnasium.

Felix Fechenbach begleitete Eisner dabei:

> Dann marschierte der Arbeiter- und Soldatenrat, begleitet von sechzig Bewaffneten, zum Landtagsgebäude, das ohne Widerstand vom Pförtner übergeben wurde. In aller Eile ist dann, unter Heranziehung weiterer Mannschaften, die Verteidigung des Landtagsgebäudes organisiert worden.

So martialisch das bei Fechenbach auch alles klingt, es schimmert dennoch Unsicherheit durch. Nebenan im Hotel Bayerischer Hof sitzt das Generalkommando, und tatsächlich wird hin- und her geschossen, sogar Handgranaten fliegen. Eine kleine Schar von Soldaten, die, wie Fechenbach weiß, aus einer äußerst unzuverlässigen und disziplinlosen Armee kommen, als einziger Schutz der Revolution. Auch Wilhelm Herzog, ein weiterer Mann an Eisners Seite, beobachtet diese Schwäche und macht sich stundenlang Sorgen um die Sicherheit der neuen Regierung im Landtag.

> Gegen 2 Uhr morgens meldete sich ein junger Artillerieoffizier, der bis zu Eisner vorgedrungen war: »Stehe mit 800 Mann, 20 MG und ein paar Haubitzen in Schleißheim. Alles zu Ihrer Verfügung!« Dem jungen Offizier, der in militärischer Haltung vor ihm stand, antwortete Eisner: »Flink, schaffen Sie alles her, und postieren Sie Ihre Leute mit den Geschützen vor dem Landtag.« Das war die einzige Sicherung, deren sich die neue Revolution während der ersten zwei Tage erfreute.

Während Kurt Eisner darangeht, im Landtag ganz formell die Macht zu übernehmen, findet sich ein ranghoher Offizier beim Innenminister ein – das Kriegsministerium ist mittlerweile verwaist –, und dieser Soldat bittet ihn, grünes Licht für einen Einsatz zu geben. Er werde Offiziere für einen

Einsatz zusammentrommeln. Tatsächlich findet er bis zum Vormittag etwa 150 Freiwillige. Zu wenige für einen Angriff auf die Revolution, wie der Minister dann sagen wird. Hätte er gewusst, wie schwachbrüstig die Macht der revolutionären Regierung tagelang war und welche Sorgen Felix Fechenbachs Sinn umwölkten, hätte er nicht so leichtfertig aufgegeben. Aber kämpfen war ohnehin nicht die Paradedisziplin des königlichen Beamten Maximilian von Brettreich – auch wenn für ihn alles auf dem Spiel stand.

Kurt Eisner konnte also in den Nachtstunden ungeniert die Regierungsbank des Landtags besetzen und die Revolution politisch etablieren. Um die Mitternachtsstunde vollzog er dann dort, in der Volksvertretung, den Akt der Regierungsübernahme – solche Unternehmungen mit großen theatralischen Gesten, darunter auch die Besetzung von Orten mit Symbolwert, waren eine Stärke des Revolutionärs. Streng genommen hätte das Zentrum der revolutionären Macht gar nicht im Landtag liegen müssen. Solange sich nur genügend Soldaten an seiner Seite befanden, hätte er von jedem Bierkeller aus regieren können.

Dass er seine Regierung im Parlamentsgebäude und noch dazu ohne irgendeine Behinderung installieren konnte, zeigte, wer die politische Macht im Land besaß. Die Revolution hatte im Laufe des letzten Kriegsjahres die geschlossenen Räume der Gaststätte Goldener Anker verlassen, sie hatte die Straßen erobert und richtete sich jetzt wieder drinnen ein, nun aber in den Schaltzentralen der Macht. So findet in der Prannerstraße die konstituierende Sitzung der provisorischen Arbeiter-, Soldaten- und Bauernräte Bayerns statt. Kurt Eisner wird Vorsitzender, seinen Parteigenossen und Schwiegersohn Hans Unterleitner wählt man zum Stellvertreter.

Damit ist ein Gremium im Amt, das nicht mehr nur in München, sondern im ganzen ehemaligen Königreich herrschen will. Erstmals ist die Regierungs- und Staatsgewalt in einem kompletten Bundesstaat an Revolutionäre übergegangen. Das Fanal für die große, die elementare deutsche Revolution des Jahres 1918 ist gesetzt. In den nächsten Tagen wird Bayern Schule machen. Felix Fechenbach steht jede Minute an der Seite seines Idols:

> Dann hielt Kurt Eisner eine kurze Ansprache. … Er forderte von den Versammelten, die inzwischen auf den Sitzen der Abgeordneten Platz genommen hatten, diesen Saal zu behaupten, bis sich die Verhältnisse soweit gefestigt hätten, daß aus einem provisorischen Rat ein endgültiger Arbeiter-, Soldaten- und Bauernrat werde, der so lange seine Tätigkeit auszuüben habe, bis eine Nationalversammlung, gewählt durch allgemeine, gleiche, direkte und geheime Verhältniswahl, die Herrschaft in Bayern antrete. Als er die schwierige innen- und außenpolitische Situation schilderte, in der der junge Volksstaat ins Leben trat, bezeichnete er die Gründung der Republik als die einzige Möglichkeit, einen Frieden zu gewinnen, der zur Rettung Deutschlands führe.

Dieser Gedanke war die zentrale politische Überzeugung Eisners. Nur die republikanische Staatsform könne bei den siegreichen Kriegsgegnern ausreichend Vertrauen schaffen, sodass sie das neue Deutschland sofort als einen Gesinnungsgenossen und damit schonend behandeln würden. In dem Programm, das die Revolution nur als einen Schritt hin zur vollkommenen parlamentarischen Demokratie, zum Frieden und zu einer Existenz Deutschlands als geachteter Partner der westlichen Demokratien sah, lag außerdem ein klares Versprechen. Nach dem Sturz der Demokratie würde nicht eine Clique von Revolutionären herrschen, sondern ausschließlich das Volk.

Es war ein Anspruch, an dem Eisner bis zu seinem Tod gemessen wurde. Im Anschluss an seine Wahl und seine Rede verfasste er einen Aufruf an die Bevölkerung. Die Proklamation wurde noch in der Nacht gedruckt und in München plakatiert:

> Proklamation. Volksgenossen! Um nach jahrelanger Vernichtung aufzubauen, hat das Volk die Macht der Zivil- und Militärbehörden gestürzt und die Regierung selbst in die Hand genommen. Die Bayerische Republik wird hierdurch proklamiert. Die oberste Behörde ist der von der Bevölkerung gewählte Arbeiter-, Soldaten- und Bauernrat, der provisorisch eingesetzt ist, bis eine endgültige Volksvertretung geschaffen werden wird. Er hat gesetzgeberische Gewalt. Die ganze Garnison hat sich der Republikanischen Regierung zur Verfügung gestellt. Generalkommando und Polizeidirektion stehen unter unserem Befehl. Die Dynastie Wittelsbach ist abgesetzt. Hoch die Republik!
> Der Arbeiter- und Soldatenrat. Kurt Eisner

Ein längerer Text wird umgehend zu den ›Münchner Neuesten Nachrichten‹, der bedeutendsten Zeitung der Stadt, gebracht. Dort stoppt ein Redakteur die Rotationsmaschinen und lässt diese Proklamation auf die Titelseite der Morgenausgabe setzen. Alle anderen Münchner Zeitungen dürfen auf Weisung Eisners nicht erscheinen. Von der Revolution erfährt die Mehrheit der Stadtbürger also meist aus der überall angebrachten Proklamation. Von den Verlautbarungen Eisners existiert die zitierte Kurzversion, dazu aber auch die Langversion. In dieser zweiten Version wird Bayern als »Freistaat« bezeichnet. Der Begriff ist heute fast identisch mit Bayern und dem Selbststolz seiner Bewohner. In den Monaten der Revolution blieb er allerdings zweitrangig. Felix Fechenbach hat inzwischen weitere Aufgaben:

> Kurz vor 1 Uhr morgens wurde festgestellt, daß die Polizeidirektion noch nicht in Händen des Arbeiter- und Soldatenrats sei. Durch irgendein Mißverständnis war diese »Kleinigkeit« übersehen worden.

Aus diesem Missverständnis entwickelt sich eine Posse. Fechenbach wird von Kurt Eisner ins Polizeipräsidium geschickt, um die bedeutende Kleinigkeit zu korrigieren. Das Präsidium in der Ettstraße lag etwa 200 Meter Luftlinie vom Landtag entfernt. Der Revolutionär legitimiert sich an der Pforte mit der roten Binde am Arm und ist erstaunt, dass das Gebäude von Schutzleuten geradezu wimmelt. Man führt ihn zum Polizeipräsidenten, der gerade mit seinen Referenten in einer Besprechung sitzt – alles mitten in der Nacht. Fechenbach erklärt den Beamten, dass die revolutionäre Regierung die Macht übernommen habe, nun aber von der Polizei und ihrem Präsidenten geschützt werden wolle:

> Ein Kontrollorgan der Räte würde ihm im Laufe der Nacht noch beigegeben werden. Er müsse aber eine schriftliche Erklärung abgeben, daß er allen Anordnungen der Räte folge leiste. Der Polizeipräsident bat sich fünf Minuten Bedenkzeit aus. Eine Weile herrschte lautlose Stille im Raum. Die Referenten sahen sich betreten gegenseitig an. Dann hatte sich der Polizeipräsident entschieden und unterschrieb ...

Sicherheitshalber sollte am nächsten Tag doch ein Revolutionär zum Polizeipräsidenten ernannt werden – auch wenn Präsident Rudolph Beckh keine Gefahr für das neue Bayern darstellte. Als Fechenbach vom Polizeipräsidium zum Landtag zurückeilt, bemerkt er, dass auf halber Strecke – im Hotel Bayerischer Hof – das Generalkommando immer noch Widerstand leistet. Unten am Eingang stehen revolutionäre Soldaten, aber sehr zur Freude des Hoteldirektors wollen sie das Gebäude nicht stürmen, sondern nehmen den Beschuss der Straße fast ohne Gegenwehr hin. Die Offiziere feuern ungehindert aus ihren Hotelzimmern.

Auch dort, so berichtet Fechenbach, geht er nach dem bewährten Muster vor. Er legitimiert sich mit seiner Binde bei den Soldaten am Eingang, lässt sich vom äußerst kooperativen Hoteldirektor auf die Zimmer des Kommandos bringen und stellt sich dort dem leitenden Offizier, Generalstabschef von Seißer, vor. Ihn kann er schließlich zum Stillhalten und zur Niederlegung der Waffen überreden, und auch von ihm erhält er die schriftliche Erklärung, nichts gegen die Räte zu unternehmen. Da sich Eisner erwiesenermaßen auf Fechenbach verlassen kann, legt er sich im Landtag erschöpft auf ein Sofa und hält ein Nickerchen.

Der Morgen danach Josef Hofmiller hatte das Tagebuch-Schreiben wochenlang nur mit Lethargie oder oft tagelang gar nicht betrieben. Wie an jedem Wochentag war er am Morgen des 8. November ins Ludwigsgymnasium gegangen. Seine Kollegen dort munkelten von Aufständen, wussten aber nicht genau Bescheid. Hofmiller hatte am Morgen keine Zeitung bekommen, doch so etwas war immer wieder vorgekommen. Er war ahnungslos. Auf dem Weg zur Schule hatte er keine revolutionäre Proklamation gesehen, und deshalb konnte er in der Schule erst dann Genaueres zum Geschehen während der letzten Nacht erfahren, als sich jemand fand, der die ›Münchner Neuesten Nachrichten‹ zur Hand hatte. Erstaunlicherweise rührten die grundstürzenden Neuigkeiten Hofmiller nicht allzu sehr:

> Meine Hauptsorge war, unseren Kartoffelbedarf für die Woche zu sichern, was mir auch gelang: ich brachte im Netz zweimal je 14 Pfund nach Hause, kaufte noch um 2 Mark Kohlrabi

und um weitere 2 Mark Weißkraut. Die Gemüsehändlerin sagte: »Die Bande haben sich die dummen Teufel selber hergezügelt, sie haben nicht hören und sehen wollen, jetzt haben sie den Dreck.« Die Leute urteilen allgemein merkwürdig ruhig.

Eine solche Ruhe findet man in diesen Stunden nicht überall im konservativen München. Schon kurz nach dem Kasernensturm hatte sich Kriegsminister von Hellingrath Richtung Augsburg bringen lassen. Dann versuchte er, Truppen zu mobilisieren und mit ihnen der Revolution den Garaus zu bereiten. Er war tatsächlich fündig geworden und traf mit preußischen Einheiten morgens vor München zusammen. Als der Transport kurz vor München haltmachte, begriffen die Soldaten, wozu sie in die Hauptstadt verlegt wurden. Die Revolution niederzuschlagen, für das Haus Wittelsbach den Kopf hinzuhalten, das war nicht ihr Interesse. Sie meuterten, und der Kriegsminister stand allein vor den Toren der Stadt. In diesem Moment weiß er, dass seine Zeit abgelaufen ist. In seinem Ministerium sitzt bereits ein Soldatenrat.

Erhard Auer, der alles, was er nicht schätzte, in den Nachtstunden geschehen lassen musste, lotet in den Morgenstunden seine Stellung aus. Er ist ja immer schon nach allen Seiten hin beweglich gewesen, denn alle brauchten ihn. Deswegen sucht er zusammen mit Parteikollegen am Vormittag das Gespräch mit Eisner, und die beiden sozialistischen Lager konferieren tatsächlich umgehend und äußerst zielstrebig. Bei der Besprechung vereinbaren sie eine Koalitionsregierung.

Dieses Abkommen schließt Auer aber erst, als er die zweite Alternative, die zumindest eine Woche lang im Raum stand, ausschließen muss. In der nächtlichen Besprechung mit dem Innenminister und in den Stunden des Vormittags, nachdem auch der Kriegsminister keine verlässlichen Truppen nach München bringen konnte, ist ihm klar geworden, dass sein zweiter Trumpf, die königliche Bürokratie, nicht mehr sticht.

Als Auer und Eisner sich schließlich entscheiden, eher wohl entscheiden müssen, zusammen zu regieren, und in ihrer Besprechung am Vormittag des 8. November auch schon umreißen, wie ihr Kabinett aussehen könnte, muss ihnen klar geworden sein, dass es ausgerechnet die königliche Bürokratie gewesen ist, die die ganze Zeit über den schlichtweg unüberbietbaren Trumpf in der Hand gehalten hat, ihn aber nie ausgespielt hat – vermutlich aus reiner Ahnungslosigkeit und aus Mangel an politischem Instinkt. Die beiden Sozialisten teilen die Posten in der zukünftigen Regierung unter ihren Parteien auf, nur ein Ministerium wird mit einem Fachmann besetzt. Sie brauchen die Solidarität dieses Fachmanns unbedingt, müssen ihn einbinden, denn wenn er wollte, könnte er die Revolution innerhalb weniger Tage wie ein Kartenhaus zum Einsturz bringen. An diesem Vormittag ist er die mächtigste Figur in Bayern. Nur wer ihn gewinnen kann, ist Sieger im bitterernsten politischen Spiel.

Welche Ironie der Geschichte, dass der Mann, auf den sich die Bemühungen der Revolution richten, ein Vertreter der alten Ordnung ist: Es geht um den ehemaligen Verkehrsminister Heinrich von Frauendorfer, einen Liberalen, der 1912 wegen der katholischen Parlamentsmehrheit sein Amt niederlegen musste und nun aus der Versenkung wieder auftaucht.

Eisner hat bei Sondierungen mit den Fachverbänden in den Vormittagsstunden die Gewissheit erhalten, dass dieser Mann für seine Revolution lebenswichtig sein würde. Mit dem Segen der Beamtenverbände wird der nun parteilose Frauendorfer wieder Verkehrsminister – diesmal im revolutionären Kabinett. Die Ernennung ist für die Beamtenschaft ein klares Signal. Der ehemalige Kollege von Frauendorfer, Ministerialrat Franz Xaver Schweyer, umschrieb die Hintergründe der Ernennung später so:

> Es war kein Zweifel, daß die neuen Machthaber trotz der ihnen zur Verfügung stehenden Bajonette und bei allem guten Willen ohne die Mitwirkung der bisherigen Beamtenschaft geradezu zur Ohnmacht verurteilt gewesen wären.

Bereits in der Revolutionsnacht hatte der Münchner Bahnhofsvorstand Max Siegert den Soldatenrat und seine Mitkämpfer sehr schnell zur Räson gebracht, als er dem Revolutionär unverblümt klarmachte, dass die neue Regierung nur überleben könnte, wenn die Züge rollten und die Lebensmittelversorgung der Hauptstadt damit gesichert sei.

Genau um diesen Zusammenhang geht es bei der Machtfrage. Der Lastwagenverkehr ist in dieser Zeit unbedeutend, schon seit Jahrzehnten werden alle Güter mit der Bahn transportiert. Die Mitarbeiter aus diesen Bereichen von Verkehr und Kommunikation, also die Eisenbahn-, Post-

und Telegraphenbeamten, stellen zwei Drittel aller Beamten in Bayern. Kein Zug kann fahren, sofern nicht ein Bahnwärter auf dem Land beim Nahen des Transports mit der Hand die Weiche stellt und die Schranke herunterlässt. Der personelle Aufwand im Eisenbahnverkehr ist enorm, denn nur wenig im gesamten Betriebsablauf ist mechanisiert. Wenn der starke Arm des bayerischen Bahnbeamten es gewollt hätte, wären also tatsächlich alle Räder stillgestanden. Franz Xaver Schweyer wusste von der Macht und damit auch der Verantwortung der Beamten.

> Ich muß gestehen, daß ich mich zeitlebens in keiner gleichen Gewissensnot befunden habe, wie in diesen Tagen. Auf der einen Seite stand die innere Gewissensbindung durch einen dem König geleisteten Eid und die sich daraus ergebende Verpflichtung zum Gehorsam gegenüber den Gesetzen und zur Beobachtung der Staatsverfassung, auf der anderen Seite ein tatsächlicher Zustand ohne jede Rechtsgrundlage, weder gewollt noch herbeigeführt von der großen Mehrheit des Volkes, der sich mit allem, was vorher war, in schreiendem Gegensatz gestellt hatte.

Was der Ministerialrat im Innenministerium als seinen Grundkonflikt umriss, war für einen Mann in einer so herausgehobenen Position, wie er sie einnahm, sicher besonders drängend und problematisch, im Prinzip galt das aber am 8. November für alle Beamte: Sollten sie mitmachen, durften sie nein sagen? Hier muss man eine Einschränkung machen. Beamte im engeren Sinn waren nur etwa zehn Prozent der Beschäftigten, der Rest waren Mitarbeiter, die in etwa die Position eines heutigen Arbeiters oder Angestellten im Öffentlichen Dienst innehatten. Doch auch für sie und vor allem für ihre Berufsverbände wurde nun eine Entscheidung fällig. Die königliche Staatsregierung des Otto von Dandl hatte ihnen diese Entscheidung in den Monaten vor der Revolution allerdings leichter gemacht.

Für die Staatsbeamten galt, was von fast allen Bürgern des Staates gesagt werden konnte: Ihre Solidarität mit dem alten Staat war über Jahre hin unterhöhlt und in den letzten Monaten vor der Revolution in einer dramatischen Steigerung völlig fahrlässig aufs Spiel gesetzt worden. Die Regierung hatte ihren Trumpf entwertet, als sich der Finanzminister Anfang August 1918 gegen alle seine Kollegen im Kabinett durchsetzen konnte und den Beamten einen Gehaltsausgleich verweigerte, der die steigenden Lebensmittelpreise in etwa aufgefangen hätte. In den ministeriellen Besprechungen zur neuen Gehaltsordnung für Beamte spielten deren existenzielle Sorgen – zumindest für das Finanzministerium – keine Rolle. Der Kultusminister hatte seinen Kollegen bei den Besprechungen zu einer Besoldungsvorlage zwar vor der sogenannten Proletarisierung der Beamten gewarnt, und man wusste, dass sie mittlerweile sogar politisch »unzuverlässig«, also in Distanz zum monarchischen Staat waren, dennoch aber konnte sich das Kabinett nicht zu einer Gehaltsaufbesserung aufraffen.

Solch eine Unbekümmertheit mag in den Zeiten berechtigt gewesen sein, da ein Sieg Deutschlands im Krieg möglich gewesen war, doch diese Verweigerungshaltung hielt auch in dem Vierteljahr zwischen dem militärischen Durchbruch der Entente am 8. August und dem Fall der Monarchie im November unvermindert an. Noch in den Tagen vor der Revolution hagelte es empörte Stellungnahmen der Beamtenverbände. Ausgerechnet am 7. November veröffentlicht dann der Bayerische Verkehrsbeamtenverein eine unmissverständliche Stellungnahme:

> Die Beamten haben unbekümmert um die politischen Vorgänge dem Volkswohl zu dienen; sie haben durch rastlose, ununterbrochene Arbeit Handel und Wandel aufrechtzuerhalten und insbesondere alles zu vermeiden, was einer regelmäßigen Versorgung der Bevölkerung mit Lebensmittel, Brennmaterial usw. hinderlich wäre ... Die Wandlung, die sich im Staate vollzieht, muss der Beamte über sich ergehen lassen. Nur dann dient er seinem Volke. Der werdende Volksstaat braucht unbeeinflußte Diener und die wird er in der derzeitigen Beamtenschaft finden.

Am 8. November machen die Beamten ihre Prophezeiung, die am 7. November noch gar nicht in Verbindung zur Revolution des Kurt Eisner stand, tatsächlich wahr. Sie sind nicht mehr dem König treu, sondern in erster Linie den sorgengeplagten Münchnern. Das Werden des Volksstaats schreckt sie nicht. Sie unterstützen Eisner, indem sie weiterarbeiten. Es ist äußerst vielsagend, dass auch der vergleichsweise gut bezahlte königliche Beamte Josef Hofmiller am Mittag des 8. November mehr Sorgen um die Kartoffelversorgung seiner Familie hat denn um die Zukunft der Monarchie.

Dieses Vertrauensvakuums, das bei den Beamten herrscht, sind sich

Eisner und Auer – im Gegensatz zu ihren Vorgängern – bewusst, und sie wissen es für ihre politischen Zwecke zu nutzen. Da die Solidarität der einfachen Streckenwärter, Lokführer oder Gemeindearbeiter zuallererst den hungernden Menschen gehört und nicht dem König oder seinen untätigen Ministern, ist die Ernennung von Frauendorfers natürlich ein deutliches Signal.

Die neue Regierung würde mit und nicht gegen die Beamten arbeiten, sie würde die Besorgnisse und Ansprüche der Diener des neuen Volksstaates ernst nehmen. Durch die Bestallung des parteilosen Ministers haben die Beamten endlich politischen Einfluss. In der Nacht vom 7. auf den 8. November 1918 zerbricht die Herrschaft eines der am längsten regierenden Fürstenhäuser Europas, die Legende spricht sogar überschwänglich von der ältesten Monarchie Europas. Eine Institution des alten Europa verschwindet. Doch was die hungernden Menschen in München empfinden, ist nicht der Untergang. Sie erleben das Neue, das Werden. Josef Hofmiller hat diesen Vorgang etwas nüchterner beschrieben:

> München war als Hauptstadt des Königreichs Bayern zu Bett gegangen, um als Hauptstadt des Bayerischen »Volksstaats« wieder zu erwachen.

6 Der Volksstaat

Der Rest des Landes Von abgemagerten und ausgemergelten Menschen, die auf löchrigen Schuhsohlen und in zerschlissener Bekleidung ihre nahezu ungeheizten Wohnungen verlassen, um dann bei Temperaturen knapp über dem Gefrierpunkt durch die Stadt zu laufen, möchte man annehmen, dass sie irgendwann über das schlechte Wetter reden, vielleicht sogar jammern. Im November 1918 war das erstaunlicherweise nie der Fall. Keiner von den Münchnern, die Erinnerungen hinterließen, hielt sich mit dem heute allgegenwärtigen Thema auf. Von den Tagestemperaturen erfährt man nur aus den amtlichen Wetteraufzeichnungen. Die Stadtbürger hatten vermutlich konkretere Probleme als das ohnehin nicht zu ändernde Wetter. Außerdem war in den zahlreichen Cafés, Restaurants und Bierhallen so viel Publikum versammelt, dass man sich ein wenig aufwärmen konnte. Und zu allem Überfluss ging es in vielen dieser Etablissements wild zu. Ein Student, der Sozialdemokrat und spätere Redakteur der ›Süddeutschen Zeitung‹ Immanuel Birnbaum, war im Gegensatz zu den meisten Parteigenossen, die schon längst im Bett lagen, die ganze Nacht des 8. November in der Kasernengegend unterwegs:

> Überall strömten die Leute zusammen und fragten, ob der Krieg wirklich aus sei. In vielen kleineren Lokalen wurde getanzt … Ich rief den verheirateten Freund an, bei dem ich damals wohnte, einen späteren Professor der Nationalökonomie. »Ich komme spät nach Hause; in der Stadt ist nämlich Revolution.« Er lachte mich aus. »Ich bin doch auch mit auf der Theresienwiese gewesen. Alles ist ruhig zu Ende gegangen. Kommen Sie heim, schlafen Sie sich aus, morgen früh werden Sie sehen, daß alles, was Sie erzählen, nicht viel bedeutet.«

München zerfällt in dieser Nacht in zwei Teile. Der eine schläft ruhig und ahnt von nichts. Der andere, weitaus kleinere kennt keine Müdigkeit und spürt keine Kälte. Man tanzt, streift durch die Nacht, erhitzt sich an dem Geschehen, das man auf den Straßen erlebt, und fiebert einem Tag entgegen, an dem sich entscheiden wird, ob die Ereignisse der Nacht nur ein kurzer Tumult waren oder der Beginn einer neuen Zeit.

Um die Mittagszeit ist die Entscheidung gefallen, Eisner und Auer vereinbaren ihre Zusammenarbeit. Doch der Rest Bayerns hat in der Nacht keine Revolution erlebt, hat keine morgendliche Zeitungsnachricht erhalten und keinen Plakatanschlag gesehen, also auch nicht erfahren, dass das Haus Wittelsbach abgesetzt ist. Das konservativ-ländliche Bayern, dieses politische Aschenputtel, das über Jahrzehnte hin kein Revolutionär ernst nehmen wollte, hat nun eine revolutionäre Hauptstadt. Doch wird das restliche Land, werden die bayerischen Sturschädel aus der Provinz umschwenken, oder wird sich dort nicht eher – sei es verdeckt oder ganz offen – die königstreue Gegenrevolution etablieren?

Mit dieser Hoffnung hatte Ludwig III. in der Nacht München verlassen. Er meinte, sich auf seine Bayern draußen auf dem Lande verlassen zu können. Schließlich haben sich die Bauernverbände jahrzehntelang darin überboten, ihm und seinem Haus Gruß- und Ergebenheitsadressen zu schicken. Sollte das mit einem Mal vergessen sein? Außerdem mochte zwar das Militär in München, angeheizt von den städtischen Radikalen, illoyal gewesen sein. Aber würde dies auch für die starken Garnisonen in Franken gelten? Viele lagen in kleinen Städten. Dort war in der Nacht kein einziger Schuss gefallen. Für Josef Hofmiller war die Kampfesbereitschaft der Münchner Soldaten auch nach dem gelungenem Umsturz äußerst gering:

> Der Ton verschiedener Plakate scheint mir bittend, beinahe ängstlich. Man ist offenbar der Soldaten nicht sicher. Dabei sind die Soldaten vielfach nur kostümierte Fortbildungsschüler. Vorgestern versuchten sie den Promenadeplatz zu sperren, es gelang ihnen nicht. Gestern versuchten sie in der Bayerstraße Barrikaden zu bauen, sie brachten auch das nicht fertig. Für solche Soldaten genügt freilich ein Zivilist als Minister. Aber wenn reguläre Truppen kämen, würden sie beim ersten Schuß davonlaufen. Das ist eigentlich das Schmähliche am alten System, daß es vor lauter Ersatzabteilungen kapituliert hat.

Im restlichen Königreich stand somit die endgültige Entscheidung über die politische Zukunft noch aus. Als Oskar Maria Graf einige Tage nach der entscheidenden Nacht siegestrunken in sein Heimatdorf fuhr, kam er sofort mit seinem Bruder Maurus ins Politisieren. Für Maurus ist damals noch nichts entschieden.

> »Aber jetzt regieren wir!« prahlte ich dumm. Er sah mich hämisch an und rief: »Ihr? … Da wird gewiß was Gescheites draus! … Da heraußen kümmert sich ja doch keiner was drum.« Und weil ich schwieg, fing er abermals an: »Das sind doch lauter Esel! … Da hat keiner einen Dunst vom Land … Und so naiv, wie die Kerle sind! … Jeder Bauer hat sein Militärgewehr im Haus … Da pass' auf, wie's da kracht, wenn die kommen und was wollen!«

Die Ereignisgeschichte spricht trotz der Bedenken von Maurus Graf eine überraschend deutliche Sprache. Im Verlaufe des Freitags etablierte sich die Revolution in ganz Bayern. Unabhängig voneinander gingen die wirtschaftlichen Zentren, also die Großstädte Nürnberg und Augsburg, zur Revolution über. Dort war man bei den sozialistischen Parteien zum Teil übers Telefon von dem Geschehen in München informiert worden. Arbeiter- und Soldatenräte waren deshalb in den beiden Städten schon am späten Vormittag gegründet worden. Zu Ende des Tages hatten auch mittelgroße Städte wie Bayreuth, Ludwigshafen oder Kempten eine neue Regierung.

Viele noch kleinere Orte, zum Beispiel Cham oder Hammelburg, besaßen zwar keine Garnison, aber sie hatten zumindest so viele Truppen, dass sich auch dort ein Soldatenrat politisch durchsetzte. Die Soldaten waren also überall im Land und ohne direktes Einwirken der Radikalen illoyal gegenüber der Monarchie. Andere Städte, wie etwa Schweinfurt oder Schwandorf, waren jahrelang wichtige Rüstungsstandorte gewesen. Dort wohnten genügend revolutionäre Arbeiter, die einen Arbeiterrat politisch verankern konnten. Kaum regierte in den größeren Landstädten die Revolution, setzten sich einzelne Radikale schwer bewaffnet in requirierte Autos oder in den Zug und fuhren in die umliegenden noch kleineren Städte hinaus. Selbst im winzigsten Ort, sofern dort nur genügend Arbeiter oder Soldaten zu finden waren, etablierten sie schließlich eine Räteregierung.

Eine Einschränkung ist bei diesem nahezu reibungslosen Übergang der Macht allerdings wichtig. Die SPD, und dort vor allem ihre politischen Entscheidungsträger, man möchte fast sagen, ihre Honoratioren, war nach wie vor mehr getriebene denn treibende Kraft. Ein Fall kann diesen Umstand gut beleuchten. Wenn es zutrifft, was Ernst Niekisch in Augsburg erlebte, und seiner Darstellung ist nie widersprochen worden, dann waren die führenden Sozialdemokraten nahezu regungslos. Niekisch saß frühmorgens in der Redaktion seiner Arbeiterzeitung, als ein Unteroffizier hereinkam und ihm berichtete, dass letzte Nacht in München die Revolution ausgebrochen sei und sie nun in seiner Augsburger Kaserne gerade dabei seien, Soldatenräte zu wählen. Ob ihn das als Sozialdemokraten nicht interessiere, wollte er noch wissen. Niekisch stürzte sofort zum Augsburger Parteivorstand und erlebte bei den Vorsitzenden Stutzen und zögerliches Abwarten. Doch Niekisch ließ nicht locker:

Auf dem Dorf war es wie immer. Jeder arbeitete, die Erlasse hingen zerregnet im Gemeindekasten, kein Mensch sah sie an. Niemand kümmerte sich um die Ereignisse. Keiner sagte ein Wort davon.
Oskar Maria Graf, Wir sind Gefangene

> Meiner telefonischen Intervention gelang es nun, einige führende Partei- und Gewerkschaftsleute zu einer Besprechung zusammenzubringen. Dabei setzte mich in Erstaunen, bei diesen Männern, die im Geruche von »Revolutionären« standen, soviel Vorsicht, Behutsamkeit, ja vielleicht sogar Feigheit zu entdecken. Sie machten Ausflüchte, wollten Direktiven aus München abwarten, keiner wagte es, die Kaserne zu betreten, weil niemand wissen könne, was ihm dort begegne. Ich war noch zu jung, um soviel Zurückhaltung begreifen zu können, und drängte, dem Ruf der Soldaten Folge zu leisten. Die alten Herren zogen sich aus der Schlinge, indem sie, gegen meinen Einspruch, mich, den Jüngsten, dazu bestimmten, die Lage in der Kaserne zu erforschen.

So begann die Karriere eines der wichtigsten Rätevertreter im revolutionären Bayern. Eine Revolution ist ein radikaler Neuanfang. Auf diese Situation, in der es plötzlich ohne jede Gemütsruhe und Überschaubarkeit weiterging, sich vielmehr alles blitzschnell und völlig neu gestaltete, waren nicht alle in der ehemals königlich bayerischen Sozialdemokratie geistig vorbereitet. Ein Mitwirken innerhalb eines zwar reformierten, aber letztlich bestehenden Systems, wie es die parlamentarische Monarchie gewesen wäre, das hatte die Mehrheitssozialdemokratie immer ersehnt, und damit hatte sie immer gerechnet, aber da wäre sie nur ein Rädchen im bestehenden Getriebe gewesen. Nun jedoch war alles anders, alles neu, und alles konnte und musste selbst gestaltet werden.

Am 9. November, als auch in Berlin die Revolution ausbrach, hatte sie sich in Bayern schon in allen Kleinstädten etabliert, und kein Bauer hatte dabei für die Monarchie zur Waffe gegriffen. Entscheidend war sicher, dass die fest im bäuerlichen, ländlichen Bayern verankerte Zentrumspartei schon über Monate keine politische Zukunftsperspektive mehr hatte formulieren können und rein defensiv ausgerichtet war. Sie verharrte in Schockstarre. An ihr fanden die Monarchisten keinen Halt.

Dieses ländliche Bayern war natürlich nicht sozialistisch-revolutionär gesinnt, zugleich aber war es auch nicht mehr stolz monarchistisch eingestellt, und schon das genügte für den Erfolg der Revolution. Der Umsturz galt ohnehin mehr der Monarchie und der alten Regierungs- und Militärkaste als dem kapitalistischen Wirtschaftssystem oder dem Privateigentum. Sogar das Beamtentum war nicht angetastet worden, nur seine obersten politischen Führungsfiguren, das verachtete Beamtenkabinett, mussten gehen. Eisner kam der konservativen Grundhaltung seiner Landsleute also geschickt entgegen.

Das Programm des Ministerpräsidenten war einerseits äußerst revolutionär, aber zugleich auch sehr gemäßigt. Er stürzte den alten Staat, aber er war realistisch genug, um zu wissen, dass er als hemmungsloser Sozialrevolutionär sehr schnell abgehalftert werden würde. Was ein Sozialismus der Zukunft oder das Rätesystem des Volksstaates Bayern konkret sein würde, verbarg sich in den rhetorischen Wolken des begabten Redners. Allerdings gab es schon früh Skeptiker. Josef Hofmiller gehörte von Anfang an zu den Münchner Bedenkenträgern:

> Eisner tut sich viel zu gut auf die Unblutigkeit seiner Revolution. Als ob nicht die meisten Revolutionen mit idealen Redensarten angefangen hätten! Die Ostersonntagsochsen, die ich am Karsamstag in italienischen Kleinstädten sah, waren auch alle mit Blumen geschmückt, ihre Hörner vergoldet und die weiße Haut mit blauen Ornamenten bemalt.

Diese Auseinandersetzung mit Eisners Stärken und Schwächen nahm fortan den größten Raum im Tagebuch des Gymnasialprofessors ein. Eisners alle Extreme milderndes Talent wurde bereits am Freitagnachmittag, wenige Stunden nach dem Umsturz, deutlich. Es ist auch der Grund dafür, dass im Gegensatz zur reservierten Haltung eines Mannes wie Josef Hofmiller in den ersten Wochen des neuen Volksstaates viele bürgerliche Münchner an dem Vorsitzenden des Arbeiter-, Bauern- und Soldatenrats geradezu einen Narren fressen konnten.

In dieser Funktion eröffnete Kurt Eisner um 15 Uhr 30 im Landtagsgebäude die erste Sitzung des Provisorischen Nationalrats. Damit wurde den Münchner Räteorganisationen ein gesamtstaatliches bayerisches Organ aufgepfropft. Da beide Einrichtungen nicht aus Wahlen hervorgegangen waren, sondern aus revolutionärem Recht entstanden – wenn ein solcher Begriff überhaupt mehr beschreibt als die Macht des Faktischen –, wurden alle Agenden ohne großes prozedurales Aufhebens erledigt.

Durch Zuruf benannte man die neuen Minister. Die Sozialdemokraten stellten mit Erhard Auer den Innenminister, mit Johannes Hoffmann den Kultusminister, mit Johannes Timm den Justizminister und mit Albert Roßhaupter den Minister für Militärische Angelegenheiten. Von den Unabhängigen wurden neben Kurt Eisner noch Edgar Jaffé als Finanzminister und Hans Unterleitner, Eisners Schwiegersohn, als Minister für Soziale Fürsorge bestellt. Der Bayerische Bauernbund ging leer aus. Dessen Vorsitzender, Ludwig Gandorfer, mit dem Eisner durch München marschiert war, verunglückte wenige Tage später bei einem Autounfall tödlich.

Rechnet man den parteilosen, ehemals liberalen Heinrich von Frauendorfer als Verkehrsminister mit ein – er stand der im Aufbau befindlichen liberalen Partei immer noch nahe –, so befanden sich die Unabhängigen in diesem Kabinett in einer untergeordneten Machtposition. Sie waren das, was sie schon immer gewesen waren: eine Minderheit. Kurt Eisner als Ministerpräsident und Minister des Äußeren konnte gestalten. Die Sozialdemokraten aber würden versuchen, ihn klein zu halten, und sie hatten in ihren Ministerien auch die Macht dafür – das war klar. Die schwierige Position des Ministerpräsidenten spiegelte sich deshalb in den vorsichtigen Worten gegenüber diesem Auditorium ganz deutlich wider.

Der Erfolg der Revolution war möglich, so sagte er, weil das Volk Frieden wollte. Eisner als Minister des Äußeren versprach deshalb in dieser ersten offiziellen Rede intensive Bemühungen um einen günstigen Frieden, um das, was man früher Verständigungsfrieden genannt hatte. So fraglich es war, dass die Entente das kleine Bayern als Verhandlungspartner überhaupt ernst nehmen würde, so groß war dennoch die eigentlich unbegründete Hoffnung, dass zumindest der amerikanische Präsident gesprächsbereit sein würde. Weiterhin versprach Eisner Demokratie, und damit meinte er ganz explizit Wahlen zu einer bayerischen Nationalversammlung.

Ob das aus einem solchen Wahlakt entstehende repräsentative Organ dann unter, neben oder über den Räten stehen würde, ließ er offen. Vermutlich konnte er selbst nicht vorhersehen, wie sich das Spannungsfeld zwischen der direkten Demokratie in den Räteorganisationen und der repräsentativen Demokratie in den parlamentarischen Organen entwickeln würde. Einstweilen regierten Räte, die keinerlei demokratische Legitimation besaßen, und Minister, die auf Zuruf im Landtag ernannt worden waren. Allein diese schwache Legitimation war schon fragwürdig.

Andererseits hatte Eisner kaum jemandem Anlass für politische Ängste gegeben. Er würde keinen bolschewistischen Kurs verfolgen, also auf der Basis von Parteimacht, von ständig drängenden radikalen Massendemonstrationen, von bewaffneten Arbeitern und militärischer Gewalt dem Land seinen Willen aufdrücken, so wie es im untergegangenen Zarenreich im Zuge der Revolution geschehen war. Eine Aufhebung des ohnehin schmalen Privateigentums im bürgerlichen und bäuerlichen Bayern war von ihm ebenso nicht zu befürchten.

Die großen Worte, die er stets fand und die den hohen Ton der Kriegsbegeisterung aus den Jahren zuvor weiterführten, zeigten, dass diesen Mann eher Humanitätsideale antrieben denn Unterdrückungslust, dass ihm die Freiheit der Menschen im Land ein höheres Gut war als revolutionärer Terror oder bolschewistische Einparteienherrschaft. Den Bolschewismus hatte Eisner schon lange und – ganz logisch für seine

Einen fidelen, beinahe kindlichen Eindruck machen die zum größten Teil ganz jungen, fast knabenhaften Soldaten, die mit geschultertem Gewehr vor Geschäften, Banken usw. Posten stehen; ungefähr, wie wenn es ein Spiel wäre, das sie recht freut.
Josef Hofmiller, Revolutionstagebuch

Denkweise – mit der gleichen Vehemenz abgelehnt wie den Zarismus. Und so mag zwar Hofmiller skeptisch gewesen sein. Doch andere Bürger waren weniger immun gegenüber dem Revolutionär. Beispielsweise sein Redaktionskollege Karl Alexander von Müller:

> Soll ich es gestehen? So tief war der Druck der vorausgegangenen Wochen, so lähmend die kopflose Schwäche der alten Regierung, daß der publizistische Schwung dieser Aufrufe, der menschliche Idealismus, der in ihnen mitzuklingen schien, einen Augenblick seinen Eindruck auch auf mich nicht verfehlte. »Kurt Eisner« – ich hatte den Mann noch nie mit Bewußtsein gesehen: klang es nicht irgendwie jugendlich, unbeschwert keck, wie der hier verheißene Anfang eines neuen Lebens?

Von Müller, der eingefleischte Nationalist und nahezu hemmungslose Anhänger einer Militärdiktatur, also eigentlich ein bekennender Reaktionär, geriet ins Schwärmen über das Neue, über die Verheißung. Wenn das sogar ihm widerfuhr, dürfte es vielen anderen Münchnern vermutlich ebenso ergangen sein:

> Tolle erste Tage! Die ganze Stadt war auf den Beinen, am Stachus wie am Marienplatz drängten sich manchmal tausendköpfige Mengen. Überall in der Altstadt stieß man auf politische Straßenredner, rundum lauschten die Zuhörer und stritten sich miteinander.

Die Revolution hatte keinen einzigen Menschen das Leben gekostet. Alle Vorgänge in der letzten Nacht der Monarchie waren von Anfang bis zum Ende eine große Friedensdemonstration gewesen. Man kann deshalb gut verstehen, dass sich die Menschen auch weiterhin ohne Angst ins politische Leben warfen. Immer wieder liest man davon, wie mögliche Gewaltausbrüche auf der Straße schon im Keim erstickt wurden. Am 8. November steuerte von Müller nach einem langen, ereignisreichen Tag sein Zuhause an:

> Am Abend war unser Stadtviertel, in dem das Wittelsbacher Palais lag, abgesperrt. Nur seine Inwohner durften es betreten, und auch für sie gab es nur einen Zugang, am Wittelsbacher Platz. Ein Zivilist mit roter Armbinde, das Gewehr über der Schulter, geleitete mich zu meiner Wohnung. Er war sehr stolz auf die Friedlichkeit und Menschlichkeit, in der alles

ablief; man hätte uns »Burschuis« allen die Köpfe abschlagen können; aber sie seien deutsche Arbeiter: niemand würde ein Haar gekrümmt, der sich füge.

An der Universität in München gab es Gruppen, die am 8. November an eine bewaffnete Aktion für die Monarchie dachten, doch wurde ihnen das von ihren Mitstudenten ausgeredet, wie Immanuel Birnbaum berichtet. Danach ging man gemeinsam daran, einen Allgemeinen Studentenausschuss zu gründen, einen AStA.

Noch heute gibt es Bundesländer, die den Studenten die Mitbestimmung und das allgemeine politische Mandat an der Universität im Rahmen eines solchen Selbstvertretungsorgans verweigern. Wenn man sich also vor Augen hält, dass wir in hundert Jahren nicht weitergekommen sind als Birnbaum und seine Mitstudenten, dann wird klar, wie groß der Sprung in die Moderne tatsächlich war. Zur Überraschung aller Studenten trugen sogar die erzkonservativen Burschenschaftler als Zeichen der alten Revolution, der Revolution vom Jahr 1848, eine schwarz-rot-goldene Kokarde am Revers. Schnell erreicht die Begeisterung auch die Schulen und – am 11. November – sogar das Ludwigsgymnasium:

Vorgestern in der italienischen Stunde, kamen wir durch einen Zufall ins Politisieren; ich sprach mich über eine Stunde mit den Schülern aus. Bemerkenswert erschien mir, daß alle an der Versammlung auf der Theresienwiese teilgenommen hatten, wie überhaupt die jungen Leute in ihrer Mehrzahl pazifistisch und republikanisch gesinnt sind. Vor vier Jahren waren sie ebenso kriegerisch, militaristisch und kaiserlich … Im übrigen sind sie auch jetzt genauso nett und gut diszipliniert wie vor der Revolution. Unser alter Kasten ist und bleibt doch das gemütlichste Gymnasium von ganz München.

In den Wochen darauf setzen die Schüler ihren wohl immer noch verehrten Professor Josef Hofmiller weiter in Verwunderung. Sie gründen einen Schülerrat an diesem so gemütlichen Gymnasium. Das schaffen sie allerdings nur, indem sie sich bei ihren Lehrern eine Anleitung dafür holen und Papier für Wahlvorschläge aushändigen lassen.

Alle scheinen nun zusammenzuhelfen, die neue Welt wirklich werden zu lassen:

> Die Schüler übergaben mir gestern in mindestens einem Dutzend Exemplaren einen Handzettel, der an allen Gymnasien verteilt wird: »Mittelschüler, werdet wach! Auch unsere Stunde ist gekommen! Befreiung von dem anmaßenden Stumpfsinn der Schule! Macht euch bereit zum Schulstreik!« Wir haben zuerst darüber gelacht. Dann haben wir uns ausgesprochen: Was kommt bei einem Schülerstreik heraus? Und dann haben wir erst recht gelacht.

Eine Revolution, bei der kräftig gelacht wird und Lehrer mit Schülern diskutieren, kann nicht völlig in die falsche Richtung gehen. Das schwingt immer mit. Was die Münchner Schüler konnten, das durfte auch Schwabing nicht vernachlässigen, und so wurde von dort ausgehend ein Künstlerrat für die Stadt gegründet. Dieses Gründen von Räten entfaltete sich regelrecht zu einer Leidenschaft. Natürlich musste das Schalten und Walten des Künstlerrats durch eine Rede des den Künsten so aufgeschlossenen Ministerpräsidenten geadelt werden. Doch die Macht der Gewohnheit setzte auch Kurt Eisner deutliche Grenzen. Ein Bäcker, Revolutionär und Schriftsteller war dabei:

> Kaum aber hatte er geendet, war auch schon alles durcheinander. Man beschimpfte sich gegenseitig, man hinderte sich am Reden. Dem sprach man die Berechtigung ab, sich Künstler zu nennen, dem anderen schickte man Einladungen zu Kirchweih. Ein wahlloses Gezeter gegeneinander hub an. Jeder schrie, jeder fuchtelte, jeder redete auf seinen Tisch ein. Es war höchst drollig.

Oskar Maria Graf verließ entnervt die Veranstaltung und nahm stattdessen an der Gründung eines Rats der geistigen Arbeiter teil. Dort ging es deutlich gesitteter und konstruktiver zu. Alle Berufsverbände gründeten in diesen Tagen Vertretungsorgane – wenn sie nicht schon welche hatten –, bildeten ihre Räte und belagerten das Vorzimmer des Ministerpräsidenten mit ihren Anliegen, sei es, dass sie schriftliche Eingaben machten oder im Pulk erschienen. Dieser Impuls war immens, und im ersten Moment war das auch aufsehenerregender als beispielsweise die Frage nach der Macht und Funktion der Räte.

Körbeweise bekam Eisner Post von Menschen, aber auch von Organisationen, die ihm Vorschläge für die Zukunft machten. Deshalb musste eigens das riesige Deutsche Theater angemietet werden, denn Eisner wollte allen diesen Organisationen im neuen Volksstaat ein Forum eröffnen, ihnen ein Nebenparlament anbieten, in dem sie der Politik und damit vor allem den Räten ihre Ideen vermitteln konnten. Der Verband des Restaurantpersonals meldete sich im Deutschen Theater genauso zu Wort wie der natürlich weitaus bedeutendere Sozialdemokratische Frauenverein oder die Vereinigung der Obst- und Gemüsehändler.

Die Räte waren ohne Beispiel. Niemand in Deutschland hatte jemals Erfahrungen mit ihrer Arbeit gewinnen können, und deshalb wusste keiner, wie diese Räte die Welt gestalten sollten. Was ursprünglich als revolutionäres Organ gedacht war, als ein Gremium, das den Sozialismus einfordern und gestalten würde, das die repräsentative Demokratie dem Willen und der Macht der Arbeiter unterwerfen würde, verwandelte sich durch die Flut von Anfragen aus allen Berufssparten im Handumdrehen nahezu von selbst in eine berufsständische Interessenvertretung. Genau so stellten sich die Sozialdemokraten das Rätesystem schon lange vor. Kurt Eisner wiederum würde einsehen müssen, dass die Räte auf diesem berufsständischen Weg nicht zum Motor der Revolution werden konnten. Allerdings dämmerte ihm diese Erkenntnis nur sehr allmählich.

Auf dem Land, in der Landwirtschaft, wurde die Milderung der revolutionären Wucht sogar mit Methode betrieben. Zwar waren dort schon früh Bauernräte gegründet worden, doch Ende November erwachten einzelne katholische Politiker aus dem Tiefschlaf und gingen ihrerseits zielstrebig daran, diese ursprünglich revolutionär gedachten Organisationen dem Bayerischen Bauernbund zu entwinden und sie in ein konservativ-berufsständisches Vertretungsorgan umzuformen.

Die Bauernräte waren eine Besonderheit der Revolution in Bayern. Nirgendwo sonst in Deutschland hatten sie eine nennenswerte Stellung, oftmals existierten sie schlichtweg gar nicht. Aber auch wenn es in Bayern keine Massen von hungernden Landarbeitern oder Kleinbauern gab, anders als etwa im revolutionären Russland, wurden dennoch überall auf dem Land Räte geschaffen. Die Revolution verbreitete sich dadurch tatsächlich bis in die entferntesten Winkel.

In diesen Räten organisierten sich die zahlreichen Kleinbauern mit ein oder zwei Hektar Land genauso wie die Großbauern. Echte Berufsrevolutionäre russischer Provenienz waren begeistert von den bayerischen Bauernräten, denn diese Einrichtung gab es ja auch in der Russischen Revolution. Doch waren die Bauern im zaristischen Russland in einer weitaus schwächeren sozialen Situation gewesen als im königlichen Bayern. Mit Revolutionsromantik konnten die bayerischen Bauern wenig anfangen. Sie waren stolz auf ihren Besitz und ihre Unabhängigkeit – so klein beide auch immer gewesen sein mögen. Über diese entscheidenden Unterschiede gewannen die kommunistischen Revolutionäre aber erst Klarheit, als sie von ihrer Partei nach Bayern geschickt wurden und überrascht feststellten, dass die Landbevölkerung mit Enteignungen und Kommunismus nichts im Sinn hatte, trotz Tausender von Bauernräten.

Die Bauernräte wurden vor allem vom revolutionären Bayerischen Bauernbund unterstützt. Doch bauernschlau und gerissen gelang es konservativen Politikern auf dem Land, die Macht des Bauernbundes zu unterhöhlen. Der Coup der katholischen Politiker gegen die Vormacht des revolutionären Bayerischen Bauernbundes lief folgendermaßen ab: Die Vertreter der christlichen Bauernverbände traten nach anfänglichem Zögern schließlich in die Bauernräte ein und stellten dort dann die rein wirtschaftlichen Anliegen der Bauern in den Vordergrund. Damit schafften es die Spitzenkräfte des politischen Katholizismus ganz geschickt, die Revolution aus dem bäuerlichen Leben fernzuhalten. So wurde einem durchaus vorhandenen bäuerlichen Radikalismus, der sich bei Kriegsende zusammensetzte aus dem Hass auf Berlin und die Reichsbehörden, auf jede Art von staatlicher Bevormundung durch Ablieferungszwang oder Höchstpreise, die Spitze gebrochen und erfolgreich verhindert, dass die Vertreter des Bayerischen Bauernbundes, die Bündnisgenossen Eisners, ihre Stellung ausbauen konnten.

Was die schwunghafte Ausbreitung des Rätesystems mit ihren Tausenden von Neugründungen – vor allem in den ersten Wochen des Volksstaates und vor allem in den Städten – so außergewöhnlich macht, das ist ganz ohne Zweifel die Lust der Menschen, sich an der Entstehung des neuen Staates zu beteiligen und nichts mehr – von oben verfügt – einfach so geschehen zu lassen. Die Bürger interessierte in diesem Moment nicht die Organisationsform oder die Begrenztheit der Räteinstitutionen, sie grübelten nicht über die Frage, ob diese Einrichtungen eine ausreichende demokratische Legitimation besitzen würden, sondern sie hatten Freude am politischen Gestalten.

Philosophisch gesprochen könnte man sagen, dass die früheren Objekte der Politik plötzlich zu Subjekten wurden. Jeder konnte mitmachen, jeder wurde gehört, wenn er sich denn meldete – das war zumindest zu hoffen, und so in etwa lautete auch die Botschaft, die Eisner unermüdlich unter die aufnahmebereiten Leute brachte. Diese frühlingshafte, geradezu poetische Situation berührte empfindsame Gemüter natürlich ganz besonders. Da alle aufgekratzt und ständig auf Achse waren, verwundert es nicht, dass Friedrich Burschell den berühmten Dichter, das große poetische Gemüt der Stadt, nicht im Salon, sondern draußen auf der Straße ausfindig machte:

> Ich kann mich noch gut erinnern, wie mir in diesen Tagen Rainer Maria Rilke auf der Münchner Ludwigsstraße begegnete ... Rilke kam auf mich zu, er war an diesem Vormittag ebenso aufgewühlt wie wir alle. Die tiefe, manchmal bis zu Verzweiflung sich steigernde Melancholie, die ich während der letzten Kriegswochen bei meinen Besuchen in seiner in der Ainmillerstraße gelegenen Atelierwohnung hatte beobachten können, schien jetzt von ihm abgefallen. Ich entsinne mich, wie er mitten im Gespräch seine Hand ausstreckte, sie einige Male öffnete und schloß, als umspannte sie einen Gegenstand. »So reif ist die Zeit«, sagte er zu mir, »man kann sie jetzt formen.« Diese Worte, die ich nicht vergessen habe, trafen genau die Stimmung, in der wir damals lebten.

Sosehr diese Stimmung viele Menschen auch zu elektrisieren vermochte, so verändert war dennoch der Charakter der Revolution schon kurz nach dem Coup. Nun ging es nicht mehr darum, möglichst im Verborgenen die Dinge auf eine große Tat und einen einzigen Moment hin voranzutreiben, nun zerfaserte alles Geschehen in ein Regierungshandeln mit tausenderlei Facetten. Die Zeit konnte man sehr wohl formen, genau wie Rilke das empfunden hatte, doch bei diesem Formen würden unterschiedliche Menschen mit völlig unvereinbaren Absichten ihre Hände im Spiel haben.

Alles Tun war nun vom mühsamen Ausgleichen der Gegensätze und – vorerst zumindest – nicht mehr vom Vorantreiben und Zuspitzen geprägt. Dieser schwere Gang ist erstaunlich für eine Revolution, die sich so problemlos etabliert hatte. Die Mühen der Ebene, des Diskutierens im Kabinett und den Räteausschüssen, machten alles abstrakt und nahmen der Politik in kürzester Zeit die Zielstrebigkeit der vorher so atemberaubenden Heldengeschichte.

Bayern gegen Berlin Schon zwei Tage, nachdem sich die Münchner auf der Theresienwiese versammelt hatten und der König die Stadt verlassen hatte, mussten überall in Deutschland die Fürsten von ihren Thronen herabsteigen, oder sie waren ziemlich brüsk von dort heruntergeholt worden. Sie hatten sich entweder, ohne weitere Umstände zu machen, ins Privatleben zurückgezogen oder befanden sich auf der Flucht oder schon im Ausland. Manche taktierten, um eine gute Abfindung aushandeln zu können. Nur in Berlin herrschten am 9. November in der Frühe offiziell die alten kaiserlichen Verhältnisse. Doch auch dort gab es keine zuverlässigen Truppen mehr, und der Druck der radikalen Arbeiter in Deutschlands großer Industrie- und Hauptstadt war schließlich von der Regierung nicht mehr einzudämmen.

Darüber hinaus war klar, dass die deutsche Delegation bei den Waffenstillstandsverhandlungen nur Erfolge erzielen konnte, wenn der Rücktritt des Kaisers gemeldet werden würde. Der Kaiser unternahm nichts. Der 9. November brachte den Umschwung. Eigenmächtig und verfassungsrechtlich illegal setzte Reichskanzler Max von Baden an diesem Tag den deutschen Kaiser ab, dann sich selbst und übergab anschließend das Amt des Regierungschefs an den Sozialdemokraten Friedrich Ebert. Dessen Parteikollege Philipp Scheidemann rief dann in einer nicht mit Ebert abgesprochenen Aktion die Republik aus, wohl auch um Karl Liebknecht zuvorzukommen, der dasselbe von Seiten der USP plante und auch durchführte.

Damit hatten die radikalen Arbeiter in Berlin erreicht, dass der kaiserliche Staat in Scherben lag und stattdessen der am nächsten Tag installierte Rat der Volksbeauftragten mit paritätischer Beteiligung von SPD und USP als neue deutsche Zentralgewalt regieren konnte. Der Rat der Volksbeauftragten versprach – genauso wie die bayerische Regierung unter Kurt Eisner – baldige Wahlen. Und ebenso wie im Süden war unklar, wo die Macht der Räte aufhören und die der Regierung, also des Rats der Volksbeauftragten, beginnen würde.

Am 9. November, diesem während des 20. Jahrhunderts in Deutschland nicht nur einmal, sondern rätselhafterweise mehrmals schicksalshaften Tag, war über den Umschwung in Deutschland entschieden. Nun fußte auch die Reichsregierung auf der Revolution. Sie würde von keiner konservativ-monarchistischen Gegenbewegung mehr infrage gestellt werden. Dies hieß jedoch nicht, dass damit überall in Deutschland eine einheitliche revolutionäre Grundhaltung existierte. Ganz besonders gilt dieser feine Unterschied natürlich für das Verhältnis Bayerns zum Reich.

Kurt Eisner hatte jahrzehntelang gegen den preußischen Obrigkeitsstaat gekämpft. Mit dieser Haltung hatte er sich die preußenfeindliche Stimmung der ländlichen Bevölkerung in Bayern zunutze machen können und auch bei den einfachen Bürgern Vertrauen erweckt. In den Tagen vor der Revolution war er sogar so weit gegangen, mit dem Partikularismus, also einer Abspaltung Bayerns vom Reich, vielleicht sogar mit einem bayerisch-österreichischen Bundesstaat zu kokettieren, zumindest für den Fall, dass in Berlin weiter die alten kaiserlichen Verhältnisse herrschen würden.

Es war deshalb nicht zu erwarten, dass sich der neue bayerische Volksstaat und seine Regierung, genauso wie seine gestaltungswilligen Bürger, den Vorgaben aus Berlin bedenkenlos anpassen würden. Man würde sich das Zepter nicht mehr aus der Hand nehmen lassen. Außerdem waren die Verhältnisse in Bayern ohnehin anders als in der Hauptstadt. Schließlich regierte in München der Mann, der die Revolution selbst aus der Taufe gehoben hatte. Hofmiller beobachtete, wie leicht sich die Münchner mit den Veränderungen taten:

> In der Stadt sieht man gelegentlich rote Fahnen. Die Leute hängen auch harmlos die roten Tücher heraus, mit denen sie bisher ihre Fenster am Fronleichnamstag zu schmücken pflegten.

Während der feierlichen Fronleichnamsprozession hängten die Münchner immer schon rote Tücher mit goldenem Rand am Fenster herab. Dieses katholische Rot, das Josef Hofmiller inmitten der roten Fahnen beobachtete, diente nun dem revolutionären Bekenntnis. Zudem prangte an den Türmen des Münchner Doms, der Frauenkirche, wie er im Volksmund hieß, eine große rote Fahne. Schilder mit der Aufschrift »Hoflieferant« wurden noch in der Revolutionsnacht entfernt – auch Kurt Eisners Eltern führten ja diesen Ehrentitel. Andererseits dachte der Kopf der Revolution ganz und gar nicht daran, sich von dem Bild des letzten bayerischen Königs zu trennen, das über seinem Schreibtisch im Montgelas-Palais prangte. Solche Symbole umrissen die Spannweite des Umsturzes, umfassten das Spektrum, in dem sich Politik in Bayern entfaltete.

Anders als in Berlin drängte im Süden kein riesenhaftes Heer von revolutionären Arbeitern zur Tat, und auch die USP war schwach. Allerdings konnte die Regierung in München – im Kontrast zu Berlin – nicht damit rechnen, dass die Katholiken eine solche revolutionäre Regierung duldeten. Denn in Bayern war der Gegensatz zwischen dem politischen Katholizismus und den sozialistischen Parteien politikentscheidend. In Preußen und auch im Reich war jedoch die Zentrumspartei anders als ihr bayerischer Ableger der Regierung immer noch fern und deshalb hatten ihre Führungszirkel dort von der Novemberrevolution mehr zu erhoffen als die schon jahrzehntelang stabil etablierten katholischen Politiker im Süden. Für diese stellte der Umsturz eine absolute Machteinschränkung dar. Deshalb würde die bayerische Revolutionszeit grundsätzlich anders sein als die preußische und auch als die gesamtdeutsche. Das nahm Karl Alexander von Müller sofort wahr:

> Das folgende halbe Jahr war die Zeit meines Lebens, in der Bayern am losesten mit Deutschland zusammenzuhängen schien: mehr als einmal kündigten seine Machthaber gesonderte Wege an.

Diese Wahrnehmung hatten sicherlich auch die Führungsfiguren des politischen Katholizismus in Bayern. Sie hatten ja – anders als im Reich oder in Preußen – jahrzehntelang die Regierungspolitik als Mehrheitspartei im Landtag mitbestimmen können und waren durch die Revolution besonders tief gefallen. Andererseits blieb die bayerische Selbstständigkeit auch für die neue Regierung und vor allem für den Ministerpräsidenten ein politisches Grundaxiom, und das erleichterte es den Zentrumspolitikern, in einen Staat ohne König hineinzufinden. Die Republik würde für sie nur dann halbwegs akzeptabel sein, wenn sie ausreichend bayerisch war. Da unter Eisner nicht zu befürchten war, dass Bayern ein Anhängsel Berlins werden würde, war das Zentrum immerhin nicht zur Totalverweigerung gezwungen.

Der König war vom Thron gestürzt, am 9. November irgendwo untergetaucht und nicht mehr auffindbar. Einige Tage sollte die Suche nach ihm in Anspruch nehmen. Tage, in denen das alte Zentrum Abschied von der Monarchie nahm, sich offiziell mit der Republik als neuer Staatsform abfand und eine Neugründung der Partei anging. Den Verantwortlichen war das Machtvakuum in Deutschland mit seiner Vielzahl von Revolutionen dabei nur recht. Denn so konnten Sebastian Schlittenbauer, Georg Heim und Heinrich Held unbeeinflusst von der Reichspartei darangehen, die organisatorische Abspaltung vom Zentrum zu vollziehen und eine eigene bayerisch-katholische Partei zu gründen.

Schon wenige Tage nach der Revolution hatten Kurt Eisner und Georg Heim Kontakt, sie führten ein Gespräch unter Politikern, so als wäre nichts geschehen. Es ging dabei um die Lebensmittelversorgung. Hier war Heim, der die christlichen Bauernverbände steuerte und verglichen mit dem radikalen Bayerischen Bauernbund eine weitaus stärkere Mitgliederzahl im Rücken hatte, für Eisners Regierung lebenswichtig.

Die Tatsache, dass der führende Politiker im Land genauso bayerisch-eigenstaatlich dachte wie Heim, brachte die am 12. November gegründete Bayerische Volkspartei, die BVP, also allmählich aus ihrer Erstarrung heraus und verhinderte, dass sie die Bauern in einer Art Kurzschlussreaktion zu den Waffen rief. Sogar Michael von Faulhaber, der Erzbischof von München und Freising, ein leidenschaftlicher Nationalist, lehnte jede militärische Aktion gegen die neue Regierung ab – schon in der Revolutionsnacht war Karl Alexander von Müller zu ihm geeilt und hatte ihn zum Widerstand aufstacheln wollen. Doch von Müller hatte keinen Erfolg. So waren sich Episkopat und BVP einig. Man musste abwarten und konnte vorerst froh sein, dass auch die Revolutionäre zuallererst einmal Bayern waren.

Der Ministerpräsident seinerseits war nun in einer Lage, bei der sich das Bild vom Glas Wasser, das je nach Sichtweise entweder halb voll oder halb leer ist, geradezu aufdrängt. Halb leer war Eisners Glas, wenn man ihn in der Zwickmühle sah zwischen den Hoffnungen der Linken in seiner Partei und den konservativen Sozialdemokraten, die ihn unter Druck von rechts hielten. Doch andererseits brauchten sie ihn alle. Die Linksradikalen, die Sozialdemokraten, ja sogar die alten monarchistischen Konservativen, die ihn als Hüter von Bayerns Eigenständigkeit empfanden. Sein Glas war eigentlich gut gefüllt. Nach dem spektakulären Kasernensturm mit anschließendem Umsturz hatte er erneut eine noch nie dagewesene politische Situation geschaffen. Diesmal war er das Zünglein an der Waage, und wenn er sich geschickt anstellte, dann würde die Revolution kaum gebremst, aber doch maßvoll weiterstürmen können, erfolgreich gelenkt von dem hellwachen Gefühlspolitiker mit dem Zwicker auf der Nase. Die Welt stand ihm offen, er konnte sie formen.

Im Hoftheater gab's am Samstag im »Rosenkavalier« einen großen Krach, weil das Publikum in der früheren Königsloge sich auffallend ungehörig benahm: die »Damen«, mit großen Hüten auf dem Kopf, sprachen und lachten fortwährend, kamen zu spät unter großem Geräusch, schlugen die Türen zu usw.

Josef Hofmiller, Revolutionstagebuch

Die Suche nach dem König In den frühen Morgenstunden des 8. November waren schlussendlich alle Familienmitglieder des Königs, die am Tag zuvor die Münchner Residenz verlassen hatten, im Schloß Wildenwart angelangt. Daraufhin wurde Graf von Holnstein ausgeschickt, um von den zahlreichen Grenztruppen im Vorgebirge einzelne Soldaten zum Schutz des Königs ins Schloss abkommandieren zu lassen. Dass es mittlerweile kein bayerisches Königtum mehr gab, war der Gesellschaft im Schloss noch nicht bekannt. Als Holnstein bei den Kommandeuren vor Ort angelangt war, musste er erfahren, dass die Soldaten entweder unzuverlässig oder unabkömmlich waren. Auch den Kommandeuren ging also die Sicherheit des Staates und seiner Bevölkerung vor der Sicherheit der Königsfamilie. Angesichts dieser Situation beschloss man, Wildenwart wieder zu verlassen und sich in ein einsames Jagdhaus zurückzuziehen.

Prinzessin Wiltrud und ihre Eltern wussten mittlerweile, dass in München keinerlei Wende zum Besseren, zur Monarchie hin, zu beobachten war. Die Prinzessin notierte genau:

> Die Eltern hatten gehört, daß mit dem Zug um 8 Uhr abends ein Soldatenrat eintreffen würde; so wurde die Abfahrt von Wildenwart am 8. November auf ½ 8 Uhr festgelegt. In Prien verfuhr sich das Auto – ein Glück; denn so täuschten sich die Priener.

Wieder muss Mietwagenunternehmer Tiefenthaler der Revolution aus dem Weg gehen – diesmal schon im ländlichen Prien –, und so steuert der Chauffeur eine noch einsamer gelegene Bleibe in den Bergen an. Als der König dort am nächsten Tag auf die Terrasse tritt, wird er von Einheimischen, darunter auch Grenzsoldaten, erkannt und beschimpft. Der Hauptmann der Truppe wiegelt zwar ab, doch Ludwig fühlt sich nicht sicher. Er ist ratlos. Seine Bedenken wurden überliefert:

> Ich habe die Besorgnis, daß ich belästigt und verhöhnt werde, wenn ich das Haus verlasse; dem möchte ich mich nicht aussetzen. Aber ich kann doch nicht immer auf meinem Zimmer bleiben.

Es geht ihm auf dem Land so wie in der Hauptstadt. Also bricht die Gruppe wieder auf. Am Tag seiner Flucht aus dem Jagdhaus in Hintersee beginnt auch Kurt Eisner, sich Sorgen um Ludwig zu machen. Nicht das Wohlergehen des Königs, sondern die Erreichbarkeit des Monarchen ist Eisners Anliegen. Er möchte die Unterschrift des Königs unter einer von ihm verfassten Abdankungsurkunde sehen und mit ihr sicherstellen, dass Ludwig die bayerischen Beamten von ihrem Treueid auf die Monarchie entbindet. Dafür allerdings müsste man wissen, wo sich der König aufhält.

Man vermutet ihn in Wildenwart, und deshalb fahren am 11. November der Minister für Militärische Angelegenheiten, Albert Roßhaupter, zudem der alte Ministerpräsident Otto von Dandl, als Vertrauensperson des Königs und der den Revolutionären gegenüber loyale General von Speidel nach Wildenwart. Noch am selben Tag kehren sie wieder nach München zurück – ohne eine Spur des Königs gefunden zu haben.

Ludwig war kurz davor auf der Odyssee durch sein ehemaliges Königreich an der bayerisch-österreichischen Grenze angekommen. Er überquerte sie ohne Probleme, denn er gab vor, nur einen Tagesausflug machen zu wollen. Schließlich kam er am romantischen neugotischen Schloss seines königlich bayerischen Untertanen Graf von Moy an. Dort musste er sich den Grobheiten des Kastellans aussetzen, der ihn und seine Familie nicht ins Schloss lassen wollte. Der bayerische Eigentümer war nicht zuhause, und so musste man den Gutsverwalter aus dem Gottesdienst holen, um die Sache aufzuklären und dem König den Zutritt zu ermöglichen.

In diesem Schloss in Anif bei Salzburg gab es kein Telefon, und auch ein Versuch, von Salzburg aus nach München zu telefonieren, scheiterte. Erst als von Holnstein nach Berchtesgaden auf bayerisches Gebiet zurückfuhr, gelang es ihm, von Dandl zu erreichen und zu erfahren, was sich in München abgespielt hatte.

Aufgrund dieses Telefonats ist der Kontakt zur Revolutionsregierung wiederhergestellt. In ihrem Auftrag setzt sich von Dandl sofort in Bewegung und erreicht Anif am 12. November in der Nacht. Dort beginnt ein mehrstündiges Ringen zwischen dem ehemaligen Ministerpräsidenten und dem ehemaligen König. Von Dandl hatte vermutlich die Abdankungserklärung Eisners in der Tasche, aber auf Eisners Variante lässt sich Ludwig nicht ein. Er versucht, eine Formulierung zu finden, die die Beamten von ihrem Treueeid entbindet und doch die Rechte des Königshauses auf die monarchische Stellung nicht für alle Zeit preisgibt. Zuletzt findet sich Ludwig zu folgenden Worten bereit:

> Zeit meines Lebens habe ich mit dem Volk und für das Volk gearbeitet. Die Sorge für das Wohl meines geliebten Bayern war stets mein höchstes Streben. Nachdem ich infolge der Ereignisse der letzten Tage nicht mehr in der Lage bin die Regierung weiterzuführen, stelle ich allen Beamten, Offizieren und Soldaten die Weiterarbeit unter den gegebenen Verhältnissen frei und entbinde sie des mir geleisteten Treueeides.

Eine Abdankungserklärung ist dies natürlich nicht, und deshalb werden die zahlreichen bayerischen Monarchisten während der gesamten Weimarer Zeit verfassungsrechtlich völlig bedenkenlos das Königshaus wieder in seine sogenannten alten Rechte setzen wollen. Zumindest werden sie das so sehen. Auch einer von Ludwigs ehemaligen Dienern in München, der königliche Gymnasialprofessor, sieht das am 14. November so:

> Die Mitteilung des Königs von heut morgen ist würdig und gibt nicht das geringste preis. Er verzichtet nicht auf den Thron, weder für seine Person noch für sein Haus. Die Hurtigkeit, mit der das neue Ministerium diese Erklärung als Thronverzicht fälscht, ist unverfroren. Ich glaube ja nicht, daß Ludwig für seine Person nochmals König werden wird.

Wenig später kommt die Kammerzofe des Königspaares nach München. Sie wird auf ihren Wunsch hin zu Kurt Eisner vorgelassen und erwirkt bei ihm die Erlaubnis, Wäsche für den König aus dem Palast holen zu dürfen. Ludwig habe mittlerweile keine Leibwäsche mehr. Felix Fechenbach berichtet, Eisner habe dieses Ansinnen gönnerhaft genehmigt. Sie durfte die Residenz betreten.

Der legere Lebensstil des zerrupft aussehenden, nachlässig gekleideten Ministerpräsidenten, die schlotternden Anzüge und die durchgelaufenen Sohlen des Gymnasialprofessors, die Unterhosen des Königs und die toten Soldaten überall auf dem Kontinent verdeutlichen eine Tatsache: Der schöne Schein von einst ist verschwunden. Die Etikette und die glänzende Oberfläche des Hofes zählen nicht mehr. Deshalb ist auch die Monarchie überflüssig. Am 8. November vertraut Josef Hofmiller dem Tagebuch Überlegungen zum Untergang der Monarchie an. Diesen Zeilen folgen übergangslos seine Wahrnehmungen zum ramponierten Äußeren, zur herben Not der Mitmenschen:

> Wie lange habe ich keinen gestärkten Kragen mehr angezogen? Kein Mensch trägt mehr einen. Die Hälfte statt des Kragens ein Halstuch. Selbst der weiche Hut verschwindet mehr und mehr zugunsten der Sportsmütze. Viele schlagen, weil sie keinen Kragen mehr haben, den Rock- oder Überzieherkragen hoch. Ganz schlimm steht es mit dem Schuhzeug.

Bei aller Not im Land: In finanzieller Hinsicht bleibt Ludwig III. von Bayern dennoch König. Die sogenannte Zivilliste, also das königliche Budget, wird ihm vom Ministerrat am 29. November anstandslos in Höhe von 600 000 Mark genehmigt. Verwunderlich ist das nicht. Es hat in der bayerischen Geschichte keinen Ministerpräsidenten oder Staatsminister gegeben, der beim Wort »Staatlichkeit« nicht weiche Knie bekommen hätte. Ganz offensichtlich auch dann, wenn es sich bei dieser Staatlichkeit um einen abgetretenen König handelte.

Weihestunde Am 2. Oktober 1917 war der siebzigste Geburtstag des obersten deutschen Generals, des Chefs der Obersten Heeresleitung und Siegers von Tannenberg, Generalfeldmarschall Paul von Hindenburg, überall in Deutschland und damit auch in München feierlich begangen worden. Emanuel von Seidl hatte damals den Auftrag bekommen, die Feierlichkeiten zu gestalten. Ausschließlich der elegante Königsplatz konnte für den arrivierten und auch inszenatorisch äußerst begabten Architekten den Hintergrund für die Feier bilden und sogar angesichts der Kriegsnot wurde nicht gespart, sondern es wurden Kanonen abgefeuert, Flammenträger in Brand gesetzt und ein riesiges Schwert als Staffage aufgebaut. Karl Alexander von Müller hatte vor der Riesenmenge der Besucher eine Rede zu halten, die aber wegen seiner schwachen Stimme kaum jemand auf dem Platz verstehen konnte. Die Feier war für Emanuel von Seidl ein großer Erfolg.

Von Seiten des Ministerpräsidenten Kurt Eisner ereilte Seidl gut ein Jahr später ein neuer Auftrag. Er sollte eine solche Inszenierung wiederholen. Diesmal würde das ehemals königliche Hoftheater, die große Opernbühne der Stadt, der Schauplatz sein. Als Termin war der 17. November angesetzt. Emanuel von Seidl sagte zu.

Da hatten noch vor einigen Wochen junge Soldaten ihre Gewehre zerschlagen, sich aus den Lagern mit Militärstiefeln und Dosennahrung versorgt, da waren die »Kanarienvögel«, die Munitionsarbeiterinnen, gegen die Residenz gezogen und inmitten von Biertrinkern hatte man eine provisorische Regierung gewählt. Doch nun sollte am 17. November dieses hemdsärmelige Szenario des Umsturzes auf Wunsch von Kurt Eisner bei einer Revolutionsfeier eine höhere Weihe bekommen. Bruno Walter, der schon damals berühmte Dirigent an der Oper, wurde gebeten, die musikalische Leitung zu übernehmen. Auch er sagte zu.

Bezeichnenderweise fehlte ausgerechnet bei dieser Revolutionsfeier die Internationale. Auf dem Programm standen andere Musikstücke, die

Leonoren-Ouvertüre, die Egmont-Ouvertüre sowie eine Händel-Arie. Goethe wurde rezitiert, aber den absoluten Höhepunkt bildeten der Auftritt und der Vortrag Eisners. Mit gut geschnittenem, bestens frisiertem Haar, frisch rasiert und angetan mit einem tadellosen schwarzen Anzug, trat er erstmals seit langem in würdevoller Form auf. In den Tagen vor und während der Revolution hatte er mit seinem legeren Auftritt geradezu kokettiert. Für einen gestärkten Hemdkragen, Rasur und Frisieren, so hatte er gemeint, hätte er während des Umsturzes keine Zeit. Nun aber repräsentierte er den Ernst der Revolution.

Er hielt eine lange Ansprache und blickte in ihr zurück auf die Geschehnisse der letzten Wochen, weiter äußerte er sich zur Bedeutung der Revolution für die Menschheit und hatte ein Gedicht vorbereitet, das er auch selbst vortrug – »Gesang der Völker« – und dessen letzte Strophe die Besucher mit Orchesterbegleitung sangen. Die Revolution zelebrierte eine Weihestunde, alles Schmutzige und Derbe war aus dem ehemals königlichen Hoftheater verbannt.

Es war ein Signal für Bayern. In dieser Stadt, auf dieser politischen Bühne regierten nicht wilde Horden, sondern die Schöpfer einer neuen, hohen Menschheitskultur. Einige Wochen später wurde die Veranstaltung für Schüler Münchens wiederholt. Die süffisanten Bemerkungen zu dieser Veranstaltung aus den Reihen des Bürgertums sind natürlich zahlreich gewesen, doch immerhin hatte Eisner mit pathetischer Attitüde der Welt seine guten Absichten gezeigt. Er würde diesen Frühling der Revolution nicht mit viehischer Gewalt oder rabiater Unterdrückung entweihen, das war sein klug inszeniertes Versprechen. Josef Hofmiller konnte diesen Worten nicht glauben:

Heute den Text aufgetrieben, den Eisner dem Altniederländischen Dankgebet ›Wir treten zum Beten‹ als »Gesang der Völker« unterlegt hat:

... Wir schwören zu hören
Den Rufern der Freiheit.
Wir schirmen in Stürmen
Die heiligen Höh'n.
Die Menschheit gesunde
In schaffendem Bunde,

Das neue Reich entsteht.
O Welt werde froh!
Welt werde froh.

Ich bewundere Bruno Walter, daß er seinen Ernst bewahrt hat. Das also hält Eisner für Poesie.

Wie schon die letzte, vom Publikum gesungene Strophe aus Eisners Gedicht zeigt – Hofmiller zitiert in seinem Tagebuch alle drei Strophen –, war die Dichtkunst nicht unbedingt die Stärke des Ministerpräsidenten. Andererseits war so für alle Zeitgenossen klar, dass von einem Mann, der das Publikum mit solch schwülstigen hochlyrischen Heilsversprechen politisch überzeugen wollte, keine Gefahr für Leib und Leben der bürgerlichen Kreise ausgehen würde. Sollte Eisner diesen Eindruck eines humanitären Höhenflugs hervorgerufen haben, dann war der Abend des 17. November politisch wirklich gelungen.

Andererseits ist die herablassende Haltung des Kunstkritikers Hofmiller, der nicht nur die Hervorbringungen der Revolution, sondern auch den Text des Deutschlandliedes einer gnadenlosen Stilkritik unterzog, durchaus ein Fanal, ein Stück Wahrheit über alles, was Kurt Eisner in den nächsten Monaten beschäftigen würde. Eisner glaubte tatsächlich an seinen ausgreifenden, versöhnenden Zivilisationsanspruch, brachte sich damit jedoch in eine Zwickmühle, die ihn zu zerstören drohte. Er flocht der Revolution schon nach wenigen Wochen Girlanden, wie sie besser zur Monarchie und ihrem Kult von höfischem Zierrat und oberflächlicher Geste gepasst hätten.

Eisner war in einer Koalition mit Politikern, die eisenhart und nüchtern eine repräsentative, parlamentarische Demokratie installieren wollten. Der Hochschwung einer neuen Gesellschaft – getragen von der Gestaltungslust der Räte, von Gremien, die direkt aus dem Volk kamen – war damit kaum vereinbar. Die nächsten Wochen würden zeigen, ob Eisner dabei war, eine neue Version von hohlem Pomp, von politischem Brimborium ohne Substanz zu verwirklichen, oder ob die Idee einer aus dem Volk kommenden Räteregierung, der direkten Demokratie konkrete Gestalt annehmen könnte.

Am Tag nach der Feier war Josef Hofmiller wie üblich in der Stadt unterwegs gewesen. Die kleine Szene, die er beobachtete und die er aufschrieb, zeigt, welch weiten Weg der politische Erzieher Kurt Eisner noch vor sich hatte:

> Als ich abends heimging, sah ich im Finstern, wie ein Soldat einen kleinen Jungen schlug, weil er eine Handvoll dürres Laub gegen einen Straßenbahnwagen geworfen hatte. Ich ließ mich mit dem Soldaten auf ein Gespräch ein, und er äußerte sich rabiat über die Verwilderung der Jugend. Die verwilderten Väter sind ja sehr geeignet, diese verwilderte Jugend zu erziehen.

7 Intermezzo

Nach siebzig Jahren ständig steigenden Wohlstands und ungefährdeten Friedens wird kaum jemand leugnen, dass es uns in Deutschland so gut geht wie nie zuvor. Mögen auch manche Menschen gerne aus der Wirklichkeit entfliehen und sich in vergangene, vermeintlich goldene Zeiten hinein- oder zurückträumen, der erste Zahnarztbesuch in einer fernen historischen Epoche würde sie schnell davon überzeugen, dass das Leben im 21. Jahrhundert angenehme Seiten hat und der Fortschritt keine völlig unwürdige Sache ist.

Andererseits sei vor allzu viel Herablassung gegenüber der Vergangenheit gewarnt. Denn wer sich die Revolution in Bayern genauer ansieht, wird jeden Hang zur Überheblichkeit schnell ablegen. Zwar ist nicht zu leugnen, dass viele Revolutionäre mit königsgleicher Borniertheit Politik betrieben, doch ändert das nichts daran, dass eine große Zahl von heute noch diskutierten Anliegen genau damals auf die Tagesordnung gebracht wurden. Eines der wichtigen Ziele aus der Revolutionszeit ist sogar für uns noch nicht vollständig erreicht – die Gleichstellung von Frau und Mann in Staat und Gesellschaft. Die Kämpfe darum zeigen besser als alles andere, wie aktuell die Jahre 1918 und 1919 sind. Sie belegen auch, wie mutig und visionär die Menschen damals das Tor zu der Welt aufgestoßen haben, in der wir uns heute bewegen.

Einer einzelnen Historikerin ist 2008, sage und schreibe neunzig Jahre nach dem Geschehen, aufgefallen, dass auf dem wichtigsten Fotodokument des Revolutionstags, den beiden fast identischen Aufnahmen von der Friedensdemonstration am 7. November, enorm viele Frauen zu sehen sind. Womöglich, so könnte man einschränken, waren die Männer noch damit beschäftigt, Krieg zu führen, oder von der Arbeitsstelle zur Theresienwiese unterwegs. Andererseits waren in der Rüstungsindustrie auch Frauen in Massen beschäftigt. Sie werden ebenso wie ihre Kollegen am späten Nachmittag noch im Anmarsch gewesen sein.

Es war also eher so, dass sich die Frauen während des Kriegs radikalisiert und politisiert hatten und dass sie nach dem gelungenen Umsturz ein aktiver Teil der gesellschaftlichen Erneuerung werden wollten. Deshalb die große Zahl von weiblichen Demonstranten. Was passierte, als sie tätig wurden, ist genau das, was Frauen auch heute noch erleben können, wenn sie sich in die Politik werfen. Sie stießen damit auf Unverständnis und wurden so weit blockiert, dass ihr Anteil in politischen Gremien und Ämtern vergleichsweise gering war. Lida Gustava Heymann hat es aus eigener Anschauung erlebt.

> Frauen der radikalen Frauenbewegung und der politisch links gerichteten schlossen sich zum »Bunde sozialistischer Frauen« zusammen. Dort wurden alle die Frauen betreffenden Angelegenheiten besprochen und auf großen Versammlungen vor die Öffentlichkeit gebracht. Mit steigendem Mißbehagen wurde diese Zusammenarbeit der Frauen von vielen sozialistischen Männern betrachtet; sie spürten offenbar, daß es hier ums Ganze ging, fühlten sich in ihrem Autoritätsgefühl bedroht, ihre H e r r e n natur begehrte auf. Der Versuch, auch die katholischen und rechtsgerichteten Frauen, z. B. den »Verein für Fraueninteressen«, einzubeziehen, schlug fehl, was nicht hinderte, daß zwischen Anita Augspurg, mir und der Vorsitzenden des »Katholischen Frauenvereins«, Ellen Ammann, bis zu deren Tode 1931 nicht nur die besten persönlichen Beziehungen, sondern in gefahrvollen Zeiten enge Zusammenarbeit bestand.

Die Revolution stellte einerseits einen enormen Fortschritt für alle Anliegen des Feminismus dar. Schon bei seiner ersten großen Rede als Ministerpräsident – am Nachmittag des 8. November – hatte Kurt Eisner das Frauenwahlrecht versprochen, und er hatte sein Versprechen in den folgenden Monaten dann auch verwirklicht. Bei der Landtagswahl im Jahr 1919 konnten die Frauen das aktive und das passive Wahlrecht nutzen und ausüben. Ein revolutionärer Volksstaat, der über das Wahlrecht hinaus jede weitere Mitgestaltung der Frauen blockieren würde, war natürlich ein Unding, und deshalb forderten Frauen nach dem Umsturz den Zugang zu politischen und staatlichen Ämtern – und das möglichst mit Quote.

Feministische Verbände hatten so etwas zwar schon vor dem Krieg gefordert, aber die Revolution hatte ihre Möglichkeiten enorm verbessert. Vertreterinnen der diversen Frauenorganisationen und Politikerinnen der großen Parteien brauchten sich nicht mehr in den Hinterzimmern der Macht aufzuhalten. Ihre politischen Gesetzesinitiativen, dargeboten auf den großen Räteversammlungen, den Parteikundgebungen und Wahlkampfveranstaltungen, lesen sich stellenweise wie solche von heute. So sehr hatte sich die Welt am 7. November verändert oder, wenn man es pessimistisch sieht, so wenig hatte sich seit den Revolutionsmonaten getan.

Neben der Quote in Behörden und politischen Organisationen war es die Forderung nach gleicher Bezahlung für gleiche Arbeit und für eine Unterstützung von Frauen in der Schwangerschaft und beim Aussetzen der Arbeit vor und nach der Geburt. Es ist ein revolutionäres Programm, das in Teilen 100 Jahre später immer noch nicht umgesetzt ist, und es hat zudem viele Jahrzehnte gedauert, bis auch nur einige dieser Forderungen verwirklicht wurden. Dazu zählen die begrenzte Legalisierung der Abtreibung, die Abschaffung des Heiratsverbots für Lehrerinnen, die Koedukation von Mädchen und Jungen an der Schule, die Aufhebung der Bestimmungsgewalt des Ehemannes über die Berufstätigkeit seiner Frau und die Gleichstellung von ehelichen und unehelichen Kindern in Fragen des Zivilrechts, vor allem beim Unterhalt und im Erbrecht. Die letztgenannte Forderung wurde in der Gesetzgebung der Bundesrepublik Deutschland allerdings erst fast 80 Jahre nach der Revolution realisiert.

Aktivistinnen aus allen politischen Bereichen und Parteien, solche von unabhängigen feministischen Organisationen wie Anita Augspurg oder Lida Gustava Heymann, aber auch solche aus dem konservativ-bürgerlichen Spektrum wie Rosa Kempf oder Ellen Ammann, waren sich durchaus bewusst, dass die Frauen in Bayern durch die Revolution nicht im Handumdrehen zum Feminismus gelangen würden, sondern ihren Platz in der zweiten Reihe der Gesellschaft möglicherweise noch längere Zeit behalten würden, oft sogar auf eigenen Wunsch hin.

Interessant ist deswegen, dass von Anita Augspurg angeregt wurde, für eine begrenzte Zeit sogenannte Frauenräte zu bilden, die bei allen Entscheidungsfindungen in Staat und Gesellschaft zu konsultieren gewesen wären und die, zeitlich auf maximal zehn Jahre begrenzt, sozusagen ein Rekrutierungs- und Bewährungsfeld für engagierte Frauen dargestellt hätten, in denen sie ohne dauernde Kämpfe mit den dominanten Herren der Schöpfung ihre politische Stimme erhoben und geschult hätten. Genau solche Einrichtungen der Zivilgesellschaft schwebten Kurt Eisner als Keimzelle der neuen Gesellschaft, als Geburtsort der sozialistischen Zukunft vor.

Hans Unterleitner, der Minister für soziale Fürsorge und Parteimitglied der USP, hat dieses Projekt der Frauenräte nie unterstützt, und so mussten sich die engagierten Feministinnen mit revolutionären Räten abmühen, die weder feste Quoten in den Rätegremien noch gleichen Lohn für gleiche Arbeit in staatlichen Organisationen oder in der Privatwirtschaft haben wollten. Eine Wand der Ignoranz war also nicht nur in den konservativ-bürgerlichen Einrichtungen vorhanden, sondern ebenso in den revolutionären.

Immerhin wurde das Gesinderecht reformiert, so dass die Hausmädchen nicht mehr 24 Stunden am Stück im Haushalt arbeiten und nächtigen mussten, sondern nach acht Stunden heimgehen konnten. Die Beschwerden bürgerlicher Familien, dass ihnen die jungen Frauen nicht mehr rund um die Uhr zur Verfügung stünden, waren deshalb zahlreich. Sie sind außerdem ein Beleg dafür, dass sich kein Mensch wirklich der Revolution entziehen konnte. Es war so, dass durch die Erfolge der Frauenbewegung auch Frauen Einbußen erlitten, wie Lida Gustava Heymann beobachtete.

> Die Aufregung unter den kleinlich bourgeoisen Hausfrauen über die den Hausangestellten zuerkannten Rechte war groß; sie haßten den Urheber solcher Neuerungen, verleumdeten ihn, wo sie konnten, nur ganz wenige wurden zur richtigen Bewertung der Vorschrift geführt, nämlich: daß durch die gute Behandlung, durch genügende Ruhe Arbeitslust und -freudigkeit gesteigert werden. Anders die Hausangestellten; sie empfanden warme Verehrung für Kurt Eisner. Viele, einmal von der Knechtschaft befreit, wußten ihre Freiheit zu nutzen.

Eine noch weiter ausgreifende Vision der revolutionären Frauen wurde tatsächlich anderswo umgesetzt. Jahrzehnte nach der Revolution von 1918 kamen Kinder aus den israelischen Kibuzzim in eigene Einrichtungen, womit den Müttern die Möglichkeit gegeben wurde, der Berufsarbeit nachzugehen und neben den Männern einen gleichberechtigten Platz in der Gemeinschaft des Kibbuz und in der Gesellschaft zu behalten oder zu erringen. Dieses Aufbrechen der Familienstruktur war vielen Frauen allerdings zu radikal, sodass sich, gerade auf ihr Betreiben hin, in den Kibbuzim die Familienstrukturen, wie sie anderswo üblich waren, erhalten haben.

Welche Sprengkraft solche Ideen einer Erziehungsgemeinschaft, eines ausgreifenden Kita-Systems im konservativen Bayern hatten, kann man sich leicht vorstellen. So warnten Kritiker der Feministinnen davor, dass mit der Vergemeinschaftung der Kinder auch eine der dazugehörigen Mütter einhergehen würde, also eine Form gesellschaftlich organisierter Prostitution oder, anders gewendet, eine legale Vielehe und staatlich initiierte Promiskuität.

Diese Übertreibungen und Polemiken waren zeittypisch. Die gesamte Diskussion jedoch, die sich um eine neue Zivilgesellschaft drehte, um neue Werte und Prinzipien, ist ein wichtiger Beleg dafür, dass die Geschichte, die sich damals abspielte, auch heute noch nicht vergangen ist, sondern dass wir punktuell mitten in den Projekten der Revolutionszeit stecken.

Welche Zeitenwende damals möglich war, mag ein Beispiel verdeutlichen. Als zu Ende der Revolution sogenannte Revolutionstribunale gebildet wurden, die mit äußerster Strenge und Grausamkeit alle gegenrevolutionären Aktivitäten und vor allem die Menschen, die damit in Verbindung gebracht wurden, bekämpfen sollten, setzten sich Feministinnen bei der Besetzung der Richtergremien und der Staatsanwaltschaften durch und erhielten ihren Platz dort. Sie gingen vorsichtig mit den Angeklagten um und reklamierten später für sich, Todesurteile und auch andere abschreckende Verurteilungen verhindert zu haben.

Das taten sie sehr zum Missfallen der Kommunisten, die verkündeten, dass eine Revolution ohne Ströme von Blut und ohne revolutionäre Gewalt keine erfolgversprechende Unternehmung werden könne und man so vorgehen müsse, wie es in Russland üblich sei. Sie konnten sich in München nicht durchsetzen. Die Geschichte hat ohnehin über ihre Ansichten gerichtet und den engagierten Frauen recht gegeben.

8 Politischer Stellungskrieg

Zweikampf – erste Runde Jahrhundertelang wurden in Europa kranke Menschen gequält, indem man sie zur Ader ließ. Mit eigens dafür entwickelten Werkzeugen öffnete der Arzt eine Ader, entnahm Blut, davon auch nicht zu knapp, und hoffte, der Gesundheit des Patienten wieder aufzuhelfen. Geschah das nicht, dann war nicht etwa das Aderlassen sinnlos, sondern die Krankheit schon zu weit fortgeschritten. So jedenfalls sahen das die Ärzte. Denn sie, wie alle ihre Mitmenschen, hatten die unerschütterliche Vorstellung, dass der kranke Körper durch das Abfließen unreiner Säfte gereinigt werden sollte oder man eine Stockung beseitigen müsse, da zu viel Blut vorhanden sei. Das Aderlassen gibt es mit Ausnahme von Blutegelkuren zwar nicht mehr, dennoch prägt uns die Grundidee noch heute.

Denn auch eine vermeintlich kranke Gesellschaft kann dieser Vorstellung nach entschlackt oder gereinigt werden, und man hofft dann ebenso auf einen heilenden Effekt. Die Revolution vom 7. November 1918 ist das beste Beispiel dafür. Alle Beteiligten, mit Ausnahme weniger eingefleischter Monarchisten, waren überzeugt, dass die Gesellschaft von unnötigem zeremoniellen Ballast befreit worden sei, dass die politischen Entscheidungswege nicht mehr durch antiquierte Gremien mit Prinzen, geadelten Unternehmern und Großgrundbesitzern verstopft würden und dass sich jeder ohne Ansehen seines Herkommens in Staat, Armee und Gesellschaft hocharbeiten könnte. Sogar der absolut skeptische Hofmiller sah das Außerordentliche der Situation und notierte am 26. November:

Der gleichzeitige Wegfall der Häuser Habsburg, Hohenzollern und Wittelsbach ist eine Konstellation, wie sie in der Geschichte nicht mehr so rasch vorkommt. Aber an der Spitze müßte jemand anders stehen als Kurt Eisner, der bestenfalls ein Ideologe ist, wahrscheinlich etwas Schlimmeres.

Das Werden eines neuen Staatskörpers, ja sogar eines neuen Volkskörpers wurde erwartet. Die politischen Gegner der Revolution wendeten viele Monate später diese Reinigungsidee gegen den Umsturz selbst und versprachen, Bayern von unreinem Blut zu befreien. Bei fast jeder grundlegenden gesellschaftlichen Veränderung kommt diese Vorstellung eines Reinigungsprozesses zum Ausdruck. Reinigung und Heilung sind eins – so auch im November 1918.

Doch wie nach jeder Heilung stellte sich auch nach der Revolution in München die Frage, welche Maßnahmen nun zu treffen seien, um ein erneutes Ansteigen von unreinen, schädlichen Substanzen zu verhindern. In der Diagnose lagen die einzelnen Lager der revolutionären Regierung nicht weit auseinander. Der monarchische Staat hatte ihrer Einschätzung nach zu wenig demokratische Substanz gehabt. Ein neuer Volksstaat dürfe ausschließlich das Volk über die Politik entscheiden lassen. Nach dem ersten Schritt, der Revolution, solle das Volk auch den zweiten Schritt machen und seine demokratischen Organe so gestalten, dass in Zukunft ausschließlich der Volkswille zähle.

Alle weiteren therapeutischen Maßnahmen des gesellschaftlichen Heilungsprozesses, die über dieses demokratische Grundbekenntnis hinausgingen, waren aber völlig umstritten – und sie blieben es über lange Zeit. Sie prägten das Geschehen im kleinen München, aber sie bestimmten in abgewandelter Form auch die politischen Debatten im gesamten Nachkriegseuropa. Bis zum Verschwinden des Kommunismus war die in den Revolutionstagen beginnende Debatte in der europäischen Linken und infolgedessen bei allen ihren Gegnern lebendig.

Immer ging es dabei um die Frage, ob die Institutionen der repräsentativen Demokratie, also turnusmäßige landesweite Wahlen und Gesetzesarbeit im Parlament, ausreichten, um den Volkswillen zu verwirklichen, oder ob die explosive Willensbekundung, wie sie in der Revolution geschah, verstetigt werden müsse.

In diesem Modell sollten Arbeiter, Bauern und Soldaten nicht Macht delegieren und dann Politiker ungehindert machen lassen, sondern müssten sich einmischen und die Gesetzesarbeit kontinuierlich mitprägen. Sollte sich wirklich eine Politikerkaste herausbilden, so müsse man sie mit einem imperativen Mandat, also mit einer strengen Bindung der Politiker an die Beschlüsse der Rätegremien, in ihrer Freiheit einschränken.

Alle Vertreter eines radikalen Rätemodells wollten die schöpferische Zerstörung zum Staatsmodell machen. Wo immer sich Verknöcherungen, also ein Stocken des revolutionären Prozesses, eine Hemmung der Arbeiter in ihrem Vordringen an die Schaltstellen der Macht zeige, müssten die Räte handeln. Das unaufhaltsame Voranschreiten der Revolution war in diesem Modell letztlich auch wichtiger als der Volkswille – selbst wenn das in Bayern kein Zeitgenosse zugegeben hätte –, ja sogar wichtiger als der Wille des Proletariats selbst. Im revolutionären Russland war diese ungehemmte Radikalisierung schon vollzogen worden. Dort hatte sich die regierende Partei der Bolschewiki dazu aufgeschwungen, als Inkarnation der Revolution selbst bestimmen zu dürfen, was für das Volk, die Arbeiter und die Revolution gut und richtig sei.

In einem waren sich alle Vertreter des Rätegedankens einig: Ein Volksstaat, der nur durch alle vier Jahre stattfindende Wahlen und durch unbehelligt arbeitende Parlamentarier gestaltet werde, würde die Arbeiter und die Armen genau an der Stelle festzurren, an der sie bisher schon waren, nämlich in der gesellschaftlichen und politischen Bedeutungslosigkeit. Repräsentative Demokratie war in diesem Denken Verrat an der Revolution, war ein organisierter Betrug an den Schwachen in der Gesellschaft.

Dieser Tage seit Jahren zum erstenmal wieder in einer Klasse Krach schlagen müssen, in der sechsten. Die Sechzehnjährigen sind durch die Ereignisse am meisten außer Rand und Band. Schon in der Stunde vorher, beim Religionslehrer, ging's zu wie im ewigen Leben.

Josef Hofmiller, Revolutionstagebuch

Die Vertreter der Mehrheitssozialdemokratie waren bereit, diesen vermeintlichen Betrug zu begehen. Sie hielten den Vertretern der Rätedemokratie nämlich ihrerseits vor, Betrug an Arbeitern und Volk zu betreiben, und verwiesen dabei auf die entscheidende Lücke im politischen System der Radikalen.

Woher kam das Mandat der Räte, woher ihre Legitimation? In den ersten Stunden der Revolution waren sie durch Zuruf, offiziell Wahlen genannt, im Speisesaal des Mathäserbräu entstanden. Einen repräsentativen Querschnitt des Volkes, in dessen Interesse sie zu handeln meinten, konnten sie nie herstellen. Noch nicht einmal die Arbeiter selbst waren in den Arbeiterräten nach irgendeiner Formel gleichberechtigt gewählt. Dort, wo man Arbeiterorganisationen und Arbeiterparteien vorfand, also in den Großbetrieben, konnte man wählen, in den Kleinbetrieben gab es zwar auch Arbeiter, aber oft keine Wahlen. Andererseits waren wiederum die Beschäftigten in mittelgroßen Unternehmen statistisch gegenüber allen anderen begünstigt, so dass die viel radikaleren Arbeiter der großen Industriebetriebe in den Räten unterrepräsentiert waren. Als man im April 1919 Zahlen aufstellte, stellte sich heraus, dass die damals installierten Betriebsräte bestenfalls ein Drittel der Münchner Proletarier repräsentierten. Das ganze Rätesystem hatte in den Augen führender Sozialdemokraten insgesamt nicht viel mit Demokratie zu tun.

Damit brachen die sozialdemokratischen Führungsgruppen allerdings Brücken nach links ab. Das taten sie aus dem womöglich allzu voreiligen Interesse, ihre zukünftigen Koalitionspartner von den bürgerlichen Parteien nicht zu verlieren. Den Repräsentanten der SPD, sowohl in Berlin wie auch in München, ist das später von Historikern vorgehalten worden. Sie reduzierten schon kurz nach der Revolution in einem automatischen Reflex gegen Räte zu schnell die politischen Alternativen, die ihnen eigentlich zur Verfügung standen. Für viele Bürger der Stadt war allerdings die Vorstellung, es in Zukunft mit neuen Behörden, nun also den Rätegremien, zu tun zu bekommen, ein Skandal mit System. Josef Hofmiller achtete zwar kaum auf das, was die Räte taten, misstraute aber aller Beglückung durch Systeme:

> Zuerst haben wir während des Kriegs den Militarismus kennengelernt; dann die Form des Sozialismus, die jedem seinen Anteil Lebensmittel zuweist; dann kamen wir immer weiter in den Sozialismus hinein; jetzt lernen wir die Anarchie kennen. Ich glaube, wir sind in Zukunft gegen alle diese Formen der »Regierungskunst« immun und wollen nichts davon wissen.

Ob Rätesystem oder Anarchie, das war also Interpretationssache. Doch waren die regelrecht politikwissenschaftlichen Überlegungen um die

Rätemodelle dieser Monate alles andere als eine abstrakte Sache. Die Revolutionäre hatten die Theresienwiese verlassen und waren dann auf die Kasernen zumarschiert in der Befürchtung, dass vielleicht doch irgendwo eine loyale Maschinengewehreinheit stehen könnte und sie niedermähen würde. Sie hatten also unter Einsatz ihres Lebens für die Revolution gekämpft.

Nur ihre winzig kleine Gruppe hatte den Umsturz bewusst vorangetrieben, und der fast reibungslose Übergang der Macht war für sie der Beleg dafür, dass sie richtiglagen und ahnten, was das Volk brauchte. Sie wollten diese Revolution nun zu einem guten Ende bringen und sie nicht dem immer schon regierenden Establishment aus katholischen Politikern, kaiserlichen Militärs und buchstabengetreuen Beamten opfern, die alle zusammen die Ohnmacht, Nachgiebigkeit und Opferbereitschaft der Unterprivilegierten nutzen würden, um wieder an die Macht zu kommen. Oskar Maria Graf, der reichliche Erfahrungen als Proletarier gesammelt hatte, war skeptisch:

> Der König war abgesetzt, ja! Überall entfernte man mit großem Eifer die Hoflieferantenwappen. In den Versammlungen redeten sie große Töne, dann zog man wieder mit Fahnen und Geschrei durch die Straßen wie ein polternder Veteranenverein. »Nieder!« und »Hoch!« schrie man und wußte kaum warum. Die Reichen lebten immer noch genau so herrlich und in Freuden, sie hatten sich mit Hamsterwaren eingedeckt, saßen in den Hotels und Restaurants, kein Mensch krümmte ihnen ein Haar.

Seitenlang erging sich Graf in seinen Erinnerungen darüber, wie wenig in München voranging. Anders als in Berlin, wo die USP und die radikalen Arbeiter seit Mitte Dezember 1918 eine starke revolutionäre Kraft darstellten, schließlich im Spartakusaufstand sogar den Rat der Volksbeauftragten herausforderten und ihn zum Pakt mit dem alten kaiserlichen Militär zwangen, saß in München jedoch der Kopf der USP auf dem Stuhl des Ministerpräsidenten und konnte als leitender Minister Politik treiben. Doch auch er war hin- und hergerissen.

Eine Gassenrevolution, wie er es nannte, oder eine bolschewistische Diktatur lehnte Eisner streng ab. Die Radikalen schalten ihn deswegen einen unverbesserlichen Kleinbürger. Er war ja das Haupt der ordentlichen Regierung und amtierte neben seinen Ministern, es herrschte also eine regierungsamtliche politische Ordnung, wie es sie schon immer gegeben hatte, auch wenn sie sich selbst revolutionär nannte. Die Revolution ging zwar in seinen Augen ihren sicheren Gang. Wohin, das war allerdings unklar.

Schon kurz nach Bildung der Revolutionsregierung war von Eisner verfügt worden, dass in letzter Instanz allein die Regierung alle wichtigen Entscheidungen fällen würde, und damit war auch klar geworden, dass die revolutionären Räte nun selbst gezwungen waren, ihre Position zu finden, zumal sie sich nicht auf einen fest umrissenen Verfassungsrang berufen konnten. Vor allem in Nürnberg und Augsburg und mit Abstrichen in München waren genügend radikale Arbeiter aktiv, um bei der Wahl der Arbeiterräte eine entscheidende Rolle spielen zu können.

Nachdem sich die bayerischen Arbeiterräte als Nebengremium zur Regierung gebildet hatten, amtierte mit dem Lehrer Ernst Niekisch ein Augsburger SPD-Vertreter in dessen Vollzugsrat als Vorsitzender des Gremiums. Auch hier ließen sich also die Mehrheitssozialdemokraten nicht leicht aus den Machtpositionen drängen. Eisner seinerseits wollte die Räte unbedingt vor der SPD schützen. Die hätte die Räte ja am liebsten so bald wie möglich abgeschafft. Der Revolutionär und Ministerpräsident hatte bei seiner Konzeption und bei seinem Beharren auf dem Rätesystem einen wichtigen politischen Hintergedanken. Er kannte seine Pappenheimer von der radikalen Fraktion:

> Die Leute müssen etwas zu tun haben, sonst agitieren sie unsinnig, wir müssen bis an die äußerste Grenze der Zugeständnisse gehen.

Eisner sagte das bereits am 20. November im Ministerrat. Er war sich klar, dass eine Revolution gewöhnlich nicht auf Pfiff stoppt und dass erfolgreiche Umstürzler auch ihren Anführern im Ministerrang nicht aufs Wort gehorchen wollen. Die Räte sollten als Auffangbecken für den Radikalismus dienen. Doch andererseits waren Radikale in Bayern selten. Wie also sollten sie in den fast 7 000 Räteorganisationen des Landes einen erneuten gesellschaftlichen Umschwung herbeiführen? Sogar im revolutionären München verwahrte sich die Kommunalverwaltung, erfolgreich unterstützt von SPD-Vertretern, gegen die Einmischung seitens der Räte in all das, was mit Armenversorgung, Wohnungsbewirtschaftung und anderen Anliegen der Arbeiter zu tun hatte.

Es war nicht nur eine Frage des Prinzips, sondern auch der Kompetenz. Noch immer galten die alten Gesetze. Nun sollten plötzlich die Arbeiter in den Räten alle die Bestimmungen, Regeln, Verordnungen und Gesetze kennen, die der bestehenden, ehemals königlichen Verwaltung schon in Fleisch und Blut übergegangen waren, und sie auch noch in ihrem eigenen Sinn interpretieren? Das war unrealistisch, und deshalb war es unwahrscheinlich, dass die Räte der Regierung oder der Verwaltung gefährlich werden konnten, selbst wenn sie das Recht erringen würden, die Verwaltung zu kontrollieren. Historiker haben später genau darin das größte Defizit der Revolution verortet. Den Räten gelang es nicht, die alten Mächte in der Bürokratie durch demokratische und republikanische Kräfte, vor allem in den Spitzen der Ämter, zu ersetzen.

Innenminister Erhard Auer seinerseits hatte bereits wenige Wochen nach Amtsantritt alle relevanten Behörden im Land, vor allem also die Bezirksämter, die heutigen Landratsämter, angeschrieben und ihnen eingeschärft, dass sie nur seine Weisungen entgegenzunehmen hätten und die Räte vor Ort bestenfalls beratende Funktion bekommen würden. Er war sich sicher, dass die angestammte und nun der Revolution loyal dienende Bürokratie für den sozialistischen Zukunftsstaat oder, wenn man die Hoffnungen kleiner dimensionierte, für die demokratische Republik keine Gefahr darstellen würde. Er vertraute ihnen:

> Die Beamten der alten Regierung verdienen nach meinen Wahrnehmungen alle Achtung und Anerkennung. Sie sind vor allem Leute untadelhaften Charakters, von größtem Pflichtbewußtsein, die es mit ihrer Amtspflicht ernst nehmen und unsere öffentliche Verwaltung von gefährlichen Einflüssen des Kapitalismus bis jetzt rein zu halten wußten.

Die entscheidende Triebkraft der Revolution, die Soldaten, hatte man schon wenige Tage nach dem Umsturz wieder der Befehlsgewalt ihrer Offiziere unterstellt, auch das Militär wurde ja von einem SPD-Minister, Albert Roßhaupter, beaufsichtigt. Den Soldatenräten gestanden die Minister eine beratende Funktion zu, außerdem durften sie Passierscheine, Urlaubsgenehmigungen oder Demobilisierungsbestätigungen ausfüllen – und damit waren sie schon gut beschäftigt. Ihnen wurde die Pflicht zugeteilt, zur sogenannten Aufrechterhaltung von Ruhe und Ordnung beizutragen. Dass auch die Bauernräte das ländliche Bayern nicht in den Schlund des Bolschewismus stürzen würden, war ohnehin klar.

Die Möglichkeiten der Revolutionäre, die Dinge voranzutreiben, waren also beschränkt, und die Arbeit in den Räten schien auch nicht der einzige Weg zu sein, denn immerhin regierte der Vorsitzende der USP, sozusagen der oberste Radikale Bayerns, im Palais des Ministerpräsidenten. Kurt Eisner selbst wusste natürlich, dass nur der Druck der Räte ihn vor dem vollkommen ungehinderten Schalten und Walten seiner konservativen Ministerkollegen aus der SPD schützen würde. Er musste also die Politik eines ständigen Hin-und-Her-Lavierens betreiben, durfte die Räte nicht verprellen, musste ihnen Hoffnungen machen, zugleich auch sicherstellen, dass sie nicht zu einem reinen Wahlverein der SPD-Mehrheit werden würden, denn natürlich waren die SPD-nahen Gewerkschaftsmitglieder in den Räten stark. Eine kompliziertere Situation kann man sich für einen führenden Politiker kaum vorstellen.

Am 21. November sandte Innenminister Auer folgende Richtlinie an das Bezirksamt Mindelheim. Es ist nur ein Beispiel unter vielen aus seinem Hause:

> Den Soldaten-, Arbeiter- und Bauernräten steht keinerlei Vollzugsgewalt zu. Sie haben daher jeden Eingriff in die staatliche und gemeindliche Verwaltungstätigkeit zu vermeiden. Der Vollzug der Gesetze und sonstigen Rechtsvorschriften wird grundsätzlich nach wie vor von den seitherigen Stellen und Behörden wahrgenommen.

Insgesamt schickte er zwischen dem 10. November und dem 10. Dezember 600 Telegramme an die unterschiedlichsten Stellen im Land, um die Beschlüsse der dortigen Rätegremien wieder aufzuheben. Dabei hatte schon am 26. November die vorher noch nicht klar gefasste Position der Räte eine amtliche Form bekommen. In den ›Provisorischen Richtlinien für die Arbeiterräte‹ wurde ihnen von Seiten der Regierung die Aufgabe zuteil, zur »Grundlage des neuen Regierungssystems« zu werden. Wie diese Trennung von revolutionärer Theorie und gemäßigter Praxis bewältigt werden sollte, kümmerte in der Regierung vorerst niemanden.

Kurt Eisner hatte die Räte mit dieser Richtlinie zwar an höchster institutioneller Position verankert und ihnen mit seinen üblichen blumigen Worten hohen Verfassungsrang erteilt, Erhard Auer jedoch raubte ihnen mit seinen Weisungen jede Befugnis. Ein Kompromiss. Doch mit Kompromissformeln würde sich die Frage nicht lösen lassen, ob die Räte als schwaches Nebenparlament nur eine Art Dekor der Regierungspolitik sein sollten, eine Institution voller Pomp und Bedeutungsmangel, wie sie angeblich eher für die Monarchie üblich war, oder ob – ganz im Gegensatz dazu – der neue Volksstaat von den Räten gestaltet werden sollte und sie damit der Garant sein würden für eine soziale Revolution, in der die Arbeiter dauerhaft das Sagen im Staat hatten.

In den konservativen Parteien lösten allein schon diese Diskussionen einen Angstschock aus. Sogar ein Mann, der Kurt Eisner nie wohlwollend gegenüberstand, wohl anfangs neutral und zurückhaltend skeptisch, sehr bald aber schon deutlich ablehnend, hatte erkannt, dass der Ministerpräsident die Dinge nicht lange treiben lassen konnte. Er würde handeln und Entscheidungen herbeiführen müssen. Hofmiller notierte am 9. Dezember:

> Die Haupteigenschaft aller deutschen Regierungen: sie lassen sich von den Ereignissen treiben, sie warten wie Herr Micawber bei Dickens, »daß etwas sich ereigne«, haben aber nicht den Mut, selbst Ereignisse zu schaffen. Der einzige, der den bornierten Fanatismus hatte, Ereignisse zu schaffen, war Eisner. Das allein hält ihn. An dem Tag, an dem er in die Defensive gedrängt wird, ist er erledigt. Darum greift er immer an.

Für den Ministerpräsidenten waren Entwicklungsverzögerungen bei seinem Räteprojekt zwar misslich, aber zugleich nicht wirklich gefährlich. Dass sich ein neues demokratisches Bayern nicht wie ein Geschenk aus dem Einwickelpapier holen ließ und auch er selbst keine fertigen Konzepte liefern konnte, das störte ihn nicht im Geringsten. Solange es nur irgendwie voranging und die Menschen im Land ihre Geschicke selbst bestimmten, war es egal, ob der neue Volksstaat in zwei Monaten oder in zwei Jahren entstehen würde.

Die Räte waren etabliert, und Eisner war ihr Beschützer. Er hatte dadurch Rückhalt für seine Politik und konnte nahezu ungeniert weitermachen. Denn solange die Räte nicht ihre eigene Version von Sozialismus definieren und gegen ihn durchsetzen wollten, war ihm mit dem Nebeneinander der Gewalten durchaus gedient. Die Zeit, den wirklichen Volksstaat heraufzuführen, musste man sich nehmen und dabei nicht ungeduldig werden. Warum pessimistisch sein?

Die Magie der Revolution Ein Akademiker, der in München gelebt und studiert hatte und sich – im Gegensatz zu Josef Hofmiller – als Literaturwissenschaftler erst nach oben arbeiten musste, kam im Dezember 1918 nach längerer Abwesenheit in München an, um die Chancen für eine akademische Zukunft zu sondieren. Es war Victor Klemperer. Die lange nach seinem Tod veröffentlichten Tagebücher der Jahre 1933 bis 1945, in denen Klemperer, der zum Protestantismus konvertierte Jude, seinen Alltag beschrieb, wurden ein wichtiges Dokument für die Zeit des Nationalsozialismus. Er hat aber auch über die Monate der Münchner Revolution Berichte und Erinnerungen verfasst, deren Anschaulichkeit jede Fotografie und jeden Dokumentarfilm wie ein blasses Abbild der Zeit wirken lassen.

Bei seinem ersten Besuch in München nach dem Krieg, es sollten dann noch weitere folgen, verfolgte er eine Sitzung des Rats der geistigen Arbeiter und war furchtbar gelangweilt. Dann aber nahm ihn ein Freund zu einer Veranstaltung der USP mit, und dort gewann er plötzlich ein Bild von der politischen Situation, das mit demjenigen des etablierten Schreibers Hofmiller wenig zu tun hat. Es erklärt besser als mancher Aktenbeleg, warum der bayerische Ministerpräsident das Ruder der Politik trotz aller Konflikte, die er mit seinen Koalitionskollegen und auch mit den Räten hatte, doch in Händen hielt und in seinem Schlingerkurs irgendwie doch vorankam oder zumindest nicht auf Grund lief:

> Diesmal beim Trefler in der Sonnenstraße, wo in normalen Zeiten die Karnevalsredouten stattfanden, sah ich nicht ein paar Hundert gesitteter Literaten, sondern wahrhaftig und zu Tausenden das Volk von München – und ein stürmisch bewegtes Volk. Als wir gegen 7 hin-

1 Notizen auf Papiermanschetten.
Tagebuchschreiber Josef Hofmiller (1872–1933)

2 Die rechte Hand des Revolutionärs.
Felix Fechenbach (1894, ermordet 1933)

3 Zögern als Prinzip.
König Ludwig III.
von Bayern (1845–1921)

4 Von den Musen unterwegs zu Hitler.
Karl Alexander von Müller (1882–1964)

5 Rebellion als Lebensprinzip.
Oskar Maria Graf (1882–1967) als Soldat im Ersten Weltkrieg

7 Vom Café in die Regierung.
Gustav Landauer
(1870, ermordet 1919)

6 Der Vater der Republik.
Kurt Eisner (1867, ermordet 1919)

8 Eine Bilderbuch-
karriere – bis zum
verhängnisvollen
Schuss. Erhard Auer
(1874–1945)

10 Die Königin von Schwabing.
Germaine Krull (1897–1985)

9 Revolutionäre Botschaften – bis heute.
Anita Augspurg (1857–1943) und
Lida Gustav Heymann (1868–1943)

11 Demonstrationen mit Transparent »Dem Stahlhelm kein Brot und kein Bett«. München im Oktober 1918

12 Umsturz. Kundgebung an der Bavaria am 7. November 1918

13 Am Morgen nach der letzten Nacht der Monarchie: Der Landtag in der Prannerstraße ist besetzt.

14 Der ahnungslose König wird Zielscheibe des Spotts. Karikatur aus dem Jahr 1921

Vor drei Jahren:

„Majestät, genga S' heim, Revolution is!"

Mit diesen Worten wurde König Ludwig am Spätnachmittag des 7. November 1918 auf einem Spaziergang im Englischen Garten von Arbeitern zum erstenmal auf die drohende Gefahr aufmerksam gemacht.

In der nämlichen Nacht noch mußte er aus der Hauptstadt flüchen.

Drei Jahre sind seitdem verflossen. Drei Jahre des Unglücks und der Enttäuschungen für das bayerische Volk, vor allem auch für die bayerischen Arbeiter, die bisher vergeblich auf das verheißene Paradies gehofft haben.

Die großartige Beteiligung an den Beisetzungsfeierlichkeiten für den in der Fremde verstorbenen König hat sichtbar bewiesen, wie sehr allmählich die Reue über den Wahnsinn der Novembertage 1918 in allen Kreisen der Bevölkerung um sich greift.

15 Die Führungsfiguren wechseln.

16 »Tolle Tage« in München. Jubelnde Soldaten vor dem Mathäserbräu, dem Hauptquartier des Arbeiter- und Soldatenrates. 8. November 1918

17 Schutzwache vor dem Landtagsgebäude. November 1918

18 Die Revolution ist festgefahren. Felix Fechenbach, Else Eisner und Kurt Eisner Februar 1919

19 Der Ort des Eisner-Attentats in der Promenadestraße Ende Februar 1919

21 MG-Stellung der Bahnhofwache. April 1919

20 Frauen in der Politik. Postbeamtinnen demonstrieren am 22. April 1919

22 Hungersnot Anfang Mai 1919. Ein verendetes Pferd verschwindet in Minuten.

23 Bierfässer-Barrikade der Roten Armee. Mai 1919

24 Der Handwerker Johann Lehner (1901–1919) vor der Ermordung durch württembergische Regierungssoldaten am 3. Mai 1919

25 Gegenrevolution im »Gebirglerkostüm«. Freikorps Werdenfels in der Maximilianstraße Anfang Mai 1919

26 Erschossene Rotarmisten in der Kapuzinerstraße. Amateuraufnahme Mai 1919

27 Hitler als Gefreiter eines bayerischen Freiwilligenregiments im Ersten Weltkrieg. November 1914

> kamen, war der Haupteingang bereits wegen Überfüllung des Hauses polizeilich geschlossen, aber natürlich kannte Hans einen Nebeneingang durch Wirtschaftsräume, und der hier aufgestellte Posten glaubte ihm das »persönlicher Freund des Ministerpräsidenten, persönliche Botschaft« ohne weiteres. Wir landeten unmittelbar unter der großen Estrade mit dem Rednerpult und dem Vorstandstisch. Der Riesensaal und seine umlaufenden Türen waren gestopft voll.

Revolution hin oder her. Es ist eine typisch münchnerische Veranstaltung. Klemperer sieht das sofort:

> Überall zwischen den Sitzenden, rechts und links und in dem breiten Mittelgang drängte sich die dichteste Menge. Und durch diese anscheinend völlig undurchlässige Verstopfung schoben sich Kellnerinnen mit sechs, acht, ja sogar zehn schweren Bierkrügen in den Händen vor sich; es war eine ungeheure Kraftleistung.

Zuerst spricht der USP-Minister Hans Unterleitner. Er beginnt sachlich, rühmt die politische Arbeit der Frauen und erwärmt sich und die Zuhörer dann mit der Erwähnung des Namens Kurt Eisner. All das setzt den konservativen Klemperer schon eingangs in ziemlich großes Erstaunen:

> Erstaunlicher noch als diese Leidenschaft des einzelnen Sprechers war der tobende, minutenlang tobende Beifall, mit der jede seiner Liebeserklärungen für Eisner aufgenommen wurde. Noch einmal, dies hier war wirklich eine bayerische Volksversammlung, ganz offensichtlich aus Arbeitern, Handwerkern, Krämern zusammengesetzt – und Eisner war Redakteur am Berliner ›Vorwärts‹ gewesen, war (für viele Bayern ein Synonym) »Preiß und Jud«; wie kam dieser Münchner Enthusiasmus zustande, was für ein Mensch war der Ministerpräsident?

Klemperer hatte sich kaum die Frage gestellt, da ging das Geschehen schon tumultuös weiter. Es kamen Wortmeldungen zur Rede von Unterleitner aus dem Publikum.

> Ein sanfter heiserer hagerer Mann, der die Sache der Mehrheitssozialdemokratie vertrat, wurde niedergeschrien: »Bourgeois, Bourgeois, Bourg!« – »Ich bin ein Sozialist!« »A Schmarrnkibi bist!«

Ein Schmarrnkibi ist ein mit Unsinn befüllter Kübel. Danach durfte weiter diskutiert werden. Allein schon deshalb kann man davon ausgehen, dass sich nicht nur USP-Gefolgschaft im Saale befand, sondern eher eine bunte Mischung versammelt war. Der nächste Redner war Max Levien, der führende Politiker im Spartakusbund, der linken Abspaltung von der USP. Es ist klar, dass auch gegen den Redebeitrag dieses Mannes, der in Soldatenuniform dastand, aus dem Publikum gewettert wurde:

»Waren Sie in Rußland?« – »Ich bin in Moskau geboren.« – »Ka Bayer bist net.« – »Dies ist ein bayerischer Rock«, und er rüttelt mit eingekrallter Faust an seiner Uniform.

In seiner biographischen Erinnerung, geschrieben 1942, musste Klemperer dann erst für einige Zeilen Dampf ablassen, denn Levien war ihm extrem unsympathisch. Anschließend berichtete er wieder über das Geschehen im Trefler:

Es wurde immer lauter, auch immer heißer im Saal, ich sah geöffnete Waffenröcke, erregte Gesichter, ich hörte Privatdispute von da und dort. Plötzlich wird es still, alles sieht nach einer Seitentür, wo sich ein kleiner Sonderknäuel gebildet hat. Ein Flüstern wie der durchgegebene Befehl in einer Schützenkette: »Eisner ist da!« Der Redner bricht ab und ruft unvermittelt: »Unser Ministerpräsident soll leben, hur …«, er bricht noch einmal ab, dann: »Hoch, hoch, hoch!« Saal und Tribüne brüllen mit. Jetzt kommt Eisner dicht an mir vorüber, sein Ärmel streift mich.

Doch Eisner spricht nicht. Es ist, als ob ein erfahrener Theaterregisseur selbst die Dramaturgie der Szene bestimmen würde und deshalb ganz professionell entschieden hätte, dass vor dem Höhepunkt noch ein Innehalten, etwas Stille sein müsse. Eisner muss sich ausruhen. Erst dann spricht er:

Er sagt, er sei eben erst mit seinem Arbeitspensum fertig geworden, er habe nichts von dem gehört, was man bisher hier verhandelt und etwa gegen ihn vorgebracht habe, er könne also alles ablehnen und widerlegen. Dies ist der erste Witz von vielen, der Witz ersetzt ihm fast immer das Pathos und wird immer mit dankbarem Jubel quittiert. Wird er doch pathetisch, so ist dem Pathos mindestens eine Dosis Komik beigegeben. »… Wenn mich einer vorwärtsdrängen will, den fürchte ich nicht; ich bin allen Drängern voran, denn ich bin ein Phantast, ein Schwärmer, ein Dichter!« (Tobender Beifall.) »Ich spreche nicht als Ministerpräsident, ich spreche als Unabhängiger und Verräter. Ich sollte Sie auffordern, unabhängig zu wählen, ich tue es nicht. Folgen Sie Ihrer Meinung, und lassen Sie uns einig sein!« Immer wieder ein Auftoben des Jubels.

Diese geschickte Mischung aus Witz, Pathos und Understatement kommt gut an. Es ist ein ganz anderer Ton als derjenige der Kriegszeiten. Eisner will vom Vergangenen abstechen, nicht nur in der politischen Botschaft, sondern auch im Stil, im geistigen Gebaren und im öffentlichen Auftreten. Es ist leicht zu verstehen, dass viele konservative Bürger diesen völlig unsoldatischen Mann nicht ernst nehmen konnten. Erstaunlicherweise tun das die einfachen Münchner sehr wohl. Klemperer ist durch seinen München-Aufenthalt sichtlich irritiert:

Früher hatte ich die Bayern oder mindestens die Münchener für eine ziemlich seelenlose und ganz unproblematische Masse gehalten; in diesen drei Tagen waren sie mir nicht sonderlich sympathischer, aber doch rätselhafter geworden.

Victor Klemperer hatte München verstehen wollen und fährt mit einem Rätsel wieder zurück nach Leipzig. Die Klärung dieses Rätsels, oder zumindest der Versuch dazu, wird ihn dann wenige Wochen später wieder nach München führen. Er kann damit auch seine Universitätskontakte weiter pflegen, vor allem aber soll er für eine Leipziger Zeitung Korrespondentenberichte verfassen. Die seltsame Münchner Mischung, das Zusammenkommen von unvereinbaren Gegensätzen, scheint ihn also weiter zu faszinieren. Natürlich gibt es solche Unvereinbarkeiten, man könnte sie auch Klassenkonflikte nennen, ebenso in Leipzig und in unterschiedlicher Form überall in Deutschland. Aber nirgendwo sonst sind sie wohl so grotesk, so überzeichnet und zugleich auch so theatralisch wie an der Isar – das macht die Sache außergewöhnlich.

Kaum waren einige weitere Wochen vergangen, überkamen Josef Hofmiller, ganz anders als Klemperer, außergewöhnlich mulmige, ja rätselhafte Vorahnungen. An Silvester wagte er eine kleine Philosophie der Zeit:

Alles ist Ersatz. Auch die Zeit ist Ersatz. Sie schlitzt aus wie Schafleder. Man kann nicht sagen, sie verfliegt. Man kann ebensowenig sagen, sie vergeht langsam. Es ist, als ob sie überhaupt nicht da wäre, als ob wir im luftleeren Raum lebten oder in einem Angsttraum. Was haben diese beiden letzten Monate alles gebracht! Und was werden die nächsten Monate bringen. Ob wir heuer in einem Jahr überhaupt noch leben, wer weiß das?

Im guten Glauben Ein frierendes und hungerndes Volk, geschlagen mit einer demütigenden Niederlage und düsteren Zukunftsaussichten, hatte wenig Leidenschaft für politische Erwägungen zum Verfassungsrang von Räteorganisationen, um die es Eisner und Auer und dem Ministerrat immer wieder ging. Oskar Maria Graf besaß dafür ein gutes Gespür:

Ein alter Mann las die Zeitung auf der Straße, wurde blaß und sagte jammervoll laut: »Entsetzlich! Entsetzlich – Wir sind vernichtet!« Er wankte wie in einer Ohnmacht.
»Was denn?« fragten Herumstehende. Er reichte die Zeitung einem jüngeren, nebenstehenden Mann, und der las die Waffenstillstandsbedingungen vor. Alles verstummt und bekam benommene Gesichter.
Ein Arbeiter mit hungerschmalem Gesicht und in zerfranster Militäruniform rief jäh in die Leute: »Das ist die Rache für Brest-Litowsk!« Er ging weiter. Keiner sagte etwas darauf.

Hätte Kurt Eisner die Szene, die Oskar Maria Graf schilderte, miterlebt, so hätte er dem Arbeiter zugestimmt und dann versprochen zu handeln. Denn die Waffenstillstandsbedingungen vom 11. November waren tatsächlich erschütternd für ein Deutschland, dessen Infrastruktur durch den Krieg zerschlissen war. Allein von dem maroden Eisenbahnmaterial mussten 5000 Lokomotiven und 150 000 Waggons an die Gegner abgeliefert werden, dazu auch noch Waffen und Kriegsschiffe, sodass Deutschland, dem Bekunden des Verhandlungsführers, des französischen Marschalls Ferdinand Foch, zufolge, seinen Siegern auf »Gnade und Ungnade« ausgeliefert war.

Dieser martialische Terminus war schon seit Jahrhunderten ein feststehender Ausdruck dafür, dass siegreiche Truppen beim Brandschatzen einer eroberten Stadt keinerlei Rücksicht nehmen mussten. Ganz unverblümt spornte der französische General Gérard seine Truppen, die am 4. Dezember in der Pfalz bayerisches Territorium betraten, mit einer überall angeschlagenen zweisprachigen Proklamation an – allerdings hatte er dabei eher geopolitische Perspektiven:

> Soldaten! Der Sieg hat euren Heldentaten den Lorbeer aufgesetzt. Ihr werdet jetzt ein Land betreten, über dem vor wenig mehr als einem Jahrhundert, dank unserer großen Vorfahren, unsere drei Farben flatterten. Deren Werk werdet ihr fortsetzen.

Das war völlig im Sinne von Ferdinand Foch, der Deutschland bis zum Rhein hin als französisches Territorium reklamierte – wie einst Napoleon Bonaparte. Für den siegreichen Revolutionär in München hieß es also handeln – nicht allein aus nationalen, sondern aus reinen Selbsterhaltungsgründen. Kurt Eisner hatte stets davon gesprochen, dass ein humanitär veredeltes Deutschland von den Siegern als ebenbürtig angesehen werden würde und einen günstigen Frieden erwarten könnte. Das obrigkeitsstaatliche und kriegstreiberische Deutschland war 1917 mit dem besiegten Russland in Brest-Litowsk zwar grausam umgegangen, aber von den verbündeten Kriegsgegnern sei dies dann nicht zu erwarten, wenn das revolutionäre Deutschland nur klar genug seinen guten demokratischen Willen zeigen würde.

Der bayerische Ministerpräsident wollte deshalb sofort nach Bekanntgabe der Waffenstillstandsbedingungen die Siegermächte von der neuen humanitären Qualität seines Landes überzeugen. So hoch gegriffen die Vorstellung war, dass der Ministerpräsident eines Teilstaates für Deutschland wirken und bei den Siegern Gehör finden könnte, so begrenzt waren die Mittel Eisners.

Die Unternehmungen des leitenden Ministers und Minister des Äußeren – so jedenfalls hätte man ihn im königlichen Bayern titulieren dürfen, und so sah und benannte er sich auch – waren im November und Dezember vor allem auf die Außenpolitik gerichtet. Er hatte eine Feuerprobe zu bestehen, was die Glaubwürdigkeit seiner politischen Versprechungen betraf, denn einen erträglichen Frieden zu schaffen, das war seine Zukunftsvision gewesen, mit der er Bayern in seine Revolution hineinführte. Seine Aktivitäten gingen in verschiedene Richtungen.

Schon am 10. November, als klar war, dass Deutschland mit harten Waffenstillstandsbedingungen konfrontiert sein würde, hatte er einen flammenden Appell an die Sieger veröffentlicht, in dem er seine Argumente wiederholte. Er hoffte, dass eine Initiative aus München mit geringerer Skepsis betrachtet werden würde als eine, die aus dem vor Kurzem noch kaiserlich-obrigkeitsstaatlichen Berlin kam. Dann ernannte er Friedrich Wilhelm Foerster, einen Münchner Universitätsprofessor, zum Botschafter Bayerns in der Schweiz, mit dem Auftrag, dass der weithin bekannte deutsche Pazifist dort zu George D. Herron Kontakt aufnehmen sollte, einem amerikanischen Pazifisten, dem wiederum ein enger Kontakt zu Woodrow Wilson nachgesagt wurde.

Eisner glaubte vermutlich, dass seine Kontaktleute die Friedensbotschaft aus Bayern direkt auf den Schreibtisch des Präsidenten befördern würden und dieser in seiner menschenversöhnenden Attitüde und als Ideengeber des Völkerbundes die bayerischen Anliegen nicht zurückweisen könnte. Doch mehr als ein Kontakt von Foerster zu Herron kam nicht zustande. Herron selbst hatte in Wirklichkeit überhaupt keine relevanten Kontakte zur amerikanischen Regierung. Die gesamte Initiative war ein politisches Luftschloss, zog sich aber über Wochen hin, eine Zeitspanne, in der niemand in den USA, trotz der großen bayerischen Hoffnungen, reagierte. Im Jahr 1918 hatten solche politischen Luftschlösser zwar Baukonjunktur, Hoffnungen und Erwartungen schwirrten in jede Richtung weisend und aus allen Richtungen kommend nur so durch die Luft, doch dass ein über Jahrzehnte mit Außenpolitik befasster Fachjournalist wie Kurt Eisner auf den Gedanken kommen konnte, dass die Außenpolitik der Staaten nun, nach seiner Revolution, plötzlich von Idealen regiert werde und nicht mehr von nüchternen Interessen, das zeugt wohl vom außergewöhnlichsten Phantasiegebilde der gesamten Revolutionszeit.

Nach dem Versanden seiner ersten Initiative gab Eisner nicht auf, sondern wurde radikaler. Der Waffenstillstand war am 11. November unbeeinflusst von Eisners Appellen unterzeichnet worden, die Vereinbarung wurde nach Ablauf der Fristen immer wieder verlängert, so lange, bis ein endgültiger Frieden vertraglich ausgehandelt war. Felix Fechenbach kannte die Überlegungen seines politischen Fixsterns:

> Vor den Friedensverhandlungen mußte eine Atmosphäre des Vertrauens geschaffen werden, das war Eisners feste Überzeugung. Die geeigneten Mittel dazu schienen ihm: Ausschaltung aller durch die Kriegspolitik Belasteten und das freimütige Bekenntnis der Kriegsschuld des alten Systems.

Eisner setzte das, was Fechenbach schilderte, in die Tat um, bevor er zu einer Konferenz der Länder am 23. November nach Berlin fuhr. Auf Basis von Akten, die ihm als Ministerpräsidenten zugänglich waren, ließ er sogenannte »Bayerische Dokumente zum Kriegsausbruch« veröffentlichen. Sie bestanden aus einer fahrlässig gekürzten Version von Gesandtschaftsberichten des Grafen Lerchenfeld aus dem Juli 1914 und sollten belegen, dass Deutschland den Kriegsausbruch aktiv herbeigeführt hatte und das alte Regime damit an der Kriegskatastrophe schuld war.

Als Eisner in Berlin eintraf, wurden sie veröffentlicht. Sie schlugen wie eine Bombe ein. Eisner nutzte sie, um diejenigen Politiker anzugreifen, die während des Krieges außenpolitisch aktiv gewesen waren oder sich in seinen Augen als Annexionisten politisch unmöglich gemacht hatten, die aber, wie Matthias Erzberger, die Führungsfigur des Zentrums und Delegationsmitglied bei den Waffenstillstandsverhandlungen, oder Wilhelm Solf, Staatsekretär im Außenministerium und de facto Außenminister nach wie vor politisch verantwortlich waren. Felix Fechenbach war Eisners Sekretär und kannte deshalb die Position des Ministerpräsidenten bis ins Detail.

> Auf der Ministerpräsidentenkonferenz kam es dann, nachdem Dr. Solf Eisner wegen der Aktenveröffentlichung apostrophiert hatte, zu einem sehr heftigen Angriff Eisners gegen Solf und Erzberger, die er als kompromittiert bezeichnete durch die Regierungspolitik, die uns in den Abgrund gestürzt habe. Man müsse wünschen, dass beide aus ihren Ämtern scheiden. Ihr Verhalten sei nicht Revolution, sondern Gegenrevolution. Die Entente verlange, mit Männern zu verhandeln, die nicht Ausdruck des alten Systems seien, mit Männern, die zugleich das Vertrauen der Massen genössen. Nur Unbelastete könnten dieses Vertrauen finden. Dies sei nicht nur Vorbedingung eines günstigen Friedens, sondern auch Voraussetzung der inneren Erneuerung Deutschlands.

Als Eisners Angriffe auf der Konferenz ohne Erfolg blieben – deutlich später musste Wilhelm Solf jedoch tatsächlich zurücktreten –, brach er am

27. November die politischen Beziehungen zu Berlin ab. Die Führung des Reiches sollte nicht mehr für Bayern sprechen und verhandeln dürfen. Vielmehr sollte eine Friedenskonferenz in München stattfinden. Das alles klingt seltsam und unrealistisch, da Bayern ja nach wie vor ein Teilstaat des Reiches war und sich nicht einfach absondern konnte. Ein Abbruch der Beziehungen zu Berlin war so auch eher ein spontanes Zeichen als eine langfristige Strategie. Natürlich lehnten die Siegermächte jeden Kontakt zu Bayern ab und blieben bei Berlin als ihrem Ansprechpartner, womit Eisner seine Regierung innerhalb einer Woche in Deutschland und der Welt ins politische Nichts manövriert hatte. Josef Hofmiller war entsetzt über all das, was geschehen war. Jedoch überschätzte auch er die Bedeutung der bayerischen Politik:

> Die Veröffentlichung dieser Dokumente in diesem Augenblick ist mörderisch. Sie schadet uns ungeheuer. Ich kann mir nicht denken, was für einen Zweck Eisner damit verfolgt, es sei denn, die Franzosen zu noch größerer Rachsucht aufzupeitschen. Dafür nennt Eisner in seinem Regierungsprogramm den alten Clemenceau »den Patrioten, der die französische Politik leitet«. Einen Deutschen von Clemenceaus Gesinnung würde Eisner einen verfluchten Verbrecher nennen.

Die außenpolitischen Initiativen des Ministerpräsidenten waren zumindest beim ersten Versuch im Sande verlaufen. Aber noch war nichts entschieden. Bis zum Beginn von Friedensverhandlungen würden viele Monate vergehen, und die konnte der Außenpolitiker Eisner nutzen, um doch noch Kontakt zu den Siegern zu bekommen. Wenn er nur eine halbe Stunde mit seinem französischen Gegenüber Clemenceau sprechen könnte, wäre ein guter Friede für Deutschland möglich, so soll er sich geäußert haben. Es war noch Zeit, das Ruder herumzureißen.

Revolutionärer Alltag Eisners außergewöhnliche politische Phantasien waren im München dieser Monate kein Ausnahmefall. Alles war in Bewegung. Überall wurden Plakate angeschlagen, grellbunt und mit regierungsamtlichen Aufforderungen oder mit Verfügungen der unterschiedlichsten

Räteorganisationen, mit Partei-, Verbands- oder Vereinsnachrichten für die Bevölkerung. Am Wittelsbacher Palais klebten sie, an der Residenz, eigentlich überall, wo man ohne Verrenkungen hinkam. Sogar Josef Hofmiller hatte dafür Verständnis:

> Daß jede demokratische Regierung die Fassaden ihrer Amtsgebäude, mögen sie noch so alt und vornehm sein, mit ihren albernen Plakaten zu verschönern bestrebt ist, habe ich seinerzeit in Paris beobachtet. Wie ich überhaupt glaube, daß ohne eine gewisse Schlamperei und Verwahrlosung die moderne Demokratie stillos wäre.

Auch auf den Straßen war ständig politische Bewegung. Demonstrationen zogen durch die Stadt, Gruppen bildeten sich, warben, versuchten Waffen oder Stimmen zu sammeln. Die rote Fahne wurde hier ausgerollt und dort wieder eingeholt, die weiß-blaue ebenso. Nebeneinanderher grassierten Hoffnung auf politische Heilung und Spanische Grippe. Oskar Maria Graf nutzte das:

> Es muss erreicht werden, daß alle Schichten erst einmal vollkommen einverstanden sind mit der neuen Zeit, dann geht es auch vorwärts … Vorläufig muß unbedingt eine Versammlung abgehalten werden und eine Art Bund freier Menschen gegründet werden … Dazu brauche ich Geld.

Mit diesen Worten motiviert der Münchner Dichter und Revolutionär seine Gönnerin, ihn finanziell zu unterstützen. Es handelt sich um die Gutsbesitzerstochter und Schriftstellerin Hertha Koenig. Denn auch Graf fühlt sich aufgerufen, die Welt neu zu formen.

> Der Dame leuchtete das ein. Sie zögerte nicht und gab mir zweitausend Mark für diese Zwecke. Das machte mich völlig kopflos. Ich stand auf einmal mitten in einem Unternehmen und mußte nun unbedingt etwas tun. Ich schrieb Flugblätter und ließ sie drucken. Gleich zehntausend von jedem Stück. Ich lief zu einer Plakatdruckerei und ließ ein Riesenplakat herstellen, folgenden Wortlauts:
> »Menschen aller Stände! Große öffentliche Versammlung! Gegen den Terror! – Um das Menschsein! Redner: Oskar Maria Graf, München.«

Ausgestattet mit den Finanzmitteln von Hertha Koenig – sie unterstützte übrigens auch Rainer Maria Rilke –, ruft Graf eine »Kameradschaft zur Gründung des Bundes Freie Menschen« ins Leben. Nun hängen also auch seine Plakate in München, und auch er hat Flugblätter zu bieten, die in Briefkästen gesteckt werden. In der Proklamation spricht er nicht von der Zukunft, sondern ruft die Kriegsschrecken in Erinnerung und warnt davor, dass ohne Umkehr aller Menschen neue Gräuel drohen würden. Es sind Aufrufe zu einem Nein gegenüber Gewalt, woher diese auch immer komme und wohin sie auch immer führen möge.

Womöglich hat er damit einer noch diffusen Befürchtung Ausdruck verliehen, nämlich dass bald auch in München Konflikte zwischen der extremen Linken und den aus dem Feld zurückkehrenden Offizieren sowie ihren bürgerlich-nationalistischen Unterstützern mit Waffen ausgekämpft werden könnten. Doch das kann man nur vermuten. Graf blieb vage. Schon kam die Stunde seines überall angekündigten öffentlichen Auftritts.

> Der ganze Mathäsersaal war so gedrückt voll, daß man nicht durchkam, und draußen stand der halbe Garten Kopf an Kopf. Ich trat auf die Rednerbühne.

Wenn man Grafs Erinnerungen trauen kann, dann brachte er kaum zwei ganze Sätze gegen den Terror und einen neuen Krieg hervor, als er auch schon von den ersten Zwischenrufen unterbrochen und aus dem Konzept gebracht wurde. Er verlor den Faden.

Die Zuschauer waren empört:

> Ich wußte absolut nicht mehr weiter und war froh, daß solch ein Skandal entstand. Nicht lange genug konnte mir der Versammlungsleiter läuten.
> »Haut ihn runter«, schrien Leute, weit hinten drohte ein Arbeiter derart, dass eine kleine Rauferei entstand. Rechts plärrten Kommunisten auf mich ein. Ich schrie mit aller Macht: »Ich bin gegen den Terror! Komme er her, wo er herkomme!«

Mitten im Tumult übernimmt dann ein politisch erfahrener Münchner Radikaler, Joseph Sontheimer, die Leitung.

»Den kennen wir schon! Er ist ein harmloser Tolstoianer und sehr verworren!, fing er an, und weil nichts anderes zu machen war, rief ich auf einmal: »Schluß. Die Versammlung ist aus!«

Als nach einiger Zeit auch Joseph Sontheimer und die sonstigen Anwesenden nichts mehr zu sagen haben, geht man auseinander. Allerdings hat man noch einige liebe Wünsche für den Gründer des »Bundes Freie Menschen«.

»Der Lausbub hetzt halb München daher und sagt nichts! Durchhaun soll man ihn!« Bedeppt wanden wir uns aus dem Menschengewühl und fuhren eiligst nach Schwabing. Am andern Tag schimpften alle Zeitungen über eine derartige Lausbuberei.

In Massen waren die Münchner zu Grafs Veranstaltung gekommen, und diese Riesenzahl von Menschen hatte ihn völlig aus dem Konzept gebracht. Doch fragt man sich natürlich auch, warum die politisch Interessierten in der Stadt überhaupt der wirren Ankündigung des unbekannten Dichters in so großer Zahl gefolgt waren. Es muss ganz sicher mehr als das Unterhaltungsbedürfnis von gelangweilten Arbeitslosen dafür verantwortlich gewesen sein. Diese Revolution war auch eine Kulturrevolution, und viele Menschen suchten ein neues Leben, neue Verantwortung, neuen Sinn. Das erst macht auch die charismatische Wirkung Kurt Eisners verständlich. Er kokettierte geradezu mit dem Neubeginn und spürte, wie sehr seine Zeitgenossen von ihren Hoffnungen angetrieben wurden.

Im Laufe der Monate spitzte sich das Geschehen zwar immer mehr auf eine politische Auseinandersetzung um Räteherrschaft und parlamentarisches System zu, und alle, die sich nicht sicher positionierten, wurden schließlich in einen politischen Malstrom hineingezogen. Doch wer immer nur auf die politologische Seite des Alltagsgeschehens schaut, überinterpretiert vieles. München war keine Ansiedlung von politischen Systemdenkern, und erst recht nicht eine von Linksradikalen. Es war viel eher ein Ort, in dem die Menschen bei all ihren alltäglichen Sorgen und Nöten nach vier Kriegsjahren Zukunftshoffnung und Freude finden wollten.

Im stillen Kämmerchen machte sich deshalb Josef Hofmiller – von ganz anderer Seite aus gesehen – und auch ganz lakonisch seinen Reim auf die Aktivitäten der überambitionierten Schriftstellerkollegen:

> Jede Revolution beginnt damit, daß die Literaten mit Tendenzen kokettieren, durch deren Sieg sie selbst entweder an die Wand gedrückt oder an die Wand gestellt werden.

Zweikampf – zweite Runde Die Kontroverse um die Frage »Rätedemokratie oder parlamentarische Demokratie« und – was für Bayern eher wichtig war – um die richtige Mischung dieser Modelle lief in den Wochen von Eisners außenpolitischen Aktivitäten natürlich weiter. Sie forderte Tote und Verletzte. Ihre Ereignisgeschichte ist ein ständiges Drama – doch anders als in der Theaterliteratur ging die Handlung immer dann mit einer neuen Wendung weiter, als alle dachten, sie sei nun zu Ende.

Eisner war gerade von der Tagung der Länderregierungen aus Berlin zurückgekommen, da hatte er Gelegenheit, seine Außenpolitik und auch seine sonstigen Ziele vor den Rätevertretern der Stadt München darzulegen und sie auch zu rechtfertigen. Ein Parlament, so sagte er dort, das wie der Reichstag des kaiserlichen Deutschland jahrelang den Krieg unterstützt hatte, konnte keine Sicherheit gegen Krieg und politischen Radikalismus bieten. Dafür bräuchte es die direkte Willensäußerung des Volkes in den Räten. Die Räte stimmten begreiflicherweise zu. Zwei Tage später wiederholte er seine Ansichten vor den Vertretern des Landessoldatenrats.

Die anschließende Debatte darüber zog sich vier Tage hin, da sich auch die sozialdemokratischen Minister äußerten und dabei deutlich wurde, dass die Räte eher ihrer Position zuneigten.

Während in der Räteversammlung noch öffentlich diskutiert wurde, trafen sich die Minister im kleinen Kreis, in einer Art improvisierter Ministerratssitzung, am dritten Tag, dem 2. Dezember. Die Zusammenkunft war nötig geworden, da Erhard Auer an diesem Tag überraschend seinen Rücktritt erklärt hatte. Eisner hatte auch vor den Soldatenräten keinen baldigen Wahltermin für eine Nationalversammlung, also für einen Landtag, zugestehen wollen. Die anderen sozialdemokratischen Minister bekundeten nach Auers Rücktritt, dass sie sich anschließen würden und mit ihrer gemeinsamen Aktion die Koalition zum Platzen bringen wollten. Dieser Rückzugsbeschluss Auers – er wurde vor den Räten geheim gehalten – und damit das Auseinanderbrechen der Revolutionsregierung hatte selbst eine komplizierte Vorgeschichte.

Die Beamten in Bayern, deren Interessen Minister von Frauendorfer vertrat, hatten schon am 1. Dezember eine Drohung veröffentlichen lassen, dass sie in Streik treten würden, sofern nicht umgehend ein Termin für die parlamentarische Wahl bestimmt werden würde. Eisner wollte eine solche Festlegung vermeiden und die Wahl noch mindestens ein Jahr verschieben, um die Räte als gestaltende Kraft weiter zu etablieren. Doch ein Beamtenstreik, das heißt der Zusammenbruch der Lebensmittelversorgung, war natürlich eine politische Kriegserklärung.

Am selben Tag sammelten sich dann auch noch, wie das in München so üblich war, engagierte Menschen auf der Straße, um zu demonstrieren – ganz unabhängig von den Drohungen der Beamtenverbände. Auch ihr Anliegen war es, Eisner dazu zu zwingen, einen baldigen Termin für die von ihm bereits bei seiner ersten Ansprache nach der Revolution in Aussicht gestellte Wahl zu benennen. Sie zogen vor das Palais des Ministerpräsidenten und mussten dort mit Waffengewalt auseinandergetrieben werden.

Eisner war auf der tagelangen Sitzung der Soldatenräte klar geworden, dass seine Position weder im revolutionären München noch in den Rätegremien mehrheitsfähig war. Er musste einen Kompromiss finden. Während also die Landessoldatenräte tagten, hatten sich die Minister am Nachmittag des 2. Dezember wegen des Rücktritts von Auer zwischen zwei Uhr und fünf Uhr ins Hinterzimmer zurückgezogen. Zuletzt trat Auer doch nicht zurück, denn es war ihm mit seiner Rücktrittsdrohung gelungen, eine Übereinkunft auszuhandeln, die dann am späten Nachmittag ausgerechnet der Ministerpräsident den Räten vorzulesen hatte.

Die Räteorganisationen würden weiter bestehen bleiben, ja sogar ausgebaut werden, zugleich aber so rasch wie möglich eine sogenannte Nationalversammlung, also ein Parlament, einberufen werden. Für eine solche bayerische Nationalversammlung musste man vorher Wahlen veranstalten – auch das so rasch wie möglich. Eine Kompromissformel war damit gefunden, ein Wahltermin wurde aber immer noch nicht genannt. Die

Straße reagierte prompt. Karl Alexander von Müller, dessen Arbeitsplatz nur wenige Schritte vom Palais des Ministerpräsidenten entfernt lag, hat diese Reaktion beobachtet:

> Aber das war doch etwas Neues, als am Vormittag des 4. Dezember ein ganzes Pionierbataillon mit wehenden schwarz-rotgoldenen und weißblauen Fahnen, unter schmetternder Marschmusik, in seiner Mitte eine große Tafel: »Hoch die deutsche Republik«, am Promenadeplatz aufzog, um einen bestimmten Termin für die Nationalversammlung zu fordern. Das Gesamtministerium war gerade zu einer Sitzung versammelt, und man sah seine bekannten Gestalten, den großen Auer, den kleinen Jaffé, den düsteren Frauendorfer oben an den Fenstern erscheinen, als eine Abordnung der Truppen Gehör verlangte.

In diesem Falle zogen es die Wachtruppen vor, passiv zu bleiben. Was sich dann abspielte, macht einerseits die Konflikte dieser Tage deutlich, vor allem aber ist es ein Beleg für das Charisma und den Status der Person Kurt Eisner. Die ohnehin schon verworrenen Auseinandersetzungen gestalteten sich nämlich erst richtig kompliziert, weil sich politische Kontroverse und persönliche Anhänglichkeit an den Revolutionär ständig überkreuzten. Von Müller harrte vor Ort aus und erlebte den Ministerpräsidenten:

> Als die Abordnung nach dem Empfang zur Truppe zurückkehrte, kam Eisner mit ihr auf die Straße, um eine Rede an die Pioniere zu halten. Er stieg in ihrer Mitte auf einen Stuhl, mit flatternden grauen Haaren und zerfurchtem Gesicht, höchst unsoldatisch, wenngleich in langem schwarzem Gehrock und mit neugestutztem grauem Spitzbart, eine kurios zum internationalen Staatsmann verwandelte Schwabinger Gestalt. Seine Stimme war hoch, schrill, in ausgesprochenem Berliner Tonfall, aber er begann außerordentlich geschickt: Sie sollten sich einmal überlegen, was im alten Polizeistaat geschehen wäre, wenn sie einen solchen Schritt unternommen hätten: Anklage wegen Meuterei, Kriegsgericht, Todesurteile. Und heute, im revolutionären Volksstaat? Er selbst, der Ministerpräsident, komme zu ihnen, um mit ihnen persönlich zu sprechen, nachdem das gesamte Ministerium ihre Vertreter angehört habe. Das sei die neue Zeit, die er für Bayern gebracht habe, und so weiter.

Doch trotz allen Charismas des Ministerpräsidenten war dieser Druck der Straße der letzte Anstoß, nun einen konkreten Termin für die Landtagswahl zu benennen. Tags darauf, am 5. Dezember, wurde dafür der 12. Januar bekannt gegeben. Wiederum einen Tag später schlugen dann die Radikalen von der anderen Seite des politischen Spektrums zu. Eine Truppe von etwa 300 Revolutionären um den Anarchisten Erich Mühsam brach in Erhard Auers Privatwohnung ein, erzwang dort seinen Rücktritt, zog weiter zu vier Münchner Zeitungen und besetzte diese. Wieder war der Ministerpräsident gefordert. Felix Fechenbach befand sich in seinem Gefolge. Sie eilten in die erste Redaktion und rückten Mühsam auf den Leib:

> Der bekannte anarchistische Schriftsteller Erich Mühsam hatte die Redaktion übernommen. Ein Teil der Manuskripte war schon im Satz. Da kam Eisner und verlangte, daß die Sparktakusleute Redaktion und Druckerei zu räumen hätten. Nach einer wenig erfreulichen Auseinandersetzung erklärten sie schließlich, der Gewalt zu weichen und zogen ab. Als wir dann in den Maschinensaal kamen und Eisner dort in der Setzerei anordnete, daß die Zeitung so, wie sie vor der Besetzung umbrochen worden war, fertiggestellt und gedruckt werden sollte, wollten die christlich organisierten Drucker durchaus das Spartakusblatt herausbringen. Der Grund war, die Spartakusleute hatten den Betrieb »sozialisiert«, und zwar so: man hatte, um die frommen christlichen Arbeiter zu gewinnen, sie zu Besitzern des Betriebes erklärt, worauf sie begeistert eingegangen waren.

Ob sich das alles wirklich so zugetragen hat, ist fraglich – Mühsams Gefolgschaft waren wohl nicht ausschließlich »Spartakusleute«, außerdem wurde der Spartakusbund in München erst am 11. Dezember gegründet, aber angesichts des nach allen Seiten hin ausschlagenden Münchner politischen Pendels ist diese katholisch-spartakistische Sozialisierungsgeschichte durchaus vorstellbar.

Anschließend eilte Eisner zur Wohnung von Erhard Auer, sprach mit den Radikalen dort und erreichte, dass die Besetzung aufgehoben und auch der Rücktritt von Auer rückgängig gemacht wurde.

In dieser Verfassungskrise wurde eine Besonderheit der bayerischen Politik – gerade im Vergleich zu Berlin und zum Reich – deutlich: Der Ministerpräsident, dessen organisatorische Machtbasis minimal war und der sich nur auf die winzig kleine USP verlassen konnte, musste selbst von Brennpunkt zu Brennpunkt hetzen, um mit dem Gewicht seiner Worte die Menschen zu überzeugen oder sie zumindest zum Stillhalten zu überreden. Die nächsten Monate war Eisner ständig auf Achse.

In gewisser Weise musste er nun mit seinen Schuhsohlen dafür büßen, dass er sich für keine klare Haltung entschieden hatte. Die Skeptiker von links und von rechts waren sich sicher, dass er sie eindeutig verraten hätte. Für die Linken hatte er die Revolution an die Rechten und für die Rechten hatte er die Revolution an die Linken ausgeliefert. Und alle meinten, große Staatspolitik treiben zu müssen und entscheiden zu sollen, ob eher das Parlament oder eher die Räte das Sagen haben sollten. Geradezu tragisch ist, dass sich dabei kaum jemand Gedanken machte, wie die Räte mit dem Parlament zusammen eine moderne demokratische Gesellschaft schaffen könnten. So blieben die alten Mächte im Heer, der Verwaltung und der Justiz unangetastet.

Politische Debatten, intensive – und eher selten bewaffnete – Auseinandersetzungen, scheinbar wichtige Verordnungen scheinbar wichtiger Gremien, Versammlungen und Verlautbarungen, im Stakkato veröffentlicht, prägten das Bild der Zeit. Um Weihnachten herum fanden in Münchens großen Bierhallen täglich bis zu 20 politische Großveranstaltungen statt, und es scheint, als sei die Politik mitsamt ihrer unüberhörbaren Lautstärke wirklich das Thema der Bürger schlechthin gewesen. Oskar Maria Graf beobachtete, wie immer mehr Radikale zu hören waren, und das aus verständlichem Grund:

> Um sie herum scharten sich die Unzufriedenen und wälzten sich durch die Straßen. Das blieb nicht still, das wollte alles keine Ruhe, das lief so dahin und wartete auf das Notwendigste, auf Essen, Schuhe, Kleidung, Wohnung und Rache für erlittenes Unrecht. Ganze Familien waren dabei, Vater, Mutter, Tochter, Sohn und Schulkind.

Auch in den Tagebüchern von Josef Hofmiller kommt man dieser Wirklichkeit auf die Spur, der allgegenwärtigen Not. Was niemand glauben konnte, passierte tatsächlich. Die Preise galoppierten nach der Revolution noch schneller als während des Krieges, und als im Dezember die ersten Soldaten entlassen wurden und in München ankamen, verstärkte sich auch die Arbeitslosigkeit immens. Sie stieg während der Revolution allein in München von etwa 4000 auf mehr als das Zehnfache.

Die Regierung in Berlin überwies zusätzliche Finanzmittel an die Länder, und auch der Volksstaat Bayern selbst gab Geld aus, das er eigentlich nicht hatte. In München griff man zudem zur Einführung eines sogenannten Notgeldes, also ungedeckter Geldmittel, nur um den Bürgern Arbeitslosengeld und Armenunterstützung zu ermöglichen. Die Rüstungsproduktion lief mit Genehmigung des Ministerpräsidenten ungebremst weiter und verwandelte München in ein riesiges Waffenlager, alles, um die Arbeitslosigkeit und die Not in Grenzen zu halten. Schließlich war dann die staatliche Arbeitslosenunterstützung so hoch, dass es sich nur noch für gut bezahlte Facharbeiter lohnte, zu arbeiten.

Bayern hatte seine Kohle hauptsächlich von der Saar bezogen. Dort stoppten aber die französischen Besatzer die Lieferungen, sodass lediglich ein Drittel der benötigten Menge an Brennstoff im Volksstaat ankam. Andere Bezugsquellen gab es nicht. München war ein Elendsquartier im Großformat, auch für den republikanischen Beamten Josef Hofmiller:

> Die Kohlennot ist so groß, daß von ½ 1 Uhr bis ½ 5 Uhr das Gas gesperrt ist. Dafür rasen die Militärautos wie irrsinnig durch die Straßen und machen durch ihre schrillen Torpedopfeifen alle Leute noch nervöser. Die Sanitätsautos hingegen können nicht fahren, weil die Reifen kaputt sind und die Sanität kein Benzin bekommt.

München mit seinen Tausenden von Plakaten, roten und weiß-blauen Fahnen, den lauten Hupen, dem Palaver der Bürger auf der Straße und ständig irgendwo erschallenden Rufen der Demonstranten bildet einen unerklärlichen Kontrast zur Not. Beide Phänomene existieren unvermittelt nebeneinander. Einen logischen Zusammenhang gibt es wohl nicht. Die einzige Erklärung könnte sein, dass sowohl die Wohnungsnot groß wie auch die Arbeitslosenzahlen hoch waren. Das trieb die Menschen auf die Straße, so wie man es auch heute in vielen Großstädten der Dritten Welt sieht. Was sollte man schon in den zugigen, kleinen und kalten Wohnungen tun? Auf der Straße standen die Menschen herum, hatten dort eigentlich nichts zu tun, lauschten den Volkstribunen und reagierten sich gelegentlich mit lautstarken Protesten ab. Selbst beim vielbeschäftigten Familienvater Josef Hofmiller spürt man Erschöpfung:

Das abendliche Straßenbild wird immer noch trostloser und finsterer. Wir haben solchen Kohlenmangel, daß kein Schaufenster mehr beleuchtet werden darf. In den Läden selbst dürfen von den vorhandenen Lampen, gleichviel ob Gas oder elektrisch, nur noch die Hälfte brennen. Und, was das schlimmste ist: Versammlungssäle, Theater, Konzertsäle und Kinos dürfen nicht mehr geheizt werden. Dazu die Grippe!

Oskar Maria Graf war nach seiner misslungenen Großveranstaltung berühmt-berüchtigt. Dennoch vertrauten sich die Unterprivilegierten dem gescheiterten Menschenfreund an. Dabei erfuhr er, welch unerwartete Wirkung die staatliche Unterstützung haben konnte:

Ich traf Arbeiter in der Stadt, die mir schon von weitem entgegenlachten. »Ah, der blamierte sanfte Heinrich vom Mathäser!« spöttelten sie und erzählten, daß sie eine zehntägige Arbeitspause machen müßten, weil kein Betrieb mit Kohlen beliefert werden könnte. »Und kriegen den Lohn voll ausbezahlt, weil's die Regierung angeordnet hat«, sagten sie freudestrahlend, »jetzt hat man Zeit zum Politisieren.«

Regelwidrigkeiten Nicht nur vor Ostern, sondern schon vor Weihnachten verlangt die katholische Kirche von ihren Gläubigen ein strenges Fasten. Das dürfte den Münchner Katholiken im Dezember 1918 nicht schwergefallen sein, wie einer von ihnen feststellen konnte. Hofmiller schaute in gähnende Leere:

Heute soll von Rechts wegen der goldene Sonntag sein. In früheren Jahren konnten wir an den drei Sonntagen vor Weihnachten wenigstens die Auslagen ansehen: wenn die schönen Dinge auch nicht erschwinglich waren, so gab es sie wenigstens. Heuer nicht einmal mehr dies ... Es gibt weder Orangen noch Zitronen, noch Arak oder Rum zum Punsch. Keine Lebkuchen, keinen Zucker, keine Mandeln, keine Haselnüsse, keinen Honig zum Gebäck.

Dieses Zwangsfasten erlaubte es den Münchner Katholiken, der kirchlichen Aufforderung zur Enthaltsamkeit ohne inneren Konflikt zu entsprechen. Am 25. November war aber eine weitere Regel in Kraft getreten.

»Kathrein stellt den Tanz ein«, hieß es im Volksmund. Ab dem Namenstag der Heiligen Katharina durfte nicht mehr getanzt werden – bis nach Weihnachten. Diese Aufforderung stellte die Münchner auf eine harte Probe, denn Tanzen kann man ohne Warenverkehr und ohne Bezahlung immer und überall. Tanzen kann man mit Revolution und ohne sie, zumindest nach Ansicht der Beteiligten. Am 24. Dezember notierte Josef Hofmiller:

> Ist je in München so viel getanzt worden? Obwohl der Karneval erst am 6. beginnt, sind Tanzunterhaltungen bereits ausgeschrieben, nicht nur in allen größeren Sälen in München, sondern auch in Pullach, in der Bahnhofswirtschaft Großhesselohe, Geiselgasteig, Solln, Grünwald, Moosach, Milbertshofen. Die ›Neuesten Nachrichten‹ sprechen von einer nicht mehr »endemischen, sondern pandemischen Tanzseuche«.

Hofmiller stand dem Geschehen der Revolution zwar mit großer Distanz gegenüber, das leidenschaftliche Tanzen konnte er aber verstehen. Vor dem 6. Januar war es eigentlich nicht gestattet und deshalb besonders auffällig. Danach, im offiziellen Teil des Faschings, war noch eine Steigerung möglich. Etwa 50 große Bälle wurden dann pro Tag veranstaltet:

> Man tanzt, um sich zu betäuben, um zu vergessen, um sich selbst ein gesteigertes Lebensgefühl zu beweisen, man will alles hereinbringen, was man vier Jahre lang entbehrt hat, will sich schadlos halten. Man tanzt, weil man noch lebt. Man tanzt, weil die anderen tot sind.

Der Schriftstellerkollege Oskar Maria Graf taumelt abends meist sturzbetrunken von Getränken, die ihm im Simplizissimus von wohlhabenden Freunden spendiert werden, durch die kalte Stadt. Auch er kennt den Rausch als täglichen Begleiter. Darüber hinaus hat er Hunger und erfährt kurz nach Weihnachten, dass man mit einem Gesetzesverstoß der Not problemlos abhelfen kann. Und wie es sich für die Zeit gehört, macht er eine Philosophie daraus und versucht sogar, eine dazu passende politische Bewegung zu gründen.

In der Gaststätte – wo auch sonst – trifft er einen Mann, der beim Sturm auf die Kasernen neben ihm marschiert war.

»Mensch, was treibst denn du jetzt«, fragte ich ihn. »Ich? ... Ich bin jetzt mein Selbstversorger«, erwiderte er spitzfindig lächelnd. »Die Revolution ist auch nichts wie Schwindel ... Bloß für die Herren ... Gute Nacht, Proletarier.«

Im Gespräch stellt sich heraus, dass dieser hochpolitische Selbstversorger, der die Monarchie zum Einsturz brachte, mittlerweile das ehemalige Wild des Königs schießt. Er macht es zwar illegal, aber ohne Angst, erwischt zu werden. Nun will er den Schwabinger Schriftsteller anwerben. Der ist sofort wie entflammt:

Dieses Räuberleben reizte mich ungemein. Meine ganze Jugend tauchte in meinen Gedanken wieder auf. Ich malte mir die romantischsten Abenteuer aus.

In dieser Zeit lebt kein Mensch für sich allein. Mit allem, was man für sich selbst will, soll zugleich die Welt beglückt werden.

Eine mir selber rätselhafte Findigkeit entwickelte ich in der Ausheckung meiner Leitsätze. »Die Revolution stellte deine Not nicht ab, Kamerad, darum befolge diese kurzen, wirklich praktischen Ratschläge eines Wohlmeinenden«, fing mein beabsichtigter Flugzettel an, und dann skizzierte ich in einigen Nächten den Aufbau meines Programms folgendermaßen: Organisierung von Wildererbanden, Regelung des Verkaufes der Beute durch kameradschaftliches Zusammenwirken aller Berufe, Aushebung von Unterständen in den Waldgegenden als Unterkunft für die Wilderer, Geheimzeichen unter den »Selbstversorgerverbänden« und endlich Verwertung der Reh- und Hirschhäute.

Gut, dass diese Pläne einer revolutionären Wilderergemeinschaft nie verwirklicht wurden. Sonst hätte der bayerische Ministerpräsident auch hier wieder in einer Art Noteinsatz zur Stelle sein müssen, um die Auswüchse der Revolution mit der Autorität seiner Person und seiner Worte einzudämmen.

Draußen im Wald, wo Graf wildern wollte, entsprach der Volksstaat allerdings sehr wohl und auch ohne Beglückung durch Schwabinger Literaten der Not der Menschen. Die republikanischen Förster setzten im Forstenrieder Park, also im Revier des ehemaligen Königs, einen sogenannten Revolutionsschlag. Für die notleidenden Münchner, die sich schon lange keine Kohlen mehr leisten konnten, ließen sie Bäume fällen, um sie zu Brennholz fürs Volk zu verarbeiten. Neu geschlagen und feucht, dürften die Fichten allerdings mehr Qualm denn Wärme in die städtischen Behausungen gebracht haben. Kritiker der Revolution hätten dies als Sinnbild des Volksstaats interpretiert.

Zweikampf – dritte Runde Fast 40 Jahre, nachdem Oskar Maria Graf seine Erinnerungen ›Wir sind Gefangene‹ veröffentlicht hatte, setzte sich der Schriftsteller an seinen Schreibtisch in New York, um die alten Lebenserinnerungen zu ergänzen und auch jene Geschehnisse aufzuzeichnen, die ihm in der ersten Veröffentlichung noch unwichtig erschienen waren. Mit Skepsis tritt man den plastischen Schilderungen, den feinen Dialogen entgegen, die in ›Gelächter von außen‹ zu finden sind, einfach, weil es fraglich ist, ob sich ein Mensch im Alter von 70 Jahren noch so detailreich an alle Einzelheiten seiner Jugend erinnern kann.

Eine Person, die in diesen Erinnerungen auftaucht, darf dennoch nicht unerwähnt bleiben, denn die Kernaussagen über diesen Mann dürften stimmen. Es ist Seppi, ein Beamter im Arbeitsministerium. Wie sein Chef, Minister Hans Unterleitner, ist er USP-Mitglied. In der Zeit, als Graf ihn traf, war er bereits dabei, die Partei zu verlassen. Er scherte nach links aus und wurde Mitglied im Spartakusbund, der radikalen Abspaltung der USP. Die Mitglieder des Spartakusbundes wollten eine radikale Räterepublik, eine Sozialrevolution russischer Prägung. Später traten die meisten Spartakisten der kommunistischen Partei, der KPD, bei. In Bayern wurde sie am 1. Januar 1919 gegründet.

Skurril wird die Figur des Seppi in Grafs Erinnerungen, weil der Sozialrevolutionär stets ein mit Wurst und Schinken gefülltes Brotzeitsäckchen bei sich trug und seinem Freund gegenüber offenherzig bekannte, dass er die Lebensmittel abzweige, denn er als Teil der Avantgarde müsse immer bei Kräften sein. Mit schwachen Kämpfern könne man schließlich keine Revolution machen. Ihm legt Graf sein Manifest zu den Wildererbanden vor, doch Seppi interessiert das Schriftstück wenig. Er will mit Graf ins Geschäft kommen – Schwarzhandel ist seine Sache.

Im Kern beschreibt die Erinnerung einen bedeutenden Umschwung in den bayerischen Verhältnissen. Am 11. Dezember wurde in München der Spartakusbund gegründet, und damit erhielt Kurt Eisner Opposition von links, und zwar von Leuten, die zu den Waffen greifen wollten. In München taten sie dies zwar nicht, dazu waren sie zu schwach, wohl aber geschah es im industriell weitaus stärkeren Berlin, wo die radikalen Arbeiter eine größere Rolle spielten. Der »Spartakusaufstand« brachte den von der SPD geführten Rat der Volksbeauftragten in die Defensive, sodass man von Seiten des Rats sogar auf die Führung der Armee zugehen musste. Auch in Berlin konnte sich die Regierung kaum auf verlässliche revolutionäre Truppen stützen, das hatte sich schon im sogenannten Aufstand der Volksmarinedivision an Weihnachten gezeigt und bestätigte sich im Spartakusaufstand.

Anders als in München kam in der Hauptstadt des Reichs das eigentlich abgehalfterte Militär zum Einsatz. Truppen der noch vor wenigen Wochen kaiserlichen Armee schützten den Rat der Volksbeauftragten vor den Arbeitern. Die blutige Niederschlagung des Spartakusaufstandes in Berlin zog sich bis Ende Januar hin, weitere Kämpfe dauerten noch bis März. Graf erlebte die Auswirkungen in München:

> Verschwörerisch ging es in München zu. Immer mehr und immer mehr flüchtige Spartakisten aus Berlin kamen an, stellten sich mit Mühsam, Levien und Leviné vor die Massen und schrien ihre Bannflüche in die stickig-vollen Säle.

Gegenüber Berlin waren die Verhältnisse in München insofern anders, als hier die USP in Gestalt von Kurt Eisner die Regierung in Händen hielt und nicht – wie in Berlin – von der SPD-Phalanx zur Seite und in die Rebellion gedrängt worden war. Erhard Auer sah dennoch schwere Zeiten auf das Land zukommen und meinte, sich nicht mehr auf die guten Worte des Ministerpräsidenten verlassen zu können.

Waffen gab es genug in München, und die Kämpfe konnten über kurz oder lang von Berlin auch auf München übergreifen, denn militärisch gesehen war die Revolutionsregierung von USP und SPD in einer schwachen Position. Es gab nur etwa 140 Bewaffnete der Münchner Militärpolizei und 1500 der sogenannten Republikanischen Schutztruppen, auf die die Regierung zählen konnte. Die Soldatenräte waren zwar auch bewaffnet, ihre Einsatz- oder Opferbereitschaft jedoch nicht sicher. Josef Hofmiller notiert am Weihnachtsabend:

> In der letzten Versammlung der Kommunisten im »Kolloseum« wurde gefordert: Bewaffnung des revolutionären Proletariats; zur Wahl der Nationalversammlung nicht mit Stimmzetteln gehen, sondern mit Handgranaten! Sofortiger Rücktritt der Minister Auer und Timm und beider Versetzung in Anklagezustand. Sontheimer natürlich besonders rabiat: der Erzbischof müsse an den Galgen!

Erhard Auer und Justizminister Johannes Timm erließen deshalb am 27. Dezember einen Aufruf, in dem sie die Bürger zur Bildung einer Bürgerwehr aufforderten. Angesprochen fand sich davon vor allem ein Mann, der schon im November begonnen hatte, Soldaten für eine antirevolutionäre Truppe zu sammeln: Rudolf Buttmann, später Anhänger der Völkischen Bewegung. Seine Unternehmungen gegen das Ministerium und die Räte waren damals im Anfangsstadium bekannt geworden, und deshalb beschloss er, alle weiteren Aktivitäten ohne öffentliches Aufsehen zu betreiben.

Ausgerechnet am 28. Dezember wurde eine Versammlung seiner Leute im Hotel Vierjahreszeiten ausgehoben. Es wurden Waffen gefunden, und der Verdacht war groß, dass diese Gruppe in Verbindung zu Auer und Timm stand. Am Tag darauf langte die Krise im Ministerrat an. Der Aufruf war ohne Abstimmung mit Eisner und den anderen Ministern veröffentlicht worden, auch die Räteorganisationen oder die Gewerkschaften waren nicht informiert oder gefragt worden. Die beiden Sozialdemokraten hatten sich dermaßen isoliert, dass nur ein Gnadenakt Eisners ihr Verbleiben im Kabinett ermöglichte. Der Gnadenakt erfolgte zwar, schwächte die beiden Minister aber deutlich.

Es war in den Tagen der Krise nie wirklich klar geworden, an wen sich die beiden Minister mit ihrem Aufruf wirklich wenden wollten, aber der Verdacht lag nahe, dass sie wie Ebert in Berlin mit den Kräften der alten Armee paktieren wollten, nur um irgendwie Sicherheit zu schaffen. Denn alle Aufforderungen an die Arbeiter und die Gewerkschaften, sich für den neuen Staat ganz offiziell mit Waffen auszurüsten und dem Ministerium zur Seite zu stehen, wurden von den gemäßigten Arbeitern mit Lustlosigkeit beantwortet. Andererseits forderten schon am 30. Dezember die Spartakusleute öffentlich die Bewaffnung des Proletariats, also vor allem ihrer Anhänger. Die Lunte schien zu brennen. Deswegen war Auer aktiv geworden. Die Silvesternacht verbrachte er sicherheitshalber bei seinem alten Regiment in der Kaserne der Leiber und nicht zuhause. Das Leibregiment war durch die aus dem Feld zurückgekehrten Soldaten deutlich weniger revolutionär gesinnt.

Verglichen mit den dramatischen Straßenkämpfen und dem Gemetzel in Berlin war München immer noch eine Art Kleinkunstbühne, dennoch nahm auch hier das Drama Geschwindigkeit auf. Seit Jahresbeginn entwickelte sich zwischen Sparktakusleuten und KPD, stadtbekannten Anarchisten um Erich Mühsam und Gustav Landauer, Anarchosyndikalisten und tolstoijanischen Gestalten wie Oskar Maria Graf so etwas wie eine Einheit der Aktion, wenn auch nicht der Überzeugungen. Sie hielten die Lunte am Glimmen. Graf war immer dabei, wenn sich etwas rührte:

> Immer wildere Züge bevölkerten die Straßen. Einmal kam ich über den Lenbachplatz und sah ein dichtes Menschengemeng hastigen Schrittes lärmend in den Promenadeplatz einbiegen.
> »Was ist denn?« fragte ich mitlaufend.
> »Eisner hat Mühsam, Levien und noch zehn Genossen nach Stadelheim bringen lassen«, erfuhr ich. Schon waren wir vor dem Ministerium. Hin und her drängte sich alles. Hinter verschlossenem Tor, hieß es, stünden schußbereite Maschinengewehrschützen.

Bei der Aktion, die Graf erlebte, waren wieder einmal Radikale in Stadelheim inhaftiert worden, diesmal aber auf Geheiß des revolutionären Ministerpräsidenten, und erneut waren Demonstranten durch München gezogen, um die Gefangenen zu befreien. Dabei standen sie vor verschlossenem Tor und schauten in die Mündungen von Schusswaffen.

Der Sturm auf das Palais des Ministerpräsidenten, an dem Graf teilnahm – man ist bei solchen Worten wie Sturm auf das Palais immer verführt, an den Sturm auf das Winterpalais des Zaren zu denken, mit dem die Oktoberrevolution 1917 begann –, diese spontane Unternehmung war das Glied einer Kette, die sich aus der Krise um die Bürgerwehren ergeben hatte. Es waren zwar Erhard Auer und Johannes Timm, die damals im Dezember den ominösen Aufruf zur Gründung von Bürgerwehren verantworteten, aber hinter der Sache hatten Münchens Stadtkommandant Dürr und der Polizeipräsident Staimer gestanden, die die militärische Sicherung der Regierung bemängelt hatten. Der Verlauf der Dinge sollte dann ihre Warnungen bestätigen.

Denn am 7. Januar waren nach einer Demonstration auf der Theresienwiese zahlreiche Radikale, aber auch viele hungernde Arbeiter vor das Ministerium des USP-Ministers für Soziale Fürsorge Hans Unterleitner gezogen und mussten nach heftigem Aufruhr und Protesten von dort mit Waffengewalt vertrieben werden. Es war die erste große Aktion der Radikalen. Zwei Tote waren zu beklagen.

Kurz darauf drohten Staimer und Dürr mit Rücktritt, sofern Eisner gegen die Radikalen nicht ein Zeichen setzen und handeln würde. Eisner tat dies nun erstmals und ließ den Führer der neugegründeten KPD, Max Levien, sowie Erich Mühsam und acht weitere Personen in Untersuchungshaft bringen. Das hatte die Proteste ausgelöst und zum Aufruhr vor dem Palais geführt. Eisner war mit der Verhaftung einen Schritt nach vorne gegangen, und nun, da sich der Sturm auf sein Palais erhoben hatte, musste er standhalten, um glaubwürdig zu bleiben und Führung zu zeigen. Graf schilderte die Situation:

> Auf einmal kletterte ein Matrose auf dem Kandelaber zum Balkon empor, schwang sich drüber und verschwand unter lautem Jubel in der Tür. Kurz darauf erschien er mit Eisner, der furchtbar erregt auf uns herunterschrie: »So holt sie euch, in Gottes Namen! Sie sind enthaftet!« Er verbat sich energisch derartige diktatorische Druckmittel der Straße und drohte wie ein berserkerischer Schullehrer mit dem ausgestreckten Zeigefinger. Wenn er sich nicht geschworen hatte, in München keine Berliner Zustände aufkommen zu lassen, ergriffe er andere Maßregeln, und ein anderes Mal lasse er schießen, ließ er verlautbaren.

Im Anschluss passierte, was man vom November des Vorjahres kannte: Die Menge zog nach Stadelheim und befreite schließlich die Gefangenen. Wieder einmal war ein bayerischer Ministerpräsident hilflos gewesen – oder er hatte sich hilflos gestellt – gegen den Druck der Straße. Diesmal jedoch war es der Kopf der Revolution, der von der Woge des Protests hinweggeschwemmt zu werden schien. Und damit drängte sich die Frage in den Vordergrund, ob er sich nicht wehren wollte oder ob er das nicht konnte. Der nationalkonservative Josef Hofmiller traute Eisner zwar schon nicht mehr über den Weg, ging mit dem hilflosen Ministerpräsidenten aber erstaunlich duldsam um:

> Eine Photografie gekauft: Eisner steht im Wagen, neben ihm eine junge Dame, wahrscheinlich seine Tochter. Er schaut finster auf die Volksmenge, die ihn nicht minder finster anstarrt. Kein Mensch grüßt. Alles steht, den Hut auf dem Kopf, und schaut, man kann nicht einmal sagen feindselig, sondern ohne jeden Ausdruck außer dem stupider Neugier. Hinter dem Auto trägt einer ein Plakat: ›Die Reaktion marschiert. Hoch das Rätesystem!‹ Vorn eine rote Fahne, ebenfalls mit Plakat: ›Die Reaktion marschiert‹. Keine Stimmung, von Schwung gar nicht zu reden. Tristes, sinnloses Gedränge. Keine Absperrungsmaßregeln. Der Wagen blieb offenbar im Gedränge stecken.

Zielgerade Der Pakt zwischen Eisner und Auer war von Anfang an eine äußerst brüchige Konstruktion, und jeder der beiden hatte in den Monaten der Revolution genügend Gelegenheiten, das Bündnis aufzukündigen. Doch keiner der beiden besaß ohne den anderen eine politische Chance, und so waren sie zusammengeblieben. Die Revolutionäre um Erhard Auer – und als Revolutionäre wurden sie in weiten Teilen der Bevölkerung immer noch wahrgenommen – hatten aber eine klare Perspektive vor Augen, anders als Kurt Eisner. Sie wollten weiter Ruhe bewahren und den 12. Januar abwarten, den Tag der ersten freien, gleichen Wahlen zu einem bayerischen Landtag, bei denen die ganze Bevölkerung, nun also auch die Frauen, an die Urnen gehen konnten. In der Folge würden die Sozialdemokraten aller Wahrscheinlichkeit nach den Ministerpräsidenten stellen und die Politik bestimmen. Eisners Regierung wäre dann nur eine Übergangserscheinung gewesen.

Das Wahlverfahren war nicht mehr eine Art von umstürzlerischer Spontanaktion, wie es noch die Bestallung des Provisorischen Nationalrats am 8. November gewesen war. Mittlerweile gab es sowohl eine Wahlordnung wie auch ein Verfassungsgesetz, das den Vorgang regelte. Am 5. Januar hatte der revolutionäre bayerische Staat trotz aller parallel weiterlaufenden Diskussionen um Parlamentarismus und Rätedemokratie eine Verfassung erhalten, ein einfaches Konstrukt zwar, aber immerhin war es ein ordentliches, vom Ministerrat verabschiedetes Gesetz über die Grundrechte und die staatlichen Organe, ihre Aufgaben und Rechte. Es wurde ganz nüchtern als bayerisches Staatsgrundgesetz bezeichnet.

Bezeichnenderweise waren die Gremien des Volksstaates, die Räte und die provisorische Nationalversammlung, also alle die politischen Foren, die die Revolution neben- und übereinandergeschichtet hatte, nur punktuell eingebunden und auch nicht zur Abstimmung über das Staatsgrundgesetz zusammengeholt worden. Es ist überhaupt erstaunlich, wie selbstverständlich die Revolutionäre ins Gewand der bayerischen Staatlichkeit schlüpften, an den Schreibtischen ihrer Vorgänger amtierten und die Beamtenwelt der Vergangenheit andächtig konservierten.

Das Staatsgrundgesetz manifestierte einen deutlichen politischen Fortschritt, es brachte das Frauenwahlrecht und erlaubte sogar Volksabstimmungen, die das Ministerium zum Rücktritt und auch den Landtag zur Selbstauflösung zwingen konnten – eine äußerst gefährliche Konstruktion, die ihre Sprengkraft jedoch nie entfaltete. Diese Verfassung war vom Ministerium bei juristischen Fachleuten in Auftrag gegeben worden. Alles an ihr war ein staatlicher Hoheitsakt. Der Ministerpräsident hatte eine Einleitung geschrieben und darin die Grundsätze des Gesetzes ziemlich nach eigenem Gutdünken formuliert. Wenn es also – und das zeigt die Revolution ganz deutlich – eine Tradition in Bayern gab – stärker als alle politischen Systeme –, dann war es die der Staatlichkeit, mehr noch als die von Lederhosen, Schuhplattler und Zitherspiel.

Das Staatsgrundgesetz und die Wahlordnung erlaubten es einem Kandidaten, für mehrere Wahlkreise zu kandidieren. Diese Regelung war wie geschaffen für Kurt Eisner. Der bekannte Revolutionär mit der kleinen Partei konnte so in ganz Bayern kandidieren. Sicher aus Überzeugung heraus und nicht nur aus der Not, mit seiner schwachen Partei in einem Flächenstaat antreten zu müssen, hatte er die Strategie entwickelt, Organisationen der Bürgergesellschaft, wie wir sie heute nennen würden, in seine Listen mit aufzunehmen.

So war er auch an Anita Augspurg herangetreten und hatte ihr angeboten, als Listenkandidatin der USP zu kandidieren. Sie nahm an und machte den ganzen Januar über Wahlkampf – genauso wie Kurt Eisner. Er fuhr von Stadt zu Stadt, und sie fuhr und wanderte auch noch von Dorf zu Dorf. Anita Augspurg prägte den »Verein für Frauenstimmrecht« und den »Frauenausschuss für dauernden Frieden«.

In München wurde während der Revolution ein Frauenzentrum gegründet, das, über die Parteigrenzen hinweg, die Lobbyarbeit für Frauenrechte koordinierte. Wenn die Aktivistin allerdings auf dem Land Wahlkampf machte, musste sie sich mit Verhältnissen wie aus einem anderen Jahrhundert auseinandersetzen. Ihr Erscheinen war ein Ereignis in jeder Dorfgaststätte, wie ihre Mitstreiterin und Begleiterin Lida Gustava Heymann beobachten konnte:

> Darauf erschienen katholische Geistliche in den Frauenversammlungen, immer dieselben, auch sie zogen von Dorf zu Dorf, beteiligten sich an der Diskussion, sprachen gegen die Kandidatur einer Anita Augspurg, gebrauchten wieder und wieder die gleichen Argumente: Faselten von der drohenden Gefahr freier Liebe, freier Ehe, dem illegitimen Kinde. In Unterammergau rief nach einer solchen Rede des Geistlichen eine Stallmagd laut und vernehmlich in die Versammlung: »Er hat ja selber drei Uneheliche!«

Im Provisorischen Nationalrat, der am 8. November gebildet worden war, jedoch weitgehend machtlos blieb, waren unter den 256 Mitgliedern acht Frauen, allesamt führende Köpfe der Frauenbewegung oder derjenigen Vereine, die Fraueninteressen im Beruf vertraten. Nur eine kleine Gruppe im Nationalrat war also weiblich, und genau dieser Umstand kennzeichnet das Doppelgesicht der Revolution.

Zwar fanden die Politikerinnen einen Platz, aber was war es für ein Ort? Einer, den sie gegenüber den Männern – auch in den Räten – rabiat durchsetzen und verteidigen mussten. Immer wieder berichteten Frauen davon, dass ihnen sogar in diesen Revolutionsgremien Ablehnung seitens der Männer entgegenschlug. Der Fortschritt kam also trotz Revolution in äußerst kleinen Schritten.

Man kann es dennoch als Erfolg der friedlichen Revolution in Bayern ansehen, dass diese Wahl, zu der Frauen antreten und bei der Frauen sich beteiligen konnten, überhaupt zustande kam und dass zudem bei den gewalttätigen Auseinandersetzungen in den Wochen davor – verglichen mit dem Blutbad in Berlin – relativ wenige Todesopfer zu beklagen waren. Vielleicht auch, weil die eben neugegründete KPD nur eine kleine Organisationsbasis hatte und dadurch in ihrer Wirksamkeit eingeschränkt war. Die Mobilisierung der Wähler für den Urnengang am 12. Januar war erheblich – im ganzen Land, nicht nur in München. Politik stumpfte nicht ab, sondern weckte Interesse. Die Wahlbeteiligung bei den Frauen lag bei 90 Prozent. Erstmals kann nun Hulda Hofmiller ihren Gatten Josef beim Gang zur Urne begleiten:

> Heute Wahl zum Bayerischen Landtag. Gutes, etwas frisches Wetter, heiter und klar, geeignet zu Demonstrationen, von denen aber bis jetzt nicht viel zu bemerken. Auch für gestern abend waren Putsche erwartet, wir gingen deshalb sogar um eine halbe Stunde früher aus und von unserem asketischen Dünnbier-Dämmerschoppen nach Haus, aber alles blieb ruhig. Die Wahlbeteiligung war sehr stark, die Leute standen an wie um Butter, Zigaretten oder Pferdefleisch. Der Anblick der zahlreichen Frauen und Soldaten in und vor dem Wahllokal fiel mir auf. Unmittelbar vor mir wählte ein Soldat, der auch den Wahlzettel seiner Frau abgeben wollte, die krank daheimlag. Als ihm bemerkt wurde, das dürfe nicht sein, erklärte er, dann werde er sie herübertragen.

Eine Woche nach den Landtagswahlen wurden die Wählerinnen und Wähler dann auch noch zu den reichsweiten Wahlen für die verfassunggebende Nationalversammlung Deutschlands an die Urnen gerufen. Mit diesen beiden Wahlen, für die niemand mit gewalttätigen Störungen rechnen musste, war endgültig entschieden, dass sich die Republik durchgesetzt hatte und die Monarchie Vergangenheit bleiben würde. Kurt Eisners Sturz der Wittelsbacher, seine gewaltlose Revolution, hatte endgültig gesiegt.

Geschickt hatte der Ministerpräsident zudem Frauen und natürlich auch alle pazifistischen Gruppen für seine Politik gewonnen und seit Monaten den Arbeitern das klare Zeichen gegeben, dass sie von ihm einen Machtgewinn der Arbeiterräte erwarten konnten. Eisner, der überall im Land als führender Kopf der Revolution bekannte Mann, durfte in jedem Wahlkreis als Direktkandidat antreten und damit auch in jedem Wahlbezirk das Gewicht seiner Person, sein Charisma als Revolutionär und Erlöser in die Waagschale werfen.

Er konnte dem Urnengang durchaus optimistisch entgegensehen.

Wenn es ihm gelänge, ein respektables Ergebnis zu erzielen, dann würde er dem Absacken der Revolution in einen banalen parlamentarischen Alltag einen Riegel vorschieben. Er würde die neue Welt dann auf Dauer schaffen und nicht nur im magischen und spektakulären Moment einer revolutionären Aktion.

9 Die Urkatastrophe

Klare Verhältnisse Wenn im Geschichtsunterricht die Zeit nach dem Ersten Weltkrieg behandelt wird, dann fällt für die Epoche der Weimarer Republik von 1919 bis 1933 mit Sicherheit entweder das Wortspiel von der »Demokratie ohne Demokraten« oder das von der »Republik ohne Republikaner«. Es sind pädagogisch einprägsame und historisch zutreffende Formeln dafür, dass vielen Deutschen damals die demokratischen Grundüberzeugungen fehlten und sie sich im neuen Staat nicht zuhause fühlten.

Dennoch sollte man sie mit Vorsicht genießen. Schon ein Blick auf den ersten Urnengang vom 12. Januar in Bayern müsste eigentlich stutzig machen. Die Wahlbeteiligung lag bei 86 Prozent, ein für heute geradezu unvorstellbarer Wert, und auch verglichen mit der Landtagswahl von 1912 gab es eine Steigerung um fünf Prozent. Das war nun wirklich ein klares Zeichen. Fast alle erwachsenen Menschen im Land nutzten ihre Chance, mit dem Wahlzettel die Politik des bayerischen Volksstaates zu gestalten. Er hatte Anerkennung gefunden, denn durch diesen ersten Gang zur Urne war das Land zumindest im Grundbekenntnis geeint – als moderne Demokratie und als Republik.

Auch Rupprecht, der Sohn von Ludwig III., hatte nach langem Schweigen am 24. Dezember bekundet, dass er sich mit den neuen Verhältnissen abfinde. Nur die am 1. Januar gegründete Kommunistische Partei sah in den geglückten Wahlen ein Zeichen, dass die Massen noch politisch unerfahren waren und deshalb auf diesen Trick der herrschenden Klassen hereinfallen mussten. Es würde viel Arbeit seitens der Kommunistischen Partei bedürfen, und auch viel Druck der radikalen Arbeiter in den Räten würde nötig sein, um das Wahlergebnis zu revidieren und eine Diktatur der Massen aufzurichten.

Spektakulärer als die Wahl selbst war das Ergebnis. In einfachen Zahlen ausgedrückt sah es folgendermaßen aus: BVP: 35,0 % SPD: 33,0 % DDP: 14,0 % BBB: 9,1% NLB/BMP: 5,8 % USP: 2,5 %.

Der politische Katholizismus hatte – verglichen mit den Landtagswahlen von 1912 – zwar Einbußen erlitten, dennoch blieb die BVP, gemessen an den Ergebnissen ihrer Vorgängerpartei, des Zentrums, halbwegs stabil. Die SPD hatte zugelegt, und auch die Linksliberalen, die DDP, hatten ein äußerst respektables Ergebnis erzielt. Der Bayerische Bauernbund, der BBB, hatte von seiner aktiven Rolle in der Revolution profitiert, die eher rechts stehenden Nationalliberalen und die Mittelpartei waren eine schwache Kraft.

Die Sensation vom 12. Januar aber war das katastrophale Ergebnis der USP. 2,5 Prozent für die Partei des Ministerpräsidenten waren eine tiefe und unerwartete Demütigung. Im neuen Landtag würde die USP nur mit drei Abgeordneten vertreten sein. Sogar in München hatte sie lediglich 18 331 Wähler gefunden, die SPD hingegen 167 363. Nirgendwo und noch nicht einmal in der revolutionären Landeshauptstadt hatte der Ministerpräsident die Wähler überzeugen können. Im industriell starken Oberfranken vermochte seine USP zumindest einen Achtungserfolg zu erzielen. Dort lag sie bei gut 10 Prozent. Aber weder in den Städten noch bei den Arbeitern war sie der SPD ernsthaft gefährlich geworden. Der gelang es ihrerseits, in den katholisch-ländlichen Regionen wie beispielsweise in Schwaben deutliche Stimmengewinne zu erreichen und der BVP Konkurrenz zu machen.

Die Revolution war also für die Wähler auf dem Land kein Schreckgespenst, mit dem die BVP punkten konnte. Das Wahlergebnis des Bauernbundes, der ja an der Seite der Revolution gestanden war, auch wenn er keine Minister stellte, bestätigte das. Der Bauernbund war auf dem Land und dort vor allem im katholischen Süden stark. Ländlich und katholisch, das war in Bayern nicht mehr eins mit konservativ und antirevolutionär.

Ein Stück weit war also das Kalkül der SPD-Größen aufgegangen, durch vorsichtige Reformpolitik einerseits die Arbeiter zufriedenzustellen und andererseits für bürgerliche Wähler und die Landbevölkerung attraktiv zu werden. Einen Erdrutschsieg konnte sie dennoch nicht erzielen – und das in dieser so günstigen Situation, da sie zugleich die Garantin der Revolution und die Schutzmacht gegenüber dem Bolschewismus war. Trotz geringer Ausschläge hatte sich das politische Kräfteverhältnis, verglichen mit den Zeiten vor 1914, erstaunlich wenig verschoben – sogar wenn man die Stimmen der USP ins sozialistische Lager mit einbringt. Es war deshalb zu erwarten, dass – trotz des revolutionären Intermezzos – auch bei der Regierungsbildung frühere Verhältnisse herrschen würden.

Die SPD hatte für die letzte Landtagswahl vor dem Krieg Wahlbündnisse mit den Liberalen geschlossen und auch bei der Auer-Süßheim-Vorlage von 1917 das Land zusammen mit ihnen in Richtung parlamentarischer Monarchie bringen wollen. Diese Zusammenarbeit gedachten beide Lager nun weiterzuführen. Ihre Mehrheit war hauchdünn, denn es bestand noch die Möglichkeit, einen absehbaren Richtungsstreit im Bauernbund zu nutzen und diesen in die Koalition hineinzuziehen. Die BVP hatte bei diesem Wahlergebnis keine Chance, die Regierung zu bilden, und musste zwangsweise in ihrer defensiven Position bleiben, in der sie – damals aus eigener Entscheidung heraus – schon das ganze Jahr 1918 verharrt war. Auch in der Bierrunde von Josef Hofmiller wurde diese Passivität wahrgenommen:

> Gestern Abend im Union mit L und den anderen Herrn. Ich notierte mir folgendes, was im Lauf des Gesprächs gesagt wurde. Das Zentrum hätte bei der Wahl mehr Stimmen erhalten, wenn es sich über die Stellung zur Monarchie klar ausgesprochen hätte. Aber darüber wollte das Zentrum keine klare Auskunft geben, weil es auf zwei Achseln trage.

Die enorme Wahlbeteiligung war eine Bestätigung für die Position der Mehrheitssozialdemokratie. Sie hatte den Urnengang gegen Eisner ja geradezu erzwingen müssen. Der wollte von November bis Januar, also über gut zwei konfliktreiche Monate hin, die Räteorganisationen gegen ein zukünftiges Parlament in Stellung bringen. Auch wenn er schließlich der Wahl vom 12. Januar zustimmte oder eher zustimmen musste, sah er Räte und Parlament zukünftig in irgendeiner Weise – Genaueres war ja noch nicht entschieden – nebeneinander und miteinander wirken.

Das Wahldebakel der USP hatte den entschiedensten Verfechter der Rätedemokratie innerhalb des parlamentarischen Spektrums entscheidend geschwächt. Aus dem Landtag war keine Unterstützung für Eisners Ideen und damit für die Radikalen in Bayern zu erwarten. Die KPD schloss daraus, dass die USP überflüssig sei und die Rätedemokratie mit außerparlamentarischen, also revolutionären Mitteln etabliert werden müsse. Innerhalb des Spektrums der radikalen Linken wurde die KPD damit zur Gewinnerin einer Wahl, an der sie gar nicht teilgenommen hatte. Oskar Maria Graf war ratlos und grübelte zuhause:

> Ich ging nicht mehr aus dem Atelier. Mit aller Gewalt wollte ich mich verkriechen. Das war ein wahrhaftiges Martyrium. Die Stunden schienen nicht zu verlaufen. Unruhe und Neugier quälten mich. Dann wieder, wenn ich über alles nachdachte, packte mich die Wut, und ich überlegte die merkwürdigsten Attentatspläne.

Eisner schätzte die Situation anders ein. Er war nach wie vor Ministerpräsident, wenn auch als Vertreter der kleinsten Partei im Landtag. Wann genau dieser Landtag aber zu seiner ersten Sitzung zusammentreten würde, um eine neue Regierung zu bilden, das war noch nicht entschieden. Eisner hatte immerhin die Chance, den Termin für die erste Landtagssitzung so lange hinauszuzögern, bis die Räte als Gesetzgebungskörperschaft fest verankert waren. Diese Perspektive war aber äußerst fragwürdig und riskant. Denn die Räteorganisationen waren von Eisner selbst schon früh entmachtet worden, als er sie dem revolutionären Gesamtministerium unterstellte.

Nur der Ministerrat hatte nach dem 8. November Gesetzgebungsgewalt in Bayern. Den Räten war seitdem bestenfalls eine beratende Funktion für die Arbeit der Regierung und für alle Behörden zugestanden worden. Wenn sie in Zukunft mehr sein sollten als Kontrollorgane, wenn sie also effektiv zu einer Art von Mit-Gesetzgeber werden sollten, um das Parlament in Schranken zu halten, dann mussten sie in Windeseile einen völligen Wesenswandel durchlaufen. Diese Veränderung wünschten aber nur die Radikalen, eigentlich hauptsächlich die KPD, die Eisner als Verräter ansah und ihm zu Recht unterstellte, dass er eine Diktatur des Proletariats bekämpfen würde.

Statistiken, die Historiker später zusammenstellten, bestätigten allerdings Eisners Hoffnungen. Bei den ständigen Personalwechseln in den Rätegremien ersetzten den ganzen Januar und Februar über USP-Mitglieder ihre SPD-Vorgänger. Die Zeit könnte also unter Umständen Eisners Wunde aus der Wahl vom 12. Januar heilen, so war die Hoffnung seiner Partei. Dennoch stand Eisner seit dieser Wahl nach wie vor zwischen zwei starken Blöcken. Im Parlament würde ihn die SPD nicht zum Zuge kommen lassen, und auch in den Räteorganisationen war sie trotz aller Veränderungen immer noch stark.

Zu allem Überfluss wurde dort die Position seiner linken Gegner, also die der KPD und der mit ihr verbündeten Radikalen wie Erich Mühsam oder Gustav Landauer, immer stabiler. Kurt Eisner hatte damit die ungemütliche politische Perspektive, bei jeder Wendung, die er machte, vom Regen in die Traufe zu kommen. Geschickte Wendungen zu vollziehen war ohnehin nicht die Stärke des glaubensstarken Charismatikers. Er wollte begeistern und befreien, aber nicht wie ein gewiefter Kabinettspolitiker mit Winkelzügen sein politisches Überleben sichern.

Zweikampf – vierte Runde Der Zweikampf der sozialistischen Brüder, der mit der Landtagswahl ja eigentlich beendet sein sollte, ging nun in eine weitere Runde. Für Erhard Auer und seine Parteikollegen war das eine böse Überraschung. Sie hatten erwartet, dass nach der Wahl zügig eine Regierung gebildet würde, doch Eisner dachte nicht daran, seinen Stuhl zu räumen. Mit unerwarteter Hartleibigkeit spielte der Ministerpräsident auf Zeit. Hofmiller hoffte jedoch auf einen leichten Abgang:

> Ich glaube übrigens, daß Eisner, sobald man ihm einen Theaterdirektor-Posten oder gar die Intendanz des Hoftheaters anböte, die Politik nur noch im Nebenamt betriebe. Er ist im Innersten Schaupieler; alle seine Neigungen gehen nach dieser Seite. Er ist stolz darauf, den Spielplan revolutioniert zu haben. Dass ›Hannibal‹ von Grabbe, der ›Revolutionär‹ von Speyer und ähnliche Werke einstudiert wurden, ist direkt seine Anregung, um nicht zu sagen, sein Befehl.

Hofmiller unterschätzte Eisner. Der Ministerpräsident war bereit, für seine politische Vision zu kämpfen, und gab sich nicht mit einer Position im Kulturbetrieb ab, die man ihm sicherlich angeboten hätte. Nur scherzhaft meinte er nach der Wahl, dass er sich schon darauf freue, demnächst eine von ihm noch zu gründende Bauernhochschule leiten zu dürfen.

Durch seine Hartnäckigkeit setzte sich ein Zustand fort, der schon vor den Wahlen zu dauernden Spannungen zwischen allen Lagern geführt hatte, und da alle Beteiligten nun noch mehr als zuvor davon überzeugt waren, mit voller Berechtigung zu handeln, wurden auch die Konflikte heftiger. Deshalb ist alles das, was in den Wochen nach der Wahl in München politisch geschah, eine grelle Kopie der Ereignisse aus den Wochen davor. Sosehr es nur eine Kopie war, so war es doch die entscheidende politische Wirklichkeit, und das zählte.

Der Münchner Arbeiterrat, dessen Vorsitzender Eisner seit der Revolutionsnacht war, aber auch die bayerischen Soldatenräte kamen trotz des USP- und SPD-Übergewichts immer mehr unter den Einfluss von Max Levien und seiner Kommunistischen Partei. Im Arbeiterrat hatte der sogenannte Revolutionäre Arbeiterrat, ein Untergremium, einen festen Mitgliederanteil, und in ihm war die Crème de la Crème der Revolution, also Toller, Mühsam, Landauer, Levien, Leviné versammelt, ohne sich dafür je einem Wahlverfahren gestellt zu haben. Levien war klar, dass alle Räte unter Druck standen, denn irgendwie wollten sie ihrer gänzlichen Entmachtung durch den Landtag entgehen. Noch war die Fraktion der sozialdemokratischen Räte allerdings überall stark, und so kam es in keinem Gremium zu Beschlüssen, die für den Ministerrat eine Fehdeandrohung bedeutet hätten.

Dennoch war ein Konflikt unausweichlich, da Leviens Stellungnahmen enorme Resonanz fanden. Es war ja so, dass sogar die Rätemitglieder aus der SPD nicht bloße Befehlsempfänger ihrer Parteispitze waren, sondern sich politisch betätigten, weil sie die Räteorganisationen stärken wollten. Wiederum auf Druck der beiden Sicherheitsverantwortlichen Dürr und Staimer wurde Levien am 7. Februar ein weiteres Mal festgenommen und ins Gefängnis nach Stadelheim gebracht. Erneut kam es zu einem großen Demonstrationszug nach Stadelheim und – wie sollte es anders sein – zur Befreiung des Kommunisten aus der Haft. Leviens

Entlassung war vom Kabinett verfügt worden, da man kein belastendes Material gegen ihn finden konnte.

Während dieser Tage betrieb Eisner wie schon im Vorjahr hauptsächlich Außenpolitik. Zwar war am 19. Januar die verfassunggebende Nationalversammlung für Gesamtdeutschland gewählt worden – die bayerischen Ergebnisse dieses Urnengangs waren in etwa so wie bei der Landtagswahl –, und die Gewählten saßen auch schon in Weimar, um die berühmte und später für manche auch berüchtigte Weimarer Verfassung auszuarbeiten, aber Eisner beehrte Weimar nicht, sondern fuhr am 6. Februar, ohne eingeladen zu sein und nachträglich durch die USP nominiert, nach Genf, um am Kongress der II. Internationale teilzunehmen. Dort machte er als Redner durchaus Eindruck, wiederholte seine Argumente vor den dort versammelten Vertretern der sozialistischen Parteien, konnte aber dennoch nichts ausrichten. Dabei hatte er gehofft, dass zumindest die Sozialisten seine Friedenspolitik glaubhaft fänden und anschließend in die nationalen Parlamente im Westen tragen würden. In internationale Erfolge war seine Haltung trotz dieses Kalküls nicht umzumünzen, und so verließ er Genf vorzeitig.

Auf der Rückfahrt traf er in Basel den sozialdemokratischen Politikwissenschaftler Robert Michels. Eisners Route war bekannt geworden, denn Michels erhielt eigenartige Telefonanrufe:

> Als Eisner zu seinem Vortrag in Basel weilte und es bekannt wurde, daß er eine Einladung zum Abendbrot in meinem Hause angenommen hatte, erhielt ich eine ganze Anzahl von telefonischen Anfragen mir gänzlich unbekannter Leute, von denen einer nicht einmal dazu zu bringen war, seinen Namen anzugeben, die sich aber alle als Freunde Eisners aufspielten und bei mir anfragten, wann und wo »Seine Exzellenz« zu sprechen sei.

Tatsächlich kursierten unter den sich allmählich zusammenfindenden Gegnern Eisners aus dem rechten Spektrum angeblich Pläne, ihn von einer Einreise nach Bayern abzuhalten. Doch ob diese Personen hinter den seltsamen Anrufen steckten, lässt sich nicht sagen. Eisner beeindruckten Michels Sorgen wenig. Er hatte Kasernen gestürmt und war die Gefahr mittlerweile gewohnt.

Er sprach mit Vorliebe von der schönen Zeit, in der er wieder Musik machen und sich nach vollbrachtem Werk zu ruhiger geistiger Arbeit zurückziehen könnte.

Während Eisner in Genf und Basel Reden hielt, war Innenminister Auer im eigenen Ressort aktiv und entschied ziemlich eigenmächtig das, was er für den wichtigsten Schritt in diesen Wochen hielt. Er legte einen Termin für die erste Landtagssitzung fest, den 21. Februar. Die erste Ministerratssitzung nach den Wahlen bestätigte am 12. Februar diesen Termin – immer noch in Abwesenheit Eisners.

Nach seiner Rückkehr hatte Eisner sich mit einer erneuten Aktion der Minister Auer und Timm auseinanderzusetzen, die eine starke bewaffnete Truppe aufbauen wollten, um den Landtag und die Regierung zu schützen und um die in den Räten täglich stärkeren Einfluss gewinnenden Radikalen im Zaum zu halten. Bis zur ersten Landtagssitzung kam es aber zu keiner Entscheidung, ob die Regierung ihre Sicherheit selbst organisieren dürfe oder ob sie auf die Soldatenräte und die republikanische Schutztruppe zurückverwiesen sei.

Die Landes-Arbeiter-, Soldaten- und Bauernräte waren am 15. Februar zu einer ihrer tagelangen Sitzungen zusammengekommen, und diese Militärkrise spielte eine bedeutende Rolle bei den Verhandlungen. Entsprechend den Kräfteverhältnissen zwischen SPD und Radikalen konnte sich die Versammlung nicht für eine klare Position entscheiden, sondern vertagte sich am 20. Februar. Aber auch über die Stellung der Räte im Verfassungsgefüge war es zu keiner Entscheidung gekommen. Eisner hielt am Abend des 20. Februar eine abschließende Rede, die er mit einer Prophezeiung beendete:

Ich sehne mich danach, wenn die Sozialisten ohne Unterschied der Richtung endlich aufhören zu regieren und wieder Opposition werden. Vielleicht ist die Entscheidung, während ich hier rede, schon gefallen. Morgen beginnt der Landtag, morgen soll auch die Tätigkeit der Räte aufs Neue beginnen, und dann werden wir sehen, wo Lebenskraft und wo Zuckungen einer vom Tode geweihten Gesellschaft zu finden sind.

Die zukünftige Architektur der Macht war an diesem Abend klar gezeichnet. Der Landtag und die von diesem gewählte Regierung würden die Geschicke des Landes bestimmen und in irgendeiner Weise auf die Existenz von Räten Rücksicht nehmen müssen, auch wenn die Bereitschaft dazu äußerst gering war.

Eisner, der keiner dieser Institutionen einen Alleinvertretungsanspruch für den Volkswillen zugestehen wollte, stand mit seiner Position wackelig zwischen beiden. Deshalb fühlten sich alle Lager von ihm verraten und waren zutiefst misstrauisch.

Eine lebendige Demokratie, die von unten, also aus den Räten heraus, die Politik mitprägen würde, war etwas, das in Jahrzehnten des Lernens, des Übergangs vom Obrigkeitsstaat des Kaiserreichs zur Selbstbestimmung des Volkes durchaus denkbar gewesen wäre. Zumindest kann man sich aus der bundesrepublikanischen Nachkriegsperspektive gesehen und nach Jahrzehnten friedvoller Innenpolitik einen Prozess dieser Art, den Schritt hin zur Bürgergesellschaft, durchaus vorstellen. Aber in wenigen Wochen war ein Umschwung diesen Ausmaßes nicht zu erwarten, noch dazu in einer vom Krieg und starken Konflikten zwischen allen Lagern geprägten Gesellschaft.

Nur die bolschewistische Variante einer Räteregierung, in diesem Fall verbunden mit allen Charaktermerkmalen des von Eisner abgelehnten Obrigkeitsstaates, war als reales Beispiel vorhanden, im Russland Lenins. Aber das war für die wenigsten Deutschen verlockend. Eisner, der überzeugte Mittelsmann, war am 20. Februar mit seinem Latein am Ende, und damit war er – gerade durch die großen Worte, die er immer und wie automatisch fand – nur noch eine Art Dekor. Ein Dekor, das der Umsturz geschaffen hatte und das durch die Macht des Parlaments verschwinden würde.

Misstrauen Eisner war also in politische Starre versetzt worden. Im Szenario der Macht gab es allerdings noch mehr als nur sozialistische Positionen. Josef Hofmiller, ein Mann der Rechten, hatte für keinen aus der Linken Sympathie, war politisch heimatlos wie so viele andere Bürger auch und von Eisner regelrecht abgestoßen:

Neulich erklärte Unterleitner Hans, Eisner sei ein Genie. Vielleicht bescheinigt Eisner bei nächster Gelegenheit dafür dem Unterleitner Hans, er sei ein Charakter.

Der Gymnasialprofessor war mit seiner Abneigung logischerweise nicht allein, denn fast zwei Drittel der bayerischen Wahlbevölkerung fanden sich nicht im sozialistisch-revolutionären Block wieder. Wie sahen sie die Sache, die da geschah? Es gibt eine äußerst späte und äußerst laute Stimme, anders als diejenige von Hofmiller.

Gerade weil der Ton so krass ist, sind die politischen Memoiren ›Aus Bayerns schwersten Tagen‹ auch wieder wegweisend. Die Stimme, die darin erklang, kam eigentlich aus der politischen Mitte, von der Partei, die um den Preis des Überlebens zur Verständigung gezwungen war. Es war die Wortmeldung des verhinderten DDP-Ministers Ernst Müller-Meiningen. Der hatte seit Mitte Februar die schlimmsten Befürchtungen, so behauptete er es zumindest beim Verfassen seiner Erinnerungen in den Jahren zwischen 1920 und 1922:

Der Militärminister Roßhaupter hatte anfangs Februar einen verständigen Erlaß zur Bildung einer Volkswehr herausgegeben, der den Räten natürlich wie alles, was nach Ordnung aussah, stark mißfiel. Obwohl Eisner den Erlaß verteidigte, verlangte der Kongreß der Räte, daß der Erlaß sofort »voll und ganz« zu annulieren sei (15. Februar). Ferner sollten alle »als konterrevolutionär« bekannten und dem Minister näher zu bezeichnenden Offiziere sofort entfernt werden.

Müller-Meiningen hatte den wunden Punkt der Revolution gut erfasst. Die bewaffneten Kräfte waren schwach, Putsche dadurch leicht zu bewerkstelligen. Militärminister Roßhaupter hatte diese Unsicherheit eindämmen wollen, indem er eine zuverlässige Truppe aufzubauen versuchte. Die weitere Frage, die sich aus einer Bewaffnung ergab, war aber genauso interessant. Wenn Roßhaupters Pläne Gestalt annehmen würden, wer dürfte dann den Finger am Abzug haben?

Da geschah etwas, was wiederum die Person Eisners, den sein Ministerkollege Frauendorfer offen einen »Bolschewisten« nannte, in ihrer ganzen Perfidie erscheinen ließ. Obwohl er am Tage vorher mit Roßhaupter zusammengegangen war und seine Stellung gedeckt hatte, stellte er sich am Samstag, den 16. Februar, an die Spitze eines Demonstrationszuges, der für den Augen- und Ohrenzeugen wohl unvergeßlich sein wird. Es bedeutet mit das Widerlichste, Ekelhafteste, was diese an Scheußlichkeiten reiche Zeit dem aufmerksamen Beschauer bieten konnte. Hunderttausende von Flugblättern wurden zugleich verteilt, die die Hetze gegen den Kollegen Eisners wiedergaben.

Dieser Eisner, der für die Räte demonstrierte, war für Müller-Meiningen kein Mann des Ausgleichs oder kein Hin- und Hergerissener, sondern ein Trickser, der einen klaren Plan für eine neue Revolution hatte. Bei Müller-Meiningen muss man allerdings Vorsicht walten lassen. Er hatte sich in den Jahren zwischen der Revolution und dem Abfassen seiner politischen Erinnerungen so viele reaktionäre Grundgedanken zu eigen gemacht, dass der Begriff »Liberaler« von heute aus gesehen unangebracht scheint und seine Einschätzungen extrem rechts eingefärbt sind.

Verlässlich ist seine Schilderung aber zumindest in den Punkten, an denen er seine Stimmungslage und die allgemeine politische Desorganisation beschrieb:

Die ganze Regierung, d. h. das Ministerium, war von Woche zu Woche mehr zur reinen Dekoration herabgesunken. Die eigentliche ganze Macht lag bei den Räten. Ihnen zu schmeicheln, war für Eisner die einzige Möglichkeit, noch etwas zu gelten.

Natürlich war auch Müller-Meiningen nicht verborgen geblieben, dass am 20. Februar gerade kein Aktionsprogramm für ein Räteregime verabschiedet wurde, sondern eher das Gegenteil geschehen war, ein Patt war eingetreten.

Dennoch vertraute er Eisner nicht im Geringsten:

Die Rede, mit der Eisner am 20. Februar die Arbeiter-, Bauern- und Soldatenräte verabschiedete, war keine Kapitulation, keine Absage an die Diktatur der Straße, kein ehrliches Bekenntnis zur Demokratie, sondern eine hinterlistige Kampfansage. Dort erklärte er u. a.: »Die zweite Revolution (!) wird kein Plündern, kein Straßenkampf sein, sie ist eine Sammlung der Massen in Stadt und Land, die ausführt, was die erste Revolution begonnen hat.«

Äußerungen wie die von Müller-Meiningen waren auch in der Presse zu lesen, insofern geben seine erst Jahre später verfassten Memoiren wirklich die Stimmung der Zeit wieder. Es war eine Phase, in der kein Basiskonsens mehr existierte. Mit den stärksten Bedenken betrat der Liberale am Morgen des 21. Februar den Landtag. Allerdings war er auch aus anderen Gründen aufgeregt. Nur noch wenige Stunden würden ihn von neuen politischen Aufgaben trennen.

Der Mord Am nächsten Tag wurde vor dem Palais des Ministerpräsidenten ein Mord begangen. Zwei Schüsse lenkten innerhalb von Minuten die bayerische Geschichte, ihre Folgen in den Jahren darauf die deutsche Geschichte und 20 Jahre später die westliche Zivilisation in eine neue Bahn. Die Schüsse waren eine Urkatastrophe. Sie setzten den Prozess in Gang, der aus dem Soldatenrat Adolf Hitler den Führer des deutschen Volkes machte.

Diese Nachgeschichte des Mordes vom Vormittag des 21. Februar 1919 ereignete sich langsam. Nur in groben Umrissen wahrnehmbar ging sie Schritt für Schritt von ihrem Ausgangspunkt, dem Trottoir am Palais, voran. Und dennoch war sie stets aufhaltbar, denn sie war von Menschen gemacht. Ein junger Mann schilderte die Entstehung der Katastrophe, die er selbst heraufbeschwor:

> Ich hatte damals einen Revolver in der Tasche, wie überhaupt immer in jenen Tagen. Da packte mich eine wahnsinnige Wut gegen Eisner, gegen den Führer des Bolschewismus, wie ich glaubte, nicht weil er meinen König verraten hatte, nicht weil er unser Volk verraten hatte, sondern weil er den Freistaat Bayern, den mit Mühe und Not zusammengebrachten Freistaat, verraten wollte an den Spartakus. Ich wäre damals schon am liebsten auf Eisner losgegangen und hätte abgedrückt. Aber damals hielt mich der Umstand zurück, daß die Massen beisammen waren, daß es ein ungeschickter Moment gewesen wäre.

Der Urheber dieser Erinnerungen, Anton Graf von Arco auf Valley, war von den Übergriffen einfacher Matrosen gegen ihre Offiziere, die Mitte Februar geschahen, hellauf empört gewesen. Im Zusammenhang mit seinem Attentat beschreibt er diese Erlebnisse als einen Auslöser der Tat. Der Zorn scheint ihn so mitgerissen zu haben, dass er in seinen Schilderungen die damals in ihm kochenden Gefühle kultivierte.

Seine politischen Überlegungen gingen vermutlich nicht allzu tief, denn einen besseren Schutz gegen den Bolschewismus als Kurt Eisner hätte sich ein kluger Beobachter damals gar nicht denken können. Aber wie man bei Ernst Müller-Meiningen und Josef Hofmiller sehen kann, war das Misstrauen bei vielen Zeitgenossen Arcos größer als die Besonnenheit, die man zum politischen Kalkül auch damals brauchte. Zudem hatte sich in den schier endlosen Wochen nach der Wahl, in denen Eisner an seinem Amt klebte, die Stimmung gegen den Ministerpräsidenten gedreht. Im Januar hatte Oskar Maria Graf erste Beobachtungen gemacht:

> Die ersten antisemitischen Flugblätter tauchten auf. Meistens sah man sie in kleinen Milch- und Gemüseläden oder auch heimlich an die Wände geklebt. Moritatenähnliche Legenden über Eisners Herkunft und seinen vermeintlichen Reichtum verbreiteten sich.

Während des Februar fand dieser Antisemitismus Eingang in die Tagespresse. Eisner verweigerte den Radikalen jegliche Zensurmaßnahmen, sodass die rechte Presse unbehindert das betreiben konnte, was wir heute Kampagnenjournalismus nennen. Eisner war zur Zielscheibe geworden. Graf von Arco auf Valley machte sich bereit.

Der zweiundzwanzigjährige Offizier aus dem Leibregiment war kurz vor den für ihn so skandalösen Szenen mit den Übergriffen gegen Offiziere wegen seiner jüdischen Mutter aus der rassistisch-nationalistischen Thule-Gesellschaft ausgeschlossen worden, er war Mitglied katholischer Studentenverbindungen, also nicht unbedingt durch stabile Verhältnisse gestützt. Er hatte mit seiner jüdischen Abstammung und seinen katholisch-monarchistischen Grundüberzeugungen kaum die Möglichkeit, sich in irgendeiner Abspaltung der Rechten vollkommen wiederzufinden. Außer er verschaffte sich Eintritt durch eine aufsehenerregende Tat. Er war geschickt genug, den richtigen Moment abzuwarten, bis er Aussicht auf Erfolg haben würde.

Im Palais des Ministerpräsidenten waren die politischen Würfel gefallen. Eisner hatte am Tag zuvor eingesehen, dass der Landtag seiner Regierung ein Ende bereiten würde, und deshalb hatte er beschlossen, aus eigenen Stücken zurückzutreten. Seine Rücktrittserklärung war schon am Vormittag niedergeschrieben und steckte in der Manteltasche. Dieser Umschwung kam nicht unerwartet, und deshalb herrschte im Landtag nebenan wildes Gedränge. Niemand wollte den historischen Moment verpassen.

Ernst Müller-Meiningen, der am 8. November kurz vor der Ernennung zum Minister im königlichen Kabinett gestanden hatte und nun wieder einmal die Chance auf ein Ministeramt bekam, wurde als Landtagsabgeordneter Augenzeuge der Vorgänge im Parlament:

> Es vibrierte alles in dem Hause. Die Prannerstraße war von beiden Seiten vereinbarungsgemäß abgesperrt. Der Stadtkommandant Dürr und der Polizeipräsident Staimer hatten sich verpflichtet, den Landtag durch »zuverlässige« republikanische Volkswehr zu beschützen. Es sei, so wurde uns immer wieder versichert, alles in Ordnung. Die Sitzung, in der Eisner abtreten wollte, erregte natürlich in ganz München und darüber hinaus das lebhafteste Interesse. Die Nachfrage nach Tribünenkarten war in den letzten Tagen außerordentlich groß.

Anton Graf von Arco auf Valley war kein kundiger politischer Beobachter. Sonst hätte er erfahren oder zumindest geahnt, dass Kurt Eisner, als er um zehn Uhr seinen Mantel anzog, ohnehin in den nächsten Minuten die letzten Schritte als Ministerpräsident des Volksstaates Bayern machen würde. Felix Fechenbach, der Sekretär Eisners, kannte die Gefahr, in der sie sich alle befanden. Und er nahm sie ernst:

> Als Eisner am Vormittag des 21. Februar gegen 10 Uhr vom Ministerium ins Landtagsgebäude ging, um dort den Rücktritt der Regierung zu erklären, baten ihn seine Freunde, er möge nicht über die Straße, sondern durch den »Bayerischen Hof« gehen, dessen rückwärtiger Ausgang gegenüber dem Landtagsgebäude liegt. Eisner weigerte sich entschieden. Minister Unterleitner und ich wiesen nochmals auf die durch die Presse hervorgerufene Haß-Stimmung hin und auf die vielen Drohbriefe, die er in den letzten Tagen bekommen habe. Vergebens. Eisner bestand darauf, den gewohnten Weg über die Straße zum Landtag zu gehen: »Man kann einem Mordanschlag auf die Dauer nicht ausweichen, und man kann mich ja nur einmal totschießen.«

Mit Felix Fechenbach und Benno Merkle sowie zwei Leibwächtern verlässt Eisner das Gebäude. Arco hat sich in einen Hauseingang gedrückt, wartet auf die Gruppe, lässt sie an sich vorbeigehen und springt dann, sobald sie ihn passiert haben, von hinten auf Eisner zu.

> Wir waren eifrig im Gespräch über die weitere politische Entwicklung. Plötzlich krachen hinter uns schnell hintereinander zwei Schüsse, Eisner schwankt einen Augenblick, er will etwas sprechen, aber die Zunge versagt ihm. Dann bricht er lautlos zusammen. Das alles geschah im Bruchteil einer Sekunde.

Einer der Leibwächter schießt Arco nieder. Fechenbach und ein Leibwächter beugen sich über den toten Eisner. Merkle versucht, die Szenerie zu überblicken, und berichtete später davon:

> In dieser Zeit kamen vom Promenadeplatz her bereits Menschen zur Leiche heran. Noch bevor der Tote aufgehoben wurde, stürmten drei Soldaten mit umgehängtem Gewehr und mit Handgranaten am Leibe auf mich zu und riefen mir zu: »Nun geht es in den Landtag, da wollen wir aufräumen.«
> Entsetzt über diesen Plan, faßte ich den Soldaten an der Brust und an den Armen, zog sie zur Leiche hin und sagte ihnen: »Seht da, den ihr rächen wollt; wenn er nur einige Worte sprechen könnte, dann würde er euch sagen: rächet mich nicht.« Diese Worte machten auf die Soldaten solchen Eindruck, daß ihre Wildheit sich in Trauer kehrte und daß sie wieder zurückgingen.

Ob diese melodramatischen Worte wirklich fielen, ist nicht sicher. Erstaunlich ist dennoch, dass sich die Soldaten nun tatsächlich um den Abtransport der Leiche und des schwer verletzten Täters kümmerten. Im Landtag, wenige hundert Meter vom Tatort entfernt gelegen, saß der Vorsitzende des Vollzugsrats der Arbeiterräte, SPD-Mitglied Ernst Niekisch, auf der Tribüne:

> Während dieser Vorgänge saß ich im Sitzungssaal des Landtags in der Diplomatenloge neben Frau Eisner. Plötzlich wurde die Tür hinter uns aufgerissen, der blutbesudelte Matrose, der Begleiter Eisners, stürzte herein, stieß Frau Eisner mit dem Zeigefinger an und keuchte: »Eisner ist erschossen.« Der Ruf ging sogleich durch den ganzen Sitzungs-

saal, dessen Tribünen überfüllt waren. Bestürzt verließen die Abgeordneten den Saal, um zu Fraktionssitzungen zusammenzutreten.

Nach den Besprechungen der Fraktionen kam der Landtag wieder zusammen. Erhard Auer sprach noch vor dem Alterspräsidenten. Sein Kollege Müller-Meiningen war auch auf seinem Platz:

Minister Auer sprach in würdigen, ernsten Worten, die vom Mitgefühl bebten, das Bedauern über die Freveltat aus. Auf diesem Wege – so sagte er – kann und darf nicht fortgefahren werden, wenn nicht vollkommene Anarchie eintreten soll.

Auer hatte sich gerade gesetzt, und seine Warnungen waren kaum verklungen, als sich an Ernst Niekischs Seite die Dinge schon wieder wendeten:

Ich sah einen Mann, der einen Militärmantel trug, an der Regierungsbank entlanggehen; er hatte ein Gewehr in der Hand. Von einer bösen Ahnung bewegt, stürzte ich nach vorn, um ein Warnsignal zu geben, aber schon krachten die Schüsse. Der Mann hatte auf Auer angelegt und ein paarmal abgedrückt. Schwer getroffen sank Auer vom Stuhl.

Der Attentäter Alois Lindner, von Beruf Metzger und ein Mitglied des Münchner Arbeiter- und Soldatenrats, schoss dann weiter. Ein Abgeordneter und ein Referent wurden tödlich getroffen, und da aus anderen Waffen weitere Schüsse fielen, war die Landtagssitzung vor ihrem eigentlichen Beginn schon wieder beendet. Das Attentat war wohl die spontane Aktion eines Einzeltäters, später konnte keine organisierte Verschwörung entdeckt werden. Doch die Vermutung vieler Münchner, dass Lindner mit anderen Leuten, nämlich den Bewaffneten der Wachmannschaften, zusammenarbeitete, es sozusagen ein revolutionäres Komplott war, ließ sich nicht aus der Welt schaffen.

Der Täter konnte sich in der Verwirrung aus dem Staub machen, er wurde erst später gefasst. Die Abgeordneten verschwanden auf der Stelle durch Türen und Fenster. Auer transportierte man schwer verletzt in die chirurgische Abteilung von Ferdinand Sauerbruch. Der rettete mit einer Notoperation sowohl ihm wie auch dem Eisner-Attentäter Arco das Leben. Erhard Auer konnte erst nach Jahren wieder ein halbwegs normales Leben führen. Ernst Niekisch war nicht nur Zeuge, er war der kommende Mann:

> Die Regierungsgewalt verschwand. Es lag in der Natur der Dinge, daß die Macht ganz von selbst in die Hände des Zentralrats fiel. Ohne daß irgendein gesetzlicher Akt vorlag, wurde ich auf Grund der Tatsachen gewissermaßen die oberste Spitze Bayerns.

Zwei Aufgaben kamen auf die oberste Spitze Bayerns in den nächsten Tagen zu. Racheakte – von welcher Seite auch immer –, womöglich sogar ein Bürgerkrieg mussten verhindert werden, und Kurt Eisner sollte würdig bestattet werden. Durch die Vorgänge der Vormittagsstunden hatte sich zudem die heikle Situation ergeben, dass beide Handlungsstränge eng miteinander verflochten waren.

> Die Massen kamen ins Treiben, der Strom floß durch die Stadt. Das war ganz anders, ganz anders als am 7. November. Wenn jetzt einer aufgestanden wäre und hätte gerufen: »Schlachtet die Bürger! Zündet die Stadt an! Vernichtet alles!« es würde geschehen sein.
> *Oskar Maria Graf, Wir sind Gefangene*

Die große Trauer Wut und Trauer brachen sich nach dem Mord sofort wie eine Sturzflut Bahn, jedoch nur bei denen, die Eisners Politik und seinen Führungsqualitäten mehr oder weniger vertraut hatten. Erstaunlicherweise kam die Trauer zuerst. Alle Zeitgenossen berichteten staunend von einem regelrechten Eisner-Kult, der wenige Stunden nach der Tat am Ort des Geschehens aufblühte. Von vormittags an bis sieben Uhr abends, denn dann herrschte auf Befehl von Ernst Niekisch Ausgangssperre, pilgerten die Münchner in langen Zügen zum Tatort. Die Schriftstellerin Ricarda Huch machte am Tag des Attentats nichts ahnend einen Spaziergang, an einem strahlenden Vorfrühlingstag, wie sie sich ausdrückte:

> Eine Hausgenossin kam mit dem Glockenschlage sieben aus der Stadt zurück und berichtete, daß an der Stelle des Attentats Eisners Bild, von Kränzen umgeben, aufgestellt sei, daß es von Soldaten mit aufgepflanztem Bajonett bewacht werde, die jeden verprügelten, der nicht den Hut vor dem Bild lüftete; ferner, daß Leute Tücher in Eisners Blut tauchten und sie als

Reliquie nach Hause trügen. »Kurz, meschugge ist Trumpf«, sagte meine Tochter, die bequem in einem Lehnstuhl kauerte und Patience legte, ohne ihr Spiel zu unterbrechen. Wie haben wir bis in die Nacht hinein gelacht! Vielleicht um so übermütiger, weil ein dunkles Bewußtsein von Gefahr und Schrecken in den Winkeln des Gemüts lauerte.

Ricarda Huchs Erinnerungen sind auf den ersten Blick eigenartig. Eine politische Schriftstellerin, die alles andere als rechts und konservativ war, beobachtete mit großer Distanz den Kult um den verstorbenen sozialistischen Ministerpräsidenten. Vermutlich waren es das leere Pathos, die katholisch-barocke Inszenierung, die heimliche Verlogenheit, die sie abstoßend fand. Sie erläuterte es genauer:

»Es ist merkwürdig«, hörte ich ein junges Mädchen sagen, »bis jetzt hörte ich fast täglich seufzen: Ist denn keine Kugel für Eisner gegossen? Und seit er erschossen ist, bejammert jeder seinen Tod und verflucht seinen Mörder.« So schwer ist es, über Zuneigung und Abneigung, das Fließendste, was es gibt, etwas Bestimmtes zu sagen.

Der Katholik Hofmiller hingegen empfahl, in einer anderen Wendung von Skepsis, das Blut Eisners, wie in Italien üblich, wundersam zu vermehren, sodass die ganze Bevölkerung ihren Teil davon abbekommen würde. An einem weiteren sonnigen Tag, am 26. Februar, fand das Begräbnis statt.

In den Tagen davor war es zwar zu Zwischenfällen gekommen, dennoch verharrte alles in der Stadt in einer eigenartigen Starre – zumindest so lange, bis der Ministerpräsident in einem improvisierten Staatsakt zu Grabe getragen worden war. Stundenlang zogen Arbeiterkapellen, Bergleute aus dem Oberland, Räte und Politiker durch die Stadt und dann zum Grab im Münchner Ostfriedhof. In allen großen Kirchen mussten die Glocken geläutet werden. Es war eine der Inszenierungen, die in München nahezu zum Alltag gehörten und dennoch jedes Mal außerordentlich waren. Und es wurden Erinnerungen an die Zeiten der Monarchie wach, in denen die Beerdigungen von Königen ein Großereignis waren.

Verschwörungstheorien Karl Alexander von Müller berichtete, dass Josef Hofmiller in diesen Tagen erstmals den Freunden und Redaktionskollegen aus seinem Tagebuch vorlas. Die Aufzeichnungen waren also von Anfang an eine öffentliche Angelegenheit und deshalb bleibt es fraglich und letztlich auch nicht aufzuklären, wie viel Hofmiller tatsächlich selbst erlebt und sofort niedergeschrieben hat und wie viel er genau aus diesem Grund Jahre später erst erfunden hat.

Vor allem in einem Punkt wäre es besonders interessant, genau Bescheid zu wissen. Hofmiller war ja geradezu der Idealtypus eines nicht allzu stark politisch-konfessionell gebundenen, national eingestellten, eher oberflächlich monarchistischen Bürgers, der, wie viele andere auch, schon während des Krieges einen starken nationalen Führer herbeisehnte, antisemitischen Positionen, wie sie etwa sein Kollege Hans Pfitzner vertrat, nur mäßigen Widerstand entgegenbrachte und meinte, dass man das im Krieg befindliche Deutschland mit einer Militärdiktatur regieren sollte. Zumindest aus seiner Mitherausgeberschaft bei den ›Süddeutschen Monatsheften‹, die solche Positionen vertraten, erschließen sich die Grundüberzeugungen des eher an den schönen Künsten interessierten Kritikers und Essayisten.

Hofmillers Haltung zu Kurt Eisner war von Anfang an ablehnend, anders als bei Karl Alexander von Müller, der seinem eigenen Bekenntnis zufolge wenige Augenblicke lang vom Ministerpräsidenten fasziniert war. In den Tagen nach dem Mord an Eisner schrieb Hofmiller dann plötzlich Tagebucheinträge, die sich wie ein Katechismus der politischen Rechten lesen und von denen man gerne wüsste, ob sie wirklich seine Gedanken in diesen Tagen ausdrückten. Sie würden einen Rechtsschwenk im Zeitraffertempo bedeuten. Für die Vermutung, dass seine Aufzeichnungen vom 22. bis zum 24. Februar authentisch sind, spricht, dass sie stilistisch nicht sehr elegant sind, viele kleine Erlebnisse eingestreut sind und er alles mit Details aus dem Tagesablauf verbunden hat:

> Eisner forderte durch sein ganzes Verhalten zu seiner gewaltsamen Entfernung heraus. Er erklärte bei jeder Gelegenheit, daß es ihm nicht einfalle, als Ministerpräsident zu gehen. Er hätte sicher noch die schwerste Opposition gemacht. Es war nicht möglich, mit ihm zu regieren; es wäre vermutlich nicht möglich gewesen, ohne ihn zu regieren, da er einen zwar klei-

nen, aber zu allem entschlossenen Anhang hinter sich hatte. Unzweckmäßig scheint mir, daß man ihn nicht früher beseitigte und zwar auf vollkommen harmlose Weise.

Man hätte ihn gefangennehmen und irgendwo verstecken sollen, meinten Hofmiller und andere Bürger aus seinem Umfeld. Ein genauso unsinniger Gedanke wie Hofmillers Vorstellung von Eisners willigem und entschlossenem Anhang. Der Kulturkritiker fühlte sich augenscheinlich bedroht:

Ein gelbes Plakat teilt mit, daß die Arbeiter bewaffnet würden; es hieß »die drei Sozialdemokratischen Parteien«, also vermutlich Mehrheit, Unabhängige und Spartakisten. Das bedeutet natürlich Bolschewismus. Denn es ist nicht anzunehmen, daß die Mehrheitsparteien die anderen im Zaum halten.

Hofmiller erwartete eine Radikalisierung, die die SPD die Macht und später auch ihre Existenz kosten würde. Er recherchierte und meinte zu wissen, dass die Schüsse im Landtag eine schon vor dem Mord geplante Aktion waren, mit der die Radikalen den Landtag entmachten wollten.

Die Vermutungen Hofmillers konnten in den Jahrzehnten darauf bei aller historischen Forschung nie bestätigt werden, für ihn selbst waren sie eine Gewissheit. Sie belegten seiner Ansicht nach, dass die Verhältnisse in München demnächst die Qualität einer sowjetischen Diktatur erlangen würden und dass dies mit Eisner genauso geschehen wäre, wie es nun ohne ihn passieren würde.

Ich nehme sogar an, dass die Verlesung seines Rücktritts das Stichwort zur allgemeinen Schießerei hätte sein sollen. Seine bestellten Werkzeuge wußten offenbar nicht mehr, woran sie sich zu halten hatten, so daß ein Teil des Programms, das für den Landtag vorgesehen war, improvisiert werden mußte ... Eisner scheint wieder sein Doppelspiel getrieben zu haben: gleichzeitig dem Landtag seine Demission zu unterbreiten und die Spartakisten gegen den Landtag zu hetzen.

Was er Eisner zugestand, war Führungstalent. Dass es ausgerechnet ein Mann besaß, der, Hofmillers Vorstellung nach, das Land in den Abgrund des Bolschewismus führen wollte, hatte die Revolution besonders gefährlich gemacht. Als wäre mit dem Mord ein Damm gebrochen, brach es nun aus dem Kulturkritiker heraus:

> Eisner war nicht nur die stärkste Begabung, rednerisch und politisch, von den Radikalen, er war vor allem der fanatischste Wille und besaß die größte Routine in der Behandlung politischer Geschäfte, die größte Zielbewußtheit, und, soweit das bei einem Doktrinär und Fanatiker möglich ist, Klarheit.

Wenige Monate später sollten die Radikalen der Rechten nach einem Politiker Ausschau halten, der genau diese Charaktermerkmale, die Hofmiller dem Ministerpräsidenten zuschrieb, besaß – nur eben angereichert mit der richtigen, das heißt gegenrevolutionären Einstellung. Hofmiller erwartete mit absoluter Sicherheit, dass Eisner seinen Anhang, gleich nach dem Blutbad im Landtag, zu weiteren Morden gehetzt hätte. Solche Taten, so vermutete er, würden Eisners Lakaien jedoch auch ohne den Revolutionär zustande bringen:

> Für heute sind große Taten der Rache vorgesehen. Man spricht von sechshundert, die fallen sollen, vielleicht bin ich auch dabei? Die Abgeordneten der Bayerischen Volkspartei sind abgereist; ebenso die der Deutschen Volkspartei; sie hatten sich die Politik gemütlicher gedacht: Wahlreisen im Land herum, Gastfreundschaft bei Parteigenossen, Hamstergelegenheit bei Gesinnungsfreunden unter den Kollegen, eine Mappe aus Leder, Konferenzen mit ebenso bedeutenden Politikern, ab und zu eine Reise nach Berlin und so: »Freie Bahn dem Tüchtigen«, aber freie Bahn erster Klasse.

Aus diesen Worten sprach Panik. Es sprach in den einfachsten Anfängen daraus etwas, das man mit einem großen, in dieser Zeit noch zu großen, Wort Rechtsradikalismus nennen könnte. Hofmiller sah und ersehnte noch keinen Führer, der ihn und sein Land wieder in einen sicheren Hafen bringen könnte, seine Empörung ist mehr ein spontaner Reflex als eine feste Überzeugung, aber die Gefahren, Turbulenzen und politischen Stürme der Zeit nahm er in einer Weise wahr, wie es in den nächsten Jahren Millionen Deutsche taten.

Es bleibt ein Rätsel, wie das alles urplötzlich, ausgelöst durch den Mord, aus Hofmiller herausplatzen konnte. Die Wochen zuvor hatte er –

wie schon Anfang November 1918 – das Tagebuchschreiben vernachlässigt, hatte sich nur übellaunig über die »Strizzikratie« mokiert. Ein »Strizzi« ist ein mit Durchtriebenheit und Sorglosigkeit übertünchter Taugenichts.

Am 22. Februar begannen seitenlange Tagebucheinträge voll lebendiger Schilderungen des Alltags und tiefschwarzer Angstphantasien. In dieser Erregung selbst lag die größte Wahrheit. Sie galt für Hofmiller und wohl für viele Bürger einer Stadt, der nun das letzte Stück Idylle abhandengekommen war. Mit dem Mord an Eisner begann eine neue Zeit.

Der Kulturkritiker stand mit seinen Vermutungen nicht allein. Lange, bevor seine Tagebücher erschienen, hatte schon Ernst Müller-Meiningen in dasselbe Horn geblasen. Auch für ihn war alles, was im Landtag geschah, ein abgekartetes Spiel, bei dem die Radikalen bewaffnet angerückt waren und nur auf ein Zeichen zum Niederschießen der Landtagsabgeordneten gewartet hätten. Vielleicht war dieses Signal im ganzen Durcheinander nicht ergangen, da war sich Müller-Meiningen nicht sicher. Ganz unvermittelt zu diesen Verdächtigungen findet sich in den Erinnerungen noch eine weitere Einschätzung des Politikers. Er war in das Hin und Her der Meinungen eingespannt, Meinungen, die sogar seinen eigenen Vorurteilen zuwiderliefen. So empfand er den Mord trotz seiner reaktionären Gesinnung als politische Dummheit:

> Das Tragische war, das Kurt Eisner gerade in dem Moment starb, in dem er dem »souveränen Landtage« wenigstens formal als »Demokrat« weichen wollte. Jedenfalls war die Tat Graf Arcos gerade in dem Moment das Unseligste, was das Land treffen konnte. Kurt Eisner, der infolge seines Schwankens und seiner Unzuverlässigkeit auch bei den Radikalen völlig unten durch war, wurde mit einem Schlage der große Märtyrer, der Prophet des Proletariats. Die Massen, die ihn zum Teil bisher nicht ernst genommen hatten, wurden wie von einem Taumel gefangen. Ich konnte dies an einfachen Arbeiterfamilien, deren Anschauungen ich kannte, genau erkennen. Die Menschen waren wie ausgewechselt. Eisner war durch die unglückselige Kugel der große, unsterbliche »Befreier des Proletariats«. In jeder Arbeiterwohnung fand sich damals sein Bild. Die Einigkeit des Proletariats sollte die Totengabe sein. Zehntausende von Mehrheitssozialisten gingen an jenen Tagen ins radikale Fahrwasser über.

Ruhe vor dem Sturm Anders als der Gymnasiallehrer hatte der Landtagsabgeordnete der Liberalen wirklich Grund zur Sorge. Ein Abgeordneter war im Landtag erschossen worden, und außerdem hatte es noch ein zweites Todesopfer gegeben. So war es für viele Parlamentarier ratsam, sich außerhalb Münchens in Sicherheit zu bringen. Den reibungslosen Übergang der Macht von der alten revolutionären Regierung hin zum Parlament und dann von dort weiter auch zur neuen Regierung hatten die Morde verbarrikadiert.

Noch am Tag des Attentats wurde die sogenannte zweite Revolution ausgerufen, genau in dem Moment, als die verbliebene Macht im Staate, die Vollzugsräte Bayerns, zusammengekommen waren. Sie hatten ihre Tagung erst am Vorabend beendet und wählten nun einen sogenannten Zentralrat und zusätzlich einen geschäftsführenden Aktionsausschuss. Von einer zweiten Revolution hatte sogar Eisner gesprochen, und damit hatte er sagen wollen, dass die Räte ihren Platz in der Architektur der Macht bräuchten und diesen bekommen würden. Es gibt allerdings keinen Beleg dafür, dass Eisner dies mit Waffengewalt erreichen wollte.

Am Abend des 21. Februar war die Situation völlig anders. Nur noch vom Vorsitzenden des neuen Zentralrats, Ernst Niekisch, ging so etwas wie Autorität aus. Niekisch war ja ein Rätevertreter der ersten Stunde. Schon am 8. November war er in Augsburg die entscheidende Person, und dann hatte er den Vorsitz der Arbeiter- und Soldatenräte in München. Erstaunlicherweise kam es zu keinen systematischen Exzessen, Rachemorden, Plünderungen oder Vergleichbarem. Der SPD-Mann Niekisch hatte eine nächtliche Ausgangssperre erlassen, die die Situation halbwegs beruhigte. In den Räten besaßen die SPD- und Gewerkschaftsvertreter eine Mehrheit, sodass dort die Idee weiterlebte, dem Parlament eine Existenz zu ermöglichen.

Die gebetsmühlenartige öffentliche Diskussion um Räte und Parlament verlagerte sich nun vollends in die Räteorganisationen. Es sagt alles über den revolutionären Charakter dieser Räte, dass es in dieser äußerst günstigen Situation für die Anhänger einer reinen Rätedemokratie zu keiner Entscheidung gegen das Parlament kam. Anders als von Hofmiller oder Müller-Meiningen befürchtet, war die SPD kein Spielball der Radikalen und hatte in den Räten nach wie vor eine starke Position. Außerdem waren die Räte keine eisenharten Berufsrevolutionäre. Sie wurden für ihre Arbeit zwar gut entlohnt, aber das sollte Entlohnung für Arbeit sein und nicht für Umsturz. So erlebte das auch Ernst Niekisch:

> Die Mehrzahl der Geschäfte, mit denen sich der Arbeiter- und Soldatenrat befaßte, bestand darin, die Lebensmittelversorgung der Stadt organisieren zu helfen und die vielen Sozialunterstützungsbedürftigen zu betreuen. Außerdem überwachte er die gesamte Tätigkeit des Magistrats.

Der Augsburger Arbeiterrat Ernst Niekisch kannte das Funktionieren dieser Organisationen aus eigenem Erleben und eigenem Mitgestalten seit Beginn der Revolution in- und auswendig. Bolschewismus hatte er am 21. Februar keinesfalls im Sinn. Konsequenterweise blockierten er und seine SPD-Kollegen jede Radikalisierung der Rätegremien und fanden für ihre Positionen trotz erhitzter Debatten sichere Mehrheiten.

Die Parlamentarier und Parteivorstände, die sich sicherheitshalber aus dem Staub gemacht hatten, waren in unterschiedlichen bayerischen Städten wieder zusammengekommen und hatten dort ihre Rückkehr nach München – durchaus mit Aussicht auf Erfolg – vorbereitet. In der SPD war nun der ehemalige Kultusminister Johannes Hoffmann der führende Mann und damit auch der Anwärter auf den Posten des Ministerpräsidenten. Hoffmann war schon seit dem 8. November Minister gewesen. Er stammte aus der Pfalz, die ein Teil Bayerns war, hatte die geistliche Schulaufsicht beendet, was die BVP und die Kirche auf die Barrikaden getrieben hatte, und gehörte eher dem linken Flügel der Partei an, ein äußerst günstiger Umstand in dieser politischen Situation. Niekisch spielte ihm – nach eigenem Bekunden – nun den politischen Ball zu:

> Den Besprechungen, die zwischen den Landtagsparteien eingeleitet worden waren, um ein neues Kabinett zustande zu bringen, ebnete ich die Wege. Am 21. Februar war Eisner ermordet worden, am 18. März wurde das Kabinett Hoffmann gebildet. Damit war meine Mission als Träger der obersten Gewalt zu Ende.

Diese oberste Gewalt hatte der Zentralrat also wieder dem Landtag überantwortet, und der wählte bei seiner ersten Sitzung nach den Morden umgehend die neue Regierung von Johannes Hoffmann. Zugleich verabschiedeten die Parlamentarier ein sogenanntes Ermächtigungsgesetz, das der Regierung zeitlich unbegrenzt die Gesetzgebungsgewalt überantwortete. Anschließend vertagte sich das Parlament und ließ die Regierung arbeiten.

Ein Parlament, das nach seiner eigenen Entmachtung auseinandergeht und keinerlei Kontrollfunktion mehr ausübt, das klingt nach einem leichten Spiel für die Minister. Doch im Gegenteil – die Arbeitsbedingungen hätten kaum schwieriger sein können. Die Morde des Vormonats hatten den Boden, auf dem diese Regierung stand, kräftiger erschüttert, als es angesichts ihrer Machtfülle erschien. »Stabilität« wurde nach den Schüssen in München ein Fremdwort in der politischen Begriffswelt. Stattdessen machte das »Durcheinander« als Codewort Karriere und wurde die am meisten benutzte politische Vokabel der Zeit.

Ein feines Netz der Macht Das Durcheinander hatte System – nicht nur wegen der unklaren Machtverteilung zwischen Regierung und Räten, sondern auch bei den Räten selbst. So brauchte es einen Abstand von vielen Jahrzehnten und Jahrzehnte fleißiger Arbeit von Historikern, um das Gewebe von Räteorganisationen auseinanderzudröseln, das in der Revolution geschaffen worden war.

Schon für die Zeitgenossen war es nicht einfach, alles zu überschauen. Dieses Durcheinander hatte zahlreiche feinste Stränge und Strukturen, die tatsächlich schwer zu erkennen waren – wie bei einem Spinnengewebe. Selbst Ernst Niekisch konnte nicht immer den nötigen Durchblick bewahren. Er verwendete sogar für Organe, in denen er selbst tätig war, falsche Namen. Seit Anbeginn der Revolution im Mathäserbräu amtierte der Revolutionäre Arbeiterrat. Er war die Keimzelle der Räteorganisationen, und seine Vertreter empfanden das auch so. Sie waren quasi der Hochadel der Revolution und forderten wegen ihres Status besondere Rechte. Als nämlich anschließend der Münchner Arbeiterrat gewählt wurde – man hatte eine notdürftige Prozedur gefunden, um die Münchner Arbeiter zur Wahl eines wirklich demokratisch legitimierten Arbeiterrats an die Urnen zu bringen –, da beanspruchte der Revolutionäre Arbeiterrat, also die Keimzelle des Rätesystems, eine nennenswerte Zahl der Sitze für die eigenen Mitglieder, die nicht gewählt, sondern ernannt worden waren. Schon war das Durcheinander da.

Nachdem man tatsächlich und notgedrungen revolutionäre Arbeiterräte in den Münchner Arbeiterrat aufgenommen hatte, konnte dieser am 7. Dezember eingerichtet werden. Der wiederum war nur ein Übergangsorgan, da zwei Tage darauf der Landesarbeiterrat gegründet wurde. Auch dafür beanspruchten die Revolutionäre der ersten Stunde ihren Sonderstatus. Nun gab es ein gesamtbayerisches Arbeitergremium, aber da der Revolutionäre Arbeiterrat in München die einzige Organisation war, in der die radikal-bolschewistische Richtung vorherrschte, versuchten seine Mitglieder, wo immer es ging, einzugreifen und radikale Entschlüsse herbeizuführen. Erhard Auer hatte sich von Anfang an dagegen gewehrt und sich mit der Arroganz der Macht verteidigt:

> Ein Schneider Esch wollte das Ministerium kontrollieren, um hierüber im Arbeiterrat zu berichten. Es ist unmöglich, einen Gendarmen neben sich zu haben.

Aus den landesweiten Rätegremien sowie von den Vertretern der Parteien und auch von denjenigen der berufsständischen Organisationen wurde am 13. Dezember der Provisorische Nationalrat gebildet. Die Vertreter dieser nationalen bayerischen Einrichtung, die Eisner den Bürgern ja schon am Tag nach dem Umsturz versprochen hatte, amtierten bis zum 4. Januar. Sie wurden auch zu Beratungen der Regierung herangezogen.

Natürlich konnten die Räteorganisationen nicht ständig tagen, und so bildeten sie Ausschüsse, sogenannte Vollzugsräte oder Aktionsausschüsse, die das Tagesgeschäft betrieben. Da in diesen Unterorganisationen aber eine andere Mitgliederbalance zwischen Mehrheitssozialdemokratie und Unabhängigen herrschte und sich dort die Unabhängigen immer besser durchsetzen konnten, bis sie schließlich auch noch von den Spartakisten und Kommunisten Unterstützung erhielten, führten diese Organisationen ihr Eigenleben.

So weit zur permanenten Steigerung des Durcheinanders. Immerhin aber stand alle Politik im Land unter dem Machtvorbehalt der Regierung, mit dem Eisner schon früh den Ministerrat gegen die Räte und ihr Hineinregieren abgeschottet hatte. Auf bescheidenem Niveau waren sie rein formell zwar an der Landespolitik beteiligt. Doch auch wenn sie sich noch so lautstark äußerten, einen starken Einfluss hat man bis zu Eisners Ermordung nicht festgestellt.

Auffallend viele Räte waren Schlosser von Beruf, und auffallend wenige waren Frauen – im Provisorischen Nationalrat zählte man 11, genau 2,8 Prozent, weibliche Räte. Ebenso stark war auch die Tendenz zu bemerken, bei den fast wöchentlichen Austritten und Umbildungen die SPD-Vertreter durch solche aus der USP zu ersetzen. Die Räte mögen insgesamt wenig Macht gehabt haben, aber sie wurden zu einem politischen Auffangbecken und Artikulationsforum für die Radikalen der Revolution. Als der Landtag zerfiel, waren Institutionen vorhanden, die ihn sofort ersetzen konnten. Ihre erste Reaktion war dann aber nicht, politisch aktiv zu werden, sondern, sich erst einmal umzubilden und umzubenennen.

Denn der Zentralrat, von dem Ernst Niekisch wie selbstverständlich sprach, so als hätte es ihn schon immer gegeben, war eine Neuschöpfung, und deswegen war auch sein Name neu. Mehrere Tage nach dem Mord wurde er am 25. Februar auf einem eigenen Rätekongress endgültig konstituiert.

Zudem bildete sich ein sogenannter Aktionsausschuss des Zentralrats, also wiederum ein Sondergremium für die Tagespolitik. Dort hatten die USP-Vertreter nun weitgehend das Sagen.

Der Vorsitzende des Zentralrats, Ernst Niekisch, hatte seinerseits die Absicht, in den Räten eine Koalition der sozialistischen Parteien zusammenzubringen oder zusammenzuhalten, um überhaupt die Macht im Land ausüben zu können.

Das Gebilde der Räte in München, und auch die Machtbalance im Zentralrat, dem er vorstand und der dann am 18. März die Macht wieder an Hoffmann übergab, war fragil und vielgestaltig wie ein künstlerisches Mobile. Solch ein Gebilde kann bezaubernd schön sein, wenn es im geschlossenen Raum hängt. Wehe aber, es fährt ein starker Wind in das Kunstwerk. Dann verheddert sich alles.

Verhandlungsszenen Auch der zu Anfang des Jahres 1919 ins Berufsleben eingetretene Jurist Philipp Loewenfeld hat Jahrzehnte nach der Revolution seine Erlebnisse aus den tumultuösen Monaten in München detailliert niedergeschrieben. Teilweise sind sie veröffentlicht, in ihrer Gänze existieren sie aber nur als Manuskript. Über fast tausend Seiten erstrecken sich seine Aufzeichnungen. Er verfasste sie zu einer Zeit, da er Deutschland als Sozialdemokrat und Jude bereits hatte verlassen müssen. Es ist deshalb, wie bei anderen Lebenserinnerungen auch, äußerste Vorsicht angebracht, ob sich alles wirklich bis ins einzelne gesprochene Wort hinein so ereignet hat. Andererseits darf man sich seine Erlebnisse nicht entgehen lassen, vor allem diejenigen nicht, die er als Zentralratsmitglied im Februar und März 1919 machte. Sie sind der lebende Beweis für den Begriff Durcheinander, den sogar eingefleischte Radikale wie Erich Mühsam verwendeten.

In das feine Gespinst der Münchner Räte war mit Erscheinen der Kommunisten ein kräftiger Wind aus Richtung Moskau gefahren und hatte noch mehr sachlich unfruchtbare Richtungskämpfe, also Durcheinander, gebracht. Die Radikalen hatten sich während des voraufgegangenen November in der Keimzelle aller Münchner Räte, im sogenannten Revolutionären Arbeiterrat, zusammengefunden. Wahlen hatten sie dort vermieden, vielmehr jeweils die passenden Klassenkämpfer ohne Prozedur neu aufgenommen, und so war auch Max Levien, die Führungsfigur der KPD, wie selbstverständlich und ohne eine Qualifikation als Arbeiter vorweisen zu können, in diesem Rat Mitglied geworden.

Von dort ausgehend versuchte er, wie die anderen Radikalen auch, auf den Zentralrat Druck auszuüben und Richtung Kommunismus zu marschieren. Loewenfeld beschrieb Szenen aus den Verhandlungen des Zentralrats, für die der Ausdruck »Verhandlungen« schon eine außergewöhnlich wohlmeinende Einschätzung war. Die Eskapaden von Max Levien zeigen mehr als viele abstrakte Überlegungen und wissenschaftliche Begriffe, was in der bayerischen Politik passieren konnte:

> Levien betrat mit Gepolter die Rednertribüne, um zu beantragen, dass der Stadtkommandant von München, Oskar Dürr, ein Sozialdemokrat, wegen seiner »bestialischen Rohheit gegen unschuldige Proletarier« sogleich abgesetzt, verhaftet und bestraft werde. Dürr habe per-

sönlich zwei Proletarier so misshandelt, dass diese schwer verletzt seien. Die beiden Verletzten seien in ihren Verbänden in der Vorhalle, und er werde beantragen, sie zu vernehmen.

Loewenfeld war Jurist wie sein Vater und gegenüber den Vorwürfen der Kommunisten alles andere als hilflos:

Wir stimmten demgemäß dem Antrag ausdrücklich zu und verlangten, als die beiden »Opfer« Dürrs hierauf in den Saal geführt wurden, daß ihre dicken Verbände aufgewickelt würden, damit wir uns von ihren behaupteten Verletzungen auch überzeugen könnten. Der zartbesaitete Levien bezeichnete dieses Verlangen als eine »Gemeinheit, wie sie deren nur vertierte Arbeiterverräter fähig seien«. Er stellte den Gegenantrag, dass die »Verwundeten« lediglich von einem Arzt untersucht würden, als welchen er ein Mitglied der Kommunistenfraktion in Vorschlag brachte. Der Rätekongreß jedoch, durch den übergroßen Lärm Leviens etwas mißtrauisch geworden, entschied durch Abstimmung im Sinne des Antrags, daß er selbst die Wunden zu sehen wünsche. Die »Opfer« wurden von ihren Verbänden befreit. Sie waren völlig unverletzt. Als Levien sich eben wieder zu Wort melden wollte, war er im nächsten Moment unter den Fäusten mehrerer Mitglieder der Bauernbundsfraktion, die ihn zum Lohn für diesen übergroßen Zynismus, unter lebhaftem Beifall eines großen Teils, im öffentlichen Plenarsitzungssaal gehörig verprügelten.

Mit diesen Prügeln war die Sache nicht beendet. Der ehemalige Soldat Levien stürmte anschließend noch einmal das Podium und begründete sein gescheitertes Unternehmen mit den Notwendigkeiten des Klassenkampfs. Für ihn war jedes noch so fragwürdige Mittel recht, sofern es ihn nur näher an eine bolschewistische Rätediktatur – immer unter der Aufsicht seiner Partei – führte. Man erinnere sich: Auch Victor Klemperer schäumte vor Wut, als er sich bei der Beobachtung der Münchner politischen Szenerie mit Levien befassen musste. Der Kommunist wurde nach seiner Blamage für zwei Tage mit Sprechverbot belegt, organisierte dann aber draußen sogleich eine spontane Demonstration gegen den Zentralrat. Am nächsten Tag war er schon wieder aktiv. Da platzten er und eine Gruppe von Bewaffneten mit vorgehaltenen Pistolen in den Sitzungssaal:

In dem Augenblick, in dem diese Terrorhandlung begann, sprang Levien, der mit den Leuten hereingekommen war, auf das Podium, um »alle Sozialverräter des Kongresses« aufzufor-

> dern, »sich zu ergeben«. Die Burschen hatten jedoch die Rechnung ohne den Wirt gemacht. Von den Kongreßteilnehmern waren sicherlich die Mehrzahl Kriegsteilnehmer.

Eiskalt weigern sich die Bedrohten, die Hände zu heben und sich den bewaffneten Kommunisten zu ergeben:

> Wilde Rufe »schießt nur her, Ihr Lumpen, Ihr Verbrecher« durchhallten den Saal, zugleich laute Entrüstungsrufe gegen die Kommunistenfraktion, deren Sprecher auch diese Niedrigkeit inszeniert hatte. Diese Wirkungslosigkeit des Terrorversuches war im Konzept der Eindringlinge nicht vorgesehen. Sie hatten geglaubt, der Kongreß werde vor ihren Revolvern kuschen. Diese abzudrücken, hatten sie offenbar keine Instruktionen. Dies war ihr Verderben, denn in wenigen Augenblicken waren sie von einer Anzahl von handfesten Kongreßteilnehmern entwaffnet, wobei es wiederum nicht ohne gründliche Prügel abging.

Ein solches Volksparlament konnte von seinen bürgerlichen Gegnern wenig Gegenliebe erwarten. Die Szenen belegen, dass in den Gremien alle gegen alle standen und niemand mit dem anderen konstruktiv zusammenarbeiten wollte oder konnte. Mit Sozialismus, welcher Sorte auch immer, oder einer Einheitsfront der sozialistischen Parteien, von der so viele träumten, hatte das natürlich nicht das Geringste zu tun.

Solche Kämpfe sind zudem ein schlagender Beweis dafür, wie fundamental sich eine Revolution verändert hatte, die in den Wochen nach dem 7. November noch fast das ganze Volk zusammengeführt hatte und die deshalb auch so aufsehenerregend neu war. Mittlerweile war sie eine Privatangelegenheit einzelner politischer Gruppierungen, und von der großen menschenvereinenden Vision eines Kurt Eisner hatte sich jegliche Spur verloren.

10 Der Weg zur Räterepublik

Faschingstreiben Am 12. Dezember 1912 starb Prinzregent Luitpold, der Vorgänger des letzten bayerischen Königs. In den Wochen nach Luitpolds Tod herrschte strenge Staatstrauer. Deshalb war es ein Skandal, als in diesen trüben, schwarzen Tagen ein Mann im Winnetou-Kostüm und mit einem Gewehr in der Hand über den Marienplatz stolzierte und sich nicht das Geringste um die landesweite Zerknirschung scherte. Er wurde festgenommen und scharf verhört. Der Mann behauptete, nichts vom Tod des Regenten mitbekommen zu haben, es sei doch schließlich Fasching. Die polizeilichen Nachforschungen ergaben, dass der Apache in der Pension Fürmann nächtigte, einer Bleibe, die der Inbegriff der Boheme war und in der der Pensionswirt die Regel aufgestellt hatte, dass Mann und Frau tagsüber gerne gemeinsam zu Bette liegen könnten, wenn sie dies wollten, dass ihnen dies aber nächtens nicht freigestellt sei. Da müsse man sich miteinander vergnügen.

Schließlich erschien die Polizei in der Pension Fürmann und stellte fest, dass der Briefkasten überquoll, die Zeitungen in Stapeln vor der Türe lagen und die Bewohner tatsächlich schon seit vielen Tagen vom sonstigen Leben abgenabelt waren, weil sie ununterbrochen Fasching feierten. Wohl auch im Bett. Der Indianer konnte mit mildernden Umständen rechnen. Heute ist das Ausmaß, mit dem in München damals Fasching gefeiert wurde, gar nicht mehr vorstellbar.

Vor allem in Schwabing war es eine Zeit noch weiter gesteigerter anarchistischer Freizügigkeit. Die Ausgelassenheit war friedvoll und harmlos. Sie führte zu nichts, außer zu viel Spaß, Nachwuchs und Kopfweh. Kein Wunder, dass das München der Revolution viele Zeitgenossen an einen nicht enden wollenden politischen Fasching erinnerte. Sogar im März des Jahres 1919 konnte man noch diesen Eindruck gewinnen. Es herrschte nach wie vor politischer Maskenzwang, wie Victor Klemperer beobachtete:

> Aber die Hauptsache waren die großen roten Fahnen. Manche schön einfach rot, manche mit Inschriften, eine gar mit dem türkischen Halbmond; sie war aber so schön rot, daß der nicht störend wirkte. Die Leute jubelten, und stellenweise hätte man den Ernst des Ganzen wohl vergessen und an eine Faschingsbelustigung denken können.

Klemperer hatte schon im Dezember die Räteversammlung mit den vor Begeisterung kochenden Volksmassen und dem charismatischen Eisner minutiös genau beobachtet, und nun, in dem Machtvakuum nach dem Mord, den er trotz seiner konservativen Grundeinstellung als eine unglaublich dumme und folgenreiche Missetat ansah, beschrieb er in Zeitungsartikeln für ein Leipziger Blatt detailliert das Hin und Her der politischen Kräfte, das ganz und gar nicht mit der verharmlosenden Darstellung von Ernst Niekisch vereinbar war. Klemperer bemerkte eine explosive Stimmung – fand aber keinen Funken:

> Dann bildeten sich, auf Straßen und Plätzen, die merkwürdigen kreisrunden Menschennester, die vielleicht eine besondere Münchner Eigentümlichkeit sind. Irgendwo im Kern des Knäuels wird etwas gesprochen oder erzählt, gar nicht sonderlich laut, der Knäuel steht um den Kern und fragt, was es dort gebe. Fünf Schritt entfernt ein zweiter, ebenso symmetrischer Knäuel und ein dritter, sechster, zwölfter. ... Ein Schuß würde genügen, die Verschmelzung dieser Gruppen, die chaotische Masse zu formieren. Und ich wunderte mich eigentlich den ganzen Tag über, daß dieser Schuß nicht fiel.

Der politische Fasching, den so viele wahrnahmen, sah folgendermaßen aus: Nach dem Mord an Eisner hatte sich das Parlament zuerst in alle Winde zerstreut und dann in Nordbayern wieder zusammengefunden. Als es dann Wochen später in München zusammenkam, versammelte es sich ein einziges Mal und übertrug der Regierung Hoffmann alle gesetzgeberischen Rechte, die es eigentlich selbst ausüben sollte. Das war schon gehobene politische Verkleidungskunst.

Die Räte tagten seit den Anschlägen statt des Parlaments ganz allein im Landtag, aber eine verlässliche Regierung übten sie genauso wenig aus wie eine parlamentarische Funktion. Sie waren zwischen Mehrheitssozialdemokratie und Radikalen so gespalten, dass sie sich mehr für lange Grundsatzreden, zukünftige Regierungsformen und die Formulierung von Kompromissformeln interessierten. Sie hatten sich als ein Parlament, nämlich demjenigen der Räte, mehr kostümiert als konstituiert.

Schließlich brachten sie zwar eine nominelle Räteregierung unter dem Mehrheitssozialdemokraten Martin Segitz zustande, die trat aber nie zusammen, und eine Wirkung dieser Minister war bestenfalls in Spurenelementen vorhanden. Daneben amtierten auch noch Minister aus der alten Revolutionsregierung, und sofern einer von ihnen nicht selbst vor Ort war, weil er etwa wie Erhard Auer in der Klinik mehr ans Überleben als an die Politik dachte, da führte einfach der Staatssekretär die Geschäfte des Ministers. Man konnte also wirklich den Eindruck bekommen, alle politisch Tätigen spielten mehr Politik und paradierten auf einem parlamentarischen Karnevalszug, denn dass sie wirklich tätig waren.

Versammlungen in den großen Bierhallen waren seit Monaten eine normale Erscheinung. Als am 3. März und am 5. März Demonstranten die Einführung einer Regierung nach sowjetischem Vorbild, die Aufnahme von Beziehungen mit Sowjetrussland sowie die Aufstellung einer Roten Armee forderten und mit diesen Forderungen auch vor den Räten erschienen und anschließend dort Abstimmungen erzwangen, zeigte sich, dass die KPD nun in München stark verankert war und deswegen das Stimmungsorchester zur Abwechslung auch bolschewistische Melodien ertönen lassen würde – sosehr sie voller Misstöne waren, wie Philipp Loewenfeld ja eindrücklich schilderte.

Durchsetzen konnte sich die KPD nicht, sie erweiterte nur das Spektrum der Kräfte und Klänge. Doch damit nicht genug. Inzwischen hatten sich in Nordbayern konservative Räte etabliert und kokettierten mit einer Abspaltung Nordbayerns von dem politischen Kosmos in der Hauptstadt. Richtig ernst nahmen die Räte in München sogar diese Zerfallserscheinung nicht. Josef Hofmiller meinte die Gründe für diese Abspaltung zu kennen:

In Nürnberg sind die unabhängigen Arbeiter ruhiger und vernünftiger als hier die von der Mehrheitspartei. Der Grund ist, weil in Nürnberg keine Bohème, kein Schwabing ist. Dieses Literaturgesindel macht jedes vernünftige Arbeiten unmöglich.

In den Augen von bürgerlichen Konservativen übten die Radikalen, also Anarchisten und Kommunisten, und unter ihnen ganz unverwechselbar die Schwabinger Schriftsteller wie Toller, Mühsam oder Landauer, seit dem Mord an Eisner äußerst angestrengt im Fach Bolschewismus und warteten nur darauf, die SPD und die zurückhaltenden Räte übertölpeln zu können. In einer Art von Endlosschleife war es deshalb – sozusagen als Präventivschlag – schon kurz nach dem Mord am 27. Februar zur Verhaftung von Max Levien gekommen, wiederum veranlasst von den für die Sicherheit Münchens zuständigen Revolutionären Oskar Dürr und Josef Staimer. Und wie es sich gehörte, wurde Levien nach Protesten entlassen, kehrte in die Räteversammlungen zurück und wurde beklatscht und umjubelt. Auch wenn er gelegentlich dort Prügel bezog.

Fasching war dafür ein harmloses Wort. Man kann das politische Szenario nüchtern als Politikgeschehen betrachten, mit dem gleichen Recht aber auch als Groteske, Faschingsbetrieb oder Tragikomödie. Es hatte von all dem ein Stück, und das war das Verwirrende an ihm.

Ein wichtiger Grund für die permanenten Richtungswechsel war sicher, dass mit den Attentaten vom 21. Februar beide Revolutionsparteien ihre prägenden Führungspersönlichkeiten verloren hatten. Die USP war vollkommen auf Eisner, sein politisches Gespür und seine Richtungsvorgaben zugeschnitten, und bei der SPD war es mit Auer letztlich genauso, auch wenn weniger Kult um seine Person getrieben wurde. Nun, da die Krise da war, gab es niemanden, der zupackte und die Genossen mitreißen konnte. Richtungslos torkelten sie umher. Lediglich die Radikalen, die Kommunisten und Anarchisten, waren noch im Vollbesitz ihrer personellen Kräfte. Das kommende Geschehen war deshalb so wirr, weil es niemand mit Durchsetzungskraft strukturieren konnte.

Der Rätekongress, der nach Eisners Tod eigentlich das Sagen hatte und ernsthafte Politik betreiben sollte, fand bis zum 6. März keine klare Aussage oder sogar Lösung für die Machtverteilung im Land. Getrieben von der gemäßigten Mehrheit, wollte er eine vom Landtag legitimierte Regierung ins Amt bringen, war aber zugleich unter Druck der Radikalen aus den eigenen Reihen und musste sich deshalb mit der Bildung einer vom Landtag gewählten Regierung tunlichst zurückhalten. Er war gelähmt.

Alles war ein politischer Maskenball, bei dem nur derjenige auf seine Kosten kam, der keine Lösungen suchte, sondern der Unentschiedenheit und Fragwürdigkeit der Situation Unterhaltsames abgewinnen konnte. Von solchen Spaßvögeln gab es wenige in München. Noch nicht einmal Oskar Maria Graf, der sich in dieser Zeit hauptsächlich mit alkoholischen Getränken beschäftigte, konnte der Politik mit Humor begegnen:

> Die sozialistischen Parteien bekämpften sich unablässig und mit größter Hitzigkeit. Im Hotel Wagner tagte eine proletarische Versammlung in Permanenz. Spartakisten und Unabhängige hielten dort ständig Reden, Mehrheitssozialisten wurden niedergeschrien. Resolutionen abgefaßt, Abordnungen zusammengestellt, die ihre Forderungen stets sofort dem Zentralrat im Landtag überbrachten. Ein fortwährendes Aus und Ein, ein dauerndes Hin und Her war es.

Nur manchmal hielten die Massen, und Massen von politisch aktiven Münchnern waren es tatsächlich, inne. Immer wieder sickerten schlechte Nachrichten von den Friedensverhandlungen durch. Ausländische Politiker schauten ihrerseits irritiert auf das ständige Gezerre in München, wie Josef Hofmiller von Freunden erzählt bekam:

> Die Soldatenräte werden plötzlich etwas zahmer. Der Grund ist, daß der amerikanische Bevollmächtigte Field erklärt hat, wenn in Bayern nicht geordnete Zustände würden, bekämen wir nichts zu essen, und abreiste. Dabei lagen die Lebensmittel schon in der Schweiz und waren bereit, eingeführt zu werden!

Beim Gang durch Münchens Delikatessengeschäft Dallmayr stellte Hofmiller dann tatsächlich fest, dass nicht einmal mehr für Devisen Essen zu bekommen war:

> Gestern: nichts, gar nichts, kein Schwanz von einem Fisch, nicht einmal Hering, nicht einmal eine Sardelle; bloß Stockfisch stank in einer Ecke.

Wochenlang tobte in München die Auseinandersetzung zwischen Mehrheitssozialdemokratie und Radikalen, ein Konflikt, der am 21. November, kurz vor dem Mord, eigentlich schon entschieden war, danach sofort wieder aufflammte und nun in aller Heftigkeit loderte. Eine endgültige Klärung der leidigen Machtfrage war in München nicht zu erhoffen.

Man kann die gesamte Situation auch bei nüchterner Betrachtung und ohne jegliche Faschingsrhetorik nicht anders denn als äußerst kompliziert einschätzen. Deshalb hatte die Führung der SPD die Zwickmühle in München nach den Attentaten verlassen und war nach Franken ausgewichen. Sie sammelte sich in Nürnberg und vereinbarte dort mit den konservativen Parteien, also mit der BVP, DDP und sogar mit den gemäßigten Kräften der USP um Felix Fechenbach und Hans Unterleitner sowie mit dem Bayerischen Bauernbund, dass man die Räte in München unter Druck setzen werde, indem man die Regierung Segitz, also die Regierung, die die Räte eingesetzt hatten, nicht anerkannte und stattdessen eine Einberufung des Landtags forderte.

Es war aber klar, dass der Rätekongress keine Regierung von Gnaden der konservativen Parteien im Land akzeptieren würde. Andererseits akzeptierten die SPD und die konservativen Parteien ihrerseits keine Regierung von Gnaden des Rätekongresses. Und so kam es zuletzt zu einem schwierigen Kompromiss, und zwar zu einer Regierung mit sechs Vertretern der Sozialisten, einem des Bauernbundes und einem Fachminister.

Der Rätekongress bekam seine mehrheitlich sozialistische Regierung, und die konservativen Parteien bekamen eine Regierung, die sie aus eigenem Entschluss mit ins Amt gebracht hatten. Auch die Münchner Räte sprachen sich für diese Lösung aus, und nur deshalb musste Ernst Niekisch schlussendlich an Johannes Hoffmann herantreten und ein Zusammentreten des Landtags und die Wahl eines Ministerpräsidenten gestatten. So weit stand die sozialdemokratische Abwehrmauer also noch.

An den Verhandlungen in Nürnberg um ein zukünftiges Kabinett Hoffmann war für die Liberalen aus der DDP ihre Führungsfigur Ernst Müller-Meiningen beteiligt. Seine Abneigung gegenüber den Räten hatte er natürlich nach den Ereignissen vom 21. Februar nicht abgelegt. Die Schwäche der bürgerlichen Parteien sah er deshalb vor und nach dem

Amtsantritt der Regierung Hoffmann durch das Vergrößerungsglas seiner politischen Angst – zumindest stellte er das später so dar:

> Nur derjenige, der damals mitten in den Dingen stand, der wußte, daß die Regierung ohne jede Macht war, daß die »Räte« alle Waffen und damit die ganze Macht hatten, daß das neu aufgestellte Ministerium eigentlich zunächst nur von der Uneinigkeit der sozialistisch-radikalen Gruppen scheinleben konnte, weiß die ungeheuren Schwierigkeiten richtig einzuschätzen, die wir damals zu überwinden hatten, um für bessere Tage zu rüsten und eine vorläufig nur vegetierende, rein sozialistische Regierung aufzustellen und zu halten.

Im neuen Kabinett von Johannes Hoffmann saßen die beiden sozialistischen Parteien – wie schon in den ersten Monaten nach der Revolution. Diese Idee einer Minderheitsregierung war sogar von den bürgerlichen Parteien mit vorgebracht worden. Weil sie die Spannungen nicht eskalieren lassen wollten, hielten sie sich vom Kabinett, ja von der Landespolitik fern. Es war nun bereits das dritte Kabinett innerhalb von sechs Monaten, für das Müller-Meiningen ursprünglich vorgesehen oder zumindest denkbar gewesen war, und immer hatte er kurz vor Amtsantritt zurückstecken müssen. Seit Monaten war er als Minister maskiert in München unterwegs, wusste aber, dass seine Kostümierung von manchen als äußerst unpassend empfunden wurde:

> Die Situation war am 17./18. März aber immerhin noch so heikel, daß man jede polemische Debatte vermied, ja vermeiden mußte. Es war alles von neuem mit Elektrizität geladen. War doch soviel Zündstoff aufgehäuft, daß die geringste Torheit neue gefährliche Explosionen befürchten ließ. Das Bild wechselte zudem von Stunde zu Stunde.

Es ist klar, dass sich angesichts solcher hochexplosiver Umstände im politischen Herzen von Müller-Meiningen, aber eben auch in dem vieler anderer Bürger, ein großer Zorn auf München und seine Räteregierung anstaute. Da war man von den Menschen im Lande gewählt worden, hatte in einer fairen Wahl einen guten Erfolg erzielt und musste dennoch vor Politikern katzbuckeln, deren Drohungen keinerlei Legitimation besaßen. Spätestens an diesem Punkt beginnt die Wandlung des Liberalen Müller-Meiningen zum bekennenden Gegenrevolutionär. Die Machtbasis der Regierung

Hoffmann hatte sich am 18. März, verglichen mit einer Mitte-Links-Koalition, wie sie noch am 21. Februar möglich gewesen wäre, deutlich verschmälert. Sie fußte nicht auf der Mehrheit der Abgeordneten, sondern auf der Angst der bürgerlichen Politiker vor den Radikalen.

Die bürgerlichen Parteien sahen in der SPD zwar immer noch das kleinere Übel, waren nun aber auch nicht mehr an eine Koalitionsdisziplin gebunden. Doch mit dieser Freiheit konnten sie wenig anfangen, denn die Waffen waren in den Händen der Revolution. Sie fühlten sich gedemütigt und als Randfiguren in einem politischen Kasperltheater, bei dem der böse Räuber, also die Kommunisten, ihrem Eindruck nach schon in der Tür stand.

Daher rührt auch die zügige Abkehr der Münchner Bürger von allen Hoffnungen, die sie früher auf die Revolution gesetzt hatten. Denn noch mehr ungeklärte Machtverhältnisse und politisches Durcheinander, als es damals existierte, kann man sich kaum vorstellen, und so ist es verständlich, dass das Bild einer Faschingsveranstaltung immer wieder als Umschreibung der Münchner Verhältnisse benutzt wurde. Bei jedem Faschingsvergnügen aber ist eins klar: Der Aschermittwoch kommt mit eiserner Gesetzmäßigkeit.

Intermezzo der Minister Wer hatte die Macht im Staat? Wer sollte sie besitzen dürfen? Wie konnte man sie erringen und sichern? Das waren die Fragen einer Zeit und einer Bevölkerung, die sich eigentlich auf dem Weg wähnte, immer sozialistischer zu werden. Alles, was in einer sozialistischen Gesellschaft eine Rolle spielen sollte, also die Frage des Eigentums an den Unternehmen, der Entscheidungsbefugnis in Privatwirtschaft und Staat, die Gleichheit von Einkommen und Berufschancen, all das war erstaunlicherweise ein ziemlich untergeordnetes Thema.

In einer Gesellschaft, in der sogar wohlhabende Bürger hungerten und das Delikatessengeschäft Dallmayr auch dem zahlungskräftigsten Kunden nichts zu bieten hatte, in einem Wirtschaftssystem, das den Schieber in eine mächtigere Position brachte als den Kapitalisten, ist eine solche Desorientierung verständlich.

Deutschland war durch den Krieg wirtschaftlich am Ende, denn innerhalb weniger Wochen war es nicht möglich, von einer ausgefeilten Kriegsproduktion und durchorganisierten Kriegswirtschaft in ein ziviles Wirtschaftssystem umzuschwenken, für das es noch dazu keine Absatzmärkte und keine Bezugsquellen mehr gab. Als das frierende München hoffte, statt Kohlelieferungen von der nun französisch besetzten Saar solche aus Böhmen zu bekommen, wurde dieser Plan sehr schnell von der Politik in Berlin, Prag und Paris durchkreuzt. Schon früh hatte Eisner deshalb resignierend festgestellt, dass man im landwirtschaftlich geprägten Bayern nur sozialisieren könne, wenn etwas da wäre, das man sozialisieren könne. Noch nicht einmal landwirtschaftliche Großbetriebe hatte das Land zu bieten.

Die sozialistische Politik der Revolutionäre konzentrierte sich deshalb auf Geldzuweisungen an Arbeitslose und Arbeiter. Deren Einkommen sollten durch Staatsverschuldung und Notgeld sichergestellt werden. Münchner, die nicht arbeiteten, waren ungefähr so gut gestellt wie diejenigen, die noch einer Erwerbsarbeit nachgingen. Halbwegs gut oder eher ziemlich schlecht vom Staat unterstützt, konnten sich alle hemmungslos der Politik widmen. Die Regierung von Johannes Hoffmann wollte sich nun, da sie im Amt war, endlich an die Sozialisierung der bayerischen Wirtschaft machen. Doch auch Johannes Hoffmann musste feststellen, dass die Aufstellung von Sozialisierungsplänen, die Einrichtung von Sozialisierungskommissionen und dafür zuständigen Ministerien sinnlos war, solange eine Frage nicht entschieden war: Wer hat die Macht?

Denn kaum hatte sein Ministerium einen eigenen Sozialisierungsausschuss gegründet, bestand der Zentralrat der Arbeiterräte darauf, dass diese Thematik in seine Zuständigkeit falle, und das schon seit Beginn der Revolution. Otto Neurath sollte als Sachverständiger die Sozialisierung in Bayern in Angriff nehmen, und Hoffmann war mehr damit beschäftigt, Neurath als Vorsitzenden eines von den Räten geschaffenen Zentralwirtschaftsamtes einzubremsen, als damit, sich eigenen Sozialisierungsplänen zu widmen. Das Aufkommen und Versanden von Themen und Projekten, diese dauernde Unstetigkeit der bayerischen Politik im Konflikt der einzelnen Staatsorgane, sollte also auch unter Hoffmann kein Ende nehmen. Auch Oskar Maria Graf war verwirrt:

> Wer regierte, wußte man nicht recht, die Parolen der Sozialisten änderten sich täglich, das Leben schob sich gewissermaßen ewig hin und her, Versammlungen, Aufläufe, Schießereien und Putschgerüchte trieben einander.
> Und ich? Ich war wirklich eine Privatperson und ein Säufer, sonst nichts. Der Sumpf hatte mich geschluckt.
> So verlief der März, und der April brachte die ersten wärmeren Tage.

Diese Alternative, die der von reichen Freunden verwöhnte Graf für sich wählen konnte, blieb den Politikern in Bayern versagt. Die Vertreter aller Lager mussten ganz nüchtern auf dem dünnen politischen Draht, den sie unter den Füßen hatten, weiter balancieren. Je zielstrebiger alle Lager vorangingen, umso weiter entfernten sie sich voneinander und umso häufiger war von einem neuen Umsturz zu hören. Diese Nachrichten waren nicht geheim, sie drangen auch ans Ohr von Victor Klemperer:

> Es kam nun nicht so, daß auf Eisners Ermordung unmittelbar die Münchener Räterepublik folgte. Vielmehr herrschte bis in den Anfang April ein sich allmählich verschlechternder Zwischenzustand. Es wurde gestreikt, man unterdrückte die bürgerlichen Zeitungen, man schoß gelegentlich, man plünderte gelegentlich eine Villa; aber eine gewisse Bewegungsmöglichkeit der Gemäßigten und der Rechtsparteien bestand noch immer, eine wirkliche Diktatur des Proletariats war noch nicht erreicht, offener Krieg mit dem Reich oder, wie man sich ausdrückte, mit »Weimar« wurde noch nicht geführt. In dieser Zwischenzeit ließ ich die Journalistik ruhen.

Genauso wie auch Graf hatte Klemperer im Frühjahr 1919 die Orientierung im politischen Geschehen verloren. Bei Klemperer kam noch hinzu, dass sein Auftraggeber, die ›Leipziger Neuesten Nachrichten‹, wegen eines Generalstreiks keine Artikel entgegennahm.

Am 4. April war Johannes Hoffmann nach Berlin gefahren, um sich mit Gustav Noske zu besprechen. Vermutlich ging es um die Aufstellung von Truppen gegen die Revolution. Durch seine Abwesenheit veränderte sich das Gewicht in den politischen Waagschalen Bayerns nur ein klein wenig. Aber schon dies Wenige reichte bei den völlig instabilen Machtverhältnissen, um alles Bestehende umzustürzen und die Revolution in radikale Bahnen zu lenken.

Anstoß für eine neuerliche Wendung der Machtverhältnisse war ein geschickter Schachzug der Radikalen aus dem Münchner Arbeiterrat, die in den Versammlungen seit der Revolution eigentlich immer an der gemäßigten Mehrheit gescheitert waren. Sie suchten nun Einfluss außerhalb Münchens, in Augsburg, zu gewinnen, denn dort waren Textil- und Maschinenbauindustrie starke Branchen, die eine radikale Arbeiterschaft hervorgebracht hatten. Auch Ernst Niekisch war Augsburger, und dort hielt er am 3. April vor den Augsburger und Münchner Arbeiterräten eine Rede, die zu seiner großen Überraschung als Anlass gesehen wurde, mit einer Resolution die Errichtung einer reinen Räterepublik in Bayern zu fordern.

Für diesen Coup war aus München extra die radikale Abordnung angereist, und genau sie war bei der Abstimmung nach der Rede von Niekisch das Zünglein an der Waage. Am Tag darauf wurde eine Delegation nach München geschickt, traf Hoffmann aber nicht an, denn der war schon in Richtung Berlin unterwegs. So mussten sich seine Minister mit der radikalen Resolution auseinandersetzen.

Hoffmann hatte für den 8. April eine Landtagssitzung einberufen, also drängte für die Radikalen die Zeit, denn je normaler die parlamentarischen Institutionen arbeiten würden, umso schwieriger wäre ein Umsturz. Doch die Minister Hoffmanns widersetzten sich jedem Ultimatum. Also zog die Augsburger Abordnung zum Münchner Zentralrat und erreichte dort eine Entschließung, die das von Hoffmann mühsam aufgerichtete Kartenhaus einer sozialdemokratischen Regierung zum Einsturz zu bringen drohte:

> Laut Zeitungsnachrichten sollte am Dienstag, 8. April, der Landtag zusammentreten. Der Zentralrat hat sofort energische Schritte unternommen, daß die Einberufung des Landtages rückgängig gemacht wurde. Der Zusammentritt unterbleibt deshalb.

Der Zentralrat hatte tapfer monatelang jede Verhinderung des Parlaments verhindert. Deshalb waren die Kommunisten schließlich sogar aus dem Zentralrat ausgetreten. Nun hatte er plötzlich die Seiten gewechselt. Er verabschiedete zwar keine Resolution, die das Parlament beseitigen wollte, sondern nur im gegenwärtigen Moment eine Landtagssitzung blockierte. Insofern balancierte der Zentralrat selbst weiter zwischen den Lagern. Darüber hinaus hatte die Münchner Garnison diesmal entschieden, sich nicht zu entscheiden. Weder für die Regierung noch für die Radikalen wollte sie zur Waffe greifen, so wurde bekundet. Sie würde die Arbeiter schützen. Das hieß, sie würde diejenigen gewähren lassen, die mutig und mit klug gesetzten revolutionären Worten nach der Macht griffen.

München war in diesem Moment an einem Punkt angelangt, an dem es schon einmal gestanden war: am 7. November 1918. Ein teils unentschiedenes und teils neutrales Militär, Minister, die ihre Macht nicht nützen konnten oder nicht nützen wollten, wurden von Radikalen übertölpelt, die ziemlich wenig tun mussten, um zum Erfolg zu kommen. Damit war überdeutlich, dass weder Eisner noch Auer und auch nicht Hoffmann politische Verhältnisse geschaffen hatten, die Stabilität garantierten. Die Politik schlingerte weiter vor sich hin.

Die Radikalen unterschiedlicher politischer Feinschattierung hatten bei ihrem Vorstoß die neu erwachte Gewissheit, dass ihr Kurs gegen das Parlament erfolgversprechend sein könnte. Denn in Ungarn war mittlerweile unter Béla Kun eine reine Räteregierung geschaffen worden, sie hatte die Unterstützung Lenins gefunden und schon ihre Fühler nach Österreich zu den dortigen Räten ausgestreckt. Auch in Wien war die sozialistische Regierung in die Defensive gedrängt.

Selbst wenn der Spartakusaufstand in Deutschland militärisch unterdrückt worden war, so könnte eine Radikalisierung neu entfacht werden, das war die Hoffnung, die hinter den Aktionen in München stand. Auch in Berlin, in Sachsen, Thüringen und dem Ruhrgebiet brachen ja immer wieder Aufstände aus. Ein kommunistisches Deutschland konnte man sich also immer noch erträumen. Und so war Bayern am 5. April dabei, in eine neue, nun schon die dritte Revolution zu rutschen. Dabei war es eher ein Abgleiten dorthin, als dass man sagen könnte, es sei ein starker Zug übermächtiger Kräfte wahrnehmbar gewesen.

Die erste Räterepublik Am 5. April 1919 veröffentlichte die kommunistische Partei Bayerns unter ihrem führenden Kopf, dem aus Berlin nach München abkommandierten Eugen Leviné, eine Stellungnahme zur politischen Situation. Der Zentralrat wurde darin von den Kommunisten gnadenlos abgekanzelt. Er vertrete nicht das Proletariat, sondern nur sich selbst. Erst wenn die Politik durch selbstständige Aktionen des Proletariats und nicht durch Machenschaften kaum legitimierter Vertreter gestaltet werde, könne man einen Umschwung, eine weitere Revolution ernst nehmen.

Das war eine neue Faschingsvariante, denn nun hatten sich auch die Radikalen gespalten, aber den Kommunisten war es mit ihrem Boykott des Zentralrats durchaus ernst, denn sie sahen, dass er mehr im eigenen Fett schmorte, als dass er von einer Woge der proletarischen Begeisterung in München vorangetrieben wurde. Leviné benutzte in seinen Reden Worte von einer Drastik, wie sie sonst eher bei der Rechten zu finden waren:

> Ich habe den Eindruck, als lege man in München zuviel Wert auf die große Politik, als beschäftige man sich zu sehr mit der Frage einer großen Zukunft und vernachlässige darüber das gegenwärtig Notwendige, das dazu bestimmt ist, jene Zukunft einmal zu tragen. Gewiß, wir stehen auf dem Boden des Rätesystems, aber wir haben die Voraussetzungen noch zu schaffen, die dieses System gewährleisten. Diese Voraussetzungen bestehen noch nicht, und wenn Genosse Levien im bayerischen Rätekongreß die Forderung nach einem Rätesystem erhebt und grundsätzlich vertritt, so ist er doch wohl mit mir der Meinung, daß die Proklamierung einer Bayerischen Räterepublik unter den gegenwärtigen politischen Verhältnissen im Reich ein Wahnsinn ist und wahnsinnige Folgen haben müßte.

Von solchen Wahnsinnigen, wie Leviné sich ausdrückte, gab es in Deutschland genug – auch in den Führungszirkeln seiner eigenen Partei –, und so begab es sich, dass nicht nur er nach Bayern gezogen war, sondern zahlreiche andere, parteilich nicht gebundene Radikale nach München gingen, um die Revolution zu versuchen. Im April tauchen Rätevertreter auf, die vorher nie in Bayern gesehen worden waren. Sowohl die Arbeitervertreter wie auch die Bürger in München berichteten davon. Die Neuankömmlinge waren allein dadurch zu identifizieren, dass sie keinen bayerischen Dialekt sprachen.

Mit der Resolution des Zentralrats, also der Absage für die Landtagssitzung vom 8. April, war vorerst nur ein riesiges Machtvakuum entstanden. Es musste zu einer Entscheidung kommen. Deshalb versammelten sich am 5. April etwa 100 Personen im Ministerium für Militärische Angelegenheiten. Neben Vertretern der USPD, des Bauernbundes und der Räte war auch Eugen Leviné zugegen. Zusätzlich der Hausherr, Militärminister Ernst Schneppenhorst von der SPD.

Unklar ist bis heute, warum Schneppenhorst an einem Verschwörertreffen gegen das Ministerium, dem er selbst angehörte, teilnahm. Es wird sogar vermutet, dass er nicht genau wusste, was er mit dieser Zusammenkunft anzettelte. An seiner Aktion wird aber deutlich, dass die SPD mit ihrem parlamentarischen Latein am Ende war. In den Monaten nach dem 21. Februar, den auch viele Sozialdemokraten alter, konservativer Prägung als Anschlag auf die Revolution empfunden haben dürften, war ihr die geduldige Treue ihrer Mitglieder und ihres Anhangs abhandengekommen, und es könnte sein, dass Schneppenhorst die Abtrünnigen wieder einfangen und damit auch die politische Initiative zurückgewinnen wollte.

Militärminister Schneppenhorst ging in die Offensive und forderte eine Räteregierung, also das Ende seiner eigenen, parlamentarisch legitimierten Position. Leviné sollte in eine neue Regierung eintreten. Doch der lehnte ab. Ihm war klar, dass Bayern wirtschaftlich und militärisch keinen Alleingang wagen konnte und eine Räteregierung nur die eher konservative Landbevölkerung gegen München mobilisieren würde. Außerdem war er nicht bereit, als Juniorpartner für Schneppenhorst Verantwortung zu übernehmen. Dennoch kam man in der großen Runde überein, die Regierung zu stürzen. Schneppenhorst war Sozialdemokrat genug, um zu wissen, dass er ohne Mandat seiner Partei nicht handeln konnte.

Also wurde zwar eine Proklamation aufgesetzt, Schneppenhorst aber auch nach Nürnberg geschickt, um auf einer eilends dort einberufenen Parteikonferenz die Zustimmung seiner Genossen zu erhalten. Dort erlitt er eine herbe Niederlage. Mit 47 zu 6 Stimmen entschieden sich die Delegierten gegen die Räterepublik. Während der Tagung in Nürnberg rotierte das politische Karussell in München natürlich ungebremst weiter. Müller-Meiningen konferierte mit den Landtagsparteien:

Die Sachlage spitzte sich immer mehr zu. Wir waren gewärtig, jede Stunde als Geiseln eingesteckt zu werden. Trotzdem beschlossen die Ältesten, am Sonntag (6. April) nochmals im Landtag zusammenzutreten, dann aber in Privatwohnungen die Beratungen fortzusetzen. Der Minsterpräsident erschien nicht. Die wildesten Gerüchte verbreiteten sich, er sei in die Schweiz geflohen. Niemand wußte, wo er weilte, da er am Samstag kein Wort über eine beabsichtigte Reise verlor. Allgemeine Verwirrung! Da war es ein theatralischer Moment, als der Verwalter des Landtags in das Sitzungszimmer des Ältestenrats eintrat und uns folgendes erklärte: »Meine Herren, ich habe mich eines Auftrags zu entledigen. Die Landtagswache läßt Ihnen durch mich eröffnen, daß sie nicht mehr in der Lage sei, auch nur einen Tag länger den Ältestenrat zu beschützen. Man habe ihr die Maschinengewehre und die Handgranaten weggenommen.«

In diesen Stunden war Johannes Hoffmann nicht Richtung Schweiz, sondern nach Bamberg unterwegs – auf der Suche nach loyalen Soldaten. Schneppenhorst seinerseits fuhr nach der Rätesitzung von Nürnberg nach München zurück, um den Zentralrat zu bremsen. Während er im Zug saß, traf sich ein kleiner Zirkel der Delegierten und beschloss spontan, die Sache weiterzutreiben und eine Proklamation zur Druckerei zu geben, in der die »Räterepublik Baiern« verkündet wurde. Frei nach der Devise: Wir können die Party nicht mehr absagen, die Einladungen sind schon verschickt, versuchten die Revolutionäre, die SPD in die Räterepublik mit hineinzuziehen. Klemperer meldete sofort nach Leipzig:

Man muß die schöne Gemütsruhe des Münchener Bürgertums miterlebt haben, um den gelungenen Handstreich der Rätepartei nicht allzusehr zu bewundern. Ahnungslos waren die Bürger und alle Gemäßigteren diesmal nicht, das tuschelte überall seit Wochen, im April käme »es«. Aber der gute Bürger dachte eben, er habe sich lange genug politisch aufgeregt, und einmal müsse der Mensch auch »sei Ruh« haben. Also kümmerte man sich um Butter und Eier statt um Mühsam und Landauer.

Das 1. und. 2. Infanterieregiment von Schneppenhorsts Armee hatten den Umschwung zwar nicht betrieben, duldete ihn aber. Die Sicherheitsverantwortlichen Dürr und Staimer gehörten selbst zu den Putschisten. Somit hatte die Räterepublik Baiern vorerst wenig zu befürchten, auch wenn sich die SPD an der Räteregierung selbst nicht beteiligte. Aus Bayern wurde in der neuen Benennung Baiern, weil das Ypsilon einst von König Ludwig I. aus Griechenlandliebe in den Namen des Landes gesetzt worden war. Mit der Tilgung dieses griechischen Buchstabens vollbrachte die Räterepublik also nochmals einen Königssturz, eine erneute Geste.

Wie immer kurz vor den entscheidenden Umschwüngen der Münchner Politik hatte Josef Hofmiller zuletzt nur mehr gelegentlich Tagebucheinträge gemacht. Am 7. April wurde er sofort wieder aktiv. Der Tag war zum Feiertag erklärt worden, und deswegen konnte er sich in München bei strahlendem und warmem Frühlingswetter genauestens umsehen:

> Das Publikum war im allgemeinen angeregt, fast vergnügt. Das Straßenbild zeigte als Neuerung, daß sehr viele Volksredner Gruppen um sich bildeten, je nach Qualität des Gebotenen größer oder kleiner; die Redner waren aus den verschiedensten Ständen und gehörten den verschiedensten Altern an; die meisten waren junge Leute. Viele Norddeutsche. Bei einer Gruppe bemerkte ich den Reichsarchivassessor Gerlich, der den Leuten erzählte, wie es in Rußland wirklich zugeht. Die Standpunkte waren ebenso verschieden wie die Redner. Die eine Gruppe wurde für, die andere gegen die Regierung bearbeitet. Von einem Redner hörte ich: »Amerika lasse ich einstweilen aus dem Spiel. Aber nach Frankreich und England wird die Bewegung übergreifen.«

Das Informationsbedürfnis der Bevölkerung war vermutlich auch deswegen so groß, weil die Räteregierung selbst keinerlei Namen und Zuständigkeiten bekannt gab. Es gab sie oft schlichtweg nicht. Zudem wurde die Pressezensur deutlich verschärft. Oskar Maria Graf war am 7. April vom Weinkeller eines Gönners sofort in die Stadt gelaufen und hatte sich als Zensor zur Verfügung gestellt. Die Chefredaktion des ›Bayerischen Kuriers‹, einer streng katholischen Zeitung, leistete ihm und seinem Genossen von Achenbach zähen Widerstand gegen jede Bevormundung. Grafs Zorn wallte auf und war in seinen Motiven äußerst zeittypisch:

> »Was?! Was ist das?! Ja, Himmelhergottssakrament, Kruzifix, was bilden Sie sich denn da ein!«, schrie ich überlaut, und die Herren fuhren zusammen, wandten sich geradezu hilfesuchend an Achenbach. Aber ich war schon im Zug.
>
> »Was?! Im Krieg haben Sie den ganzen Schwindel drucken müssen, den Ihnen Ludendorff befohlen hat, im Krieg haben Sie gepredigt, es müssen Menschen umgebracht werden um

Gottes willen? Im Krieg haben Sie jede Lüge gedruckt und geschwindelt! Und jetzt auf einmal kommen Sie mit Ihrem Glauben daher! Sie sind Katholiken? ... Ich bin auch einer! Aber so was Verrottetes und Verlogenes hab' ich noch nie gesehen!«

Kurz nach Grafs Wutanfall gab sein Begleiter nach. Die Zensursache wurde vor den Verantwortlichen, den Revolutionär Gustav Landauer, gebracht und von diesem im Sinne der Redaktion entschieden. Enttäuscht wandte sich Graf von der neuen Räterepublik ab, stolzierte trotzig durch die Stadt und teilte seinen Kummer mit Freunden:

»Ludendorff hätte sie auf der Stelle füsilieren lassen, Noske auch, aber wir, wir sind ja menschlich.«
»Diese Räterepublik taugt auch nischt«, meinte mein Freund, »sie fliegt bald ... Die Kommunisten machen nicht mit.«

Mit traumwandlerischer Sicherheit war Graf während der gesamten Revolution stets einen Schritt vorwärts gegangen, um danach sofort wieder zwei Schritt zurückzuspringen. Kaum war er Revolutionär geworden, wechselte er ins Fach des Schiebers, des Wilderers oder des Säufers, und so ging das hin und her. Er hat das wohl als Ausdruck seines Individualismus verstanden, doch kann man sich einer gewissen Verwunderung bei den meisten seiner Schilderungen, seinen ständigen Richtungswechseln nicht erwehren, und auch die faschingsartigen Verhältnisse der bayerischen Staatspolitik laden zu einer solchen Reaktion geradezu ein.

Grafs Wutanfall dokumentiert aber auch eine andere Seite. Es waren trotz alledem ernsthafte Menschen mit durchaus ernsthaften Absichten am Werk. Ihre politischen und wirtschaftlichen Mittel, ja überhaupt die ökonomischen Ressourcen der Revolution mögen zwar äußerst begrenzt gewesen sein. Die überbordende Rhetorik der Zeit stand zu diesen eingeschränkten Möglichkeiten nun auch noch in einem schreienden Gegensatz, woraus sich, durch die geradezu messianischen Überzeichnungen der zahlreichen Redner, am laufenden Band die fragwürdigsten Situationen ergaben.

Dennoch muss man im Blick behalten, dass alle diese Menschen ein tiefes Anliegen hatten, die verängstigten Bürger genauso wie die leidenschaftlichen Revolutionäre, die Volksredner ebenso wie ihre Zuhörer. Die Geschichte dieser namenlosen einfachen Menschen, diejenige ihrer Erlebnisse, Hoffnungen und Ängste im München der Revolution ist mangels Quellen nie geschrieben worden. Ihre Motive, bei der Revolution mitzumachen, sind auch nicht leicht zu greifen. Ein solches Profil der Revolutionäre könnte ihnen allerdings die Würde zurückgeben, die ihnen das Wirken ihrer Repräsentanten oftmals genommen hat.

Wichtig wäre solch ein Detailwissen vor allem deswegen, weil es bis heute ein Rätsel ist, warum sich Menschen, die doch wussten, dass eine Räteregierung niemals den Segen der Reichsregierung und der Sieger des Krieges finden würde, dennoch in ein Abenteuer stürzten, das bei Lichte besehen in einer Niederlage enden musste. Es sei denn, man war so prinzipientreu revolutionär, dass einem die Wirklichkeit weitestgehend egal war.

Das folgende Erlebnis, das Hofmiller von einem innerhalb weniger Stunden zusammenbrechenden Putsch schildert, ist ein groteskes Beispiel für das absurde politische Machtvakuum in der Stadt. Trotzdem hat jeder der Beteiligten eine Haltung, die ernst zu nehmen ist:

> Der junge C. war bei mir. Am Tage des Lotter-Putsches war das Polizeigebäude abgesperrt. Er fragte den Soldaten an der Nordseite, in der »Löwengrube«, warum er dastehe. Dieser stolz: »Um die Regierung zu schützen.« Darauf ging C. ums Eck und fragte an der Frontseite, beim Gitter, das nämliche. »Ich bin Spartakist und stehe da gegen die Regierungstruppen!« Die beiden Posten waren höchstens fünfzig Meter von einander entfernt.

Die Räte an der Macht Da die Räteregierung den ersten Tag ihrer Existenz, den 7. April 1919, zum nationalen bayerischen Feiertag erklärt hatte, musste Josef Hofmiller nicht arbeiten:

> Zunächst hatte die Revolution das Gute, daß wir bereits am letzten Donnerstag schlossen, nicht erst am Freitag. (Wenn ich mir überhaupt überlege, wieviel freie und halbfreie Tage ich dieser sogenannten Revolution verdanke, so muß ich zugeben, daß es sehr undankbar von mir ist, zu bezweifeln, daß sie uns größere Freiheit gebracht hat.)

Seine Skepsis legte er auch nicht ab, als er Bekannte getroffen hatte und sich ein konkretes Bild vom neuerlichen Umsturz machen konnte:

Nachmittags traf ich F. aus Freising in etwas angeheitertem Zustand. Er kam vom Ratskeller und hatte zum Volk gesprochen. Er hatte noch Tränen in den Augen vor Rührung über seine Leistung und seinen Erfolg. Das Publikum scheint ungewöhnlich dumm gewesen zu sein, da es nicht merkte, daß er beschwipst war. Aber es ist augenblicklich nicht immer zu unterscheiden, ob die Leute nur von ihren Ansichten oder vom Alkohol trunken sind.

Erstaunlicherweise hatte nicht nur der konservative Gymnasiallehrer Vorbehalte, sogar die anarchistischen Revolutionäre Erich Mühsam und Gustav Landauer schätzten die Chancen der neuen Regierung ungünstig ein. So viel politisches Gespür hatten die beiden Schwabinger Literaten also durchaus, dass sie die winzige Machtbasis der neuen Regierung wahrnahmen. Gustav Landauer wollte seine Aufmerksamkeit vor allem auf die direkte Nachbarschaft der Gaststätte Simplizissimus richten, auf die Universität.

Ich bin nun Beauftragter für Volksaufklärung, Unterricht, Wissenschaft, Künste und noch einiges. Läßt man mir nur ein paar Wochen Zeit, so hoffe ich etwas zu leisten; aber leicht möglich, daß es nur ein paar Tage sind, und dann war es ein Traum.

Johannes Hoffmann war schon vor dem Umsturz nach Bamberg gereist, dort vor die Soldaten einer Kaserne getreten und hatte ihre Unterstützung erhalten. Ihm folgten weitere Landtagsabgeordnete in die fränkische Bier- und Bischofsstadt. Für München hatte er am 7. April eine klare Botschaft, eine politische Kriegserklärung:

Die Regierung des Freistaates Bayern ist nicht zurückgetreten. Sie hat ihren Sitz von München verlegt. Die Regierung ist und bleibt die einzige Inhaberin der Gewalt in Bayern und ist allein berechtigt, rechtswirksame Anordnungen zu erlassen und Befehle zu erteilen.

Nun war es also Hoffmann, der darauf setzte, dass die Münchner Regierung schwach war und ihre Macht nur in einem maximal 70 Kilometer großen Radius um die Stadt herum und vielleicht noch in der Industriestadt Augsburg ausüben konnte. In München selbst standen SPD und USP, aber auch die KPD abseits – zumindest offiziell. Zwar waren zahlreiche Sozialdemokraten, vor allem aber Mitglieder der USP durchaus schwankend und beteiligten sich an Versammlungen und bei Beschlüssen. Aber Worte waren wohlfeil und meist ohne Konsequenzen. Ein Regierungshandeln dieser Bairischen Räterepublik ist kaum wahrnehmbar. Sogar Erich Mühsam gestand dies unumwunden zu:

> Man sagte zu allem Ja und Amen und tat nichts. Die Sitzungen des Zentralrats waren meistens mit unnützen Redereien ausgefüllt, und die meiste Zeit ging verloren über den Widerstand, den die Bauern allen Sozialisierungsabsichten Neuraths entgegensetzten. Tatsächlich kam infolge der Verfahrenheit der Gesamtsituation, trotz des guten Willens der Revolutionäre in der Regierung und obwohl die Arbeiterschaft Münchens zum weitaus größten Teil hinter der Räterepublik stand, in den 6 Tagen unserer Regierung sehr wenig Positives zustande, abgesehen von einigen radikalen Maßnahmen, die Landauer an den Hochschulen durchführte.

In der Bairischen Räterepublik amtierte Ernst Toller als Nachfolger von Niekisch an der Spitze der Räte. Mühsam, der die Vereinigung Revolutionärer Internationalisten gegründet hatte und fast bei jedem Schritt der Revolution mit dabei war, hatte keinen Posten. Als Anarchist war er darüber nicht traurig, er war trotzdem schon immer ein parteiunabhängiger Motor der Revolution gewesen. Alle Führungsfiguren dieser Räterepublik, die nun die dritte Revolution verkündeten, hatten vom Spiel der Macht genug mitbekommen, um zu wissen, dass ihr Regierungsprojekt unrealistisch war. Das wurde ihnen Tag für Tag – und viele Tage existierte diese Republik nicht – ausführlich demonstriert, allein wenn sie – wie beispielsweise Ernst Toller – ihre Anhänger etwas genauer in Augenschein nahmen:

> In den Vorzimmern des Zentralrats drängen sich die Menschen, jeder glaubt, die Räterepublik sei geschaffen, um seine privaten Wünsche zu erfüllen. Eine Frau möchte sofort getraut werden, bisher hatte sie Schwierigkeiten, es fehlten notwendige Papiere, die Räterepublik soll ihr Lebensglück retten. Ein Mann will, daß man seinen Hauswirt zwinge, ihm die Miete zu erlassen. Eine Partei revolutionärer Bürger hat sich gemeldet, sie fordert die Verhaftung aller persönlichen Feinde, früheren Kegelbrüder und Vereinskollegen.

Verkannte Lebensreformer bieten ihre Programme zur Sanierung der Menschheit an, ihr seit Jahrzehnten befehdetes Lebenswerk bürge dafür, daß jetzt endlich die Erde in ein Paradies verwandelt werde.

Solche tausenderlei Versionen von Weltbeglückung hatten oft nicht einmal im engsten Sympathisantenzirkel Anklang gefunden und wurden deshalb der Räteregierung unterbreitet. Sie waren für viele konservative Bürger eher unangenehm, keinesfalls aber verführerisch, und das Aufblühen solcher Phantasien wurde von kritischen Augenzeugen dann der Räteregierung in die Schuhe geschoben. Sie hätte zugelassen, dass sich jeder Spinner großtun konnte.

Auch einem ambitionierten Weltverbesserer, wie Oskar Maria Graf einer war, wurde das Dauerpalaver bei den Versammlungen mit der Zeit ein Graus:

Als es »Nieder mit dem Krieg! Weg mit dem Militarismus!« geheißen hatte, war ich völlig dabei, denn das ging mich ganz an, das begriff ich, weil ich es von Jugend auf haßte. Unter all den späteren Parolen und Schlagwörtern konnte ich mir nichts Rechtes vorstellen.

In den politischen Träumen der Anarchisten Erich Mühsam und Gustav Landauer sollte der Mensch der Zukunft hauptsächlich Politik betreiben, also Räte beauftragen und bei Nichtgefallen auswechseln. Einfache Freizeitfreuden wie Fahrradtouren oder Fußballspiele, die bereits lange Zeit in den Arbeitervereinen kultiviert worden waren, hatten keinen Platz. Graf hat diese Einseitigkeit wahrgenommen:

Wenn ich genau nachdachte, kam es mir vor, als faßten die meisten Führer den Massenmenschen viel zu kompliziert auf und redeten ihm Dinge in den Kopf, um die er nie ohne Zwang sein Leben in die Schanze wirft. Deshalb bezweifelte ich im Grunde den Erfolg der revolutionären Bewegung, ja noch mehr, bezweifelte sogar größtenteils sie selber. Ich war wohl begeistert, wenn sich etwas bewegte, das von denen ausging, die wie ich waren, ich wurde hingerissen von den Massen, nie aber von den Führern. Und ich tat schließlich auch manches, aber faktisch war's doch immer das gleiche: ich lief mit, wenn alle losgingen, ich schrie mit, wenn alle schrien, ich stürmte, wenn man stürmte, sonst fast nichts.

Wenn man die Worte von Oskar Maria Graf etwas genauer besieht oder vielleicht auch nur, wenn man den Autor mit den Augen konservativer Bürger ansieht, dann war der wortgewaltige Verfasser des Selbstzeugnisses eigentlich die Idealfigur eines Münchner Strizzis, also einer Figur, wie sie auch Hofmiller im Blick hatte: ein Radaubruder, ein Schieber, das heißt Kleinkrimineller, ein erotischer Hallodri, ein Revolutionär, der bereit war, jeden Thron zu stürzen, um dann die Szenerie zu verlassen, als wäre nichts geschehen.

Es ist sehr zu bezweifeln, dass Graf wirklich ein so prinzipienloser Zeitgenosse war, womöglich hat er sich in seinen Erinnerungen selbst in diese Richtung stilisiert, aber ob nun seine Einstellung wirklich so war oder eher Erfindung ist, es waren genau solche Leute wie der Oskar Maria Graf aus ›Wir sind Gefangene‹, die Hofmiller und viele andere Bürger empört im Blick hatten. Ein Tag im Leben des Oskar Maria Graf mag das beleuchten. Bei einer Rätetagung kommt es zu einem Polizeieinsatz. Die Situation eskaliert. Der Tumult verlagert sich anschließend auf die Straße. Alles geschieht spontan:

»Zur Luisenschul' um Waffen!« hieß es. »Sofort Streik!« brüllte ein anderer. »Zum Zentralrat!« schrien andere. Die Trambahn surrte heran. Sie wurde angehalten. Im Nu war ein Kletterer auf dem Dach und riß die Kontaktstange heraus. Der Wagen stand, der andere ebenso. »Streikt! Geht heim! Raus aus den Wagen!« brüllten alle und jeder. Die Trambahnführer rissen gemütlich ihre Lenkhebel heraus, stiegen herunter vom Wagen und gingen heim.

Anschließend macht Graf dem revolutionären Künstlerrat seine Aufwartung. Dort begegnet Graf seinem Untermieter und einem Schreiber, der Gefallen an den Augen und der Figur des jungen Dichters gefunden hat:

Mein Zimmerherr ging in den Nebensaal, ich hörte Schreibmaschinenklappern, dann kam der Mann heraus und gab mir einen getippten Ausweis, auf welchem stand, ich sei Künstler und Mitglied des revolutionären Rates, hätte überall Zutritt und wäre an keine Polizeistunde gebunden. Ich überflog den Wisch, legte ihn zusammen, steckte ihn ein und sagte: »Wenigstens etwas! ... Wenn ihr mich wirklich braucht, gebt halt Nachricht ... Ich geh' wieder.«

Daraufhin wendet er seine Schritte gen Nymphenburg. Dort wartet bei einem reichen holländischen Freund ein voller Weinkeller auf ihn. Gelage finden jeden Tag statt.

> Nie war ich ganz nüchtern, nie völlig betrunken, ständig dumpfte ich in einem gänzlich gleichgültigen Zwischenzustand dahin und atmete jedesmal förmlich auf, wenn man sich in der Holländervilla zum Abendessen zusammensetzte. Nach diesem fing ja wieder das Zechen an. Da wurde man wieder fidel, und ich konnte meine zotigen clownhaften Unterhalterspäße anbringen.

Nachts setzt man sich dann ins Auto des Millionärs und macht Schwabing unsicher. Graf muss ja keine Rücksicht auf die Polizeistunde nehmen. Der Herr Revolutionär hat eine Sondererlaubnis. Morgen wartet ein neues Erlebnis, Verpflichtungen hat man keine. Unentschieden wie die Haltung Grafs war auch die politische Haltung aller Gremien. Die Kommunisten unter Eugen Leviné forderten von der Räteregierung deshalb endlich Taten – und zwar solche mit Waffengewalt. Ernst Toller hat eine seiner Auseinandersetzungen mit den Kommunisten notiert:

> Wir werden es wie in Rußland halten, antwortet Leviné, wir werden den Klassenkampf aufs Dorf tragen, wir werden durch Strafexpeditionen die Bauern zwingen, Korn und Milch zu liefern.
> Diese Strafexpeditionen erzielten nicht einmal in Rußland Erfolge, in Bayern würde solches Beginnen zu völligem Fiasko führen. In Bayern könnt ihr euch nicht auf die Dorfarmut stützen, selbst die niederbayerischen Gütler sind keine russischen Muschniks, der bayerische ist nicht der russische Bauer, er ist bewaffnet, er wird sich wehren, wollt ihr auf die Dörfer ziehen und um jeden Liter Milch eine Schlacht liefern?

Das Proletariat bewaffnen, die störrischen Bauern zum Abliefern von Lebensmittel zwingen und dem Bahnpersonal mit vorgehaltener Waffe Loyalität abfordern, das waren erprobte und – wie die Kommunisten meinten – bewährte, überall einsetzbare Mittel, um die Revolution durchzusetzen. Immerhin hatten die Bauern alle unterschiedlichen Revolutionsregierungen, auch wenn diese nicht nach ihrem politischen Gusto waren, dadurch über Wasser gehalten, dass sie Grundnahrungsmittel nach München lieferten, vor allem Milch.

Zwar hatten sich im bayerischen Oberland in den dortigen Kleinstädten mit starker Arbeiterbevölkerung Räteregierungen etabliert, und die besaßen Waffen, mit denen sie vor den Milchbauern herumfuchteln und Druck ausüben konnten. Aber dieses Drohpotenzial hätte sicher nicht ausgereicht, um einen flächendeckenden Lieferstreik mit Waffengewalt zu beenden. Insofern hatte Toller durchaus recht. Die Kooperation mit den Bauern stand immer auf der Kippe und war politisch äußerst heikel. Ihretwegen wurde die Sozialisierung von Grund und Boden nur zögerlich angepackt. Man wollte die Bauern nicht verprellen. Nur solange sie München nicht aushungerten, hatte die Revolution eine Überlebenschance.

Auch der Eisenbahntransport von Lebensmitteln war während der letzten Monate erstaunlicherweise reibungslos vonstattengegangen. Dies lag daran, dass ein Vertreter der Beamten bis kurz nach dem Mord an Eisner als Minister im Kabinett saß. Außerdem war die Beamtenschaft zu keinen koordinierten Aktionen gegen die Revolution in der Lage, denn konservative und sozialdemokratische Beamte blockierten sich gegenseitig. Sie hatten sich in einen Streit verrannt, ob man eine einheitliche Beamtengewerkschaft gründen sollte. Deshalb kam die weitaus folgenreichere Frage eines Beamtenstreiks gegen die Revolution, das Aushungern des revolutionären München, bis in den April hinein gar nicht auf die Tagesordnung der Beamtenverbände.

Am bedrohlichsten für die sogenannte Dritte Revolution vom 7. April blieb also die militärische Situation. Schon seit dem Umsturz im November war die bewaffnete Macht in München schwach. Die republikanische Schutztruppe und die in der Stadt stationierten Regimenter, von denen man nie genau wissen konnte, wen sie wirklich unterstützen würden, sofern sie überhaupt solches im Sinn hatten, waren für jede Regierung eine schwache Stütze. Da sich Radikale und Sozialdemokratie eifersüchtig belauerten, war es in den vergangenen Monaten nicht zum Aufbau einer schlagkräftigen Truppe gekommen.

Erst als das 1. und 2. Infanterieregiment am 7. April zur Räterepublik gewechselt waren, hatte sich die Waagschale der Macht auf die Seite der neuen Regierenden geneigt. Doch verglichen mit der Gesamtzahl der bayerischen Soldaten waren die Münchner Garnisonen immer noch schwach. In den Räten wurde deshalb der Aufbau einer Roten Armee beschlossen und – mit revolutionärer Gemütsruhe – betrieben.

Dennoch war es der Grund, warum das bürgerliche München nun allmählich das Schlimmste zu befürchten begann. Die Revolution hatte mittlerweile alle Waffen, die Sozialdemokraten, die immer gebremst hatten, saßen im fernen Bamberg, und so schien ein Terrorregime möglich. Mittlerweile waren Requirierungen in Bürgerhäusern gang und gäbe. Viel wurde dort nicht gefunden, aber das Bedrohungsszenario willkürlicher Haussuchungen und Plünderungen, alles in bewaffneter Form, stieg immens. Victor Klemperer blieb dennoch besonnen:

> Ich frage mich rückblickend, seit wann eigentlich das gar zu träge bürgerliche Gewässer hier einige Kräuselungen zeigt, die auf kommende Flut deuten. Es war so lächerlich, so armselig, wie man am Sonnabend und Sonntag und noch am Montag in den ersten Stunden nach der Proklamation der Räterepublik und des »Nationalfeiertags« dies alles mit mehr Gemächlichkeit als Würde in stumpfer Verblüffung hinnahm.

Irritiert über die mitten im Tumult immer noch unerschütterliche Gemütsruhe des Münchner Bürgertums, hatte Klemperer am 9. April seine Einschätzung nach Leipzig geschickt. Die Panik, die Ernst Müller-Meiningen und Josef Hofmiller schon am 21. Februar entwickelt hatten, sprach natürlich eine andere Sprache, solche Angstzustände blieben aber wohl unter der Oberfläche und wurden vielleicht nur dem Tagebuch oder engen Freunden im vertraulichen Gespräch anvertraut. Auch die meisten Zeitungen, die lange gegen die Revolution und ihre führenden Köpfe in wilden Kampagnen polemisiert hatten, waren nun der Zensur ausgeliefert. Wirkliche Konflikte zwischen Linken und Rechten gab es in München nicht, einfach deshalb, weil die Rechte nicht wahrnehmbar war. Die Revolution hatte immer noch freie Bahn. Auch in seinen Erinnerungen aus dem Jahr 1942 notierte Victor Klemperer wenig Bedrohliches:

> Lächerlichkeit war eines der Hauptmerkmale, das für mich der Räterepublik anhaftete, klägliche und so starke Lächerlichkeit, daß ich die längste Zeit einen wahrhaft blutigen Ausgang für ganz unwahrscheinlich hielt. Ein paar Opfer mochte es wohl geben, weil nun einmal

die Rauferei zur Gaudi gehörte – aber wirkliche Blutströme, wie sie in einer richtigen Schlacht fließen? Unsinn! Es war ja alles Komödienspiel.

Münchens Bürger hatten sicherlich Befürchtungen. Sollten sie aber bei der Einschätzung der Revolution tatsächlich auf der verharmlosenden Linie von Klemperer gelegen haben, würde sich erklären lassen, warum sie ein halbes Jahr lang zu allem revolutionären Geschehen und Getöse schwiegen.

Mit dem Aufbau einer Roten Armee änderten sich ab dem 7. April diese Dinge. Ausreichend Waffen, ausreichend Milch und Mehl und ihr ungestörter Transport würden die neue Räterepublik vorerst am Leben halten. Deshalb wollte Johannes Hoffmann den Münchner Räten genau diese drei Überlebensmittel nehmen. An das Militär dachte er zuerst. Müller-Meiningen hat wohl von Hoffmann erzählt bekommen, was dieser, kaum war er in Bamberg angekommen, unternahm. Der Liberale würzte die Schilderung mit seiner äußerst fragwürdigen Polemik:

Man muss die ganze Verlumptheit der damaligen bayerischen Soldateska mit eigenen Augen gesehen und verfolgt haben, um zu verstehen, was es bedeutete, dass Hoffmann sich in der Kaserne in Bamberg vor mehr als 1000 Soldaten fast mutterseelenallein hinstellte und ihnen erklärte: »Ich bin hier, um euch zu fragen, ob ihr bereit seid, die Regierung aufzunehmen und zu unterstützen. Entscheidet ihr gegen die Regierung, dann fahre ich mit dem nächsten Zuge ab und muß es an anderer Stelle versuchen.«

Rote und weiße Truppen Wie es sich für die Münchner Revolution gehörte, war die ernste Sache einer Bewaffnung Bayerns in ein – Victor Klemperer hätte gesagt: lächerliches – Kleid gehüllt. Denn wieder einmal fehlte die klare Linie. Hoffmann saß in der Mitte zwischen zwei Kräften. Aus dem Norden drohte Gustav Noske mit dem Einsatz von Reichstruppen, sollte Bayern nicht selbst aktiv werden. Er verwies darauf, dass mittlerweile sogar französische Truppen mobil gemacht würden, um dem bayerischen Durcheinander, das bei den Friedensverhandlungen in Versailles nur störte, den Garaus zu machen. Noske und Ebert hatten eine französische

Intervention mit politischen Mitteln abwehren können, schickten aber eindeutige Warnungen nach Bamberg. Friedrich Ebert wollte die Reichseinheit und die Verhandlungsposition in Versailles nicht gefährden und verlangte per Telegramm Taten:

> Da wir Ententetruppen unter keinen Umständen zulassen wollen und Lebensmitteleinfuhr nicht stocken darf, halte ich für notwendig, daß Wiederherstellung früheren Zustandes in Bayern erfolgt, zumal da nach mir zugegangenen neueren Nachrichten aus München man dort anfängt, sich an die Räteregierung zu gewöhnen. Wenn von Ihnen in Aussicht genommene wirtschaftliche Maßnahmen nicht in kürzester Zeit zum Ziele führen, erscheint militärisches Vorgehen einzig möglich. Die Erfahrung an anderen Stellen hat gelehrt, daß, je rascher und durchgreifender dieses erfolgt, um so weniger Widerstand und Blutvergießen zu erwarten ist.

Unglaublicherweise amtierte Ernst Schneppenhorst immer noch als Militärminister der Regierung Hoffmann. Mittlerweile hatte der Ministerpräsident in den meisten Regionen Nordbayerns die Autorität der Regierung durchsetzen können, oftmals waren einzelne Offiziere selbst aktiv geworden und hatten Rätetruppen entwaffnen lassen. Darüber hinaus war es ihm schließlich gelungen, gegenüber München einen Lieferstreik für Lebensmittel zu verhängen. Flugzeuge kreisten im Himmel über der Stadt und warfen Flugblätter ab, die die Haltung der Regierung erklärten. Auch Victor von Klemperer war hellwach außerhalb der Universität unterwegs:

> Ich will nicht prophezeien, ich glaube aber: der kommende Mann heißt Levien, der gegenwärtige: Landauer, der übernächste: Epp.

Bereits am 9. April hatte Klemperer diese Einschätzung für seine Zeitung niedergeschrieben. Sie sollte sich in den nächsten Wochen bewahrheiten. Der bayerische Offizier Ritter von Epp, während des Krieges Kommandeur im Leibregiment, war im Februar bei Reichswehrminister Noske gewesen und hatte von ihm grünes Licht bekommen, ein sogenanntes Grenzschutzkorps Epp aufzustellen. Offiziell war es zum Schutz der deutschen Ostgrenzen bestimmt, in Wahrheit sollte es Soldaten sammeln, die die Revolution niederschlagen würden.

Doch Epps Leute wurden von Militärminister Schneppenhorst aus Bayern ferngehalten. Er drohte, sie verhaften zu lassen, wenn sie die Grenzen nach Bayern überschreiten würden. Tatsächlich gelang es ihm, einige Werber für die Truppen festsetzen zu lassen. Seine Strategie war eine andere. Er wollte in München eine Art von klinischem Putsch veranstalten. Das ist der Ausdruck für einen Vorgang, bei dem eine Regierung ohne großes Blutvergießen, nur durch militärische Überrumpelung, gestürzt wird. Das Datum dafür war der Palmsonntag, der 13. April.

Ernst Schneppenhorst wartete 70 Kilometer nördlich mit 600 Bewaffneten auf ein Zeichen aus München. Dort hatte die republikanische Schutztruppe wieder einmal die Seiten gewechselt – man versteht mittlerweile wohl, wie Klemperer zu seiner Einschätzung kam –, hatte das Wittelsbacher Palais eingenommen und einige Mitglieder des Zentralrats, unter ihnen auch Erich Mühsam, festgesetzt. Schon wurden Plakate angebracht, die die Absetzung des Zentralrats verkündeten. Doch als ein Kurier von Mitgliedern der Roten Armee Münchens im Norden der Stadt festgenommen wurde, konnte die Erfolgsnachricht nicht zu Schneppenhorsts Trupp kommen.

Die wenigen Bewaffneten der republikanischen Schutztruppe mussten sich im Laufe des Nachmittags gegen eine immer größer werdende Menge von Soldaten und Arbeiterräten wehren. Dies gelang ihnen im Verlaufe der Abendstunden schließlich nicht mehr, und so zerstreuten sie sich, tauchten in der Volksmenge um den Bahnhof herum unter oder verließen per Zug die Stadt. Natürlich kam es auch zu Todesopfern. Josef Hofmiller hatte am Abend und in der Nacht wie so oft Schüsse gehört:

> Der Nachmittag verlief bei uns in Haidhausen ganz ruhig. Abends, gegen ½ 9 Uhr, hörten wir mehrere starke Schüsse, wie von Artillerie, aber in einiger Entfernung. Um 10 Uhr gingen wir ins Bett. Als hätten die Schweine nur auf diesen Augenblick gewartet, fangen sie plötzlich an, in unmittelbarer Nähe zu schießen, vermutlich aus der Kirchenschule; mit Gewehren, Handgranaten und Maschinengewehren. Die nächtliche Ruhestörung dauerte etwa bis ½ 11 Uhr. Beide Kinder wurden wach und drückten vernehmlich ihre Mißbilligung der neuen Zeit aus. Dann schliefen wir ein, meine Frau schlief sogar besser als alle bisherigen Nächte.

Für die Tatsache, dass nach Niederschlagung des Putsches auch am anderen Ende der Stadt, bei ihm in Haidhausen, geschossen wurde, hatte Hofmiller eine einfache Erklärung:

> In der Kirchenschule wurde sogleich die Löhnungskasse »verhaftet«, Inhalt 10 000 bis 12 000 Mark. Ich vermisse diesmal nur den üblichen Schluß der revolutionären Plakate: »Wer plündert, wird erschossen.« Aber es müßte vermutlich heißen: Wer geplündert wird, wird erschossen.

Die Bitterkeit von Josef Hofmiller ist politisch verständlich. Mit der Niederschlagung des sogenannten Palmsonntagsputsches war klar, dass die kleine, einsame Regierung in München nicht mehr mit Hauruckaktionen beseitigt werden konnte – so isoliert sie in Deutschland auch war. Hoffmann hatte nun einen ernst zu nehmenden Gegner und Josef Hofmiller zwei Tage nach dem Putsch trübe Vorahnungen:

> Weiteres Plakat: Heute um 3 Uhr große Proletarierversammlung vor dem Wittelsbacher Palais. Von da soll vermutlich die Parole zum Plündern ausgegeben werden. Ich fürchte, wir gehen einer verdammt interessanten Zeit entgegen. Wenn wir heute in einem Jahr noch leben, können wir erzählen, daß wir etwas mitgemacht haben, das nicht alltäglich ist. Aber ich fürchte, es handelt sich nicht um heute in einem Jahr, sondern heute in einem Monat, heute in vierzehn Tagen. Wir leben derartig von der Hand in den Mund, daß sich die Sache bald entscheiden muß. Entweder es kommen Truppen von auswärts oder wir verhungern.

11 Die zweite Räterepublik

Kein Wunder des Hauses Brandenburg Was in den Wochen nach dem Palmsonntagsputsch in München geschah, lässt sich besser verstehen, wenn man einige Jahrhunderte zurückblickt.

Am 12. August 1759 hatte der große Held der Deutschen eine vernichtende Niederlage erlitten. Die Truppen Friedrichs II. hatten in der Schlacht von Kunersdorf im sogenannten Siebenjährigen Krieg gegen die verbündeten Österreicher und Russen eine totale Demütigung erlitten. Friedrich hatte einen großen Teil des Heeres eingebüßt und musste damit rechnen, dass die Sieger den kümmerlichen Rest seiner Truppen zerschlagen und Berlin besetzen würden. Er bereitete seine Abdankung vor und soll sogar an Selbstmord gedacht haben. Dann geschah das Wunder. Die Österreicher und Russen rührten sich nicht vom Fleck und unterließen den letzten, leichten Streich, um den bis vor Kurzem noch waffenstarrenden preußischen Arm vom europäischen Rumpf zu trennen. Das Land konnte seine Kräfte wieder sammeln.

Als wenige Jahre nach Kunersdorf Friedrich II. noch einmal in einer völlig ausweglosen Situation war, ereignete sich erneut ein Wunder. Am 5. Dezember 1762 starb seine erbitterte Feindin, Kaiserin Elisabeth von Russland, und ihr Nachfolger, Peter III., stieg umgehend aus der für Preußen tödlichen Koalition der Kriegsgegner aus. So wurde das Land endgültig zu einer führenden Macht in Europa und zum Motor der deutschen Einigung von 1871. Für beide Vorgänge bildete sich der Spruch vom »Wunder des Hauses Brandenburg«.

Alle, die in einer ausweglosen Situation nicht aufgaben, die letzte Variante davon lieferte Hitler im Bunker während des April 1945, hofften auf ein solches Wunder. Hitler war ein glühender Verehrer von Friedrich II. Das erhoffte Wunder ereignete sich erfreulicherweise nicht. Dasjenige des Hauses Brandenburg wurde jedem Schüler in Deutschland erläutert, sodass das Land auch während der Revolution im Wunderglauben lebte. Es hatte die fatale Wirkung, Deutsche in der aussichtslosesten Situation vom Aufgeben und Friedensstiften abzuhalten. Und war nicht der unfassbare Erfolg der winzigen Partei der Bolschewiki in Russland ebenso ein unerwartbarer Vorgang? »Wunder gibt es immer wieder.« Nur mit diesem Motto kann man die Motive in den späten Apriltagen 1919 nachvollziehen.

Am Nachmittag des 13. April wurde in München noch geschossen, da geschah im Hofbräuhaus ein politischer Umschwung, auf dessen Bestand man eben nur in Verbindung mit einer enormen Dosis Wunderglauben vertrauen konnte. Wie ehemals am 7. November, als Kurt Eisner im Mathäserbräu die Herrschaft der Revolution aufrichtete, entstand auch am Palmsonntag 1919 ein neues Regime in der Bierhalle. Die von den Kommunisten als »Scheinräterepublik« denunzierte Herrschaft der Räte wurde abgesetzt, und dann wurde auf Betreiben der Kommunisten von den revolutionären Betriebs- und Soldatenräten ein Aktionsausschuss, ein Vollzugsrat, gewählt, in dem sie, also vor allem Levien und Leviné, das Sagen hatten. Die Rote Armee Münchens führte nun der Matrose und Soldatenrat Rudolf Eglhofer, Ernst Niekisch floh nach Augsburg. Damit waren die Radikalen fast unter sich.

Das Straßenleben ist derart widerlich geworden, es ist geradezu eine körperliche Qual, sich durch die finstere Menge, die sich nur ganz langsam vom Fleck schiebt, hindurchzuwinden. Überall bleiben die Leute stehen, sie sind furchtbar nervös, aber es gibt nichts zu sehen, höchstens eine demolierte Auslage. An jedem Eck staut sich die Menge.
Josef Hofmiller, Revolutionstagebuch

Oskar Maria Graf hielt sich weitgehend fern und beobachtete alles äußerst skeptisch:

Durch die Straßen zogen unablässig Arbeiterbataillone mit geschultertem Gewehr. Jeder schaute ernst, beinahe traurig drein. Sie zogen dahin, hinter beladenen Lastautos her, durch die zujubelnde Menge, mit einem schwermütigen Schritt. Alte ausgerackerte, bärtige Arbeiter und junge Burschen mit kühnen Augen waren dabei. Groß begeistert schienen sie nicht.

Die jungen Gesichter sagten ungefähr: Wir können uns doch nicht lumpen lassen! Und die alten hatten schweigende Pflichtfalten.

Die nach Bekunden von Graf äußerst lustlosen Arbeiter waren vom Vollzugsrat bewaffnet worden. Diese Bewaffnung war schon immer eine Hauptforderung der Kommunisten gewesen. Man richtete sich also auf eine militärische Auseinandersetzung ein. Die detailreichsten, geistig engagiertesten Beobachtungen, die Klemperer und Hofmiller zu Papier gebracht haben, datieren mit Beginn der neuen Räterepublik. Sie haben das Bild der Zeit, das wir heute von ihr haben, weitgehend geprägt. Hofmiller bemerkte Hunger, auch Bildungshunger:

Ein Plakat kündigt Ferienkurse für die Arbeiter in der Universität an mit den Worten: »Arbeiter, bemächtigt euch der Kultur!« Aber sie bemächtigen sich lieber der Schweinshaxen.

Klemperer machte ähnliche Beobachtungen wie Hofmiller. Anfangs wunderte er sich, dass es Mode geworden war, Fasanenfedern in die Gewehrläufe zu stecken. Bald schon verstand er den Hintergrund des Ganzen:

Die Fasanen im Englischen Garten sind sehr verlockende Jagdobjekte. Aber wenn Mair Franz im Englischen Garten Fasanen schießt, glaubt Huber Xaver am Feilitzschplatz, die Weißen machten einen Putsch, und schießt auch, und schon läutet der Posten auf der nahen Erlöserkirche Sturm, und nun knattert es eine Viertelstunde lang in der ganzen Umgegend.

Wenige hundert Meter südlich davon verließen die Bürger am Ostersonntag die Ludwigskirche, und mitten durch die Menge, vorbei an den weiß gekleideten Mädchen mit ihren Kommunionskerzen, rasten – ohne irgendjemanden zu genieren – Lastwagen mit bewaffneten Soldaten und Arbeitern. Klemperer wunderte sich, wie diese beiden Welten nach wie vor nebeneinander existierten.

Doch gab es auch Zusammenstöße. Der päpstliche Nuntius, Eugenio Pacelli, der spätere Papst Pius XII., entkam mit knapper Not einer Festnahme. Um Geld einzutreiben – vor allem für die Löhnung der Roten Armee –, ließen die Vollzugsräte die Banktresore plündern. Doch die

Bürger hatten ihr Geld bereits abgehoben, oder sie hatten keines mehr. Auf jeden Fall kamen bei der Aktion nur etwa 50 000 Mark zusammen anstatt der benötigten und erhofften 1,5 Millionen.

Wegen der Geldknappheit bestiegen Leviné und ein Adjutant in größter Not am 20. April ein Flugzeug, um sich nach Budapest oder – wenn möglich – sogar nach Moskau fliegen zu lassen und dort Geld und weitere Hilfe zu organisieren. Der Pilot täuschte aber kurz nach dem Abflug einen Motorschaden vor und landete wieder. Seine Fluggäste schafften es immerhin, zur Hauptstadt zurückzukehren. Beschlagnahmungen wurden zur Alltagserscheinung. Doch was sollte man bei der durchwegs verarmten Bevölkerung schon holen? Trotz der Knappheit geht Hofmiller essen:

> Heute in der Kronfleischküche, wo ich mit Mama zu Mittag aß, gab es ebenfalls sehr wenig Fleisch. Wir beide bekamen keines mehr; nur noch Lunge, die aber auch fast reine Brühe war, so daß wir in der Kronfleischküche eigentlich nichts anderes zu essen bekamen als das Brot, das wir selbst mitgebracht hatten, in der Suppe, und dann in der suppigen Lunge.

Kein Wunder, wenn Hofmiller jeder Bevorzugung der herrschenden Revolutionäre auf der Spur war:

> Alle Lebensmittel, heißt es, sind für die Kämpfer, Kranken, Greise und Kinder bestimmt. Es wird wohl bei den Kämpfern bleiben. Kranke und Greise werden nichts bekommen; die Greise nicht, weil sie keine Kämpfer mehr, die Kinder nicht, weil sie noch keine Kämpfer sind. Die Zahl der Soldaten und der mit roten Binden und sonstigen Abzeichen versehenen Männer wächst von Tag zu Tag.

Tatsächlich konzentrierte sich der Vollzugsrat darauf, die Verteidigung der Hauptstadt gegen Angriffe weißer Truppen zu organisieren. Verhandlungen, wie sie Ernst Toller immer wieder forderte, wurden von den Kommunisten nicht eingeleitet. Solidaritätstelegramme aus dem revolutionären Ausland waren wichtiger als Kompromisse mit den Herrschenden in Berlin.

Klemperer machte sich über den Kampfesmut der Münchner interessiert kundig:

Einer der neuen Führer zweiter Rangstufe, ein eifriger Agitator, überzeugter Volksfreund, verriet mir neulich halb unbewußt seine wahre Meinung, seine wahre Wertschätzung der Bayern. »Führen müssen wir Badenser und Norddeutschen. Das Volk ist urteilslos, ist von sich aus träge. Aber wir predigen ihnen jetzt alle Tage: Ihr wart die ersten, die den König hinausgeworfen, die den Eisner gehabt haben; nun müßt ihr auch weiter die ersten Revolutionäre bleiben, die erste Räterepublik haben! Und mit diesem Appell an ihren Ehrgeiz erreichen wir alles!«

Mehrmals wurden Geiseln genommen und dann von weniger radikalen Mitgliedern des Vollzugsrats wieder freigelassen. Den Erzbischof wollte man festnehmen, seine Kirche mit roten Fahnen auskleiden und zum Kundgebungsort machen, aber immer fand sich jemand, der das verhinderte. So blieben trotz der Entschlossenheit, mit der die Kommunisten aus Bayern eine Sowjetrepublik machen wollten, das Durcheinander und Nebeneinanderher der Gewalten bestehen.

Am 27. April kam es zu einer Explosion. Die nichtkommunistischen Mitglieder des Vollzugsrats warfen Levien und Leviné vor, Bayern nur nach russischem Muster regieren zu wollen, obwohl das Land dafür nicht taugte. Sie rechneten vor, dass Kohle und Lebensmittel bald ganz verschwunden sein würden und dass außerdem niemand im Vollzugsrat versucht hatte, der nahenden militärischen Katastrophe durch Verhandlungen mit Hoffmann zu entgehen. Ausgehend von den Betriebs- und Soldatenräten übten Ernst Toller und andere Druck auf den Vollzugsrat aus, und schließlich gelang es ihnen, die Kommunisten am 27. April zum Rückzug zu zwingen.

Vor allem die Betriebsräte Münchens hatten wieder einmal einen Umschwung ausgelöst. Mit ihrer Billigung waren nacheinander die SPD, die USP und nun die Kommunisten ins politische Aus gestellt worden. Genauso hatten auch die USP-Mitglieder die jeweilige Räterepublik im einen Moment unterstützt und im nächsten Moment gestürzt. Die Partei war in zwei Lager gespalten. Und sogar bei den Kommunisten gab es diese Unentschiedenheit. Da viele Mitglieder eher Anarchisten als linientreue Bolschewisten waren, hatten sie entgegen der Parteilinie sogar hinter der ersten Räterepublik, der von der Partei als Scheinräterepublik abgekanzelten Revolutionsregierung, gestanden.

Die Führung der KPD, also hauptsächlich Eugen Leviné, war sich immer unsicher gewesen, ob aus den Großbetrieben wirklich genügend Unterstützung kommen würde. Leviné glaubte vermutlich nie an einen Erfolg der Räterepublik. Womöglich wollte er das revolutionäre München nur seiner großen kommunistischen Vision opfern. Zumindest ist das von ihm so überliefert:

> Wir wollen den Massen Anschauungsunterricht geben, ihnen zeigen, wie eine Räterepublik aufgebaut wird und was sie von ihr zu erwarten haben. Den blutigen Preis müssen wir doch zahlen. Viele von uns werden die Sonne nicht mehr lachen sehen, viele von uns durch unseren Tod die künftige Freiheit einleiten. Wir wollen wissen, wofür wir sterben. Ich weiß es aus Beispielen in Rußland. In den Städten, wo eine richtig durchgeführte Räterepublik durch die Übermacht des Gegners zugrunde ging, war sie so tief in den Köpfen der Arbeiter eingewurzelt, daß sie immer fast automatisch wider erstand, sobald die Übermacht beseitigt war.

Solche blutigen Zukunftsvisionen wollten im Vollzugsrat verständlicherweise nicht alle teilen. Was aber beim Sturz der Kommunisten niemand ahnte, geschah anschließend. Rudolf Eglhofer, ein klarer Vertreter der militärischen Lösung, wurde der starke Mann Münchens.

Auf der Suche nach den Schuldigen Jeder Mensch hat, wenn er ehrlich ist, einen mehr oder minder großen Bestand an Abneigungen. Das Königreich Bayern war voll davon. Umstürzler oder Erzkapitalisten galten als Schreckgespenst der jeweiligen Lager. Allgemeinen Konsens fand – vor allem im Süden Bayerns – die Abneigung gegen Preußen, den mächtigsten Bundesstaat des Kaiserreichs. Sei es der preußische Militarismus, der die Linken erzürnte, oder die starke preußische Wirtschaft, die die Bauern und Mittelständler um ihre Zukunft fürchten ließ, immer kursierten in Bayern Sorgen, das starke Preußen und seine Bürger könnten auch noch die letzten Reste bayerischer Eigenstaatlichkeit auslöschen.

Eisners Erfolgsgeheimnis war, dass er diese Ängste vor einem Übergewicht des Nordens – sei es nun das Übergewicht des Bundesstaats Preußen oder des gesamten von Berlin aus regierten Kaiserreiches – ernst nahm und als politische Waffe benutzte. Als seine Popularität schwand und viele nicht mehr sicher waren, ob er nicht ein Spiel mit Bayern aufführte, nur dass er das Land nicht nach Norden, sondern nach Osten verraten wollte, genau in diesem Moment machte sich eine neue Aversion öffentlichkeitswirksam breit.

Eisner war Jude, und deshalb schien eine jüdische Verschwörung denkbar. Auch Eugen Leviné war Jude, der Sohn eines Rabbiners, genauso war Gustav Landauer Jude, und da auch die Namen Levien und Mühsam irgendwie jüdisch klangen, was auch immer man darunter verstehen mochte, waren die führenden Figuren der Revolution in den Köpfen vieler verängstigter Münchner Bürger plötzlich alle Juden.

Oskar Maria Graf hatte festgestellt, dass im Februar 1919 erstmals Zettel mit antisemitischen Parolen in den Milchläden der Stadt aufgehängt worden waren. Das könnte zeitlich durchaus passen, denn in diesem Monat begann der Alleingang Eisners nach der verlorenen Landtagswahl. Als sich die Räteregierung etabliert hatte, waren Begriffe wie Revolution, landfremde Elemente und Juden bereits eins. Auch Josef Hofmiller stimmte, distanziert zwar, damit überein:

> Das Publikum wird der Revolution bald müde. Sogar die Revolutionäre selbst. Je mehr die Nichtdeutschen unter ihnen, Russen und Juden, meistens beides, die Massen aufpeitschen, desto rascher werden sie ermüden. Das Ende wird eine sehr schläfrige Reaktion sein und Ekel des Publikums vor aller Politik.

Antisemitismus hatte es schon lange gegeben. Als Verursacher des gegenwärtigen Unglücks, der materiellen Not, wurden zwar nicht ausschließlich und vor allem nicht so allgemeine Erscheinungen wie »das Judentum« vermutet. Hofmiller erregte sich weitaus mehr über den verkommenen Münchner Strizzi als über Juden. Aber antisemitische Töne waren auch bei ihm wahrnehmbar, allein dadurch, dass er sie kommentarlos weitergab. So beispielsweise, als ein Bürgerstreik gegen die zweite Räterepublik zur Diskussion stand:

> Man sagt, der Bürgerstreik sei nicht durchführbar wegen der Juden. Die jüdischen Rechtsanwälte, die ja sehr zahlreich sind, würden sich sofort als Richter und Verwaltungsbeamte

zur Verfügung stellen. Vor allem aber würden die jüdischen Ärzte nicht mittun; vorgeblich aus Gründen der Menschlichkeit, in Wirklichkeit, um sich der Praxis ihrer nichtjüdischen Kollegen zu bemächtigen. Wer kann diese Gerüchte nachprüfen?

Solche räsonierenden Überlegungen, immer noch gesagt mit einer gewissen Distanz, hat auch Victor Klemperer erlebt. Weil der konvertierte Jude nicht nur als Journalist in München tätig war, sondern die Zeit dazu nutzte, sich als Literaturwissenschaftler an der Universität zu etablieren und für den berühmten Romanisten Karl Vossler zu arbeiten, bekam er hautnah mit, in welch atemberaubender Geschwindigkeit sich die Studenten dem Antisemitismus ergaben. Nicht nur diese, die ganze Stadt hallte wider davon, wie Klemperer nun beobachtete:

Ich glaube, wenn man einen echten Spartakus fragt, ob Noske ein Preuß oder ein Jud sei, antwortet er: »Beides.« Und fragen Sie einen Münchener Kleinbürger, ob Levien Jud oder Preuß sei, so bekommen Sie die gleiche Antwort: »Beides.« Und übrigens stimmt es beidemale nicht. ... Am Odeonsplatz hielt ein Automobil, die Insassen verlasen, verteilten Flugblätter über die Diktatur des Proletariats; gleich brüllte ein Chorus: »Juden, Saujuden!« Aber ein Soldatentrupp marschierte an, Infanteristen und Matrosen gemischt, Gewehre geschultert und auch leichte Maschinengewehre: da stob alles auseinander, nahm auch abwartend Deckung in Hausfluren ... Vor der geschlossenen Universität lärmten Studenten, ebenfalls antisemitisch genug.

Die Berichte von Klemperer, in denen er immer wieder schilderte, welche antisemitischen Szenen sich abspielten, und zwar nicht nur auf der Straße, sondern auch im Salon der Professoren, mehrten sich, je länger die Revolution andauerte. Übersehen wurde dabei, dass die Gegenrevolution, die Beseitigung der vermeintlichen Judenherrschaft, von vermutlich genauso vielen Juden betrieben wurde wie die Revolution selbst.

Waffenschau Die bayerische Urform politischer Aversionen, nämlich die gegen die preußische Übermacht, musste auch Ministerpräsident Johannes Hoffmann berücksichtigen. Er hatte Ernst Müller-Meiningen in

Bamberg leger im Klubsessel empfangen, und das nicht nur deshalb, weil die Bestuhlung knapp war, sondern auch, weil er dort wenig ausrichten konnte. Hoffmanns Hauptziel und auch das der in Bamberg eintreffenden Politiker anderer Parteien war es, Truppen zu sammeln, die man gegen die Rote Armee in München in Bewegung setzen konnte.

Doch fast alle Soldaten in Bayern galten als unzuverlässig, und so war es nicht sicher, ob sie ihr Leben riskieren würden, um eine willensstarke Arbeiterarmee zu bekämpfen, von der man befürchtete, dass sie 20 000 Mann stark war. Außerdem sah Hoffmann die ganze Sache als eine bayerische Angelegenheit an und wusste, dass er nichts Dümmeres tun konnte, als mit Reichstruppen München zurückzuerobern. Genau das wollte Noske von ihm.

Hoffmann nutzte alle Möglichkeiten. Es gelang ihm, einen Lieferstreik der Bauern zu organisieren und auch das Eisenbahnpersonal für eine Blockade Münchens zu gewinnen. Aber die Revolutionäre hofften, bei strengster Rationierung noch Wochen ohne Lieferungen durchhalten zu können. Dem Ministerpräsidenten war klar, dass er eine militärische Lösung zumindest androhen musste, am besten aber so schnell wie möglich suchen sollte.

In Bayern waren ehemalige Offiziere, meist auch noch aus der politisch rechten Ecke, unverzichtbar für die Anwerbung von Truppen. Ein durchschlagender Erfolg, eine Art Massenbewegung gegen München, ereignete sich durch ihre Hilfe und durch die Offizierstreue der Soldaten jedoch nicht. Aus Württemberg, und nicht aus dem gefürchteten Norden, kamen am 15. April immerhin etwa 5600 Soldaten, angeblich vor allem Studenten, für den Kampf gegen die Rote Armee.

Dass die militärische Lösung keine leichte Sache werden würde, war am 15. und 16. April offensichtlich geworden. In diesen Tagen hatten gegenrevolutionäre, sogenannte weiße Truppen im Norden von München eine Schlappe erlitten. Sie wollten im Handstreich Stellungen nehmen und waren von revolutionären Soldaten und von den Arbeitern einer Pulver- und Munitionsfabrik zurückgeschlagen worden. Ernst Toller hatte sich als Kommandeur hervorgetan, und das gab ihm so viel Rückhalt, dass er am 27. April sogar die Kommunisten stürzen konnte.

Da die Räteregierung in München auch noch die Erschießung von

Geiseln androhte, drängte die Zeit. Am 17. April musste Hoffmann den Canossagang antreten und aus Berlin Truppen anfordern. Preußisches Militär stand am 22. April bereit. Im Moment aber beherrschte die Rote Armee noch das Feld. Sie hatte sich in den Kleinstädten um München behauptet, Augsburg allerdings an die weißen Truppen und die Mehrheitssozialdemokratie verloren. München konnte man halten und bei ausreichender historischer Bildung auf ein Wunder hoffen.

Wenn die Revolution in München irgendetwas charakterisierte, dann war es das ständige Hin- und Herschwanken der Macht. Zuletzt waren den unklaren Machtverhältnissen die äußerst machtbewussten Kommunisten zum Opfer gefallen. Ernst Toller, der sie mithilfe der Betriebsräte aushebelte, konnte sich logischerweise auch nicht entscheidend durchsetzen. Er übernahm militärische Aufgaben und ließ den Kommandanten der Roten Armee, Rudolf Eglhofer, gewähren. Am 22. April kam es zur Truppenschau, passenderweise auf der majestätisch-kunstvollen Magistrale der Stadt, der Ludwigstraße. Eglhofers Botschaft war eindeutig:

> Die Rote Armee wurde gegründet nicht als Instrument der Politik, sondern als Organ der Verteidigung der Diktatur des Proletariats und der Räterepublik gegen die Konterrevolution der weißen Garden. Entsprechend dieser Aufgabe erklärt das Oberkommando, daß es das revolutionäre Proletariat, koste es, was es wolle, gegen die weiße Garde verteidigen wird und sich von keiner Seite, auch nicht von den Betriebsräten, zu einem Verrat an der sozialen Revolution wird zwingen lassen.

Da Hoffmann eine Eisenbahnblockade über München verhängt hatte, waren die Verbindungen Klemperers nach Leipzig unterbrochen. Deshalb setzte er sich hin und begann mit seinem ›Revolutions-Tagebuch‹, dem Zwillingsbruder der Erinnerungen von Hofmiller. Bei der Heerschau der Roten Armee mit angeblich 45 000, real wohl eher 12 000 Kämpfern kamen ihm Zweifel.

> Die Feldgrauen sind junge Burschen, die frech, aber unkriegerisch aussehen, die alle noch kein Pulver gerochen haben. Dagegen die Zivilisten! Das sind die eigentlichen Soldaten; sie treten auf, sie tragen das Gewehr nicht anders, als sie es draußen getan haben, wenn sie in

Stellung gingen. Festigkeit in der Haltung, entschiedene Gesichter. Einige fallen durch ihr Alter, andere durch Verkrüppelungen, manche durch besondere Verbitterung in den Zügen auf. Alle haben sie Haltung. Kommt es wirklich zum Kampf, so werden die Arbeiter kämpfen und die Soldaten laufen.

Auch wenn das Klemperers persönliche Einschätzung gewesen sein mag, großes Vertrauen in ihre Kampfkraft scheinen die Soldaten der Roten Armee tatsächlich nicht ausgelöst zu haben. Doch ob ihre Bewährung wirklich bevorstand, war nicht sicher. Wunder waren immer möglich. Auch Josef Hofmiller rätselte am 26. April:

Es wird allmählich das reinste Geduldsspiel: kommt sie, kommt sie nicht, nämlich die weiße Garde? Wir wissen gar nichts. Am meisten beunruhigt, daß immer wieder beruhigende Flugblätter abgeworfen werden.

Eskalation Seit Wochen war es eine ganz übliche Praxis der revolutionären Gremien, Bürger als Geiseln zu nehmen und sie alsbald wieder freizulassen. Auch Hofmiller erwartete, irgendwann abtransportiert zu werden. Er war als Mitarbeiter und Herausgeber der reaktionären ›Süddeutschen Monatshefte‹ ein Klassenfeind und Hetzer, blieb aber verschont. Dennoch horchte er aufmerksam auf die kursierenden Gerüchte:

Neue Geiseln werden genannt: Herr von Dallarmi, der so viel für die Stadt getan hat, der ihr das prachtvolle Bürgerspital geschenkt hat. Der Besitzer der Unionsbrauerei Schühlein, der ein großer Wohltäter der armen Haidhauser Bevölkerung ist; er ist der Firmpate der armen Kinder, die sonst keinen bekommen, jedes Jahr hat er ein paar Dutzend.

Auch am 30. April waren Geiseln in Haft. Darunter ein Mann, der Plakate von einer Litfaßsäule gerissen hatte, um sich und seinen Handkarren vor dem Regen zu schützen. Ebenso befanden sich mehrere Mitglieder der rassistischen Thule-Gesellschaft in Geiselhaft. Sie war einer der ideologischen Paten des Faschismus. In dem Moment, da sich der Belagerungsring um München schloss, drehte Eglhofer die Schraube der militärischen

Logik eine Umdrehung weiter. Er verfügte die Erschießung von Geiseln. Die Soldaten weigerten sich, den Befehl auszuführen, doch Eglhofer setzte sich durch, indem er Freiwillige holte. Insgesamt wurden an diesem Tag sieben Geiseln und drei Gefangene erschossen.

Die Reaktion war typisch münchnerisch-revolutionär. Noch in derselben Nacht wurde eine Betriebs- und Soldatenräte-Versammlung einberufen, alle Anwesenden erhoben sich zum Zeichen der Trauer, beschlossen Verhandlungen mit Hoffmann und entschieden, auch auf der Demonstration vom 1. Mai gegen dieses Verbrechen zu demonstrieren. Doch die neuerliche Wendung der Dinge kam zu spät. Ein Wunder, es wäre das Wunder von München gewesen, ereignete sich nicht. Denn die Geiselmorde hatten sich unter den weißen Belagerungstruppen herumgesprochen, und daraufhin waren sie nicht mehr zu halten. Befehlswidrig warteten sie nicht einmal mehr den 1. Mai ab, sondern stürmten sofort die Stadt.

Die Empörung über diesen Geiselmord war enorm. Er hatte zugleich bei den Bürgern wie auch bei den Arbeitern Abscheu erregt. Aber natürlich fühlten sich die konservativen Münchner Bürger, denen die Aktion ja galt, ganz besonders betroffen. Ein ungewöhnlicher, dennoch vielleicht der glaubwürdigste Beleg für diese Weichenstellung stammt von einem Historiker. Er ist von Wolfgang Zorn niedergeschrieben worden, der ein konsequent faktentreuer Sozial- und Wirtschaftshistoriker war, Jahrgang 1922, also kein Augenzeuge, aber ein Mann, der die Stimmung im Bayern der Weimarer Republik zuhause in Augsburg mit der Muttermilch aufgesogen haben dürfte.

Zorn hat sich in seinem Standardwerk ›Bayerns Geschichte im 20. Jahrhundert‹, erschienen im Jahr 1986, über Hunderte von Seiten nicht die geringste interpretatorische Abschweifung erlaubt, er hat sich mustergültig streng und bewundernswert diszipliniert ausschließlich an Tatsachen gehalten, die er wie gestanzt Satz für Satz in absoluter Nüchternheit aneinanderreihte. Nur bei der Wirkung, die die Geiselmorde vom 30. April für die bayerische und in der Folge die deutsche Geschichte hatten, änderte sich sein Stil. Er interpretierte, und dass er es an dieser Stelle tat, das macht seine Einschätzung so außergewöhnlich und so überzeugend. Sie scheint wie ein persönliches Bekenntnis eines konservativen Bayern:

Nur wenige Räteanhänger sahen die lange Fernwirkung des Geiselmordes voraus, daß die entsprechend in Erinnerung erhaltene Tat auf Generationen hinaus die Richtung bayerischer Politik beeinflussen würde: Hatte das breite Bürgertum die Münchner »rote Revolution« bisher immer noch nicht völlig ernst genommen, so vergrößerte es sie fortan zur tödlichsten aller sozialen Lebensgefahren.

12 Die Gegenrevolution

Grausamkeit Es gibt Momente im Leben, da kann man nur schweigen, weil jedes Wort falsch und banal ist. Wenn man doch etwas sagt, und meistens tut man es, damit man nicht stumm dasteht, ist trotzdem nichts geholfen. Es geht immer ums Sterben oder um den Tod. Dieses Kapitel ist auch ein Hineinrufen ins Nichts. Wenn man erzählt, was geschah, als weiße Truppen München eroberten, was beschreibt das? Noch heute spürt man, dass Worte unpassend sind. Dabei ist die Geschichte der Eroberung einfach zu erzählen. Nur die Grausamkeiten, die dabei geschahen, lassen immer wieder Atem und Stimme stocken – und das vor allem deshalb, weil diese Grausamkeiten ein großes Vorbild abgaben.

Vor dem Sturm auf München hatte ein kleines Innehalten stattgefunden, denn Ernst Toller und die Münchner Betriebsräte hatten sich gegen Eglhofer und die Kommunisten durchgesetzt, sodass am 30. April Kontakt zum Kommando der weißen Truppen aufgenommen wurde. Als dort aber verlangt wurde, die führenden Köpfe auszuliefern, war klar, dass weitere Sondierungen keinen Sinn hatten. Von den Radikalen in München war ein Wunder, das ein großes Opfer bedeutet hätte, nicht zu erwarten.

Seltsamerweise hatte Johannes Hoffmann für eine eventuelle Friedenslösung in buchstäblich letzter Minute keine politischen Vorbereitungen oder Vereinbarungen getroffen und am letzten Tag alle Politik den Militärs überlassen. Für Friedensmissionen wollten die Truppen den Kopf nicht hinhalten.

Schon bei den Gefechten in Dachau hatten sie das Standrecht ausgeübt, das heißt Gefangene sofort oder nach kurzem Prozess erschossen. In

München galt es auch. Zudem konnte nach dem sogenannten Schießbefehl jeder erschossen werden, der mit einer Waffe angetroffen wurde – auch wenn er nicht kampfbereit war. Den Kommandeuren einer solchen Armee war Friedenssehnsucht absolut fremd. Als dann am 30. April auch noch die Geiselmorde bekannt geworden waren, regierte nur noch die militärische Logik, und zwar in drastischer Form. Es war weniger eine Logik des Kämpfens als eine des Mordens.

Doch auch die Logik Münchens existierte weiter, also die des Hin und Her. So brachten vor dem Sturm einzelne Truppenteile aus der Stadt und auch die republikanische Schutztruppe Kasernen unter ihren Befehl, neutralisierten die dortigen Soldaten und versuchten damit, die Kämpfe einzudämmen. Andererseits bewaffneten sich Bürger und griffen, ohne auf die Truppen von draußen zu warten, zusammen mit der republikanischen Schutztruppe die Rote Armee in der Innenstadt an. Schon da kamen die Verteidiger einer Räteregierung, die absurderweise ohnehin nicht mehr existierte, in die Defensive. Zu allem Überfluss fand auf der Theresienwiese die 1.-Mai-Demonstration statt, veranstaltet von der USP. Die Teilnehmer dieser Veranstaltung ließen es sich anschließend nicht nehmen, zwischen den Linien der Kämpfenden zu marschieren.

Am stärksten war der Widerstand der Roten Armee in den Arbeitervierteln. Eglhofer hatte in letzter Sekunde die Soldaten der Roten Armee aufgefordert, ihre Waffen niederzulegen, aber sein Befehl war nicht mehr durchgedrungen. Deshalb schossen die Arbeiter eigentlich nicht als Teil der Roten Armee, sondern einfach nur aus revolutionärer Überzeugung. Die Vorahnungen Hofmillers und Klemperers vom Kampfesmut der Proletarier bewahrheiteten sich also.

Aus diesem Grund, dem unkoordinierten, punktuellen Widerstand, zogen sich die Kämpfe tagelang hin, obwohl die militärische Frage schon kurz nach dem Angriff am 1. Mai entschieden war. Schnell hatten die Angreifer die Initiative übernommen und die Arbeiter oder die Reste der roten Truppenteile an einzelne markante Gebäude zurückgedrängt.

Die weißen Truppen waren nicht nur mit dem Kampf beschäftigt. Ihre Methode war der durch das Standrecht und den alle Übergriffe deckenden Schießbefehl erlaubte Mord. Die Schilderungen dieser Taten sind zahlreich. Einer der schrecklichsten Belege ist der Tod von Gustav Landauer. Weiße Truppen hatten ihn festgenommen, und von einem ihrer Soldaten stammt der Bericht über seine letzte Stunde:

> Am 2. Mai stand ich als Wache vor dem großen Tor zum Stadelheimer Gefängnis. Gegen 1 ¼ Uhr brachte ein Trupp bayerischer und württembergischer Soldaten Gustav Landauer. Auf dem Gang vor dem Aufnahmezimmer versetzte ein Offizier dem Gefangenen einen Schlag ins Gesicht. Die Soldaten riefen dazwischen: »Der Hetzer, der muß weg. D'erschlagts ihn!« Landauer wurde dann mit Gewehrkolben an der Küche vorbei in den ersten Hof rechts hinausgestoßen. Im Hof begegnete der Gruppe ein Major in Zivil, der mit einer schlegelartigen Keule auf Landauer einschlug. Unter Kolbenschlägen und den Schlägen des Majors sank Landauer zusammen. Er stand jedoch wieder auf und wollte zu reden anfangen. Da rief ein Vizewachmeister: »Geht mal weg!« Unter Lachen und freudiger Zustimmung der Begleitmannschaften gab der Vizewachmeister zwei Schüsse ab, von denen einer Landauer in den Kopf traf. Landauer atmete immer noch. Da sagte der Vizewachmeister: »Das Aas hat zwei Leben, der kann nicht kaputtgehen!« Da Landauer immer noch lebte, legte man ihn auf den Bauch. Unter dem Ruf: »Geht zurück, dann lassen wir ihm noch eine durch!« schoß der Vizewachmeister Landauer in den Rücken, daß es ihm das Herz herausriß und er vom Boden schnellte. Da Landauer immer noch zuckte, trat ihn der Vizewachmeister zu Tode.

Grausamkeiten von Soldaten hatte es auch schon bei der Niederschlagung des Spartakusaufstandes in Berlin gegeben. Doch die Exzesse in München waren extremer als alles, was bis dahin bekannt und vorstellbar war.

Das Verhalten der weißen Truppen war stilbildend, so makaber das klingen mag. Der sogenannte Vernichtungskrieg im Osten, den Hitler zwanzig Jahre später entfesselte, die Morde an der Zivilbevölkerung in Polen und der Sowjetunion waren ähnlich hemmungslos wie das Töten im München des Jahres 1919. Augenzeugenberichte, die bereits kurz nach dem Sturm veröffentlicht wurden, belegen, dass die Soldaten so gut wie keine Sorge haben mussten, jemals für ihre Taten belangt zu werden. Entsprechend war ihr Verhalten. Ein Augenzeugenbericht wurde später veröffentlicht:

> Am 4. Mai kamen zwei Autos mit Gefangenen vor Stadelheim an. Drei Männer und zwei Mädchen von ungefähr 18 Jahren wurden heruntergerissen. Die Männer wurden natürlich sofort erschossen. Bezüglich der Mädchen riefen württembergische Soldaten: »Die Frauen müssen

sofort erschossen werden!« Stadtpfarrer Wagner und Pfarrer Freudenstein von Giesing, die sich der Gefangenen tapfer annahmen und immer wieder zur Beendigung der Menschenschlächtereien mahnten, suchten auf die Soldaten einzuwirken. Es gelang ihnen jedoch nicht, ebensowenig drei Offizieren, darunter Oberleutnant Aschold, die immer wieder die Soldaten bestimmten, daß Erschießungen ohne Urteil nicht mehr zulässig seien. Es half alles nichts. Selbst Stadtpfarrer Wagner wurde bedroht. Die Mädchen weinten nicht; sie wurden an die Wand gestellt, und – jetzt kommt das Erbärmlichste – zuerst in die Fußknöchel und Knie geschossen, und erst dann, als sie zusammengebrochen waren, völlig erschossen.

Vor allem die Exekution von 26 Mitgliedern des katholischen Gesellenvereins St. Joseph, die sich in ihrem Vereinslokal versammelt hatten und dort festgenommen worden waren, löste Entsetzen im konservativ-katholischen Bayern aus. Solche Exzesse geschahen also oftmals, ohne dass die Opfer an Kämpfen teilgenommen hatten. Willkürliche Erschießungen waren an der Tagesordnung. Die Gesamtzahl der Opfer des Weißen Terrors dürfte bei etwa 550 gelegen haben. Zusammen mit den bei Kampfhandlungen Getöteten fanden mindestens 1200 Menschen in den ersten Maitagen den Tod.

Für Josef Hofmiller, der in einem Arbeiterviertel wohnte – wenn auch im nobelsten Teil nahe der Pfarrkirche –, stellte sich die Situation anders dar. Am 4. Mai sah er in den Erschießungen so etwas wie Notwehr, die vor allem nach Angriffen aus dem Hinterhalt nötig schien:

Es hat sich nicht viel geändert während des gestrigen Tags. Immer wieder wurde geschossen, bald näher, bald ferner. Heute früh kam das Lieserl von den Hausleuten herauf und erzählte, einer von den Regierungstruppen sei gestern durch die »Grube« gegangen mit einem Zivilisten, um Haussuchung zu halten, da wäre er von einem Fenster aus erschossen worden. Man habe dann die Kommunisten, Vater und Sohn, herausgeholt und an die Wand gestellt. In der äußeren Maximilianstraße habe man fünf Mann aus einem Haus herausgeholt und erschossen. Auf der Wiese oberhalb der Flurschule soll man vierzig erschossen haben. Einen habe man aus dem Prinzregententheaterkeller heraufgeholt und gleich auf der Straße erschossen. Immer wieder wurde aus den Häusern auf die Regierungstruppen geschossen, noch mehr auf einzelne.

Mord ist nicht gleich Mord Wer die mörderische Grausamkeit des 20. Jahrhunderts, die Menschenverachtung der kommunistischen und faschistischen Herrscher vor Augen hat, wird die Taten im München des Mai 1919 vor einem anderen Erfahrungshorizont beurteilen, als die Zeitgenossen es taten.

Für uns sind sie ein Fanal des Kommenden, für manche Bürger Münchens waren sie eine Art Reinigungsprozess. Zwar hatte die Räteregierung mit Ausnahme der Geiselerschießung keine Morde im Stile der weißen Truppen verübt, die Geistlichkeit beispielsweise blieb vollkommen verschont, aber die Angst vor der Gewalt regierte dennoch schon tagelang. Josef Hofmiller hatte sich meist ungeniert in der Stadt bewegt – auch in der Hochphase der Räteregierung –, aber immer hatte ihn ein Unwohlsein über seine Zukunft als möglicher Klassenfeind begleitet:

> L. … und ich gingen mit dem Verleger H. aus, der sagte, man sollte doch die Spartakisten nicht so niederschießen, sondern nur über die Grenze schaffen; man müsse jetzt wirklich eine große Geste finden; man müsse immer das Gesicht wahren; wir müßten zeigen, daß wir die Anständigen und Vornehmen wären, und noch mehr solch dämlichen Geschwätzes, wie es etwa in einem Schweizer Sanatorium üblich ist oder bei Professor Förster. Ich bedauerte im stillen, daß man nicht bei ihm ein wenig geplündert hatte. Dann spräche er anders.

Plünderer werden erschossen. An dieser martialischen Devise der revolutionären Verlautbarungen hatte sich Hofmiller immer schon gestoßen. Geschehen war aber mit Ausnahme des Geiselmordes wenig. Nun, da der Mord zum Alltag wurde, war der Kulturkritiker damit ganz und gar einverstanden. Der Schock, den er erlitten hatte, muss sich während der Revolution tief in seine Befindlichkeit eingegraben haben.

Der lange Zeit journalistisch untätige Victor Klemperer versuchte, Auszüge aus seinem Revolutions-Tagebuch nach Leipzig zu schicken, und notierte deshalb aufmerksam, was er vom Sturm auf München mitbekam. Von der Ermordung Landauers wusste er nichts. Er hatte nur gehört, dass der Revolutionär festgenommen worden sei. Sein Blick konnte sich auf die harmlosen Seiten richten. Dabei fiel ihm eine regelrechte Stimmungsexplosion in der Bevölkerung auf, und die erfasste wohl auch ihn. Am 1. Mai, dem ersten Tag der Kämpfe, wurde in der Innenstadt noch geschossen, einen Kilometer nördlich feierten die Menschen bereits:

> Am frühen Nachmittag ritten die ersten Truppen ein: bayerische schwere Reiter durch die Barer Straße. So sind sie nicht begrüßt worden, als sie aus dem Feldzuge heimkehrten. Aber den Gipfelpunkt erreichte das Fest am Siegestor und vor der benachbarten Universität, die von der Straße durch ein breites Halbrund getrennt liegt. Preußische Truppen zogen hier ein und nahmen in der Universität selbst momentanes Quartier. Auf das Siegestor waren Männer, Frauen und Kinder geklettert, winkten, schwenkten eine Fahne, kauerten malerisch auf dem Löwengespann. Und unten im Torweg und bei den Posten vor dem Halbrund, in dem Wagen und ein erobertes Geschütz aufgefahren waren, drängten sich die Menschen und plauderten mit den Soldaten und schenkten ihnen Zigaretten und konnten des Fragens und Erzählens nicht satt werden.

Die Münchner waren so hingerissen, dass nicht einmal die Tatsache, hauptsächlich von preußischen Truppen und einem preußischen General befreit worden zu sein, ihre Stimmung trübte. Es kam zur antikommunistischen bayerisch-preußischen Verbrüderung. Dennoch blieb München, was es war. Die Kämpfe, die ja trotz der Jubelszenen tagelang weitergingen, waren schon bald eher Spektakel denn Gefahr. Wie andere Bürger machte sich Klemperer nun auf, um dabei zu sein und zu beobachten:

> Überall Menschenhaufen, die zurückprallten, wenn das Heulen und Krachen gar zu nahe kam, um später wieder die Nasen vorzustrecken, einige Beherzte oder irgendwie Gezwungene, die weiter vordrangen, ein schwarzer Rauch über der Bahnhofsgegend. Und immer mehr Trupps mit farbigen Stahlhelmen, Absperrungen vornehmend, dem Kampfplatz zustrebend.

Dabei wurde das Standrecht unter den Augen der Bevölkerung ausgeübt, nicht im Verborgenen. Die Reaktion von Bürgern wie Josef Hofmiller war dennoch distanziert. Gräuel wurden einfach nicht gesehen oder gar nicht als solche wahrgenommen. Nur die Reinigung der Stadt von Gefahren war bemerkenswert, und das sogar für einen so faktentreuen Zeitgenossen wie Victor Klemperer:

Wenn sie den Kerl dann abführen, Bewaffnete umringen ihn, mindestens einer droht ihm mit der Pistole, er muß die Hände hochhalten und faltet sie auf dem Kopfe – es sieht schauerlich schön aus, es entschädigt für die lange Schließung der Kinos.

Was nach dem Abführen in dieser Kinovorstellung geschah, das entscheidende blutige Ende im Horrorfilm, das schilderte Klemperer nicht.

Er bemerkte auch, dass die Angst vor einer Wiederkehr der Räteregierung weiterhin durch die Köpfe der Münchner spukte. Das mag erklären, warum die Bürger so gleichgültig waren gegenüber den Grausamkeiten. Die Drohkulisse stand für sie nach wie vor. Ein Erlebnis, das der Münchner Bahnhofsvorstand Siegert machte, liefert einen nachvollziehbaren Grund für solche Ängste. Siegert war, wie viele andere Münchner auch, während der Kämpfe als Beobachter auf Posten gewesen – im Umfeld seiner Dienststelle:

In der Senefelderstraße standen 3 Zivilisten und 1 Soldat, die abwechselnd an die Ecke vortraten und, ohne zu zielen, ihr Gewehr um die Ecke herum auf die in der Bayerstraße am Telegraphenamte und am Stachus stehenden Regierungstruppen abschossen. Die mit Stahlhelm ausgerüsteten Regierungssoldaten ließen sich aber dadurch nicht beirren, sie drangen schleichend und an den Häusern entlang springend immer näher gegen den Hauptbahnhof vor, es wurden immer mehr Stahlhelme und schließlich zogen die »Eckschützen« ab. Zuvor hoben sie aber die Kanaldeckel in der Senefelderstraße auf, nahmen ihre roten Armbinden und die Patronengurte ab und schoben sie samt den Gewehren in den Kanal hinein. Dann liefen sie als »harmlose Staatsbürger« eiligen Schrittes davon.

Wegen dieser harmlosen Staatsbürger sollten viele Münchner jahrelang Beklemmungen haben.

Bilder der Gegenrevolution Victor Klemperer hatte schon kurz nach der Einnahme Münchens zu seiner Grundidee zurückgefunden: zum München des Faschings, der Gaudi, der Festlaune. Doch in einem Land mit einer mehr als tausendjährigen Geschichte gab es natürlich auch noch andere Klischees, auf die man bei der Darstellung des Geschehens zurückgreifen konnte. Eines dieser Klischees war der Volksaufstand vom Jahr 1705. Damals hatten sich die Bauern und Knechte aus dem Oberland, also der Gegend südlich von München, und aus Niederbayern gesammelt, um ihr Land, das von den Truppen des Kaisers besetzt war, vom Joch dieser Besatzer zu befreien.

Der Schmied von Kochel, ein Hüne von einem Mann, hatte angeblich tausende von heimatliebenden Bayern gegen die Fremdherrschaft mobilisiert. Weder gab es einen solchen Schmied jemals wirklich, noch war der Volksaufstand von großem Erfolg gesegnet. Er endete mit einem grausamen Gemetzel in der sogenannten Sendlinger Mordweihnacht am 25. Dezember 1705.

Im 19. Jahrhundert machten begabte Maler diesen vermeintlich heldenmütigen Kampf der Oberlandler und ihres Schmieds zu einem festen Motiv der Historienmalerei. Als nun württembergische, aber vor allem preußische Truppen München besetzten, wurde dieser Mythos vom Volksaufstand kopiert, wiederum äußerst geschickt ins Bild gesetzt und damit die Anwesenheit der Reichstruppen weitestgehend aus der Erinnerung getilgt.

Tatsächlich hatten sich in Bayern selbst zu wenige Freiwillige für den Kampf um München gemeldet, sodass die Machtfrage mit bayerischen Kräften nicht zu klären war. Dennoch wurden – zumindest im letzten Moment – im Oberland einzelne sogenannte Freikorps gebildet, die auf München zumarschierten, und zwar in Tracht, also wie die Bauern vom Jahr 1705. Sie, besonders das Freikorps Werdenfels, wurden zum Hauptmotiv der Fotografen und zum Bestandteil einer geschickten Geschichtsklitterung.

Hauptverantwortlich dafür waren zwei Münchner, die in der Folge eine enorme Karriere machten. Peter Ostermayr, der mit der Filmkamera unterwegs war, und Heinrich Hoffmann mit seiner Fotokamera. Fotografien wurden, wenn sie nicht an die Illustrierten oder die Tagespresse gingen, als Postkarten vertrieben. Nach dem Umsturz war der Markt für Postkarten äußerst schwach, denn die wenigen noch kaufkräftigen Bürger interessierten sich kaum für die Größen und die Geschehnisse der Revolution, und Arbeiter oder Arbeitslose hatten zu geringe Einkommen, um sich Postkarten leisten zu können. Josef Hofmiller hatte Postkarten gekauft, dabei aber festgestellt, dass sogar für eine Eisner-Postkarte die Preise äußerst gering waren.

Der wendige, mit 34 Jahren noch vergleichsweise junge Heinrich Hoffmann war schon vor dem Krieg als Fotograf tätig gewesen und konnte im November 1918, nach dem Militärdienst, sofort wieder ins Geschäft einsteigen. Mit seiner Fotokamera machte er während der Revolution vor Ort Aufnahmen, die im Atelier zu Postkarten umkopiert wurden. Das war sein Hauptgeschäft. Durch den Sturm auf München änderte sich die Nachfrage schlagartig. Das Geschäft boomte.

Erstaunlicherweise gibt es kaum Aufnahmen vom Kampfgeschehen selbst. Es war vielleicht zu unübersichtlich und unkalkulierbar, da es keine klar wahrnehmbare Front gab, und außerdem wurde ja wirklich scharf geschossen, noch dazu zwischen Häusern und aus dem Hinterhalt heraus. Das alles sind für Fotografen gute Gründe gewesen, sich nicht zu heldenhaft um ihre Aufnahmen zu bemühen. Später wurden solche Szenen für die Kamera nachgestellt. Die Situation, die Klemperer beschreibt, bei der die Passanten als Gaffer am Rande der Kämpfe hinter den Absperrungen stehen, hat Hoffmann allerdings im Stil eines Fotoreporters festgehalten.

Was jedoch wirklich stilbildend wurde, das war die Legende vom Freiheitskampf der Bayern gegen Kommunisten, Spartakisten und Rote Armee. Dafür reichte es, die mit Lederhose, Wadlstrümpfen, Walkjanker und Trachtenhut bekleideten jungen Burschen aus dem Vorgebirge mit ihren Gewehren und oft auch einer Maß Bier in der Hand aufzunehmen. Die Fotografien wirkten wie ein Historiengemälde des 19. Jahrhunderts.

Genau in dem Stil hat auch Peter Ostermayr den preußischen Anteil am gesamten Unternehmen so klein wie möglich portioniert und stattdessen die Filmkamera auf dieselben Einheimischen gerichtet, die auch Hoffmann abbildete. Ostermayr hatte den geschäftlichen Vorteil, dass seine Szenen als Wochenschaumaterial in ganz Deutschland vor den Hauptfilmen liefen oder als Langfassungen in eigenen Kinovorstellungen überall gezeigt werden konnten.

So wurden Ostermayrs Filmszenen und Hoffmanns Postkarten zum Beleg für einen Mythos, nämlich die Vorstellung, die Bayern selbst hätten in ihrer Hauptstadt reinen Tisch gemacht. Klemperers Beschreibung der bayerisch-preußischen Verbrüderung am Siegestor passte nicht so recht in dieses Konzept. Das Bildmotiv wurde links liegengelassen.

Natürlich waren Hoffmann und Ostermayr in erster Linie Unternehmer und keine Geschichtsideologen. Gerade Hoffmann ließ sich deshalb das Geschäft mit den Tausenden von außerbayerischen Soldaten, die alle eine Erinnerungspostkarte haben wollten, nicht entgehen. Er lichtete auch deren Regimenter ab, zeigte sie bei der Versorgung hungernder Kinder und ihrer Mütter oder bei der Parade. So groß war die Nachfrage, dass Hoffmann eine zweite Firma mit dem Kopieren der Negative beauftragen musste. Ostermayrs Filmszenen liefen ebenso erfolgreich im Kino.

Bei dem Defilee der Soldaten, das er im Lichtspielhaus zeigte, konnte sich der Filmemacher dann natürlich nicht auf die Oberlandler beschränken. Zudem waren die Kommandierenden mit dem Erscheinungsbild der trinkfreudigen oberbayerischen Freikorpsleute nicht recht zufrieden, weshalb auch ordentliche Soldaten ins Bild gerückt werden mussten:

> Sind auch die ekelhaften Gestalten der Roten Armee … vom Straßenbild verschwunden, so macht doch der freiwillige bayerische Soldat noch keineswegs einen militärischen Eindruck. Einen ganz üblen Eindruck machen die einzelnen Freiwilligenverbände, denen man Gebirglerkostüme gegeben hat.

Zudem hatte sich das Freikorps Werdenfels wahrscheinlich nie an Kämpfen, sondern bestenfalls an sogenannten Säuberungen in einem Arbeiterviertel beteiligt. Als Liebling der Fotografen war es fast schon eine Art Theatertruppe. Aber über die Macht der Bilder war sich die Nachrichtenabteilung im Gruppenkommando 4, aus der die abschätzige Beurteilung der »Gebirglerkostüme« stammte, dennoch nicht ganz im Klaren. Denn was auch immer diese Gebirgler getan haben mochten und wie auch immer sie sich tatsächlich benahmen, ihr optischer Eindruck war äußerst vorteilhaft für die Idee einer Volksbewegung gegen die Linken.

Ganz in diesem Sinne gibt es keine Bilder von Erschießungen, toten Arbeitern oder ermordeten Mitgliedern der Roten Armee. Amateuraufnahmen davon wurden erst nach dem Zweiten Weltkrieg veröffentlicht, und das sind alles private Bilder, bei denen der Fotograf aus dem Fenster eines Hauses, möglichst unerkannt also, fotografierte. Auf die Straße traute sich dafür keiner. Das einzige Bildmotiv, das bei Hoffmann immer wiederkehrt, sind verhaftete Arbeiter, die von Soldaten abgeführt werden, so als würde ihnen nichts geschehen. Auch von Gustav Landauer gibt es eine solche Aufnahme – auf dem Weg nach Stadelheim, wo er kurz darauf bestialisch ermordet wurde.

Für Peter Ostermayr und Heinrich Hoffmann war die Besetzung Münchens durch die weißen Truppen ein großes Geschäft. Ostermayr wurde mit der Emelka-Wochenschau und den Spielfilmen, die er ab 1920 drehte, ein erfolgreicher Filmunternehmer und Regisseur. Er blieb dem Bayerischen treu, da er das Genre des Heimatfilms erfand – bei ihm waren es meist Verfilmungen von Ludwig-Ganghofer-Romanen – und sie mit großem Erfolg im Filmgeschäft etablierte. Auch Heinrich Hoffmann lichtete weiter Menschen in Lederhosen ab. Adolf Hitler beispielsweise. Für den Trommler und Führer der nationalen Bewegung wurde er zum Leibfotografen.

Die Mehrheitspartei als Randerscheinung Nur mit Waffengewalt konnte der Amtssitz des SPD-Ministerpräsidenten zurückerobert werden. Dieser Vorgang selbst ist eigentlich unbegreiflich, denn er gründet auf einem Verfallsprozess, der bis heute in den Darstellungen der meisten Historiker nur am Rande vorkommt und in der Revolutionszeit lediglich von rechtsgerichteten Politikern und Publizisten, dann jeweils aber aus ihrer eingeschränkten Perspektive heraus, angesprochen wurde.

Wie konnte es geschehen, dass die große sozialistische Partei, die solide in den Gewerkschaften und Betriebsräten und auch in der Zivilgesellschaft, also im Vereinsleben, verankerte SPD, während der gesamten Revolution immer nur eine Art Trittbrettfahrerin der Macht war? Zuerst von Kurt Eisner, dann vom Zentralrat unter Ernst Niekisch und schließlich von den jeweiligen Revolutionären der Räteregierungen immer in eine Rolle als Juniorpartnerin gedrängt, konnte sie mit ihrer reinen Masse, mit ihrer demokratisch-parlamentarisch ausgerichteten Beharrlichkeit zwar bremsen und verhindern, aber kaum jemals wirklich gestalten.

Sicher gab es Unwägbarkeiten, so etwa den Mord an Kurt Eisner, der tatsächlich die gesamte politische Landkarte zerriss und das Kalkül der SPD-Führung vollkommen zerstörte. Natürlich hätte alles anders kommen können, wären nicht die fatalen Schüsse abgegeben worden. Dennoch bleibt die Frage, wie es geschehen konnte, dass die SPD von einer kleinen Gruppe von Revolutionären in München fast mühelos an die Wand gespielt wurde.

Für den national-konservativen Hofmiller war der Schuldspruch einfach. Seine Diagnose vom 7. Mai war für ihn auch rückwirkend gültig. Die Wortwahl »Kladderadatsch«, die er wählte, war eine alte humorvolle Bezeichnung für die Revolution, wie sie schon im Kaiserreich verwendet wurde:

> Die Sozialdemokratie ist in einer Zwickmühle: sie ist gezwungen Farbe zu bekennen, und diese Farbe ist nicht so rot, wie die Masse geglaubt hat. Sie hat niemals gewagt, den trennenden Strich zwischen sich und den Kommunisten zu ziehen; die Leute aber, die die Regierung Hoffmann jetzt erschießen läßt, sind lauter Kommunisten. Die Sozialdemokratie hat die Massen immer auf den großen Kladderadatsch vertröstet und scharf gemacht; jetzt, wo die Massen den Kladderadatsch machen und ausnützen wollen, läßt sie auf sie schießen. Man sieht es jeder Nummer der ›Münchner Post‹ an, wie greulich der offiziellen Sozialdemokratie die durch ihre eigene Schuld unheilbar gewordene Lage ist.

Jeder konservative Sozialdemokrat hätte auf diese Worte sofort erwidert, dass seine Partei immer streng antikommunistisch und treu parlamentarisch war. Sicher war sie das, wenn auch nicht in vollem Umfang. Als während der Räterepublik in der Münchner SPD eine Mitgliederbefragung stattfand, ob man sich der revolutionären Regierung anschließen solle – allein eine solche Befragung ist im Denken dieser Zeit schon ein Zeichen von Führungsschwäche –, war das Ergebnis eindeutig zweideutig.

Von den 20 000 Mitgliedern stimmten überhaupt nur 7000 ab. Die Gegner einer Beteiligung, die sich also an der antikommunistischen Haltung der Regierung Hoffmann orientierten, hatten bei der geringen Wahlbeteiligung immerhin eine Mehrheit, allerdings nur eine von wenigen hundert Stimmen. Dieses Unentschiedensein prägte die Partei. Es zeigt auch, dass sich die Führung nicht mehr vollständig auf den Zuspruch der Mitglieder, auf ihre Solidarität verlassen konnte. Tatsächlich war ein bedeutender Teil der Partei, und das lange nach der Abspaltung der USP, in ein radikaleres Fahrwasser gewechselt, als es die politische Spitze wahrhaben wollte.

Eine tolerante Haltung gegenüber Eisner, ihre Bereitschaft zum Kompromiss, das Wartenkönnen waren der SPD eingeschrieben. Es waren ihre Stärken. Damit schaffte sie es, im turbulenten München über Monate hin ein Blutvergießen zu vermeiden. Doch die Wochen zwischen dem 21. Februar, also dem Mord an Eisner, und dem 1. Mai, dem Angriff auf München, zeigten, dass sie oft nicht mehr war als das fünfte Rad am Wagen der Revolution, obwohl ihre Mitglieder bis zuletzt in allen revolutionären Gremien den Radikalismus zu bremsen versuchten und es, je radikaler die Revolution wurde, auch immer wieder schafften.

Sogar die bolschewistischen Träume der KPD waren am 27. April an der Wand der Betriebsräte, unter ihnen natürlich auch SPD-Leute, zerschellt. Historiker von heute sehen die SPD der Revolutionszeit als eine durch Einflüsse von links und von rechts schlimmstenfalls immobil gewordene, aber verlässliche demokratische Kraft. Das trifft sicher zu. Doch viele Bürger in München hätten darin eher Unentschiedenheit gesehen, und als Kraft hätten die SPD nur wenige bezeichnet. Das galt auch für Victor Klemperer:

> Hoffmann hat verspielt gegen links wie gegen rechts, es macht hier den Eindruck der Hilflosigkeit, wie er noch immer in Bamberg sitzt, und es macht den peinlichsten Eindruck, wie die Mehrheitssozialisten sich schon wieder winden und lavieren. Einen Augenblick lang schien der Münchner ›Post‹ endlich ein Licht aufgegangen zu sein. Am 5. Mai schrieb sie: »Eine neue Zeit ist angebrochen: das Volk hat sich abgewendet vom alten Militarismus. Die Zeitverhältnisse gestatten aber nicht, das Militär abzuschaffen. Wer nicht geistig und körperlich blind ist, muß das spätestens seit den letzten Wochen begriffen haben.« Aber ein paar Tage später ist sie dann wieder schwankend geworden und sehr geneigt, der militärischen Gewalt in den Arm zu fallen.

Ob Klemperers Kritik im Detail zutrifft, sei dahingestellt. Sie gibt eine Unzufriedenheit wieder. Die mächtige SPD hatte während der Revolution im Entscheidungsfall immer unüberwindbare Schwierigkeiten, sich durchzusetzen. Es wurde zu einer Dauererscheinung. Vertrauensbildende

Maßnahmen für eine goldene Zukunft, für ihr großes Ziel einer sozialistischen Gesellschaft, sind ihr kaum gelungen. Anfang Mai, nach einem halben Jahr Revolution, stand die SPD mit leeren Händen da. Sie stellte den Ministerpräsidenten und besetzte weitere Posten in der Regierung – allerdings in einer großen Koalition mit DDP und auch mit der BVP. Nun konnte Ernst Müller-Meiningen tatsächlich sein Amt antreten. Als Justizminister:

> Die Ereignisse in München hatten es klargemacht, daß die Mehrheitssozialisten, die durch die blutige Niederwerfung des Räteregiments zunächst fast den letzten Anhang verloren hatten, die Regierung nicht mehr allein führen konnten. Der Umstand allein, daß es fast nur bürgerliche Elemente – und gerade diejenigen – waren, denen der sozialistische Haß am meisten galt (Soldaten und Offiziere der alten Armee, Studenten usw.), die das rein sozialistische Ministerium Hoffmann gerettet und die Ordnung für sein Weiterleben geschaffen hatten, mußte dem Ministerium die unumstößliche Gewißheit schaffen, daß nunmehr nur ein Koalitionsministerium mit den bürgerlichen Parteien die Aufbauarbeit mit Erfolg leisten konnte.

Damit war die SPD dort angelangt, wo sie bereits Anfang November 1918 stand: eine Kraft unter mehreren in einem bürgerlichen Koalitionskabinett. Auch sie war eine Verliererin der Revolution. In gewisser Hinsicht hatte Erhard Auer also am 8. November 1918 genau geahnt, was alles an Schwierigkeiten auf seine Partei zukommen würde. Damals war er eher widerwillig und nur durch die Umstände gezwungen am Vormittag von Eisners Umsturz auf seinen revolutionären Widersacher zugegangen.

Klassenjustiz Der neue Justizminister Ernst Müller-Meiningen war um große und polemische Worte nie verlegen. Als er aber 1922 im Rückblick auf sein politisches Wirken darauf zu sprechen kam, wie unter seiner Verantwortung ab dem Mai 1919 mit den Linken vor Gericht verfahren wurde, war er äußerst einsilbig und mehrdeutig. Immerhin sprach er das Thema an. Der Mörder von Gustav Landauer beispielsweise wurde zwar vor Gericht gebracht, kam aber ungeschoren davon. Der bayerische Justizminister wies alle Verantwortung zurück:

Einzelne Mordtaten, wie z. B. die Niedermetzelung Landauers in Stadelheim, bildeten verdammenswerte Exzesse. Die Nichtbestrafung der Mörder in diesem wie in anderen Fällen wurde von radikaler Seite mit Unrecht den zivilen Justizbehörden, insbesondere dem Verfasser dieser Zeilen als damaligem Justizminister in die Schuhe geschoben, – wie vieles andere Unwahre und Ungereimte. Der Verfasser hat wiederholt alles Pflichtmäßige aufgeboten, um Klarheit über diese bösen Dinge zu schaffen. Er muß sich hier, ohne auf die Einzelheiten aus naheliegenden amtlichen Gründen eingehen zu können, auf die wiederholte Versicherung beschränken, die er jederzeit eidlich bekräftigen kann, daß es nicht die Schuld der bayerischen Ziviljustiz war, sondern die Schuld von Stellen, auf die das bayerische Justizministerium keinen Einfluß hatte, daß diese Freveltaten nicht zur gerechten Strafe gebracht wurden: Denn Recht muß Recht bleiben.

Was Müller-Meiningen behauptete, ist falsch. Bis zum 31. Juli wurden die Urteile zwar von Standgerichten gefällt und für die war die bayerische Justiz nur teilweise verantwortlich. Doch die Tausende von Verfahren, die nach dem 2. Juni bearbeitet wurden, oft waren dabei sogenannte Volksgerichte tätig, zeigten ganz deutlich, dass Verbrechen von Weißen und Roten mit zweierlei Maß gemessen wurden. Auch dies geschah ausgerechnet unter dem SPD-Ministerpräsidenten Hoffmann.

Philipp Loewenfeld, der schon im Rätekongress vom März 1919 gegen die Kommunisten aufgestanden war, hat den Behauptungen Müller-Meiningens in den zwanziger Jahren Punkt für Punkt widersprochen und den liberalen Minister in die Nähe der Nationalsozialisten gerückt. Absolut falsch lag er damit nicht. Müller-Meiningen hat ihn deshalb mit vielen Gerichtsverfahren überzogen, jedoch nie Recht bekommen. Die Äußerungen des Ministers sind ein Beleg für die Selbstüberzeugtheit, mit der nun die politischen Rechten, und seien sie auch Liberale gewesen, agierten.

Fragen der Legalität waren für die Opfer der Justiz im Mai 1919 noch nicht vordringlich. Da ging es für die Revolutionäre nur darum, nicht irgendeinem Standgericht oder gar dem sogenannten Schießbefehl zum Opfer zu fallen. Je später man aufgegriffen wurde, je mehr sich die Wut zumindest etwas gelegt hatte, umso größer war die Überlebenschance.

Sie sind alle Hunde gewesen wie ich,
haben ihr Leben lang kuschen
und sich ducken müssen,
und jetzt, weil sie beißen wollten,
schlägt man sie tot.
Wir sind Gefangene!
Oskar Maria Graf, Wir sind Gefangene

Es ist deshalb unerklärlich, wie sich Oskar Maria Graf in diesen Tagen vollkommen naiv traute, durch München zu stolzieren. Er konnte von Glück sprechen, dass er als stadtbekannter Revolutionär und Mitglied des Zensurbeirats der Räteregierung zwar verhaftet, aber nicht sofort erschossen wurde:

> Nach einer Woche kam ich zum Verhör. In einer Stube, wo vor jedem schreibenden Ausfrager ein Häftling seine Angaben zu machen hatte, wurden meine Personalien aufgenommen. Dann fragte mich der kleine, dicke Kommissar: »Haben Sie was anzugeben?«
> »Das wollt' ich eben Sie fragen«, sagte ich frech drauf.
> »Was?« frug der Polizist scharf.
> »Ja, ich wollt' eben Sie fragen, was Sie über mich anzugeben haben«, wiederholte ich versteckt boshaft.
> »Also Sie haben nichts anzugeben?« – »Nein.«
> Wieder fragte der Mann: »Haben Sie Entlastungszeugen?« »Ja«, sagte ich gedehnt und besann mich ein wenig, »wenn ich keine Belastung hab', dann brauch ich doch auch keine Entlastungszeugen.«

Dieser absurde Dialog könnte eher aus dem Literaturkabinett eines Karl Valentin stammen, im Kern trifft er dennoch die Sache. Was hatte Graf wirklich verbrochen? Er hatte Veranstaltungen abgehalten für ein neues Menschenethos, er hatte demonstriert und geschrien. Zu zensieren hatte er zwar ein einziges Mal versucht, es war ihm aber nicht gelungen. Dann hatte er geschmollt, so dass er nie wirklich tätig wurde.

Es traf neben Oskar Maria Graf die enorme Zahl von etwa 100 000 weiteren Münchnern, die erfasst, verhört, festgesetzt oder in Sammelstellen zum Teil länger festgehalten wurden. Bei einer Gesamtbevölkerung von etwa 650 000 kann man sich vorstellen, welch chaotische Verhältnisse in den Untersuchungsgefängnissen herrschten. Die Keller von öffentlichen Gebäuden in München und die Kasernen in der Garnisonsstadt Ingolstadt wurden benutzt. Es war eine riesige Einschüchterungsmaschinerie. Graf hatte eine Art Sonderstatus als Gefangener in der Polizeidirektion:

> Dann kam also die Schlafenszeit. Wirklich lag alles berggleich übereinander auf den Pritschen und darunter. Der Rest versuchte stehend, an die Wand gedrückt oder aneinanderlehnend, zu schlafen. Das ging sehr lange. Auf einmal fing das Rutschen an. Alles, was stand, sackte schief hin, rührte sich wieder und tappte schlaftrunken herum. Flüche knurrten, Gemurmel fing an, Unterhaltungen begannen und brachen ermattet wieder ab. Schrecklich langsam verliefen diese dunklen Stunden.

Tagsüber sangen die Gefangenen sogar. Sie stimmten die Marseillaise an, dann die Internationale, und schließlich verfiel Graf noch auf das eigentlich passende Lied: »Schmiert die Guillotine, schmiert die Guillotine.« Als berichtet wurde, dass auch Eugen Leviné in der Polizeidirektion inhaftiert worden war, solidarisierten sich die Gefangenen – wieder einmal, allerdings ein letztes Mal:

> Jetzt wußten es alle, jetzt schaute jeder sekundenlang dem andern in die Augen, ein stockendes Schweigen setzte ein, nur die Weinenden hörte man noch, und auf einmal schrien etliche aus der Mitte: »Hoch! Leviné-Nissen!« Und wie ein jähes, aufmunterndes Signal ergriff es alle. »Schreit das nicht, da geht's uns schlechter«, mahnte der im Sportskostüm kläglich.
> »Feigling!«, plärrte ihn einer drohend an, und wie auf ein Zeichen wiederholte die ganze Zelle: »Hoch! Hoch, Leviné-Nissen! Hoch!«

Schließlich schlossen sich, Graf zufolge, die Gefangenen anderer Zellen dem Hoch an. Eugen Leviné wurde am 3. Juni von einem Standgericht abgeurteilt. Er erhielt die Todesstrafe, die am 5. Juni trotz eines Gnadengesuchs vollzogen wurde. Ernst Toller, Erich Mühsam, Ernst Niekisch und viele andere Volksbeauftragte der letzten Rätewochen wurden festgenommen und zu langjährigen Haftstrafen wegen Hochverrats verurteilt. Nur Levien konnte entkommen.

Graf ließ man nach einem Ersuchen vieler berühmter Schwabinger Freunde wieder frei. Die Lebensgefährtin von Graf, Mirjam Sachs, hatte alle Hebel in Bewegung gesetzt, um ihn freizubekommen. Mithilfe seiner Unterstützer, darunter auch Rainer Maria Rilke, kam Graf am 26. Mai aus dem Gefängnis. Auch Rilke erlebte eine Haussuchung, verließ München und kam nicht mehr wieder.

Der Schock, den die Revolution bei den konservativen Bürgern in München ausgelöst hatte, saß tief. Sie hatten das Gefühl, mit ihrer Angst vor Plünderung und Erschießung – so unwahrscheinlich beides auch immer gewesen sein mag – eine gegenüber anderen Bayern privilegierte Erfahrung gemacht zu haben – und das noch dazu über Monate hin. Sie meinten, hinter den Kulissen der Revolution den reinen Terror erspäht und erspürt zu haben. Deswegen trauten sie dem Frieden, den die weißen Truppen hergestellt hatten, kaum. Zu oft war im letzten halben Jahr das Ruder in München herumgerissen worden. Hofmiller hörte zu. Er ahnte Schlimmes:

> Es wird ungeheuer gehetzt. Auf allen Trambahnen hört man die dümmsten Behauptungen. Die Giesinger Spartakisten sollen erklärt haben, sie brauchen keine Gewehre. Sobald die Truppen abzögen, schnitten sie den Bürgerlichen die Gurgeln mit dem Messer durch. Ich bin überzeugt, daß die Regierung Hoffmann zu schwach ist, der Lage Herr zu werden.

13 Soldatenrat Adolf Hitler

Historisches Magnetfeld So wie die Nadel am Kompass immer Richtung Norden weist, so scheint die Aufmerksamkeit der Geschichtswissenschaft und die der Weltöffentlichkeit bis heute auf Adolf Hitler, seine Partei und seine Parteigenossen, auf ihre Taten und ihre Opfer gerichtet zu sein. Jahr für Jahr erscheinen Hunderte von wissenschaftlichen Publikationen, die sich in jeder nur denkbaren Hinsicht mit Mensch und Werk befassen. Vieles in seinem Leben wird aber mangels Quellen oder wegen fragwürdiger Belege für immer unklar bleiben – das gilt auch für Hitlers Tun im München der Revolution.

Beispielsweise konnte ein wichtiger Zeitgenosse, Karl Alexander von Müller, über die Zustände in der Endphase der Revolution nichts berichten – er war auf Hochzeitsreise. Dieser Mangel an Informationen nahm wieder ab, als der Professor zurückgekehrt war. Im Sommer 1919 fiel ihm in einem seiner Kurse ein Dreißigjähriger auf:

> Nach dem Schluß meines Vortrags und der folgenden lebhaften Erörterung stieß ich in dem sich leerenden Saal auf eine kleine Gruppe, die mich aufhielt. Sie schien festgebannt um einen Mann in ihrer Mitte, der mit einer seltsam gutturalen Stimme unaufhaltsam und mit wachsender Leidenschaft auf sie einsprach: ich hatte das sonderbare Gefühl, als ob ihre Erregung sein Werk wäre und zugleich wieder ihm selbst die Stimme gäbe. Ich sah ein bleiches, mageres Gesicht unter einer unsoldatisch hereinhängenden Haarsträhne, mit kurzgeschnittenem Schnurrbart und auffällig großen, hellblauen, fanatisch aufglänzenden Augen.

Der Mann, um den es ging, war nicht als Student eingeschrieben. Sein Schulabschluss hätte für ein Studium nicht gereicht, und seine fast nicht existenten Einkünfte hätten es ebenfalls nicht erlaubt. Es waren vielmehr dessen Vorgesetzte, die ihn für einige Tage zu einem Fortbildungskurs und damit zu Professor von Müller geschickt hatten. Das Kolleggeld war von ihnen beglichen worden. Einer dieser Vorgesetzten war ein alter Schulfreund des Professors.

> Nach dem nächsten Vortrag wartete ich, ob er sich in der Aussprache melden würde, jedoch es geschah so wenig wie beim ersten Mal. »Weißt du, daß du einen rednerischen Naturtenor unter deinen Ausbildern hast«? fragte ich nach der Stunde meinen alten Schulkameraden. »Da scheint es weiter zu reden, wenn er einmal in Schuß kommt«. – »Wo sitzt er denn«? – Ich wies nach der Stelle. – »So«, erwiderte er, »das ist der Hitler vom List-Regiment. Sie Hitler, kommen's einmal raus da«! – und der Gerufene kam gehorsam, mit linkischen Bewegungen, wie mir schien, in einer Art trotziger Verlegenheit, aufs Podium. Das Gespräch blieb unergiebig.

Das Erlebnis von Müllers ist eine wichtige Quelle für die Karriere des Mannes, der erstaunlicherweise Soldatenrat gewesen war, deshalb wahrscheinlich auch eine rote Armbinde getragen hatte und als Stütze der Revolution fungierte.

Wie es sich für die Geschichtswissenschaft gehört, wurde die Quelle, die diese Stelle aus Müllers Erinnerungen für die Nachwelt darstellt, infrage gestellt, indem man sie mit anderen Belegen abglich und überlegte, was der Autor der Zeilen wirklich wissen und glaubhaft mitteilen konnte. Diese Infragestellung tut vorerst nichts zur Sache. Das Gespräch, das von Müller führte, fand in irgendeiner Form wohl tatsächlich statt und ist ein Beleg dafür, dass der wichtigste Mann des 20. Jahrhunderts seine Karriere wegen der Münchner Revolution begann.

Vieles ist unklar am Weg Hitlers in diesen Monaten der Revolution und der Gegenrevolution. Meist geht es dabei um Bewertungsfragen, zum Beispiel wird diskutiert, in welchem Umfang seine Persönlichkeit und wie weit die politischen Umstände seinen Weg bestimmt haben. Ein wichtiges Anliegen für Historiker ist darüber hinaus, die Legenden, die Hitler und seine Freunde erfunden haben, zu durchleuchten und auf ihren Wahrheitsgehalt hin zu prüfen.

Doch bei alldem muss man sich klar sein, dass das, was man unzweifelhaft weiß, schon weitaus mehr ist als bei vielen anderen historischen Figuren des 20. Jahrhunderts. Die Belege, die existieren, machen klar, wie bedeutend die Revolution in München war, nicht allein dadurch, dass sie die Monarchie stürzte und der Welt ein aufsehenerregend radikales und revolutionäres Experiment und Durcheinander bescherte, sondern dadurch, dass Adolf Hitler das, was er an der Münchner Revolution hasste, lebenslang zur Leitidee seiner Politik machte und genau damit die Welt ins Unglück stürzte.

Nachdem er in seiner Autobiographie ›Mein Kampf‹ von seiner Kriegsverwundung im Oktober 1918 berichtet und seitenlang über die Revolution schwadroniert hatte, beendete Hitler das Kapitel mit einem kurzen Bekenntnis.

> Kaiser Wilhelm II. hatte als erster deutscher Kaiser den Führern des Marxismus die Hand zur Versöhnung gereicht, ohne zu ahnen, daß Schurken keine Ehre besitzen. Während sie die kaiserliche Hand noch in der ihren hielten, suchte die andere schon nach dem Dolche.
> Mit dem Juden gibt es kein Paktieren, sondern nur das harte Entweder – Oder.
> Ich aber beschloß, Politiker zu werden.

Wenig von diesen wirren Bekenntnissen aus dem Jahr 1924, als er ›Mein Kampf‹ zusammen mit insgesamt sechs Ghostwritern verfasste, dürfte mit dem wahren Adolf Hitler vom November 1918 zu tun gehabt haben. Auch sein Beschluss, Politiker zu werden, ist erst viel später gefallen. Wohl aber drücken sie seine Grundeinstellung aus, mit der er in der Nachkriegszeit seinen politischen Weg machte. Die Revolutionäre, die in seinen Augen Deutschland dem Feind und dem Bolschewismus ausgeliefert hatten, waren für ihn vor allem eins:

> Elende und verkommene Verbrecher!
> Je mehr ich in dieser Stunde über das ungeheure Ereignis klar zu werden versuchte, um so mehr brannte mir die Scham der Empörung und der Schande in der Stirn. Was war der ganze Schmerz der Augen gegen diesen Jammer?

Worüber Hitler schwieg Vier Jahre hatte der Kriegsfreiwillige Adolf Hitler als bayerischer Soldat im Feld zugebracht. Am 4. August 1918, also wenige Tage vor dem Zusammenbruch der Front, war ihm auf Betreiben des jüdischen Offiziers Hugo Gutmann sogar das Eiserne Kreuz I. Klasse verliehen worden, eine Auszeichnung, die im Ersten Weltkrieg rar war. Das Ende des Krieges hatte er dann nicht mehr recht wahrnehmen können, da er in der Nacht des 13. Oktober mit seiner Einheit in einen britischen Giftgasangriff geriet und verletzt wurde. Deshalb sprach er später vom Schmerz der Augen. Er konnte sich, vom Gas bereits so gut wie erblindet, nur mit viel Glück von der Front weg in Sicherheit bringen und wurde ins Lazarett verlegt. Dort, in Pasewalk bei Stettin, lag er, als in München die Revolution ausbrach.

Erst auf dem Höhepunkt von Kurt Eisners politischem Aufstieg, am 21. November, kam Hitler wiedergenesen in München an. Nun stand er vor dem Nichts. Er konnte keine Berufsausbildung vorweisen. Jahrelang hatte er davon geträumt, Architekt zu werden, andererseits aber nichts Substanzielles getan, um seinen Traum Wirklichkeit werden zu lassen. Für seine Postkartenmalerei, die ihn vor dem Krieg in München mühsam über Wasser gehalten hatte, konnte er in der Mangelzeit kaum auf Kunden hoffen.

Immerhin aber war er noch Soldat, hatte Kost und Logis und eine schmale Löhnung beim Militär. Weiter konnte er nicht planen und denken. Wenigstens die Armee hatte Verwendung für ihn. Er versah Dienst in einem Ersatzbataillon des 2. Infanterieregiments und wurde Anfang Dezember nach Traunstein verlegt – sogar dort, nahe an der österreichischen Grenze, war die Revolution angekommen. In Traunstein versah er einen ziemlich unstrapaziösen Wachdienst in einem Kriegsgefangenenlager.

Wann er wieder nach München kam, lässt sich nicht genau sagen. Hitler gab in ›Mein Kampf‹ an, es sei im März gewesen. Akten deuten aber darauf hin, dass es spätestens Anfang Februar war, als er zurück in der revolutionären Hauptstadt war, denn bereits am 12. Februar 1919 wurde er nachweislich einer Kompanie zugewiesen, die komplett entlassen werden sollte. Diese Entlassung zog sich jedoch hin, sodass er am Hauptbahnhof wiederum für den Wachdienst eingesetzt wurde.

Seine weitere Position bei der 2. Demobilmachungs-Kompanie offenbart, dass der Gefreite Hitler durchaus bereit war, sich mit den Verhältnissen zu arrangieren. Er taucht nämlich in den Akten ausgerechnet als Vertrauensmann der Kompanie auf. Solche Vertrauensleute mussten mit der revolutionären Regierung und ihren Räten kooperieren. Die Monate der Revolution, die Hitler in München und in Traunstein erlebte, nehmen wohl genau aus diesem Grund in ›Mein Kampf‹ nur äußerst wenig Raum ein. Es scheint klar, dass er hierzu – im faschistischen Sinne – wenig Rühmenswertes von sich selbst zu berichten hatte und sich deshalb lieber kurz fasste. Es wird gemutmaßt, dass er deshalb schweigsam war, weil er seine Spuren als Mitläufer der Revolution verwischen wollte.

Nun weiß man, dass Begriffe wie »Kooperation mit der Räteregierung« oder »Mitläufer der Revolution« in München ein weites Feld waren, aber ein Mindestmaß an Übereinstimmung mit SPD oder USP, mit Räten und dem Tragen von roten Armbinden, muss Hitler in seiner Position zumindest vorgetäuscht, wenn nicht sogar besessen haben. Am 15. April, also während der von den Kommunisten geprägten zweiten Räterepublik, wurde er sogar zum Ersatz-Bataillonsrat gewählt und war ein Vertrauensmann in der Münchner Garnison, genau der Militärmacht also, auf die sich die Revolution stützte, und insofern war er auch in das System der Soldatenräte einbezogen. Er saß – zumindest ersatzweise – im Soldatenrat seiner Einheit.

Dieses Bataillon, so konnte man rekonstruieren, hatte bei den Landtagswahlen 1919 zu drei Vierteln aus SPD-Wählern bestanden. Wie hätte er zum Ersatz-Bataillonsrat gewählt werden können, wenn er sich nicht ausdrücklich zum Sozialismus und zur Revolution bekannt hätte? Aller Wahrscheinlichkeit nach hat er sich auch an Militäraufmärschen beteiligt, die die Räte anordneten. Als kleines Rädchen der Räteregierung war der Ersatz-Bataillonsrat also unausweichlich in irgendeiner Verbindung zur Sozialdemokratie, und das war – anders als wir uns das heute vom Nationalsozialismus denken – durchaus nicht selten bei Männern aus Hitlers späterer Umgebung. Noch waren die Fronten nicht völlig geklärt.

Wäre Hitler in diesen Wochen bereits der begeisterte Antirevolutionär gewesen, als den er sich später darstellte, hätte er sich im März sicher dem populären Franz Xaver Ritter von Epp und seinem Freikorps angeschlossen und ungeduldig darauf gewartet, dass er endlich die bayerische Grenze überschreiten könnte, um der Revolution mit Waffengewalt den Garaus zu machen. Außerdem hätte ihn die Löhnung bei Epp reizen können. Für seine weitere Karriere war es gut, dass er in München blieb und kollaborierte. Epp seinerseits und auch andere Nazigrößen hatten allerdings genau deswegen in den Jahren darauf keine durchgehend hohe Meinung von Hitler.

Sicher war Hitler kein Linker oder glühender Revolutionär – auch wenn er in irgendeiner, für uns heute nicht mehr rekonstruierbaren Form kollaborierte. Schon in Wien, wo er von 1908 an lebte, hatte er den dort grassierenden Antisemitismus aufgesogen, mit einer Mischung aus Wonne, aber auch Schreck und ängstlichem Schauder hatte er die Massenaufmärsche der sozialdemokratischen Arbeiter verfolgt, und als er 1913 nach München gekommen war, konnte er zu seiner großen Erleichterung den verhassten Vielvölkerstaat endlich hinter sich lassen. Aber ein festes politisches Weltbild, den Drang, seine Überzeugungen Wirklichkeit werden zu lassen, besaß er im November 1918, als er von Pasewalk nach München kam, wohl noch nicht. Er versuchte ein halbes Jahr lang, sich mit der politischen Situation in München zu arrangieren:

> Wenige Tage nach der Befreiung Münchens wurde ich zur Untersuchungskommission über die Revolutionsvorgänge beim 2. Infanterieregiment kommandiert.
> Dies war meine erste mehr oder weniger rein politische aktive Tätigkeit.

Hitler blieb nach dem Sturm der weißen Truppen weiter in München stationiert und war in seiner Einheit zum Angehörigen eines Ausschusses bestimmt worden. Dabei hatte er die Aufgabe, Mitglieder des 2. Infanterieregiments ausfindig zu machen, die in der Räterepublik aktiv gewesen waren. Seine politische Tätigkeit als Angehöriger des Ausschusses führte tatsächlich dazu, dass er zwei Kameraden aus dem Bataillonsrat denunzierte.

Damit fiel er Offizieren auf, die ihn für weitere Unternehmungen verwenden wollten.

Die Erweckung des Gefreiten Das lange halbe Jahr der Revolution und seine nicht völlig belanglosen Tätigkeiten in dieser Zeit, auch alle Überlegungen, die er damals anstellte, stauchte Hitler in ›Mein Kampf‹ auf weniger als eine Seite zusammen. Dies hatte schon früh den Verdacht erweckt, dass er etwas vertuschen musste. Erst für die Zeit danach, bei seiner Verwendung im 2. Infanterieregiment, kam er etwas ausführlicher ins Erzählen:

> Schon wenige Wochen darauf erhielt ich den Befehl, an einem »Kurs« teilzunehmen, der für Angehörige der Wehrmacht abgehalten wurde. In ihm sollte der Soldat bestimmte Grundlagen zu staatsbürgerlichem Denken erhalten.

Hitler wurde von Karl Mayr entdeckt, dem Leiter der Nachrichtenabteilung im Bayerischen Reichswehr-Gruppenkommando Nr. 4. Aus dieser Abteilung war die scharfe Rüge gegen den unsoldatischen Auftritt des Freikorps Werdenfels gekommen.

Mayr war selbst bis Ende des Krieges ein politisch ziemlich unbeschriebenes Blatt, arbeitete sich dann aber schnell, zielstrebig und enorm fleißig in die Aufgaben ein, die die Gegenrevolution einem ehrgeizigen Mann stellte. Er wollte Soldaten finden, die den neuen antibolschewistischen und auch antisozialistischen Geist der Reichswehr überzeugend propagieren und willensstark formen würden. Zu diesem Zweck musste man die Soldaten aber erst unterrichten, und deshalb organisierte Mayr Fortbildungsveranstaltungen.

Für Hitler war diese Aussicht, an Kursen teilnehmen zu dürfen und in die politische, genauer gesagt antirevolutionäre Arbeit der Reichswehr eingegliedert zu werden, eine vielversprechende Perspektive. Damit konnte er den Zeitpunkt seiner Entlassung und seines Falls ins wirtschaftliche Nichts noch weiter hinauszögern. Mayr wusste das genau:

> In dieser Zeit war Hitler bereit, von irgend jemandem einen Posten anzunehmen, der ihm freundlich gesinnt war.

Der Zynismus Karl Mayrs rührte sicher auch daher, dass er beim Niederschreiben dieser Zeilen bereits ins gegnerische Lager gewechselt war.

Während der zwanziger Jahre machte er Karriere in den Selbstschutzorganisationen der SPD, musste 1933 emigrieren, wurde 1940 in Frankreich verhaftet und kam am Ende des Krieges im KZ ums Leben. Trotz dieses Seitenwechsels scheint gegen seine Einschätzung Hitlers nicht allzu viel zu sprechen:

> Er hätte für einen jüdischen oder französischen Auftraggeber genauso gern gearbeitet, wie für einen Arier. Als ich ihn das erste Mal traf, glich er einem müden streunenden Hund, der nach einem Herrn suchte.

Der Gefreite also schien gefügig zu sein, und so setzte Mayr Hitlers Namen auf eine Liste von sogenannten V-Männern, die für ihn arbeiteten, und auch auf eine Teilnehmerliste für die Kurse. Die fanden vermutlich im repräsentativen Palais Porcia statt – möglicherweise aber auch an der Universität. Absolut sicher lässt es sich nicht rekonstruieren. Hitler hörte Gottfried Feder, den späteren Wirtschaftsexperten der NSDAP, der von der Brechung der jüdischen Zinsknechtschaft sprach, und er dürfte auch von Müller gesehen haben.

Fraglich ist, ob er wirklich an einem Vortrag des Geschichtsprofessors teilgenommen hat. Doch könnte es sehr wohl sein, dass zumindest Hitlers Auftritt bei einer Diskussion den Hochschullehrer auf den Gefreiten aufmerksam machte und der Historiker daraufhin mit seinem früheren Schulkameraden Mayr über Hitler sprach. So gelangte der einfache Soldat in das politische Fahrwasser der Gegenrevolution. Hitler hat die Sache in ›Mein Kampf‹ natürlich deutlich dramatisiert:

> Ich meldete mich eines Tages zur Aussprache. Einer der Teilnehmer glaubte, für die Juden eine Lanze brechen zu müssen, und begann sie in längeren Ausführungen zu verteidigen. Dies reizte mich zu einer Entgegnung. Die weitaus überwiegende Anzahl der anwesenden Kursteilnehmer stellte sich auf meinen Standpunkt. Das Ergebnis aber war, daß ich wenige Tage später dazu bestimmt wurde, zu einem damaligen Münchner Regiment als sogenannter »Bildungsoffizier« einzurücken.

Wie glaubwürdig die Geschichte auch immer ist, es bleibt unübersehbar, dass sich der Hass auf die Juden und die Verachtung der Novemberrevolution bereits wenige Wochen nach der Räterepublik zu einer Einheit verbunden hatten – nicht nur bei Hitler und Mayr, sondern ziemlich flächendeckend in der Reichswehr und in den Kreisen vieler Münchner Bürger. Mayr musste die Schulungskurse trotzdem so weit wie möglich geheim halten, die Presse hatte beispielsweise keine Nachricht darüber bekommen, denn die Führung der Truppe konnte sich 1919, da die SPD sowohl in Bayern wie auch im Reich mitregierte, nicht offen antisozialistisch und antisemitisch zeigen.

Die Kurse in München – es gab Vergleichbares auch anderswo im Reich – boten neben kulturgeschichtlichen Vorträgen vor allem politische Orientierung. Gottfried Feder, Karl Alexander von Müller und auch der bekannte Vertreter der reaktionären ehemaligen Vaterlandspartei Karl Graf von Bothmer trugen ihre Ansichten vor. Alle drei waren Vertreter der Rechten – genauso auch die meisten der weiteren Referenten. Eine andere Tendenz wäre für Mayr nicht infrage gekommen.

In Hitlers Kopf hatten bereits während seiner Zeit in Wien reaktionäre und antisemitische Gedanken gekreist, mit den Vorträgen bekamen sie Gestalt und die Weihe der Wissenschaft. Die Revolution und alle ihre vermeintlichen Schrecken waren für den früheren Soldatenrat Hitler eine Erfahrung gewesen, die seine Vorurteile verfestigen half. Deshalb dürfte die Einschätzung aus ›Mein Kampf‹ durchaus seine Einstellung in den Sommermonaten des Jahres 1919 wiedergegeben haben:

> Die Disziplin der Truppe war zu dieser Zeit noch ziemlich schwach. Sie litt unter den Nachwirkungen der Soldatenratsperiode. Nur ganz langsam und vorsichtig konnte man dazu übergehen, an Stelle des »freiwilligen« Gehorsams – wie man den Saustall unter Kurt Eisner so schön zu bezeichnen pflegte – wieder die militärische Disziplin und Unterordnung einzuführen. Ebenso sollte die Truppe selber national und vaterländisch fühlen und denken lernen.

Karl Mayr hatte bei den Kursen den Eindruck gewonnen, dass er Hitler weitere Aufgaben zutrauen könne. Schon im Juli konkretisierte sich die Sache. In einer Kaserne in Lagerlechfeld, südlich von Augsburg, waren Klagen laut geworden, dass Soldaten, die dort entlassen werden sollten, politisch äußerst unzuverlässig, mit anderen Worten revolutionär gestimmt waren. Mit einem vierwöchigen Schulungskurs für die dort stationierten Offiziere und Mannschaften sollte die Kaserne ihren roten Anstrich verlieren.

Ab dem 23. August wurden vier Wochen lang Vorträge angeboten zu Themen wie »Wer trägt die Schuld am Weltkrieg« oder »Aus den Tagen der Münchener Räterepublik«. Hitler war unter den Rednern und stürzte sich in sein neues Betätigungsfeld:

> Ich begann mit aller Lust und Liebe. Bot sich mir doch jetzt mit einem Male die Gelegenheit, vor einer größeren Zuhörerschaft zu sprechen; und was ich früher immer, ohne es zu wissen, aus dem reinen Gefühl heraus einfach angenommen hatte, traf nun ein: ich konnte »reden«.

Reden, heute würden wir eher sagen: hetzen war in der Gegenrevolution definitiv wichtiger als denken. Für einen Mann, der keine substanzielle Bildung vorweisen konnte, war das geistige Niveau, das von ihm verlangt wurde, absolut passend. Eine Rede Hitlers war dem Kommandanten in Lagerlechfeld dann aber doch zu polemisch und zu offen antisemitisch. Er mahnte Hitler zur Vorsicht und machte bei Mayr Meldung:

> Gelegentlich eines sehr schönen, klaren und temperamentvollen Vortrags des Gefreiten Hitlers über den Kapitalismus, der dabei die Judenfrage streifte, ja streifen musste, entstanden über die Art und Weise gelegentlich einer Besprechung der Abteilung mit mir Meinungsverschiedenheiten, ob man klar und unverblümt die Meinung äußern sollte oder in etwas verschleierter Form. Es wurde angeführt, die Abteilung sei vom Gruppenkommando Möhl aufgestellt in dienstlicher Eigenschaft tätig. Wenn nun die Judenfrage in ganz klarer Form unter besonderer Berücksichtigung des germanischen Standpunktes dargestellt wurde, so könnte leicht diese Erörterung den Juden Anlaß geben, die Vorträge als eine Judenhetze zu bezeichnen. Ich sah mich deshalb veranlaßt anzuordnen, daß bei Behandlung dieser Frage möglichst vorsichtig vorgegangen werden solle und daß zu deutliche Hinweise auf die dem deutschen Volke fremde Rasse nach Möglichkeit zu vermeiden seien.

Doch Rücksichtnahme auf die guten Sitten war in München schon lange nicht mehr nötig. In der Stadt war der Antisemitismus während der Revolution regelrecht zu einer Manie angewachsen. Deshalb machte Hitler ungebremst weiter.

Die erste als Text erhaltene Äußerung von Hitler trägt den Titel ›Die

Judenfrage‹. Sie entstand aus der Anfrage eines Kursteilnehmers, in der es um das Verhältnis des Sozialismus zum Judentum ging, was immer mit diesem Begriff Judentum gemeint sein sollte. Mayr traute seinem Zögling zu, sich in dieser Frage bereits zusammenhängend zu äußern, und verlangte von ihm eine schriftliche Ausarbeitung zum Thema. Hitler legte am 16. September tatsächlich eine Antwort vor, und noch dazu in der gewünschten holzschnittartigen Form und mit einem einfachen Leitsatz über den Antisemitismus.

> Sein letztes Ziel muss unverrückbar die Entfernung der Juden überhaupt sein.

Er führte dann weiter aus, dass die Revolution und der demokratische Staat nur Mittel seien, die von Juden ersonnen worden waren, um ihre Herrschaft über das deutsche Volk zu organisieren. Deshalb funktionierten alle Politiker in der Demokratie immer nur als Marionetten der jüdischen Rasse:

> Diese Tatsache jedoch raubt der Republik die innere Unterstützung der vor allem so nötigen geistigen Kräfte der Nation. Und so sind die heutigen Führer des Staates gezwungen sich Unterstützung zu suchen bei jenen die ausschließlich Nutzen aus der Neubildung der deutschen Verhältnisse zogen und ziehen und die aus diesem Grunde ja auch die treibenden Kräfte der Revolution waren; den Juden. Ohne Rücksicht auf die auch von den heutigen Führern sicher erkannte Gefahr des Judentums (Beweis dafür sind verschiedene Aussprüche derzeitig leitender Persönlichkeiten) sind sie gezwungen die ihnen zum eigenen Vorteil von den Juden bereitwillig gewährte Unterstützung anzunehmen, und damit auch die geforderte Gegenleistung zu bringen. Und dieser Gegendienst besteht nicht nur in jeder möglichen Forderung des Judentums überhaupt, sondern vor allem in der Verhinderung des Kampfes des betrogenen Volkes gegen seine Betrüger, in der Unterbindung der antisemitischen Bewegung.

In einer geistigen Kreisbewegung wurde alles Neue, was sich seit dem 8. November in der Welt durchgesetzt hatte, mit einer jüdischen Verschwörung in Verbindung gebracht, und genau diese Verschwörung würde weitergehen, die Deutschen immer weiter entmündigen und sie noch sicherer der jüdischen Herrschaft unterwerfen.

Verfolgungsangst und Verschwörungstheorie verbanden sich bei Hitler dermaßen intensiv, dass er in der Lage war, seitenlange Erörterungen anzustellen. Das war für einen Mann ohne nennenswerte Schulbildung eine ganz und gar nicht selbstverständliche Leistung. Überhaupt war es ein enormer Vertrauensbeweis, dass Karl Mayr den Gefreiten Hitler mit der Beantwortung beauftragt hatte. Der Nachrichtenoffizier war nach Ausbildung und erster Bewährung zufrieden mit seinem Geschöpf und hatte anschließend neue Aufgaben parat.

Unterstützung für den Hoffnungsträger In den Monaten, als Hitler sein Trainings- und Testprogramm durchlief, konnte die Reichswehrführung in München schalten und walten, wie sie wollte. Die Regierung Hoffmann saß fernab vom Schuss in Bamberg, und das Kriegsrecht galt während des Sommers immer noch.

Inzwischen hatte der bayerische Generalmajor Arnold von Möhl das Kommando übernommen. Sein Hauptmann Mayr besaß unbeeinflusst von Politikern weitgehend freie Hand, um ein Netzwerk zu formen, in dem antirevolutionäre, reaktionäre, gerne auch antisemitisch gesinnte Reichswehrmitglieder ihre Kameraden beobachteten und beeinflussten. Die Unternehmungen, die er zu diesem Zweck entwickelte, hatten sich in seinen Augen bewährt, denn speziell über Hitlers Auftritt in Lagerlechfeld waren ihm von Soldaten viele lobende Äußerungen zugeschickt worden. Deshalb sollten die Leute des Reichswehrhauptmanns nun auch Aufgaben erfüllen, die eigentlich in das Ressort der politischen Polizei gehört hätten.

Die V-Leute der Reichswehr mussten sich bei den etwa 50 Parteien und politischen Gruppen in München genauer umsehen, deren Versammlungen besuchen, ihre Programmatik und Strategie kennenlernen, über sie Berichte schreiben und eventuell sogar in diese Parteien eintreten. Das hat Hitler getan, und zwar in dieser Reihenfolge. Es geschah auf Weisung Mayrs. Das Objekt, das er für Hitler zur Beobachtung auserkoren hatte, war die Deutsche Arbeiter Partei, die DAP.

Am 12. September 1919 ging der Zögling Mayrs in Begleitung von mindestens zwei Kameraden zu einer Versammlung der Partei in den Sterneckerbräu, eine mittelgroße Gaststätte in der Innenstadt. Die Partei hatte eine weitaus kleinere Dimension. Sie war von Anton Drexler, einem Eisenbahnschlosser, und von Karl Harrer, einem Sportjournalisten, gegründet worden, hatte aber keine nennenswerte politische Resonanz gefunden. Als sich an diesem Abend ein Diskussionsredner gegen die Ansichten des von Hitler verehrten Referenten Gottfried Feder wandte und einem bayerischen Separatismus das Wort redete, scheint Hitler in Rage geraten zu sein. Er verließ seine Beobachterrolle:

> Da konnte ich denn nicht anders, als mich ebenfalls zum Wort zu melden und dem gelahrten Herrn meine Meinung über diesen Punkt zu sagen – mit dem Erfolge, daß der Herr Vorredner, noch ehe ich fertig war, wie ein begossener Pudel das Lokal verließ. Als ich sprach, hatte man mit erstaunten Gesichtern zugehört, und erst als ich mich anschickte, der Versammlung gute Nacht zu sagen und mich zu entfernen, kam mir noch ein Mann nachgesprungen, stellte sich vor (ich hatte den Namen gar nicht richtig verstanden) und drückte mir ein kleines Heftchen, ersichtlich eine politische Broschüre in die Hand, mit der dringenden Bitte, dies doch ja zu lesen.

Die Broschüre las Hitler tatsächlich, und wenig später trat er in die kleine Partei, die spätere NSDAP, ein. Die Motive dafür sind nicht eindeutig zu klären. Später nahm Karl Mayr für sich in Anspruch, Hitler den Beitritt befohlen zu haben. Das wäre durchaus auf der politischen Linie des Offiziers gewesen, denn er wollte die Gesellschaft ja nicht nur beobachten lassen, sondern hatte die feste Absicht, ein Wiedererstarken der Linken politisch zu verhindern, also zu vermeiden, dass das Münchner Proletariat vielleicht doch wieder stark genug werden würde, um den Bürgern »die Gurgeln durchschneiden« zu können. Doch kann es genauso gut sein, dass Hitler ganz alleine für sich entschied, bei der DAP mitzumachen.

Mayr dürfte wohl dafür verantwortlich gewesen sein, dass Hitler keine eigene Partei gründete, wie er es nach seinen Anfangserfolgen eigenem Bekunden zufolge in Erwägung zog. Ein früherer militärischer Vorgesetzter und späterer Weggefährte, Max Amann, unterhielt sich mit Hitler darüber:

> Etwa im Frühjahr 1920 traf ich durch einen Zufall Hitler am Odeonsplatz in München. Er trug immer noch Soldatenuniform. Auf meine Frage, wo er jetzt sei, erklärte er mir, er sei Bil-

dungsoffizier bei der Reichswehr und seine Aufgabe sei, Vorträge bei den Formationen der Reichswehr zu halten, und zwar bis zu Bataillonsstärke. In diesen Vorträgen machte er auf den Bolschewismus aufmerksam und in Sonderheit auf die Gefahr, die durch den Bolschewismus dem deutschen Volk drohe. Diese Tätigkeit befriedige ihn aber auf die Dauer nicht. Er beabsichtige in das politische Leben einzutreten und eine eigene politische Partei zu gründen. Auf meine Erklärung, daß ich nie in meinem Leben politisch tätig gewesen wäre, ich sei auch noch zu jung – aktiver Soldat 1912 gewesen und ob denn die Zahl der Parteien noch nicht genügend sei, sagte er mir, die Gründung sei notwendig, denn er wolle mit seiner Partei die Arbeiter gewinnen, die jetzt in ihrer Mehrheit bei politischen Parteien seien, die dem Bolschewismus nah stünden oder im Zunehmen sein würden.

Amann bemerkte noch, dass er Hitler auf seinen »ewigen Bolschewismus« hinwies, damit wollte er sagen, dass dieses Thema beim Gefreiten gebetsmühlenartig immer und immer wieder auftauchte. Der Vorgesetzte dieses antibolschewistischen »Bildungsoffiziers« hätte über die Bezeichnung, die Hitler sich selbst gab, wohl nur milde gelächelt, denn der Gefreite konnte weder Bildung noch einen Offiziersrang vorweisen. Allerdings war dieser Rang kein geschützter Titel, sodass sich Hitler ohne Widerrede des Hauptmanns zum Bildungsoffizier befördern konnte.

Dabei war Mayr mit Hitlers Neigung zu Übertreibung und zu Selbstüberschätzung durchaus zufrieden. Beides trieb ihn an und brachte ihm Erfolg. Wenn er den talentierten Hitler in seinem Sinne einsetzen konnte, war es für Mayr absolut sinnvoll, das auch in voller Konsequenz zu tun und ihm in einer kleinen und deswegen formbaren Partei politische Bewegungsmöglichkeiten zu eröffnen – trotz seiner Tätigkeit in der Reichswehr. Genau ein Jahr später, Anfang 1921, schrieb er voller Stolz an den Gesinnungsgenossen Wolfgang Kapp:

Ich habe sehr tüchtige junge Leute auf die Beine gebracht. Ein Herr Hitler z. B. ist eine bewegende Kraft geworden, ein Volksredner I. Ranges. In der Ortsgruppe München haben wir über 2000 Mitglieder, während es im Sommer 1919 noch keine 100 waren.

Mayr, der Hitler entdeckte, zielstrebig aufbaute und innerhalb eines halben Jahres vom unbedeutenden Entlassungskandidaten der Reichswehr zu einem erfolgreichen und vielversprechenden Redner der Gegenrevolution machte, war ein großer politischer Coup gelungen. Die Begeisterung, die Münchner Bürger den weißen Truppen in den ersten Maitagen entgegengebracht hatten, musste ja verstetigt werden und durfte nicht wieder in die bierselige Indifferenz des konservativen Publikums abgleiten, für das Hofmiller und Klemperer so beredte Worte gefunden hatten.

Ein kleiner Vorfall mag die Dramatik der Situation verdeutlichen. Hitler war schon in Lagerlechfeld nur mit ausgewählten Truppenteilen zusammengebracht worden, da viele Soldaten als zu links und damit zu gefährlich für einen antirevolutionären Hetzredner erachtet worden waren. Doch in München konnte man erst wirklich erleben, wie isoliert und gefährlich die Ansichten der Gegenrevolution in vielen Einheiten waren. Bildungsoffiziere durften ungeniert Kasernen betreten und dort Reden schwingen. Solch ein Einsatz konnte den Aufklärern aber äußerst schlecht bekommen, wie ein wachhabender Offizier berichtete, der wegen eines Tumult alarmiert worden war.

> Es hielten sich rund 200 Mann in der Turnhalle auf, darunter einige hartgesottene Tiroler Kameraden. Zwei politische Agenten, die auf Tischen stehend Vortrag gehalten hatten, waren zu Boden gerissen worden und wurden vermöbelt. Einige aus der Menge versuchten sie herauszuhauen. Bajonette – jeder Mann hatte eines umgeschnallt – begannen aufzublitzen. Die beiden auf dem Boden liefen Gefahr, zu Tode getreten zu werden.

Nur mit einem beherzten Einsatz, Warnschüssen und dem blanken Bajonett rettete der Offizier im letzten Moment die Gegenrevolution und ihre Prediger vor den Radikalen:

> Wir zogen die beiden Politiker heraus. Beide hatten Schnittwunden, bluteten und brauchten einen Arzt. Die Menge um uns herum maulte und knurrte und lechzte nach Blut.
> Es gab nur eine Möglichkeit. Einer der beiden Männer, ein blasser Typ mit Schnauzbart, schien eher bei sich zu sein, obwohl er Prügel bezogen hatte. Ich sagte zu ihm:
> »Ich nehme Sie in Gewahrsam. Ich verhafte Sie zu ihrer eigenen Sicherheit.« Er nickte zustimmend. Wir schleppten sie zum Wachraum und riefen einen Arzt. Während wir auf diesen warteten, fragte ich sie aus. Der Bursche mit dem Schnauzbart nannte bereitwillig seinen Namen: Adolf Hitler.

Die Kommandostellen der Reichswehr in München waren auch noch im Sommer 1919 von Stacheldrahtverhauen, Spanischen Reitern und Barrikaden gegen einen möglichen Überraschungsangriff von Radikalen geschützt. Die hatten sich ja vielleicht nur verkrochen und warteten einen günstigen Moment für einen neuen Coup ab.

Das war die Angst von Reichswehrführung und konservativem Bürgertum. Ihnen war völlig klar, dass die reine Abwehrhaltung, das Verschanzen hinter Stacheldraht, nicht endlos anhalten konnte. Man musste selbst in die Offensive gehen. Mit einem so erfolgreichen Agitator, wie Hitler es war – die Wunden aus der Prügelei in der Kaserne waren irgendwann ja auch wieder verheilt –, konnte man zuversichtlich sein. In einfachen bayerischen Worten drückte Anton Drexler eine Hoffnung aus, die der geschickte Offizier aus der Nachrichtenabteilung teilte:

> Mensch, der hat a Gosch'n, den kunnt ma braucha.

Koalition gegen die Revolution Der Schwebezustand der Münchner Revolution, das nie geklärte Verhältnis zwischen der konservativen Sozialdemokratie und den Anhängern einer Räteherrschaft hatte 1918 und 1919 über so lange Monate hin existieren können, weil die unterschiedlichen Lager der Linken auf dem Niveau eines Minimalkonsenses kooperierten. Deswegen war allerdings auch wenig vorangegangen und nichts entschieden worden.

Als die Räteregierung beseitigt war und die Rechte erstarkte, fand in ihrem Lager eine Koalition zusammen, die genau den gleichen Schwebezustand herstellte, nur dass er für Bayern und Deutschland weitaus folgenreicher wurde, als es bei der sozialistischen Variante der Fall gewesen war. Diese Koalition der Rechten, mit ihrer bürgerlich-katholischen Mitte und ihrem völkisch-frühfaschistischen Flügel, ist eine direkte Erbschaft der Revolution – zerstritten, destruktiv und hilflos, wie solche seltsamen und radikalen Zweckbündnisse wohl sein müssen.

Die Schüsse auf Eisner sind für die Geschichtswissenschaft von heute eine Tat, mit der die Parlamentarisierung Bayerns gestoppt und den Radikalen Tür und Tor geöffnet wurde. Für die meisten Bürger Münchens und auch für viele ihrer politischen Repräsentanten waren diese Schüsse – ganz im Gegenteil – eine Tat, mit der Eisner in letzter Minute von einem Staatsstreich abgehalten wurde, den er nach seinem Rücktritt sofort angezettelt hätte.

Für diese Münchner war der Attentäter, Graf Arco, ein Freiheitsheld. Als er im Januar 1920 vor Gericht kam, bildete sich aus Solidarität mit ihm erstmals offen sichtbar die Koalition von katholisch ausgerichteten und völkisch-nationalrevolutionär gesinnten Bürgern, von Strafverfolgungsbehörden, Gerichten, Militär und Regierung. Victor Klemperer berichtete über die Einzelheiten:

> Erst gestern, am 16. Januar, nach monatelanger Pause, sah es wieder einmal etwas kritischer in München aus. Der Prozeß des Eisnermörders Arco, der nun vielen ebenso als ein Märtyrer erscheint, wie damals Eisner vielen ein Märtyrer zu sein schien (In politischer Reife dürften sich übrigens der Ministerpräsident und sein Mörder gegenseitig nichts vorzuwerfen gehabt haben.) Das Gericht spielt den Brutus. Glühender Patriotismus, Vorbildlichkeit für die Jugend wird (vom Staatsanwalt!) anerkannt, wird im Urteil bestätigt, aber es ist ein Todesurteil.

Für einen Mord zum Tode verurteilt zu werden, war keine außergewöhnliche Grausamkeit des Gerichtes, sondern entsprach der Rechtslage. Dennoch demonstrierten die Münchner Studenten. Die SPD kam damit in der Regierung, die mittlerweile wieder in München saß, unter Druck ihrer Koalitionspartner aus allen bürgerlichen Parteien. Dr. Klemperer sah sich in der Universität um:

> Von Zeit zu Zeit erscheint der Rektor Müller oder der Rektor der Technischen Hochschule von Dyck – die Studenten tagen in einem besonderen Saal – und bittet in ein paar Worten um Geduld. Der Ministerrat tage, das Ergebnis der Sitzung werde sogleich hierhergemeldet werden. Und endlich um halb elf das Ergebnis. Graf Arco ist zu lebenslänglicher Festung begnadigt. Ein Toben, Mützen-, Armewerfen, Jubeln, wie es kaum einen deutschen Sieg begrüßt hat. Dann aber jenes Schönste. Kommilitonen, sagt ein Studentenvertreter, laßt uns der Reichswehr danken! Ihr hiesiges Gruppenkommando hatte sich schon gestern mit unserer Forderung, den Grafen Arco zu begnadigen, solidarisch erklärt! Erneuter, stärkerer

Jubel. Und sie merken nicht, was sie da feiern. Die Truppe, die der Regierung vorschreibt, wie sie sich zu verhalten habe, die nur auf Bedingung Gehorsam leistet.

Klemperer bemerkte noch, dass Ministerpräsident Hoffmann bei der Entscheidung der Regierung im Fall Arco nicht beteiligt war, da er sich auf Reisen befand. In diesem Punkt fasste sich Klemperer etwas zu kurz. Die Begnadigung des Eisner-Attentäters Arco war nicht einfach aus reiner Menschlichkeit und ohne Zutun von Hoffmann geschehen. Vielmehr hatten die Reichswehr in Bayern, insbesondere natürlich ihr Kommandeur Arnold von Möhl, zusätzlich aber auch die bewaffneten Freiwilligenverbände, die Regierung dermaßen unter Druck gesetzt, dass Hoffmann und seine Minister gezwungenermaßen nachgeben mussten. Denn falls bei einer Hinrichtung Unruhen ausbrechen würden, so lautete die Warnung, dann könnten Armee und Verbände keinen Schutz garantieren. Dass solche Aufstände angezettelt werden würden, schien klar zu sein, und dass die Regierung dann allein stünde, war als Drohung zwar äußerst plump, aber wirkungsvoll.

Wichtig für diese Drohkulisse war es, dass die Freiwilligenverbände, die kurz vor dem Sturm auf München gebildet worden waren, nach ihrem Einsatz nicht aufgelöst wurden, sondern sich – sogar mit dem Segen und dann auf Betreiben der Regierung – flächendeckend über ganz Bayern verteilt hatten. Am Höhepunkt ihrer Entwicklung konnten diese sogenannten Einwohnerwehren – alle natürlich radikal antirevolutionär eingestellt – 400 000 Bewaffnete aufbieten.

Zwei Monate später kam es in Berlin zu einem Anschlag auf die Regierung, als rechtsgerichtete Offiziere und Mannschaften im sogenannten Kapp-Putsch die Reichsregierung stürzen wollten. Und bei der Frage, wie man in Bayern darauf reagieren würde, gingen Militär und Einwohnerwehren nach dem bewährten Muster vor. Sie setzten das Kabinett wieder unter Druck, meinten erneut, für nichts garantieren zu können, wenn der sozialdemokratische Ministerpräsident nicht umgehend zurücktreten würde und endlich einem konservativen Nachfolger Platz machen wollte, und sie schafften es mit dieser Erpressung tatsächlich, die bayerische Regierung, aber vor allem die Sozialdemokraten, aus dem Amt zu jagen.

Eigentlich, so hätte man meinen können, war das Thema Revolution damit erledigt. Die Sozialdemokraten saßen auf der Oppositionsbank, die Anführer der Radikalen hinter Gittern, und die konservativen Parteien konnten schalten und walten, wie sie wollten. Doch genau das Gegenteil war der Fall.

Die Furcht vor einer Spartakistenherrschaft, so eingebildet sie auch war, saß tief. Sie bestimmte die Politik und hielt einen begabten, aber ausschließlich im kleinen Kreise erfolgreichen Volksredner politisch am Überleben. Ende März quittierte Adolf Hitler seinen Dienst bei der Armee, und in der Folge war er nur noch Agitator. Die Angst vor dem Umsturz hatte sich – nun schon fast ein Jahr nach dem Blutbad in München – immer noch nicht gelegt. Sie verschaffte Hitler volle Säle, aber sie verschaffte ihm vor allem Unterstützung in den höchsten Kreisen der bayerischen Politik. Dieser Umstand ist die entscheidende Fernwirkung der Revolution.

Ordnung um jeden Preis Zu jeder Heldengeschichte gehört, dass der zukünftige strahlende Sieger klein angefangen hat. Diesen Grundsatz beherzigte Hitler auch in ›Mein Kampf‹, als er seine tatsächlich äußerst bescheidenen Anfänge beschrieb:

> In der ersten Zeit des Werdens unserer Bewegung hatten wir unter nichts so sehr zu leiden wie unter der Bedeutungslosigkeit, dem Nichtbekanntsein unserer Namen und dem dadurch allein schon in Frage gestellten Erfolg. Das Schwerste in dieser ersten Zeit, da sich oft nur sechs, sieben und acht Köpfe zusammenfanden, um den Worten eines Redners zu lauschen, war, in diesem kleinsten Kreise den Glauben an die gewaltige Zukunft der Bewegung zu erwecken und zu erhalten.

Als Hitler die Reichswehr verlassen hatte und die ersten Schritte als freiberuflicher Agitator machte, hatte sich zumindest der politische Wind gedreht. Der Sturm kam nicht mehr von links.

In der neuen Regierung war die BVP am Ruder. Überraschenderweise stellte keiner ihrer Spitzenfiguren den Ministerpräsidenten, sondern der Regierungspräsident von Oberbayern, Gustav Ritter von Kahr, wurde erster Mann in Bayern. Das sah also schon wieder nach Beamtenkabinett aus, sogar in der Republik. Auch in allem anderen versuchte die BVP, sich an das Gewohnte aus der Zeit der Monarchie zu halten. Bereits kurz nach der Revolution hatte sie in der Gründungsversammlung am 12. November die Distanz zu Berlin betont. Das gehörte ja zum Grundbestand ihrer Überzeugungen:

> Wir haben es satt, für die Zukunft von Berlin bis ins Kleinste regiert zu werden. Berlin darf nicht Deutschland werden und Deutschland nicht Berlin.

Da im Frühjahr 1920 die Sozialdemokraten in Berlin immer noch in der Regierung saßen, war diese Abneigung natürlich ganz besonders lebendig. Niemand in Deutschland, so hieß es in den Führungsgremien der BVP, wisse anscheinend, was Bayern unter der Räteherrschaft durchgemacht habe. Deshalb müsse sich das Land vor Berlin schützen, vor den Sozialisten, die dort regierten, besonders aber vor den sogenannten Spartakisten, deren Macht jederzeit wieder erwachen könnte. Die Linke hatte zwar schon vor einem Jahr in München die Macht verloren, sich aber nicht in Luft aufgelöst. Deshalb diente die Spartakistenfurcht zugleich dazu, das bayerische Staatsschiff möglichst weit von Deutschland weg und hinaus in eine noch nicht genauer bestimmbare politische Selbstständigkeit zu lenken. Revolutionsfurcht und Partikularismus ergänzten sich.

Die Angst aller bürgerlichen Politiker vor der Revolution spielte dem Münchner Volksredner in die Hände. Seine Bewegung war 1920 zwar noch unbedeutend, aber den politischen Größen aus Parteien, Einwohnerwehren und Wehrverbänden war jeder recht, der annähernd auf ihrer Seite war und die von ihnen propagierte Ordnungszelle Bayern bevölkern wollte.

Ordnungszelle Bayern sollte heißen, dass der Staat sowie die bewaffneten Einwohnerwehren und später dann alle völkischen Verbände kooperierten, Linke überall bekämpft wurden, sowohl in Bayern wie in der Regierung in Berlin, und dass der bayerischen Regierung und ihren Behörden dafür alle Mittel recht sein würden. Hauptsache, Bayern konnte sich vom Reich abgrenzen. Politischer Mord wurde gedeckt, Verbrecher bekamen falsche Pässe, Freisprüche für politische Kriminelle waren selbstverständlich. Bayern war nach kurzer Zeit eine Bananenrepublik des rechten Lagers geworden, und das alles mit Billigung der BVP. Ein Beispiel unter vielen kann dies verdeutlichen.

Im Forstenrieder Park fand man am 6. Oktober 1920 die Leiche von Maria Sandmayer. Sie war einer Aufforderung der Regierung nachgekommen, illegale Waffenlager der Einwohnerwehren anzuzeigen. Ihr war nicht klar gewesen, dass das nur eine Pro-forma-Aufforderung der Regierung war, die sie gegen ihren Wunsch erlassen musste, weil die französische Regierung die Waffenablieferung gefordert hatte. Nachdem Maria Sandmayer auf der Polizeidienststelle gewesen war, um ein Lager anzuzeigen, wurde ihr Name von dem Beamten dort weitergegeben, und sie wurde wenig später von dem ehemaligen Unteroffizier, Freikorps- und Einwohnerwehrmitglied Hans Schweighart erdrosselt.

Der Münchner Polizeichef ermöglichte dem Mörder, sich nach Österreich abzusetzen. Als er von den österreichischen Behörden doch nach Bayern ausgeliefert wurde, weigerten sich die Strafverfolgungsbehörden, ein Verfahren zu eröffnen. Stattdessen verschaffte man ihm eine gut bezahlte Tätigkeit in einem Forstbetrieb der Wittelsbacher, wo er mit Arbeit nicht überhäuft wurde.

Mörder wie Schweighart konnten sich in Bayern frei bewegen. Wenn sie anderswo Politiker oder Privatleute umgebracht hatten, deren Ansichten nicht mit denen der Regierung in Bayern oder der völkischen Verbände übereinstimmten, war das ein Grund sie zu schützen, nicht sie vor Gericht zu bringen. Weil sich die Politiker der BVP seit 1920 nahezu von allem, was aus dem vermeintlich sozialistischen Berlin kam, kategorisch abgrenzten und die Angst vor Spartakus, Streik und Revolution grassierte wie ein Fieber, konnte Hitler im Schonraum Bayern groß werden.

Um sich aber im harten Konkurrenzkampf der rechten Gruppierungen zu etablieren, brauchte er zweierlei: Verbindungen in die Machtzentralen und Erfolg bei Massenveranstaltungen. Genau am Tag von Arcos Begnadigung wurde ein wichtiger Mann Parteigenosse in der Deutschen Arbeiterpartei von Hitler und Drexler. Es war Ernst Röhm, damals Hauptmann der Reichswehr, leidenschaftlicher Nationalist und Antirevolutionär mit guten Beziehungen ins Militär. Er glühte vor Hingabe und war rührig:

Ich fehlte bei fast keiner Versammlung und konnte zu jeder irgendeinen Freund, hauptsächlich aus dem Kreise der Reichswehr, der Partei zuführen. So konnten auch wir Mitstreiter von der Reichswehr viele Bausteine zu dem Aufstieg der jungen Bewegung legen.

Durch Mayr und Röhm hatte Hitler auch Verbindung zu Epp bekommen, dem vermeintlichen, jedoch nicht tatsächlichen Befreier Münchens. Er war in wichtiger Position in der Reichswehr tätig. Alle drei beobachteten den Aufstieg des Agitators mit äußerster Zufriedenheit. Sie machten aus einem Reichswehrfonds sogar Geld locker für seine Partei, aber vor allem sorgten sie für Kontakte zu vermögenden Rechtsgerichteten, die dann später den Kauf der Parteizeitung, des ›Völkischen Beobachters‹, finanzierten.

Erfolge auf den politischen Veranstaltungen waren nicht einfach, denn auch dort war die Konkurrenz in München groß. Redeauftritte vor großem Publikum waren ja keine Erfindung Hitlers, sondern eine Münchner Dauererscheinung. In den ersten Monaten nach der Revolution waren andere noch weitaus populärer und besser organisiert als die DAP-Leute. So fand am 7. Januar 1920 im Münchner-Kindl-Keller eine Versammlung statt, die der Deutschvölkische Schutz- und Trutzbund, ein Verband von Rechtsradikalen und rabiaten Antisemiten, veranstaltete und die 7000 Besucher anlockte. Dort konnte Hitler mit einem kleinen Redebeitrag – sozusagen im Nebenprogramm – auftreten und seinen Beitrag zu antisemitischen Radauszenen leisten. Solche Auftritte, auch wenn sie noch am Rande des Geschehens stattfanden, stachelten ihn an. Er suchte die Konfrontation, denn die konnte ihn bekannt machen.

Bei der ersten Massenveranstaltung seiner eigenen Partei, sie war natürlich ein unternehmerisches Risiko, denn Hitler war immer noch keine weithin bekannte Figur, taten ihm etwa 400 Münchner Linke einen großen Gefallen. Sie mischten sich am 24. Februar 1920 im Hofbräuhaus unter die immerhin schon 2000 Besucher, machten Zwischenrufe und forderten eine linke Diktatur. Daraus entstand ein Radau, der sich bis auf die Straße hinaus fortsetzte und Hitler die von ihm erwünschte Aufmerksamkeit bescherte. Groteskerweise war es wohl der kurz vorher aus dem Krankenhaus entlassene Erhard Auer, der sozialdemokratische Arbeiter aufgefordert hatte, die Veranstaltung zu stören und den aufsteigenden Stern am rechtsradikalen Himmel mit Gewalt zum Erlöschen zu bringen. Als Hitlers Anhang die Saalschlacht gewonnen hatte, stellte der Redner zufrieden fest, dass seine Strategie wirksam war:

> Ganz gleich, ob sie über uns lachen oder schimpfen, ob sie uns als Hanswurste oder als Verbrecher hinstellen; die Hauptsache ist, daß sie uns erwähnen, daß sie sich immer wieder mit uns beschäftigen.

Eine solche Beschäftigung mit seiner Partei, sie hieß mittlerweile NSDAP, konnte fast jede Woche wiederholt werden. Allein im Jahr 1920 trat Hitler auf insgesamt 27 Versammlungen in München auf. Das Umland bereiste er ebenso, dort hielt er mindestens 12 Reden. Dann wagte er es, für den 3. Februar 1921 den größten Münchner Veranstaltungssaal anzumieten, den Zirkus Krone. Die Versammlung wurde zwar erst am Tag davor bekannt gemacht, dennoch war sie überfüllt. 6000 Besucher kamen. Hitler war ein bekannter Mann geworden.

Dem Trommler der Bewegung – so nannte er sich lange Zeit, bis er dann beschloss, sich als Führer zu sehen – spielten die politischen Umstände der Zeit natürlich in die Hände. Die Deutschen empfanden die Regelungen des Versailler Vertrags als tiefe Demütigung. Dieses von den Siegern erzwungene Friedensabkommen hatte die Deutschen als Kriegsschuldige hingestellt und Reparationen und Gebietsverluste gebracht. Es war neben der Revolution das zweite große Trauma der national-konservativen Bevölkerung.

Als Deutschland die Rechnung für vier Jahre Hochrüstung während des Krieges mit einer galoppierenden Inflation bezahlte, war seit etwa 1920 die Krisenstimmung eine Alltäglichkeit. Bald schon würde sich auch die Legende bilden, dass ausgerechnet die Revolution das deutsche Heer an einem Sieg oder einem ehrenvollen Frieden gehindert hätte. Das Wort von den Novemberverbrechern, den Kriminellen, die mit der Revolution Deutschland in den Abgrund gestoßen hätten, verbreitete sich 1920 wie ein Lauffeuer. Es wurde zur Kernvokabel der Rechten.

Auch der Hunger war seit Kriegsende nicht weniger geworden. Ganz offensichtlich war er nicht eine nur vorübergehende Begleiterscheinung der Seeblockade durch die britische Marine gewesen, wie man es sich während des Krieges noch einbilden konnte. Von Müller bemerkte den Hunger überall in München:

> Jedoch die Not wuchs immerzu. Man sah im eignen Umkreis Bekannte, die erwerbsunfähig wurden, nach einem arbeitsreichen Leben darben und frieren; man sah Kinder vor Entbehrungen krank werden und Kranke aus Mangel an Notwendigem zugrunde gehen; man sah Familien fleißiger Menschen von einem generationenlang festgehaltenen Lebensstand ohne Schuld heruntersinken in Unsicherheit und drückende Armut.

Vier Fünftel der Kinder in München waren unterernährt, also waren auch solche aus den sogenannten staatstragenden Schichten darunter. Man muss sich das klar vor Augen stellen: es herrschten Zustände, die wir heute aus den Hungergebieten Afrikas kennen. Von Müller befürchtete, dass die Revolution in bolschewistischer Variante doch noch kommen könnte, wenn die Verelendung des Mittelstandes so weiterginge, wie er es beobachtete. Dann wären auch die Bürger reif für den Kommunismus. Dagegen schrieb er an. Da er, wie schon die Jahre zuvor, fleißig als Publizist arbeitete, konnte er seinen Lebensstandard zumindest halbwegs auf dem herkömmlichen Niveau halten. Er war einer der wenigen, die im Alltag noch so etwas wie Münchner Gemütsruhe bewahren konnten:

> All diese Erregung scheint heute, da die große Umschichtung längst zur vollendeten Tatsache und zu einer Voraussetzung unseres Daseins geworden ist, schwer begreiflich und übertrieben. Aber wer die Jahre miterlebt hat, weiß, daß ohne diese unterirdischen wirtschaftlichen und sozialen Verschiebungen der Aufstieg Hitlers so wenig möglich gewesen wäre wie ohne das Versailler Diktat: zwei Triebräder, die ineinandergriffen, als wäre sie eigens dafür gebaut.

Einladungen an den Gegenrevolutionär An den Proletariern hatten die Kulturbürger Münchens nicht nur deshalb Anstoß genommen, weil sie mit Gewehren herumfuchtelten und später dann Plünderungen und Geiselnahmen machten, sondern weil es sich bei ihnen angeblich um eine Sorte von Menschen handelte, die Josef Hofmiller als Strizzi, also als verlotterte

Gestalten, bezeichnet hatte. Wer ehrlich war, hätte sagen müssen, dass die Leute Hitlers und sogar der Anführer selbst ein noch weitaus ungehobelteres Benehmen an den Tag legten.

Da Hitler aber kein Sozialist, sondern Nationalsozialist war, wurde das natürlich ganz anders bewertet, und so wurde er gerne in Salons eingeladen. Karl Alexander von Müller hat eine solche Szene überliefert. Er war mit seiner Frau und einem Abt bei Erna Hanfstaengl eingeladen:

> Wir andern saßen schon zu viert am blanken Mahagonitisch vor dem Fenster, als die Wohnungsglocke klang; durch die offene Tür sah man, wie er auf dem schmalen Gang die Gastgeberin fast unterwürfig höflich begrüßte, wie er Reitpeitsche, Velourhut und Trenchcoat ablegte, schließlich einen Gürtel mit Revolver abschnallte und gleichfalls am Kleiderhaken aufhängte. Das sah kurios aus und erinnerte an Karl May. Wir wußten alle noch nicht, wie genau jede dieser Kleinigkeiten in Kleidung und Benehmen schon damals auf Wirkung berechnet war, nicht anders wie das auffällige kurzgeschnittene Schnurrbärtchen, das schmaler war als die unschön breitflügelige Nase. Der Mann, der hereinkam, war nicht mehr der trotzig-verlegene Ausbilder in der schlechtsitzenden Uniform, der mir 1919 gegenübergestanden war; aus seinem Blick sprach schon das Bewußtsein des öffentlichen Erfolges: aber etwas seltsam Linkisches haftete ihm immer noch an, und man hatte das unangenehme Gefühl, er spürte es und nahm es einem übel, daß man es bemerkte.

Hitler hält sich bei der Konversation zurück, bezaubert jedoch mit seinem linkischen Benehmen die Gastgeberin und bald auch weitere Damen der gehobenen Münchner Gesellschaft. Er bekommt einen Termin beim Ministerpräsidenten von Kahr und beim Reichswehrkommandeur von Möhl. Denn Hitler ist seit dem Jahr 1921, seinem Durchbruch im Zirkus Krone, eine wichtige politische Option der Rechten.

So meinte man das auch in der starken Mehrheitspartei, der BVP. Der politische Katholizismus konnte mit der Radaupolitik und dem Antisemitismus Hitlers wenig anfangen. Andererseits scheute die BVP die politische Verantwortung und stellte deshalb in den Krisenjahren nach der Revolution niemals einen Ministerpräsidenten aus der Reihe ihrer Führungsfiguren.

Mit dieser Distanz zu Parlament und Demokratie lud sie die Rechte geradezu ein, sich in München breitzumachen. Die BVP unterstützte und formte die Kabinette der rechten bayerischen Regierungen der frühen zwanziger Jahre, einzelne Minister waren auch Parteimitglieder, doch keiner aus dem Führungspersonal der Partei wagte, das Amt des Ministerpräsidenten zu übernehmen. Wegen dieser Unentschiedenheit konnten sich in den völkischen Allianzen Leute wie Hitler in den Vordergrund spielen. Von Müller beschreibt seinen Aufstieg:

> 1920 war er noch zu unbedeutend erschienen, um gegen ihn einzuschreiten. Anfangs 1922 wagte das Ministerium Lerchenfeld schon nicht mehr, ihn als Österreicher auszuweisen, weil der Widerstand der vaterländischen Verbände nur mit einem Staatsstreich hätte gebrochen werden können. Im Sommer desselben Jahres sprach er, eben aus einer vierwöchentlichen Gefängnisstrafe wegen Landfriedensbruch entlassen, im Namen aller dieser Verbände vor 70 000 Menschen auf dem Königsplatz. Im November, nach dem Marsch Mussolinis auf Rom, bat der Innenminister ihn schon in einer persönlichen Aussprache, er möchte »keine Dummheiten machen«.

Bürger, die Jahre zuvor bei den Sozialisten genau beobachtet hatten, dass sich die Gemäßigten von den Radikalen entwaffnen ließen, schauten nun ungerührt zu, als dasselbe in ihrem eigenen Lager passierte.

Ein Fanal für die Zukunft war es, wie Hitler reagierte, als französische Truppen 1923 das Ruhrgebiet besetzten. Die französische Militäraktion geschah, weil Deutschland seinen Reparationsverpflichtungen aus dem Versailler Vertrag nicht nachgekommen war. Der Agitator aus München hatte seit der Anwerbung durch Karl Mayr einen klaren Plan. Sein Projekt war eindeutig aus den Erfahrungen mit der Revolution entstanden. Karl Alexander von Müller war Zeuge:

> Auch nach der französischen Ruhrbesetzung am 11. Januar 1923 war er der erste, der, schon am Tag darauf, in einer erregenden Massenversammlung im Bürgerbräu, aus der angestrebten nationalen Einheitsfront ausbrach: ›Nicht nieder mit Frankreich muß es heißen, sondern nieder mit den Vaterlandsverrätern, nieder mit den Novemberverbrechern!‹ Als die bürgerliche Gruppe der Vereinigten Verbände unter Hermann Bauer daraufhin Bedenken trug, ihm die oberste gemeinsame Führung zu übertragen, sprang er auf: er fühlte sich stark genug, sich allein zu behaupten. Er musste es sofort erproben.

Hitler wollte die Initiatoren der Revolution und die Folgeerscheinungen, also Parlament und Parteienstaat, beseitigen. Genauso, wie es in der Revolution die Linksradikalen mit der Mehrheitssozialdemokratie gemacht hatten, versuchten nun er und alle anderen Radikalen der Rechten, die Mehrheitspartei, also die BVP, an die Wand zu drücken und einen Putsch gegen sie und die Regierung anzuzetteln.

Im Fall der NSDAP war es der sogenannte Hitlerputsch vom 8. und 9. November 1923. Niemand im Lager des politischen Katholizismus hatte aus der Revolution etwas über den Umgang mit Radikalen gelernt. Doch war die BVP nicht aus Ahnungslosigkeit und politischer Naivität in diese Zwickmühle geraten, sondern sie hatte sich vielmehr selbst in sie hineingezwungen, da sie aus der Revolution ihrerseits gefährliche Lehren gezogen hatte.

Unordnung im Ordnungsstaat Bayern Wenige Wochen, nachdem die sogenannte Ruhrkrise ausgebrochen war und Hitler die Muskeln gegen die Politiker der Republik hatte spielen lassen, hatte er Truppenschau gehalten. Am 28. Januar, beim Parteitag der NSDAP, marschierte die SA erstmals öffentlich auf. Hitler weihte Standarten, und originellerweise erklang dazu die Melodie des Niederländischen Dankgebets ›Wir treten vor Gott, den Gerechten‹. Diese Melodie war ja schon am 17. November 1918 in München verwendet worden, als Kurt Eisner bei der Revolutionsfeier in der Oper sein Gedicht vorgetragen hatte und das versammelte Publikum dann zu ebendieser Melodie des Niederländischen Dankgebets die letzte Strophe des Freiheitsgedichtes ihres Ministerpräsidenten gesungen hatte.

Die Vorgeschichte der Standartenweihe beschreibt Karl Alexander von Müller. In Bayern herrschte offiziell der Belagerungszustand, an den sich Hitler eigentlich zu halten hatte und der ihm jeden öffentlichen Auftritt verboten hätte:

> Er verhandelte mit dem Kommandeur der Reichswehr in Bayern, von Lossow, mit dem Regierungspräsidenten von Kahr, mit dem Polizeipräsidenten Nortz: er werde marschieren, er werde sich an die Spitze des Zuges stellen, die Polizei möge schießen. Würde sie es tun? Im

Oktober, auf einem ›Deutschen Tag‹ in Coburg, hatte er sich in schweren Straßenschlachten durchgesetzt, mitten in einer Hochburg des Marxismus. General von Epp erhob Einspruch gegen die Knebelung einer nationalen Partei, Major Böhm, noch im Wehrkreiskommando, vermittelte eine zweite Aussprache mit von Lossow, bei der Hitler erklärte, er werde nicht putschen. Die bürgerliche Regierung wich zurück: ob Hitler nicht selber, freiwillig, seine Feiern so einschränkte, wie sie es vorher angeordnet hatte, um Gegenreaktionen von links zu verhüten? »Man werde sehen«, war seine Antwort.

Die Parallelen von Revolution und Gegenrevolution gehen über den Klang der Melodie des Niederländischen Dankgebetes hinaus. Sie gehen auch darüber hinaus, dass die bange Frage der Regierung an die Führer der Radikalen, ob sie denn putschen würden, schon vom November 1918 her bekannt ist. Es war tatsächlich so, dass die Mehrheitsparteien der zwei politischen Lager in Bayern das gemeinsame Schicksal hatten, von den Radikalen aus ihrem Lager getrieben und benutzt zu werden. Sei es in der Revolution oder in der aus ihr folgenden Gegenrevolution. Bei der BVP war der Fall noch komplizierter als bei der SPD.

Die Revolution hatte die Monarchie beseitigt, und die Weimarer Verfassung war dann auf diesem Pfad noch weiter gegangen und hatte zahlreiche ehemalige sogenannte Reservatrechte Bayerns, die Post-, Eisenbahn- und Militärhoheit abgeschafft. Deshalb witterte die BVP überall Feinde und war nirgendwo zuhause. Offensichtlich war, dass sich die Monarchie nicht im Handumdrehen wieder herstellen ließ, sosehr das der Großteil der BVP-Wähler wohl ersehnte, und genauso war klar, dass die Reichsregierung in Berlin keine bayerischen Sonderwege wünschte.

Damit war die BVP im Weimarer Staat heimatlos geworden. In einer Art von aktivistischem, trotzigem Befreiungsschlag ging die BVP dann sehr wohl ihre bayerischen Sonderwege, indem sie den militanten rechten Rand des politischen Spektrums gegen die Strafverfolgung aus Berlin in Schutz nahm und alle Aktionen der Reichsregierung und des Reichspräsidenten blockierte. Infolgedessen paktierte die BVP mit den Radikalen nicht, weil sie unbedingt und im Detail deren Ansichten teilte, sondern weil sie diese Gruppen brauchte, um Bayern irgendwie von Berlin loszueisen, um vielleicht sogar das Reich so weit zu schwächen, dass zumindest in Bayern die Monarchie wieder möglich war. So fand sich die BVP in einer Koalition mit Monarchisten, Antisemiten, Putschisten, politischen Mördern, Schlägertrupps und Separatisten. Verständlich, dass sich Kronprinz Rupprecht dagegen wehrte, zum »König von BVP Gnaden« gemacht zu werden.

Dagegen war das Hin und Her der Sozialisten in der Revolutionszeit noch übersichtlich gewesen. Natürlich galt auch für das rechte Lager, was schon für das linke Lager in der Revolution entscheidend gewesen war. Ein großer Teil der Wähler und Mitglieder aus der Mehrheitspartei liebäugelte stark mit den Zielen der Radikalen und war durchaus bereit, sich von diesen treiben zu lassen. Vier Jahre brauchte die BVP dann für eine grundlegende Erkenntnis, die ihr erstaunlicherweise nicht schon im Mai 1919 gedämmert hatte: Das Rad der Geschichte konnte nicht mehr hinter den 8. November des Jahres 1918 zurückgedreht werden.

Erst als ihr Verbündeter Adolf Hitler seine eigenen Lehren aus der Revolution verwirklichen wollte, nämlich, dass der Bürgerkrieg so lange weitergeführt werden müsse, bis eine rechtsradikale, faschistische Diktatur in Deutschland aufgerichtet sei, und als er seine Version der Gegenrevolution verwirklichen wollte, ohne auf den politischen Katholizismus Rücksicht zu nehmen, erst in diesem Moment wurde der BVP klar, dass sie sich nicht mehr aus der politischen Wirklichkeit hinausträumen konnte.

Die Erkenntnis dämmerte der BVP im Zusammenhang mit dem sogenannten Hitlerputsch. In den Monaten vor dem 8. November 1923 war von Bayern aus ein Staatsstreich geplant worden, mit dem eine rechte Diktatur an die Macht kommen sollte und der einen Revanchekrieg gegen Frankreich ins Werk setzen würde. Hitler war nur ein Rädchen im Getriebe der Planungen unterschiedlichster rechter Machtgruppen. Als er fürchtete, überspielt zu werden, schlug er auf eigenes Risiko und ohne Rückfragen mitten in einer Massenversammlung im Bürgerbräukeller los. Doch seine Kollaborateure aus der bayerischen Regierung, dem Militär, der Polizei und Justiz hielten sich genau in diesem Moment zurück.

Wenige Stunden nach Beginn des Putsches, am Morgen des 9. November 1923, zog Hitler deshalb in einer Hauruck-Aktion mit 2000 seiner Leute durch München und versuchte, die Macht alleine an sich zu reißen. Als er dann mit seinen Bewaffneten vor der Feldherrnhalle, also an der ehemals königlichen Residenz, erschienen war und die dort postierte Landespolizei auf die zehnfache Übermacht der Putschisten schoss, liefen die Aufständischen panisch auseinander, und der Putsch war gescheitert.

Erst dann, also nach der Niederschlagung dieses Hitlerputsches, waren die Spitzenpolitiker der BVP bereit, Regierungsverantwortung zu übernehmen und sich von ihren gefährlichen Koalitionären abzugrenzen. Dennoch erhielten Hitler und seine Gefährten in den folgenden Prozessen skandalös milde Strafen, alles natürlich von ganz oben, also der bayerischen Regierung, inszeniert. Der lange Schatten der Revolution verdüsterte nicht nur den Verstand, sondern vor allem den Überlebensinstinkt des politischen Katholizismus.

Kriegerisches Denken Sogar Josef Hofmiller, so konservativ er war, konnte gut verstehen, dass seine Mitbürger im Jahr 1918 selbst an Weihnachten schier ausflippten. Sogar an diesem hochheiligen Tag tanzten sie sich Löcher in die Sohlen, und das aus lauter Begeisterung darüber, dass sie noch lebten. Der Hunger war egal, man war am Leben. Man hatte, wie Hofmiller meinte, jahrelang einen Belagerungszustand durchgestanden. Als am 18. Januar 1919 neue Waffenstillstandsbedingungen bekannt wurden, fiel Hofmiller beim Durchblättern der Zeitung auf, dass die Münchner ganz andere Themen als die Ablieferung von Lokomotiven und Pflügen in ihren Zeitungen suchten:

> Heute mittag aber ist die ganze letzte und die Hälfte der vorletzten Seite der Zeitung von nichts anderm ausgefüllt, als von Kinoanzeigen und Tänzen. (Sogar unsere achte Klasse wurde heut angezeigt, sie habe in der Freiviertelstunde getanzt. Die guten Jungen besuchen vermutlich einen Tanzkurs, und haben sich auf den holprigen Astlöchern ihres Klasszimmers ein wenig geübt.)

Dieser Ausbruch an Lebenslust dauerte nicht lange. Spätestens seit dem Frühjahr 1919 war ein neuer Krieg angesagt, diesmal war es ein Bürgerkrieg. Auch der Belagerungszustand, mit dem eine Klasse der Gesellschaft die andere ausschalten wollte, dauerte nach dem Mai 1919 ununterbrochen an und wurde kultiviert – streng genommen bis ins Jahr 1945, bis zum Ende der Diktatur des Gegenrevolutionärs Adolf Hitler.

Schon am 5. Januar 1919 hatte Hofmiller mit einem äußerst sonderbaren Tagebucheintrag innegehalten und das alles vorweggenommen:

> Manchmal habe ich das Gefühl, als sei der Krieg das verzweifelte Mittel der Natur gewesen, sich ein wenig von den Menschen zu befreien, die viel zu zahlreich geworden sind für diese Erde; und dann überkommt mich eine Ahnung, als sei diese Ausschweifung der überflüssigen Menschheit noch nicht weit genug gediehen und es stünde uns noch allerhand bevor.

Wie recht er doch hatte. Wenn es aus heutiger Sicht etwas gibt, was an den Jahren des Krieges, der Revolution und der Gegenrevolution besonders befremdet, dann ist es die Selbstverständlichkeit, mit der die Zeitgenossen davon ausgingen, dass ein Lager das andere mit Waffengewalt in Schach halten dürfe und dessen Vertreter im Interesse irgendeiner großen Idee ins Jenseits befördern sollte. Der Krieg war somit auch nach der Revolution der Vater aller Dinge.

Seien es die radikalen Linken, die in Anspruch nahmen, zu wissen, was für das Glück der Menschen gut sei, und dem Großteil der Bürger Stimme und Rechte zu nehmen versuchten, oder seien es die radikalen Rechten, die meinten, dass jedes noch so brutale Mittel recht sei, um ihre Ordnungsideen zu verwirklichen, immer ging es um einen Kampf auf Leben und Tod. Brutale Unterdrückung war damals ein Bagatellvergehen. Eine goldene Zukunft schien nah – was auch immer Kommunisten oder Rassisten darunter verstanden. Für sie waren alle Opfer recht.

Der einzelne Mensch geriet zur Nebensache. Der jahrelange Krieg hatte sich tief hineingefressen in die Menschen. In vielen von ihnen scheint so etwas wie ein kleiner Stratege geschaltet und gewaltet zu haben, der ein Millionenheer auf der Landkarte hin und her schieben konnte, dem das Schicksal dieser Menschen aber egal war, solange nur der Krieg gewonnen wurde. Die Zögerlichkeit eines Kurt Eisner mutet verglichen damit fast rührend an, wie aus einer anderen, besseren Welt.

Zwei Tagebuchschreiber vergeben eine Chance In der französischen Literatur des späten 19. Jahrhunderts, die Josef Hofmiller wie kaum ein anderer in München kannte – Victor Klemperer und sein Lehrer Karl Vossler vielleicht ausgenommen –, hatte sich Jahrzehnte vor dem Krieg eine Haltung verbreitet, die als »étaper le bourgeois« bezeichnet wurde. Man könnte sagen, den Bürger mit schriftstellerischen Ungezogenheiten vor den Kopf zu stoßen oder zu empören, das wurde im Frankreich des 19. Jahrhunderts zum guten Ton in der Literatur.

In Oberbayern war eine solche Grundeinstellung gegenüber der Menschheit nicht Ausdruck hochentwickelten literarischen Stils, sondern logische Folge fast naturgegebener Grobheit. Auch Oskar Maria Graf pflegte sie – vor allem bei Einladungen und besonders außerhalb Bayerns:

> Da man mich für einen höchst originellen Bauernbayern hielt und mir jede tölpelhafte Rüpelei lachend verzieh, nützte ich das reichlich aus und brachte dadurch viele meiner Gastgeber in größte Verlegenheit.

Als der grobe Bayer und resolut unromantische Schriftsteller bereits einen klingenden Namen hatte, konnte er sein verletzendes Dahergerede natürlich erst recht ungestraft betreiben. Unter diesem Vorzeichen kam es schließlich doch zum Kontakt der beiden Münchner, die die gesamte Revolution hindurch und auch die Jahre danach aneinander vorbeigelaufen waren. Graf beschrieb seine Kontaktaufnahme mit Hofmiller in seinen Memoiren ›Gelächter von außen‹. Der Professor lebte mittlerweile fern des Ratskellers in Rosenheim.

> Der mit vollem Recht hochangesehene und auch von mir aufrichtig geschätzte Literaturkritiker Josef Hofmiller, ein urbayrisch königstreuer Rosenheimer Gymnasialprofessor und Herausgeber der gesammelten Werke seines verstorbenen Freundes Ludwig Thoma, schrieb ständig in den führenden Münchner Neuesten Nachrichten seine feinsinnigen, ausgezeichneten Buchbesprechungen. Dem schickte ich nun diesen Brief:

Sein Brief schlug einen anderen Ton an, als es die so beschriebenen Überzeugungen Grafs nahegelegt hätten.

Hochwohlgeboren Herr Professor!

Es ist mir ein schmerzliches Gefühl, daß Sie meine Bücher immer übersehen und nie loben, wo ich mir doch soviel Mühe gebe, der Lesekundschaft in jeder Hinsicht gerecht zu werden.
Ich bin, genau wie Sie, hochgeachteter Herr Professor, geborener Bayer und katholisch und, weil man mir das für mein Fach allerseits angeraten hat, geheimes Mitglied der ›Bayerischen Königspartei‹. Dieses schon deswegen, weil mir ein König lieber wäre wie der landfremde Hitler, den, wie ich weiß, auch Ihre werte Persönlichkeit ablehnt.
Ich lege natürlicherweise ein großes Gewicht darauf, daß auch Sie als der anerkannteste Fachmann auf diesem Gebiet, meine Bücher bestens empfehlen und möchte nicht, daß Sie dabei zu kurz kommen. Infolgedessen lege ich hier zwanzig Mark als eine vorläufige Erkenntlichkeit für Sie bei und hoffe zuversichtlich, daß es Ihnen jetzt ein Leichtes ist, sich für meine weiteren Erzeugnisse entsprechend einzusetzen.
In unbegrenzter Verehrung und Hochschätzung bin ich zu Gegendiensten gerne bereit und bitte Sie, mich dieselben gelegentlich wissen zu lassen, es bleibt ganz unter uns. Somit verbleibe ich als Ihr

allerergebenster
Oskar Maria Graf, Provinzschriftsteller.

Graf hoffte, dass Hofmiller das harmlose, alberne und zugleich aufdringliche Gefrotzle in seinem Brief nicht wörtlich nehmen, sondern als die übliche bayerische Anbahnung einer guten Bekanntschaft verstehen würde:

Da irrte ich kläglich. Der gute altbayerische Humor Thomas schien auf den Professor nicht im mindesten abgefärbt zu haben. Er schickte mir den Brief und die zwanzig Mark zurück. »Seien Sie gewarnt vor derart dummdreisten Anbiederungsversuchen! Ich kann auch anders! Weitere Zuschriften von Ihnen gehen uneröffnet an Sie zurück«, stand mit dem Vermerk »Im Auftrag von Herrn Professor Hofmiller« und der unleserlichen Unterschrift seiner Sekretärin hingetippt darunter.

Mit einem Anarchisten wollte sich Hofmiller wohl nach wie vor nicht an einen Tisch setzen. Diese Lücke, das Fehlen fast jeglichen Kontakts zu Revolutionären, füllte der Literaturkritiker und Tagebuchschreiber auch in den Jahren nach dem Krieg nicht auf, und so ist es leider nicht zum Abgleich ihrer Erinnerungen, zum literarischen Funkenflug zwischen Revolution und Gegenrevolution gekommen.

Viel Zeit hätten die beiden ohnehin nicht füreinander gehabt. Hofmiller starb 1933 an einem Schlaganfall. Oskar Maria Graf musste im selben Jahr ins Exil.

Zurück in die gute alte Zeit Graf kokettierte gegenüber Hofmiller lediglich mit einer Mitgliedschaft in der Bayerischen Königspartei. Über eine grobe Reaktion des Professors hätte er sich allerdings sehr gefreut und in ebensolchem Stil geantwortet. Das wäre dann der Anfang einer von tiefem gegenseitigen Verständnis getragenen Männerbeziehung gewesen. Als die beiden Tagebuchschreiber kurz und erfolglos Kontakt hatten, existierte die Bayerische Königspartei ohnehin nicht mehr.

Im November 1919 gegründet, zerfiel sie bereits nach weniger als zwei Jahren in die einzelnen Lager ihrer zerstrittenen ehrgeizigen Anführer. Sie war trotz bester Startbedingungen gänzlich wirkungslos und konnte aus der Sehnsucht vieler Bürger nach dem Königtum keinen Erfolg ziehen. Die politisch heimatlosen Monarchisten im Land folgerten daraus, dass sie keine Partei, sondern eine überparteiliche Volksbewegung gründen müssten. Diese Organisation, der Bayerische Heimat- und Königsbund, fand zwar erstaunlich viele Mitglieder, aber wenig Einfluss in der Politik.

Für viele Bayern war die Monarchie vermutlich nur noch eine Herzenssache, aber kein dringendes tagespolitisches Bedürfnis mehr. Hier hatten Revolution und Gegenrevolution vollkommen neue Verhältnisse geschaffen. Nun bestimmten Leute vom Schlage eines Adolf Hitler die Szenerie und nicht mehr die ehemals königlichen Minister vom Kleinformat eines Otto von Dandl. Der Umschwung in der konservativen Politik hin zum aggressiven Rassismus und zum schießwütigen Nationalismus war vollzogen.

Der staatstreue Josef Hofmiller hatte sich innerlich schon im Februar 1919 von der Monarchie verabschiedet. Wäre sie doch wieder gekommen, hätte er bestenfalls mit den Schultern gezuckt:

> Mir ist die Frage: Monarchie oder Republik gleichgültig. Es handelt sich höchstens darum, welches der Verfahren billiger und reinlicher ist. An sich macht es für die Geschäfte eines Landes wenig aus, ob dessen nomineller Beherrscher eine Krone oder einen Zylinder auf dem Kopf hat. Die wirklichen Herrscher sind doch immer andere Leute. Vielleicht ist es dieser Umstand, der der Monarchie am meisten geschadet hat. Das Volk will einen Herrscher: sogar ein Schlingel ist ihm lieber, als ein Louis Philipp mit einem Parapluie, der sich hinter seinen Ministern verschanzt.

So wurde in der Öffentlichkeit auch nicht wirklich bedauert, dass der letzte bayerische König nach dem 8. November nie mehr nach München zurückkam. Meist hielt er sich in den bayerischen Bergen, zum Beispiel auf Schloss Wildenwart, auf, gelegentlich hat er seine Zeit auch auf einem weitläufigen Gut der Wittelsbacher in Ungarn verbracht.

Doch als Ludwig III. 1921 dort starb, kam es in München zu einem pompösen Begräbnis, zu einem Staatsakt aufwendigster Sorte, bei dem alles, was Rang und Namen hatte, anwesend war, das große Zeremoniell der Monarchie fröhliche Urständ feierte und eine gefühlvolle Inszenierung vor den laufenden Kameras Peter Ostermayrs hervorbrachte. Das Großereignis war auch ein Akt des schlechten Gewissens über das schnöde Ende des Monarchen, ja über das banale Ende einer jahrhundertealten Institution – so meinten zumindest viele Beobachter. Aber selbst in diesem günstigen Augenblick kam es zu keinem Aufstand der Königstreuen.

Alle Versuche, die Monarchie bei bester Gelegenheit doch wieder einzuführen, gingen von oben aus, von einzelnen Personen aus dem katholisch-monarchistischen Establishment – sie waren wirkungslos, denn es waren reine Winkelzüge von Kabinettspolitikern in den Krisenmomenten der Weimarer Republik. Das dürfte sogar Kronprinz Rupprecht, der durchaus populäre Thronfolger Ludwigs, so empfunden haben, und deshalb machte er bei diesen Gelegenheiten in letzter Sekunde immer wieder einen Rückzieher. Wie hätte er auch anders handeln können?

Beim Hitlerputsch 1923 und dann noch einmal bei der Machtergreifung 1933 planten die bayerischen Monarchisten und damit eben auch zahlreiche Politiker aus der BVP, Rupprecht als politische Bastion gegen den Faschismus im Range eines bayerischen Generalstaatskommissars, also einer verfassungsrechtlich mit diktatorischen Vollmachten versehenen Führungsfigur, ins Amt zu bringen. Sie hofften, er würde dann als allseits respektierter Alleinherrscher in die Königsposition hinüberspringen können.

Aber was für einen Monarchie wäre das gewesen? Doch wohl eine Variante, die schon im 19. Jahrhundert obsolet geworden war, in der das Parlament nichts zu sagen gehabt hätte und die Minister nach des Königs Pfeife zu tanzen gehabt hätten. An solch einer Überbeanspruchung wäre die Monarchie sicher innerhalb kürzester Zeit ein zweites Mal gescheitert.

Abgesang und Auftakt Emanuel Kiem, geboren 1882, schien, soziologisch gesehen, wie geschaffen für eine revolutionäre Karriere. Nahe Schwabing geboren, wurde er schon früh Halbwaise – seine Mutter war von einem herunterfallenden Blumentopf erschlagen worden. Der Vater war Alkoholiker, und so musste sich der junge Emanuel das Geld zum Lebensunterhalt selbst verdienen. Er zog mit seinen Brüdern durch die Münchner Gaststätten und trat mit ihnen als Musiker auf. Schwabing kannte er mitsamt seiner Boheme in und auswendig. Im Krieg diente er dann in einer Münchner Unterhaltungstruppe an der Westfront.

Als er wieder zurück in München war, half er nicht der Revolution auf die Beine, sondern dem Hause Wittelsbach. Der »Kiem Pauli«, wie man ihn in Bayern nannte, hatte es sich in den Kopf gesetzt, volkstümliche Lieder zu sammeln und damit eine Wiedergenesung der zerrissenen bayerischen Volksseele in Gang zu bringen. Zusammen mit Kurt Huber, einem Wissenschaftler der Universität München, gelang es ihm durch geschicktes Marketing, das alpenländische Liedgut, den Drei- und Viergesang, das Jodeln und dazu das Zitherspielen zu einem festen Bestandteil der bayerischen kulturellen Identität zu machen.

Dass er dabei sehr frei interpretierte und fast nichts, was er als urtümlich bezeichnete, diese Einschätzung verdiente, war damals gleichgültig. Es klang zumindest so. Dennoch konnte Kiem von seiner Liedersuche nicht leben. Das Haus Wittelsbach sprang ein, nahm ihn unter seine Fittiche, bezahlte die Suche, stellte ihm eine Wohnung und finanzierte damit so etwas wie eine kulturelle Wiedererstehung.

Die Traditionspflege, auch um den Preis, dass man die Tradition erfinden musste, war schon immer ein Anliegen der Wittelsbacher Herzöge und Könige gewesen. Die Herrscherfamilie war seit dem 19. Jahrhundert ganz entscheidend dafür verantwortlich, dass die alpenländischen Trachten Weltkarriere machten, sogar in den Vereinigten Staaten von Amerika Volkstrachten-Erhaltungsvereine existierten und noch jenseits des Atlantiks bayerische Schuhplattler um die wirbelnden Röcke der Mädchen herumsprangen. Diese alpenländisch-bayerische Identität ist das Bleibende, das die Wittelsbacher nach 1918 mit geschaffen haben. Kulturell, nicht politisch, blieben sie ein Teil des Landes, pflegten – wie andere auch – die Selbstverliebtheit der konservativen Gebirgler und Städter und sind deshalb, mehr als jedes andere ehemalige deutsche Fürstenhaus, bis heute durchaus wohlgelitten. Wie selbstverständlich werden Vertreter ihrer Familie mit »Königliche Hoheit« angeredet – sogar von ihrem Nachfolger, dem bayerischen Ministerpräsidenten.

Nahe der Buche, von der aus König Ludwig III. am 8. Oktober 1918 im Forstenrieder Park seinen letzten Hirsch erlegt hatte, wurde eine Erinnerungstafel angebracht. Ein kleines »Marterl«, wie es in Bayern heißt, mit einer naiv gemalten Abbildung der Szene und einer Widmungsinschrift, montiert auf einem Holzgestell mit Dach. Es wurde in einer feierlichen Zeremonie und in Anwesenheit eines Vertreters des Hauses Wittelsbach eingeweiht. Doch schon bald war das Bild gestohlen, daraufhin wurde Ersatz geschaffen, und auch dieser wurde wieder entwendet. Ein drittes Gemälde hat die Forstverwaltung nicht mehr in Auftrag gegeben. Nur das Gestell liegt noch im Depot des Forstbetriebs. Es sind wohl auch heute noch Monarchisten, die irgendwo im Land das Bild und die Erinnerung an den letzten König bewahren.

Wunschdenken

Mit einem aufsehenerregenden Spektakel, dem Kasernensturm, begann die Revolution am 7. November 1918 in München, und ein wildes Spektakel bot sie während ihres gesamten Verlaufs bis hin zum grausamen Ende im Mai 1919, beim Sturm auf München. Das Spektakel fand aber nicht nur auf den Straßen statt, mit Reden, Fahnen, Schüssen und Protesten oder mit Raufereien in den Biersälen, Regierungsbildungen und Regierungsstürzen. In den Köpfen der Menschen ging es ebenfalls rund, und so waren es die Radikalen der jeweiligen Richtung, die – je länger Revolution und Gegenrevolution andauerten – bestimmen konnten, wie dieses Spektakel zelebriert werden sollte.

Was die Menschen dann antrieb, die Revolutionäre und genauso auch die Gegenrevolutionäre, war geistiger Extremismus. Zumindest gilt dies für die Zeit nach Eisners Ermordung. Bürgerkrieg wurde plötzlich zur Bagatelle. Für die Linken wurde das Proletariat und für die Rechten das deutsche Volk zur Knetmasse der politischen Träume. Damit war das Unspektakuläre am politischen Geschäft, das einfache und mäßig aufsehenerregende Funktionieren des parlamentarischen Systems, nicht mehr geschützt.

Dieses exzessive Wunschdenken, die Blüten von tausenderlei unterschiedlichen Illusionen, mutierte nun zur geistigen Normalität. Politische Visionen sollten in die Tat umgesetzt werden. Dabei wurde das Beseitigen des politischen Gegners, des Störenfrieds, wichtiger als die Würde des Andersdenkenden. In der Glaubenssicherheit der Radikalen links und rechts, im Verschwinden einer geistigen Mitte liegt die Fernwirkung einer Revolution, die als Friedens- und Versöhnungstat begann. Erst als der letzte einflussreiche Beteiligte des Münchner Revolutionsgeschehens im April 1945 im Bunker in Berlin gestorben war, hatte der radikale Wahn, in seinem Fall der völkisch-rassistische, ein Ende gefunden. Erst dann war das Spektakel von München wirklich vorbei.

Was bleibt von dieser Revolution, ist eine immer noch nicht abgearbeitete Aufgabenliste der Menschlichkeit. Der Umsturz hatte nicht nur die Kasernentore aufgerissen, sondern auch die Türen zu der Welt, in der wir heute leben. Wir, die wir Jahrzehnte von Demokratie und Wohlstand erlebt haben, befassen uns immer noch mit den Projekten, die die Visionäre im München der Revolutionstage formulierten.

Die große Friedensvision, das Experiment eines Volksstaats, der von den Menschen selbst geschaffen werden sollte, hatte sich nicht in wenigen Monaten in die Tat umsetzen lassen, und erstaunlicherweise stellte das in den Augen vieler Zeitgenossen einen Mangel dar. Als wäre es besser, das Kind mit dem Bade auszuschütten und sich die Mühen der Ebene zu ersparen, also das zähe Voranschreiten im parlamentarischen Prozess und im Zusammenspiel mit irgendeiner Art von Räteorganisation, im Reifen einer zivilgesellschaftlichen Selbstverantwortung. Die Zukunft solle im Sturmangriff und nicht in einem langen Stellungskrieg erobert werden können, das war die Idee. Herrschaft und Unterdrückung, sei es durch eine Klasse oder durch eine »Rasse«, wurden zum Königsweg in die Zukunft.

Dieses Wunschdenken einer an den Krieg gewöhnten Gesellschaft, die Bereitschaft zum Exzess ist der tiefschwarze Schatten, den diese Zeit wirft. Es ist kein Wunder, dass Kurt Eisner in diesem Malstrom zugrunde gegangen ist. Auch Revolutionäre können zu gut, zu harmlos sein für die Welt, das ist die makabre Erkenntnis aus dem Wirken des schmächtigen Mannes mit dem Zwicker auf der Nase. Immerhin aber bleibt und wirkt die Erinnerung.

Dennoch sind wir noch immer mit der Agenda von 1918 beschäftigt – heutzutage sogar intensiver, als es lange noch vorstellbar war. Wollen doch mittlerweile Parlamentarier in Deutschland die Rolle des Gegenrevolutionärs und Massenmörders mit dem Schnauzbart wieder positiv bewerten. Aus dem Schatten der eigenen Geschichte zu treten – das wird auf Weiteres nicht gelingen.

Anhang

Drei Zeitzeugen auf dem Weg in unsere Welt

Für ein plastisches Bild der Revolution in Bayern sind die Lebenserinnerungen der drei Zeitzeugen aus München unverzichtbar, und tatsächlich verweisen nahezu alle Historiker dieser Epoche auf die Wahrnehmungen von Oskar Maria Graf, Josef Hofmiller und Karl Alexander von Müller – meist nutzen sie diese Quellen aber in weitaus geringerem Umfang, als es hier geschieht, denn eine so personenbezogene Annäherung wie in diesem Buch ist in der Geschichtswissenschaft unüblich.

Außer bei Karl Alexander von Müller gibt es kaum biographische Zeugnisse für die Jahre nach der Revolution. Dennoch ist aus der vorhandenen Literatur der weitere Lebensweg gut zu erschließen. Interessant ist das auch deshalb, weil die Auseinandersetzung mit dem linken und rechten Radikalismus 1919 nicht zu Ende war, sondern mit Hitlers Herrschaft vollkommen neue Züge bekam. Und ob die bundesdeutsche Gesellschaft und ihre Bürger vollkommen immun sind gegen Radikalismus, Ausgrenzung und Rassismus, ist eine nicht zu beantwortende Frage. Der Lebensweg von Graf, Hofmiller und von Müller nach dem Jahr 1919 erschließt sich aus dem folgenden Abschnitt.

Auch Oskar Maria Graf hatte einen Stammtisch im »Rathskeller«. Doch befand sich sein Lieblingslokal mit dem altertümlichen »th« im Namen nicht in München, sondern in New York. 1933 war er in die Emigration gegangen und über Stationen in Wien und Brünn 1938 schließlich in New York gelandet. In Hitlers Deutschland hätte er ursprünglich nicht unbedingt oder zumindest nicht sofort Schikanen befürchten müssen. Im Anschluss an seinen literarischen Durchbruch mit ›Wir sind Gefangene‹

hatte er ausgerechnet mit Gelegenheitsarbeiten enormen Erfolg gehabt. Die ›Kalendergeschichten‹ und ›Das bayerische Dekameron‹ zeigten die ländliche Welt auf eine Art und Weise, mit der sich die Nationalsozialisten hätten anfreunden können. Denn anders als von ihm gedacht und geschrieben, sahen sie seine Schilderungen des einfachen Volkes durch die völkische Brille.

Doch Oskar Maria Graf war kurz nach der Machtergreifung in Österreich unterwegs – bei seiner alljährlichen Lesereise. Als er in Wien von der Bücherverbrennung erfuhr und wahrnahm, dass seine Werke verschont geblieben waren, schrieb er ein Bekenntnis, das am 12. Mai 1933 auf der Titelseite der Wiener ›Arbeiter-Zeitung‹ veröffentlicht wurde: »Verbrennt mich« war ein Appell gegen die Barbarei des Naziregimes und gegen Hitler. Es machte den Münchner Schriftsteller in ganz Europa bekannt, bescherte ihm aber auch endgültig das Schicksal der Emigration.

Mehr schlecht als recht schlug er sich, unterstützt von seiner Lebensgefährtin und späteren Frau Mirjam, in New York durch. Seine Bücher erschienen in geringer Auflage und oft erst Jahrzehnte nach ihrer Abfassung. ›Verbrennt mich‹ ist nach dem Krieg zwar Teil der Schullektüre geworden, doch behielten sich die Kultusbürokraten in Bayern und Baden Württemberg noch in den achtziger Jahren Veränderungen am Text vor. Aus »Genossen« wurden darin »Freunde«, und statt »linksgerichteter, entschieden sozialistischer Geistiger« wurden im Schulbuch geschickt Kürzungen mit drei Punkten gesetzt.

Es verwundert deshalb nicht, dass sich Oskar Maria Graf nach 1958, dem Jahr, in dem er die amerikanische Staatsbürgerschaft erhalten hatte und ungehindert reisen konnte, in dem Nachkriegsdeutschland, das er nun kennenlernte, nicht zuhause fühlte. Bei seinem ersten Aufenthalt in München legte er sich mit Schriftstellern an, die während des Dritten Reiches in Deutschland ungehindert ihre Arbeit getan hatten. Er beschwerte sich über »kriechende Betbrüder und gewesene Nazis«. Auch spätere Aufenthalte in Deutschland und besonders auch in München hatten seinen kritischen Blick auf die Nachkriegsverhältnisse mit Nazis in hohen und höchsten Positionen noch bestätigt. Kurz vor seinem Tod bemerkte er: »Ich bin heute eigentlich Herrn Hitler dankbar, daß ich wegen ihm herausgekommen bin in die weite Welt. Man sagt immer, daß wir draußen in der Emigration stehen geblieben seien. Aber in welchem Maße man hier stehen geblieben ist, das habe ich mir nicht vorgestellt.«

Die sozialdemokratisch regierte Stadt München, von der er wütend versicherte, dass er sie hasse, hat ihn unbeeindruckt von dieser Abneigung seit den achtziger Jahren auf einen hohen Sockel gestellt. Man hat Veranstaltungen und Ausstellungen organisiert und die Erinnerung an ihn wachgehalten. Er ist – anders als Josef Hofmiller und Karl Alexander von Müller – zum festen Bestandteil der demokratischen Kulturtradition geworden. Eigentlich eignet Graf sich nicht zum Säulenheiligen. Pazifist und Raudaubruder, parteipolitisch nicht gebundener Sozialist, glühender Anhänger von Tolstoij und damit eher eine Figur des literarischen 19. Jahrhunderts, ist er allerdings gerade durch diese Unvereinbarkeiten, durch das Fehlen eines weltbeglückenden Sendungsbewusstseins heute noch eine moderne Figur.

Josef Hofmillers Tagebuch gibt für die Monate der Revolutionszeit ein so präzises Abbild der konservativ-bürgerlichen Wahrnehmungen wie kein anderes Dokument dieser kurzen Epoche. Angesichts des Fleißes, den er dafür aufbrachte, erstaunt es, dass aus den bewegten Jahren danach keine weiteren biographischen Werke des Tagebuchschreibers existieren. Als Zeitzeuge verschwand der Gymnasialprofessor ab dem Juni 1919 vollständig. Dabei hatte er sein handschriftlich verfasstes Tagebuch in den zwanziger Jahren weitergeführt, aber eine Veröffentlichung dieser Passagen dennoch nie für nötig befunden. Deshalb wissen wir wenig über sein politisches Denken in den krisenhaften Jahren nach der Revolution und auch wenig darüber, welche Schlüsse er aus den Erlebnissen zog.

Sein Nachlass ist nicht bearbeitet, und auch eine Biographie existiert nicht – obwohl seine Frau Hulda 1950 mitteilen ließ, sie fast fertig geschrieben zu haben. Immerhin hat seine Tochter Hildegard 1975 einen kurzen Lebensabriss veröffentlicht, sich dabei aber hauptsächlich mit den kunsttheoretischen Arbeiten des Vaters befasst.

Hofmiller hatte nach dem Tod seiner Mutter und der Auflösung der gemeinsamen Wohnung in München 1922 eine Stelle als Konrektor in Rosenheim angetreten, mit reduzierter Stundenzahl und eifriger Protektion des kunstbeflissenen Vorgesetzten Eduard Stemplinger. So konnte er sich noch intensiver den Studien und Schriften über die Künstler Europas widmen. Wann immer er für einen Tag nach München kam, hatte er einen eng getakteten Terminplan mit Aufenthalten im Café, im Hofbräuhaus und in der Weinwirtschaft.

Im letzten Lebensjahr arbeitete er an der Umarbeitung des Revolutionstagebuches für den Druck. Folgt man den Beschreibungen seiner Frau von der Arbeit ihres Mannes bei der Endredaktion des Tagebuchs, dann scheint es, dass in der Druckversion vieles authentisch ist, manches aber auch spätere Verbesserungen, Glättungen und Zusätze enthält. Es ist ein Kunstprodukt des Publizisten, doch diese subjektive Verzerrung gilt für viele historische Quellen. Das Originalmanuskript scheint nicht mehr zu existieren. Politisch trat Hofmiller in der Rosenheimer Zeit kaum hervor. Bereits schwer krank, starb er nach einem Schlaganfall im Oktober 1933.

Als Hulda Hofmiller die Werke ihres Mannes 1938 herausgab und dabei auch sein Revolutionstagebuch vollständig veröffentlichte, hatte die Euphorie des nationalen Bürgertums über Hitlers außenpolitische Erfolge ihren Höhepunkt erreicht. Der sogenannte Anschluss Österreichs hatte gerade stattgefunden, und auch das Münchner Abkommen war unterzeichnet. Hulda Hofmilller widmete das Tagebuch ihres Mannes den Söhnen und »dem jungen Großdeutschland«. Beide Söhne fielen im Zweiten Weltkrieg. Sie war sich in ihrem Nachwort sicher, dass der Gatte mit Hitlers Politik einverstanden gewesen wäre. Hofmillers Tochter Hildegard verwies in ihrer Kurzbiografie von 1975 allerdings darauf, dass er sich im Freundeskreis über Jahre hin mündlich und schriftlich skeptisch gegenüber Hitler gezeigt hatte. »Ich sehe nichts kommen als ein neues Langemarck«, schrieb er 1931. Das Blutbad von Langemarck, in dem bei Beginn des Ersten Weltkrieges 2000 junge Soldaten aus Willkür der Generalität in den Tod geschickt wurden, war allerdings nur eine schwache Metapher für die noch weitaus blutigere Zukunft.

Als Publizist der Rechten hat sich Hofmiller nach der Revolution aber tatsächlich nicht hervorgetan. Sein Skeptizismus, von dem das Revolutionstagebuch geprägt ist, hat ab 1919 womöglich auch eine Barriere gegen die Heilsversprechen des nationalsozialistischen Lagers gebildet. Doch es muss Spekulation bleiben, was aus dem Literaturkritiker unter Hitler geworden wäre. Seine Freunde, so berichtete die Tochter, sprachen von dem »rechtzeitigen Tod« des gebildeten Mannes. Was von Hofmiller blieb, waren nicht die Bände mit Besprechungen und Kritiken, auch nicht die Betrachtungen zu Kunst, Kultur, Städten und Landschaften, es waren nicht seine Reise- und Wanderberichte, sondern allein sein Revolutionstagebuch.

In manchen Briefen, die Karl Alexander von Müller nach dem Zweiten Weltkrieg verfasste, ist zu lesen, dass ihn seit 1945 ein tiefsitzendes schlechtes Gewissen umtrieb. Dafür hatte er allen Grund. Denn er war im Kielwasser des Gefreiten Adolf Hitler, der bei der ersten Begegnung noch scheu und stumm vor ihm gestanden hatte und den er dann im Hitlerputsch von 1923 vorsichtig unterstützte, ab 1933 zu einem der herausragenden Historiker im nationalsozialistischen System geworden. Kurz nach der Machtergreifung Hitlers trat er in die NSDAP ein und schaffte es, in den unterschiedlichsten Gremien und Institutionen der Geschichtswissenschaft zu der prägenden Figur einer Disziplin zu werden, die er – bei all seiner Reserviertheit gegenüber ideologischem Kadavergehorsam – als Dienstleister für die rassistische und aggressive Politik Hitlers sah. Gnadenlos stellte er Wissenschaftler kalt, die gegenüber der Naziideologie Distanz hielten, er unterstützte die Entlassung von Juden aus Akademien und Instituten und bejubelte laut, vernehmlich, meist vor großem Publikum und immer unter historischer Perspektive Hitlers politische und militärische Erfolge.

Der Publizist – als Wissenschaftler und Forscher hat er sich nie wirklich hervorgetan – nahm regen Anteil an dem nationalen und dann auch dezidiert nationalsozialistischen Wunschdenken, das in der Revolution entstanden war, das keine Kompromisse kannte und die Welt mit aggressiven Mitteln vollständig neu gestalten wollte.

Von Müller hat seinen Zögling und späteren Mentor Adolf Hitler überlebt und geschickt eine Art von Deutungshoheit über dessen Person erringen können. In seinen Lebenserinnerungen, die ja auch eine wichtige Quelle dieses Buches sind und die sein Hauptwerk in der Zeit nach dem Zweiten Weltkrieg waren, hat er seine Erlebnisse mit Hitler so plastisch dargestellt, dass keine Publikation über die Münchner Jahre des späteren

Diktators ohne die Erinnerungen und Einschätzungen des Professors auskommt.

Gerade wegen dieser Aufgeschlossenheit gegenüber Hitlers Welt war von Müller nach dem Krieg in einem Vakuum gelandet. Zwar wurde er bei der Entnazifizierung nur als Mitläufer eingestuft und hatte nach einigen Jahren sogar Ruhestandsgehalt und den Status eines Emeritus wieder erhalten, dennoch wurde ihm nicht mehr erlaubt, zu unterrichten oder seine langjährige Arbeit in wissenschaftlichen Akademien weiterzuführen.

Er verlegte sich darauf, alte Artikel gekürzt herauszubringen und darin die vermeintliche Urtümlichkeit des Voralpenlandes und seiner Menschen zu zelebrieren. Von Müllers Vorstellung von einem Landvolk, bei dem so hässliche Dinge wie Unterdrückung, Armut und Rassismus nicht existierten, sein rührseliger Stil, sein Zelebrieren von Idylle und kitschiger Volkstümlichkeit unterschieden sich von der Weltsicht des rebellischen Oskar Maria Graf fundamental. Sie entstammten mehr Müllers eigener Phantasie als einem genauen Blick auf die Wirklichkeit Bayerns in den fünfziger und sechziger Jahren. Das Wunschdenken des nationalen Publizisten blieb erhalten bis zuletzt. Diese Grundproblematik der Revolution war also keine vorübergehende Angelegenheit geblieben. Nur fanden sich im zunehmend nüchtern geschäftsmäßigen, fast ideologiefreien Politikbetrieb der Bundesrepublik keine Adressaten in den Regierungsämtern, die mit Erlösungsideen oder rückwärtsgewandter Idylle noch Politik machen wollten. Dass wir auch in Zukunft gegen ein Politikverständnis gefeit sind, für das die nationale Erregung, die Ausgrenzung von Minderheiten, das Hauruckverfahren mit radikalen Lösungen und das populistische Herausprusten von Heilsversprechen wichtiger sind als die mühevolle Bewältigung von detaillierten Alltagsproblemen, das mag man hoffen, sicher sind wir davor nicht.

Anmerkungen zur Literatur

Die Vorgeschichte der Revolution, ihr Verlauf und ihre Nachwirkungen sind seit hundert Jahren ein Gegenstand der Forschung. Michael Doeberl und Karl Alexander von Müller, beide mit besten Verbindungen in die Ministerialbürokratie, konnten schon kurz nach dem Geschehen Akteneinsicht nehmen, mit einzelnen Hauptfiguren sprechen und haben ihre Standpunkte dann publizistisch ausgearbeitet. Seitdem ist ein enormer Bestand an Forschungsliteratur entstanden, natürlich nicht mit der biographischen und alltagsgeschichtlichen Ausrichtung dieser Darstellung. In der Bewertung der Zeitenwende existiert bei den Wissenschaftlern mittlerweile ein breiter Konsens. Die Divergenzen der sechziger und siebziger Jahre – vor allem über die Ursachen der Revolution – haben sich weitestgehend aufgelöst. Der Fall des Eisernen Vorhangs, also das Verschwinden ideologischer Gegensätze, und die geistigen Veränderungen im konservativen Denken selbst, vor allem der allmähliche Abschied von den Denkmustern der Monarchie und des politischen Katholizismus, sind wahrscheinlich entscheidend gewesen. Eine auch nur halbwegs vollständige Literaturübersicht zum Thema würde mittlerweile ein eigenes Buch erfordern.

Die hier angeführten Literaturangaben sind Grundlage dieses Buches und für die Darstellung verwendet worden. Zugleich sind diese Werke auch zur eigenen Lektüre zu empfehlen. Vor allem die Internetpublikationen zahlreicher Quellentexte (siehe unten Kapitel 2) und die solide Grundorientierung in der Online-Publikation des historischen Lexikons (siehe unten Kapitel 2) sind eine historische Fundgrube.

Auf Literaturverweise im Text wurde der Lesbarkeit wegen verzichtet. Alle wichtigen Angaben für die jeweiligen historischen Zusammenhänge finden sich in den Werken, die hier – für jedes Kapitel einzeln – genannt sind.

1 Die Front ist fern

Die Werke von Josef Hofmiller sind nach dem Zweiten Weltkrieg nicht mehr neu aufgelegt worden. Besonders erstaunlich ist das angesichts des Quellenwertes seines Revolutionstagebuches. In welchem Umfang Hulda Hofmiller das Tagebuch ihres Mannes bei der Herausgabe der Schrift nach seinem Tod überarbeitet hat, lässt sich – auch mangels problemorientierter Forschung – nicht genau sagen. Oskar Maria Grafs Popularität blieb ungebrochen.

Graf, Oskar Maria: Wir sind Gefangene. Ein Bekenntnis aus diesem Jahrzehnt, Erstveröffentlichung 1927

Graf, Oskar Maria: Gelächter von aussen. Aus meinem Leben 1918–1933, Erstveröffentlichung 1966. Die Zitate basieren auf der Werkausgabe, Studienausgabe in 16 Bänden, hrsg. v. Wilfried F. Schoeller, 1996, mit freundlicher Genehmigung der Ullstein Buchverlage, Berlin

Hofmiller, Josef: Revolutionstagebuch 1918/19. Aus den Tagen der Münchner Revolution, Leipzig, 1938

Hofmiller, Josef: Briefe. Erster Teil: 1891–1921, hrsg. v. Hofmiller, Hulda, Leipzig 1940

Eine erstklassige Quellensammlung – sie enthält auch das Revolutionstagebuch von Josef Hofmiller – ist im Internet verfügbar. Hier kann man weiterlesen und im Gedanken- und Erfahrungsschatz der Zeitgenossen stöbern. Allerdings sind dort nur vereinzelt Publikationen der Linken zu finden:

www.bayerische-landesbibliothek-online.de/bayern1918

Als Quelle für die Sozial-, Alltags- und Mentalitätsgeschichte sind die Helden unserer Erzählung von der Wissenschaft noch nicht wahrgenommen worden. Das Nötigste an Hintergrund findet sich in biographischen Darstellungen. Über Oskar Maria Graf gibt eine aktuelle Kurzbiografie von 2017 Auskunft. Auch in ihr wird sein Werk ›Wir sind Gefangene‹ als biographische Quelle benutzt.

Berg, Mathias: Karl Alexander von Müller. Historiker für den Nationalsozialismus, Göttingen 2014

Bollenbeck, Georg: Oskar Maria Graf, Hamburg 1985

Dittmann, Ulllrich, und Fromm, Waldemar: Oskar Maria Graf. Rebellischer Weltbürger, kein bayerischer Nationaldichter, Regensburg 2017

Müller, Karl Alexander von: Ein Freundestrio, in: Müller, Karl Alexander von: Am Rand der Geschichte. Münchner Begegnungen und Gestalten, München 1957, S. 44–52

Pörnbacher, Karl: Josef Hofmiller. Kunstkritiker und Essayist (1872–1933), in: Layer, Adolf: Lebensbilder aus dem Bayerischen Schwaben, Weißenhorn 1980, S. 258–281
Recknagel, Rolf: Ein Bayer in Amerika. Oskar Maria Graf. Leben und Werk, Berlin 1978
Till-Hofmiller, Hildegard: Josef Hofmiller – der Mensch und sein Werk, in: Hofmiller, Josef: Ausgewählte Werke, Rosenheim 1975, S. 7–62
Wucher, Petra: ›Ich dichtete und lief in der Revolution herum‹. Oskar Maria Grafs Münchner Jahre von 1911 bis 1933, München 2012
Wuthenow, Ralph-Rainer: Der Kritiker und Essayist Josef Hofmiller, Heidelberg 1953

Die Auseinandersetzung um die Ursachen der Revolution begann in den sechziger Jahren mit den Arbeiten der Schüler von Karl Bosl. Die Gegenposition, die ja schon Doeberl formulierte, ist dann in den achtziger Jahren nochmals von Andreas Kraus bezogen worden. Wertvoll an der Position von Kraus ist aus heutiger Sicht vor allem seine kritische Einstellung gegenüber der SPD. Für die Forschung von heute sind diese Kontroversen eher eine historische Erscheinung.

Albrecht, Willy: Landtag und Regierung in Bayern am Vorabend der Revolution von 1918, Berlin 1968
Albrecht, Wlly: Das Ende des monarchisch-konstitutionellen Regierungssystems in Bayern. König, Regierung und Landtag im Ersten Weltkrieg, in: Bosl, 1969, S. 263–299
Ay, Karl-Ludwig: Die Entstehung einer Revolution. Die Volksstimmung in Bayern während des Ersten Weltkrieges, Berlin 1968
Ay, Karl-Ludwig: Volksstimmung und Volksmeinung als Voraussetzung der Münchener Revolution von 1918, in: Bosl, 1969, S. 345–386
Bosl, Karl: Die Revolution 1918 in Bayern. Umbruch – Neuanfang – Frustration – Modell, in: Bosl, Karl (Hrsg.), Bayern im Umbruch. Die Revolution von 1918, ihre Voraussetzungen, ihr Verlauf und ihre Folgen, München und Wien 1969, S. 1–4
Doeberl, Michael: Sozialismus, Soziale Revolution, Sozialer Volksstaat, München 1920
Hillmayr, Heinrich: München und die Revolution von 1918/19. Ein Beitrag zur Strukturanalyse von München am Ende des Ersten Weltkrieges und seiner Funktion bei Entstehung und Ablauf der Revolution, in: Bosl, 1969, S. 453–504
Kalmar, Georg: Die »Massen« in der Revolution 1918/19. Die Unterschichten als Problem der Revolutionsforschung, in: Zeitschrift für bayerische Landesgeschichte 34 (1971), S. 316–357
Kraus, Andreas: Geschichte Bayerns. Von den Anfängen bis zur Gegenwart, München 1983
Schnorbus, Axel: Wirtschaft und Gesellschaft in Bayern vor dem Ersten Weltkrieg (1890–1914), in: Bosl, 1969, S. 97–164

Die Thematik wurde in den Jahrzehnten darauf weitaus pragmatischer angegangen und detaillierter ausgearbeitet.

Götschmann, Dirk: Wirtschaftsgeschichte Bayerns. 19. und 20. Jahrhundert, Regensburg 2010
Krauss, Marita, und Beck, Florian: Leben in München. Von der Jahrhundertwende bis 1933, München 1990
Sperl, Gabriela: Wirtschaft und Staat in Bayern 1914–1924, Berlin 1996

Ein weiterer Beleg für den unverkrampften Umgang mit dem Forschungsgegenstand Revolution sind die Arbeiten junger Wissenschaftler im Historischen Lexikon Bayerns, einer Internetpublikation. Darin zahlreiche Artikel mit zeitgemäßer Sichtweise.
https://www.historisches-lexikon-bayerns.de/Lexikon/Artikel_A-Z

Standardwerk zur Revolution in Bayern ist auch nach über einem halben Jahrhundert die Arbeit von Allan Mitchell. Bewundernswert faktentreu die Übersichtsdarstellung von Wolfgang Zorn. Ihre Arbeiten sind Grundlage für die gesamte Darstellung und stechen gegenüber den sonstigen verdienstvollen Darstellungen immer noch heraus.
Hürten, Heinz: Revolution und Zeit der Weimarer Republik, in: Alois Schmid u. a. (Hrsg.), Handbuch der bayerischen Geschichte. 4. Band: Das neue Bayern. Von 1800 bis zur Gegenwart. 1. Teilband: Staat und Politik, München 2003, S. 439–498
Mitchell, Allan: Revolution in Bayern 1918/1919. Die Eisner-Regierung und die Räterepublik, München 1967
Zorn, Wolfgang: Bayerns Geschichte im 20. Jahrhundert. Von der Monarchie zum Bundesland, München 1986

Am 23. November 1918 endete Hofmillers Tätigkeit als Zensurbeirat am Theater. Seine Erfahrungen mit Frank Wedekind schildert er im Revolutionstagebuch. Ein köstlicher Kontrast gegenüber Hofmillers Einschätzung ist der Erfahrungsbericht von Ernst Hoferichter zu Wedekinds erotisch anstößigen Werken ›Lulu‹ und ›Erdgeist‹, die im Ratskeller, im Hofbräuhaus und in allen Cafés diskutiert wurden.
Hoferichter, Ernst: Jahrmarkt meines Lebens. Zwischen Hinterhöfen und Palästen, München 1963, S. 86–91

2 Das Land bricht in Teile

Weit über das Thema Revolution hinaus ist Karl Alexander von Müller mit seinen Erinnerungen ein Fundort für die Einstellungen einer akademischen Elite, der er selbst angehörte und die man später sehr sinnfällig als »Deutsche Mandarine« bezeichnet hat. Dennoch ist die Literatur über ihn dünn gesät.
Müller, Karl Alexander von: Mars und Venus. Erinnerungen 1914–1919, Stuttgart 1954

Souverän, aber aus verständlichen Gründen stark konzentriert auf die Phase von 1933 bis 1964 die bereits erwähnte Arbeit von Mathias Berg. Das Umfeld der Süddeutschen Monatshefte gehört ebenso zur Biographie Karl Alexander von Müllers.

Selig, Wolfram: Paul Nicolaus Cossmann und die Süddeutschen Monatshefte von 1914–1918, Osnabrück 1967

Lange von der Geschichtswissenschaft vernachlässigt, hat Kurt Eisner durch die Biografie von Bernhard Grau mittlerweile vor allem für seine Lebensphase als Journalist eine eingehende Würdigung gefunden. Die kurze Zeit seines Politikerlebens in Verbindung mit der Geschichte der Revolution sowie auch seiner Arbeit als Ministerpräsident im Machtkampf der politischen Interessen sind noch nicht eigens thematisiert worden. Dennoch ist durch die vorhandene Literatur ausreichend Orientierung möglich. Die Erinnerungen von Wilhelm Herzog sind, so hautnah er die Revolution auch erlebte, wegen Ungenauigkeiten nicht völlig verlässlich.

Fechenbach, Felix: Der Revolutionär Kurt Eisner. Aus persönlichen Erlebnissen, Berlin 1929

Grau, Bernhard: Kurt Eisner 1867–1919, München 2001

Herzog, Wilhelm: Menschen, denen ich begegnete. Bern und München 1959

Karl, Michaela: Die Münchener Räterepublik. Portraits einer Revolution, Düsseldorf 2008

Wiesemann, Falk: Kurt Eisner. Studie zu einer politischen Biographie, in: Bosl, 1969, S. 387–426

Ohne Schönfärberei und ohne monarchistische Töne informiert eine nach wie vor aktuelle Biographie über den letzten bayerischen König.

Beckenbauer, Alfons: Ludwig III. von Bayern 1845–1921, Regensburg 1987

Die Geschichte der Münchner Fotografinnen ist erstaunlich gut erfasst und dokumentiert. Interessant bei den letzten beiden Publikationen die Verbindung von Bild und Inhalt.

Henke, Christiane: Anita Augspurg, Hamburg 2000

Herz, Rudolf, und Halfbrodt, Dirk: Revolution und Fotografie München 1918/19, Berlin 1988

Sichel, Kim: Avantgarde als Abenteuer. Leben und Werk der Fotografin Germaine Krull, München 1969

3 Die Front rückt näher

Der Forstenrieder Park war schon früh Gegenstand für Regionalgeschichte detailorientierter Art. Gerade deswegen ist die nachfolgend genannte Literatur auch sehr zuverlässig und ein reicher Fundort für überraschende Einzelinformationen.

Bachsteffel, Hans, und Ziegler, Ernst: Der letzte Königshirsch, in: Heimat Forstenried – Geschichte und Geschichten, 5 (2011), S. 41–44

Kriegelsteiner, Franz Xaver: Der Forstenrieder Park, München 1987

Erhard Auer war lange eine Randfigur für die Forschung. Erst seit Kurzem liegt eine solide Arbeit vor.

Hoegner, Wilhelm: Die verratene Republik. Geschichte der deutschen Gegenrevolution, München 1958

Hoegner, Wilhelm: Der schwierige Aussenseiter, München 1959

Schmalzl, Markus: Erhard Auer. Wegbereiter der Parlamentarischen Demokratie in Bayern, Kallmünz 2013

Die Liberalen in Bayern – präsent, aber weitestgehend machtlos.

Geßler, Otto: Auf dem Nürnberger Bürgermeisterstuhl im Weltkrieg 1914 bis 1918, in: Goetz, Walter (Hrsg.): Festgabe für Kronprinz Rupprecht, München 1953

Müller-Meiningen, Ernst: Aus Bayerns schwersten Tagen. Erinnerungen und Betrachtungen aus der Rätezeit, Berlin 1924

Reimann, Joachim: Ernst Müller-Meiningen senior und der Links-Liberalismus in seiner Zeit. Zur Biographie eines bayerischen und deutschen Politikers 1866–1944, München 1968

Reimann, Joachim: Der politische Liberalismus in der Krise der Revolution, in: Bosl, 1969, S. 165–199

4 Ein Staat schafft sich ab

Die Verteidigungsschrift von Maximilian von Brettreich, dem Gegner von Michael Doeberl, ist leider nach wie vor nur als Archivalie und nicht in einer Buchveröffentlichung einsehbar. Die entscheidenden Aussagen sind aber hier im Text zitiert.

Bayerisches Hauptstaatsarchiv München, M. Inn. 66 269

Erinnerungen eines Mannes von Bedeutung im Verkehrswesen Bayerns, am Brennpunkt des politischen Geschehens in München. Der Hauptbahnhof war der wirtschaftliche Knotenpunkt Münchens. Max Siegert drückte das überdeutlich aus. Sehr interessant für den Geist einer Bürokratie, die von der Revolution nicht entmachtet wurde.

Siegert, Max. Aus Münchens schwerster Zeit. Erinnerungen aus dem Münchener Hauptbahnhof während der Revolutions- und Rätezeit, München 1928

Der Kosmos der bayerischen Eliten wird detailgetreu nachgezeichnet in einer voluminösen aktuellen Forschungsarbeit. Darin zahlreiche spannende Familienbiographien.
Krauss, Marita (Hrsg.): Die bayerischen Kommerzienräte. Eine deutsche Wirtschaftselite von 1880 bis 1928, München 2016

Friedrich Burschell ist für die ersten Wochen des November ein aufmerksamer Beobachter mit großem Freundeskreis gewesen. Sehr sinnfällig sind natürlich seine Beschreibungen von Rainer Maria Rilke.
Burschell, Friedrich: Erinnerungen 1889–1919, Ludwigshafen 1997

Kronprinz Rupprecht als verhinderter Retter Bayerns in einer anrührenden Geschichte, die einer der einflussreichsten bayerischen Landeshistoriker nach dessen Tod entwickelte. Sehr zeittypisch.
Spindler, Max: Ungekrönt – und doch ein König. Kronprinz Rupprecht von Bayern, in: Kraus, Andreas (Hrsg.): Max Spindler. Erbe und Verpflichtung. Aufsätze und Vorträge zur Bayerischen Geschichte, München 1966

5 Der Umsturz

Nahezu alle Publikationen (Beckenbauer, Burschell, Fechenbach, Grau, Mitchell, Zorn) bringen ausführliche Darstellungen zur magischen Nacht des Umsturzes. Besondere biographische Fundstücke in:
Sailer, Josef Benno: Des Bayernkönigs Revolutionstage, München 1919
Schmolze, Gerhard: Revolution und Räterepublik in München 1918/19 in Augenzeugenberichten, Düsseldorf 1969

Die Beamten als das Zünglein an der Waage wurden erst mit der sozial- und institutionengeschichtlichen Wende der Forschung in den sechziger Jahren beachtet.
Kalmer, Georg: Beamtenschaft und Revolution. Eine sozialgeschichtliche Studie über Voraussetzung und Wirklichkeit des Problems, in: Bosl, 1969, S. 201–261

6 Der Volksstaat

Der magischen Nacht folgten für viele Stadtbürger die vom Umbruch verzauberten Revolutionswochen. Auch hierbei wieder relevant die Grundlagenliteratur aus Kapitel 2.

Daneben wichtige weitere Zeitzeugen.

Birnbaum, Immanuel: Achtzig Jahre dabei gewesen. Erinnerungen eines Journalisten, München 1974

Niekisch, Ernst: Gewagtes Leben. Begegnungen und Begebnisse, Berlin und Köln 1958

7 Intermezzo

Sehr verdienstvoll mit der klaren Perspektive auf die Frauen in der Revolution, leider nur fragmentarisch:

Sternsdorf-Hauk, Christiane: Brotmarken und rote Fahnen. Frauen in der bayerischen Revolution und Räterepublik 1918/19, Köln/Karlsruhe 2008

Zahlreiche sinnfällige Beispiele für Arbeit, Denken und Wirkung von Lida Gustava Heymann und Anita Augspurg.

Heymann, Lida Gustava, und Augspurg, Anita: Erlebtes – Erschautes. Deutsche Frauen kämpfen für Freiheit, Recht und Frieden, hrsg. v. Twellmann, Margit, Meisenheim am Glan 1972

8 Politischer Stellungskrieg

Alle relevante übergreifende Forschungsliteratur aus Kapitel 2 ist hier wichtig. Biographisch reizvoll ist auch noch Grafs späte, zweite Autobiographie.

Graf, Oskar Maria: Gelächter von aussen, München 1966

Die Haltung von Auer und Eisner in den Auseinandersetzungen ihrer Parteien werden sehr klar von ihren Biografen geschildert. Erweiternd hilfreich sind:

Kritzer, Peter: Die bayerische Sozialdemokratie und die bayerische Politik in den Jahren 1918 bis 1923, München 1969

Kritzer, Peter: Die SPD in der bayerischen Revolution, in: Bosl, 1969, S. 427–452

Linse, Ulrich: Die Anarchisten und die Münchner Novemberrevolution, in Bosl, 1969, S. 37–73

Eine präzise und übersichtliche Darstellung der Rätegremien, die ihrerseits äußerst unübersichtlich strukturiert waren, liegt vor und ist notwendig als Reiseführer durch den politischen Kosmos dieser Monate. Ein glänzendes Beispiel für den Bienenfleiß von Historikern.

Köglmeier, Georg: Die zentralen Rätegremien in Bayern 1918/19. Legitmation – Organisation – Funktion, München 2001

Orientierung in der Welt der Räte außerhalb der Hauptstadt:
Müller-Aenis, Martin: Sozialdemokratie und Rätebewegung in der Provinz. Schwaben und Mittelfranken in der bayerischen Revolution 1918–1919, München 1986.

Victor von Klemperer war Wissenschaftler und journalistischer Beobachter zugleich. Eine Seltenheit.
Klemperer, Victor: Man möchte immer weinen und lachen in einem. Revolutionstagebuch 1919, Berlin 2016, mit freundlicher Genehmigung des Aufbau Verlags, Berlin

9 Die Urkatastrophe

Neben den biographischen Darstellungen von Fechenbach, Müller-Meiningen und Hofmiller sind zur Orientierung über den nach dem Eisner-Mord entstehenden Rechtsradikalismus hilfreich:
Kraus, Hans-Christof: Kulturkonservatismus und Dolchstoßlegende – Die ›Süddeutschen Monatshefte‹ 1904–1936, in: Kraus, Hans-Christof (Hrsg.): Konservative Zeitschriften zwischen Kaiserreich und Diktatur, Berlin 2003
Weisz, Christoph: Die Revolution von 1918 im historischen und publizistischen Denken Münchener Historiker der Weimarer Zeit, in: Bosl, 1969, S. 537–578

Der Kampagnenjournalismus der Zeitungspresse, der bürgerlich-konservativen vor allem, ist in ihrer destruktiven Qualität nicht eigens bearbeitet worden. Manche Hintergründe sind allerdings gut ausgeleuchtet.
Hoser, Paul: Die politischen, wirtschaftlichen und sozialen Hintergründe der Münchner Tagespresse zwischen 1914 und 1934. Methoden der Pressebeeinflussung, Frankfurt a. Main 1990

Einer der klügsten Köpfe Bayerns, Rechtsanwalt, Mitautor des Staatsgrundgesetzes, Politiker in Rätegremien und wichtiger Zeuge für die Verhandlungsabläufe dort sowie in den Parteirunden der SPD war Philipp Loewenfeld. Seine Erinnerungen sind teilweise veröffentlicht.
Landau, Peter, und Rieß, Rudolf: Recht und Politik in Bayern zwischen Prinzregentenzeit und Nationalsozialismus. Die Erinnerungen von Philipp Loewenfeld, Ebelsbach 2004

Ein wichtiger unabhängiger Beobachter der gesamten Münchner Revolutionszeit wird oft übersehen. Interessant sind seine Einschätzungen gerade deswegen, weil er nicht an der Politik in München beteiligt war, sondern nur beobachtete.

Benz, Wolfgang: Politik in Bayern 1919–1923. Berichte des württembergischen Gesandten Moser von Filseck, Stuttgart 1971

10 Der Weg zur Räterepublik / 11 Die zweite Räterepublik

Ein Lorbeer für das alte Schwabing von einem leidenschaftlichen Zeitzeugen über Jahrzehnte hin:

Prévot, René: Kleiner Schwarm für Schwabylon, München 1954

Alle Handlungsoptionen der Zeit zwischen Eisner-Mord und der Regierung Hoffmann analysierend und in einer kurzen Abhandlung zusammengefasst:

Merz, Johannes: Auf dem Weg zur Räterepublik. Staatskrise und Regierungsbildung in Bayern nach dem Tode Eisners (Februar/März 1919), in: Zeitschrift für bayerische Landesgeschichte, 66 (2003), S. 541–564

Ergänzend hierzu:

Henning, Diethard: Johannes Hoffmann. Sozialdemokrat und Bayerischer Ministerpräsident, München 1990

Vor allem Erich Mühsams biographische Erinnerungen belegen das Sendungsbewusstsein der kommunistischen Fraktion. Zu lesen im Kontrast zu Loewenfeld und Müller-Meiningen.

Meyer-Leviné, Rosa: Leviné. Leben und Tod eines Revolutionärs, Frankfurt a. Main 1974

Mühsam, Erich: Von Eisner bis Leviné. Die Entstehung der bayerischen Räterepublik, Berlin 1929

Werner, P.: Die Bayrische Räterepublik, Leipzig 1919

Relevant vor allem für die erste Räterepublik vom 7. April sind die Erinnerungen von Ernst Toller, einer ihrer prägenden Gestalten. In ähnlichem Geist und deswegen selbst schon wieder ein Stück bundesrepublikanische Geistesgeschichte ist eine detailreiche Darstellung der Räterepublik.

Toller, Ernst: Eine Jugend in Deutschland, Leipzig 1990

Seligmann, Michael: Aufstand der Räte. Die erste bayerische Räterepublik vom 7. April 1919, Grafenau 1989

Mit der ersten Räterepublik wurde der Begriff »Freistaat« populär. Er löste den Begriff »Volksstaat« ab und ist bis heute ein Synonym republikanischen Selbststolzes. Deswegen wohl auch seine Karriere in den neuen Bundesländern nach 1989. Über die Urheberschaft und die Verwendung gab es eine Debatte.

Eisner, Freya: Kurt Eisner und der Begriff »Freistaat«, in: Vierteljahreshefte für Zeitgeschichte, 46 (1998), S. 487–496

Merz, Johannes: ›Freistaat Bayern‹. Metamorphosen eines Staatsnamens, in: Vierteljahreshefte für Zeitgeschichte, 45 (1997), S. 121–142. Daraufhin:

12 Die Gegenrevolution

Der Angriff der Weißen Truppen wird in allen relevanten Übersichtsdarstellungen ohne Schönfärberei beschrieben. Darüber hinaus ist die Bildung einer Befreiungslegende durch die Tätigkeit von Hoffmann und Ostermayr bedeutsam. Zu Hoffmann finden sich zahlreiche Informationen in Herz/Halfbrodt aus Kapitel 2.

Butry, Walter: Peter Ostermayr, München 1957

Gumbel, Emil Julius: Vier Jahre politischer Mord, Berlin 1922

Zahlreiche Augenzeugenberichte, deren Stichhaltigkeit in der Forschung nicht widersprochen wurde, finden sich in:

Die Münchner Tragödie, Berlin 1919 (zu finden in der Onlinepublikation der Bayerischen Landesbibliothek. S. o. Kap. 1.)

Eine scharfe Kritik an der von der SPD mit verantworteten bayerischen Unrechtsjustiz:

Bauer, Franz, und Schmidt, Eduard: Die bayerischen Volksgerichte 1918–1924 und ihre Vereinbarkeit mit der Weimarer Reichsverfassung, in: Zeitschrift für bayerische Landesgeschichte 48 (1985), S. 449–478.

13 Soldatenrat Adolf Hitler

Die Erinnerungen des Hauptprotagonisten der Gegenrevolution sind mit Vorsicht zu genießen. Ergänzend hierzu nach wie vor die Beobachtungen des Münchner Geschichtsprofessors Karl Alexander von Müller.

Hitler, Adolf: Mein Kampf, München 1938

Müller, Karl Alexander von: Im Wandel einer Welt. Erinnerungen Band 3: 1919–1932, hrsg. v. Otto Alexander von Müller, Stuttgart 1966

Die Seilschaften, Netzwerke und Politzirkel, die den Aufstieg von Adolf Hitler ermöglichten, sind äußerst detailreich nachgezeichnet worden. Mittlerweile ein Schwerpunkt der Forschung. Das geschieht auch im Interesse der »Entdämonisierung« Hitlers.

Joachimsthaler, Anton: Hitlers Weg begann in München 1913–1923, München 2000
Kershaw, Ian: Hitler 1889–1936, Stuttgart 1998
Large, David Clay: Hitlers München. Aufstieg und Fall der Hauptstadt der Bewegung, München 1998
Plöckinger, Othmar: Adolf Hitler als Hörer an der Universität München im Jahr 1919. Zum Verhältnis zwischen Reichswehr und Universität, in: Kraus, Elisabeth (Hrsg.): Die Universität München im Dritten Reich. Aufsätze, Teil II, München 2008
Weber, Thoma: Wie Hitler zum Nazi wurde. Vom unpolitischen Soldaten zum Autor von ›Mein Kampf‹, Berlin 2016

Erstaunlicherweise gibt es keine aktuelle eigenständige Darstellung der BVP-Politik im Geflecht der Gegenrevolution – wohl aber zu ihrem Spitzenpersonal.

Fenske, Klaus: Konservatismus und Rechtsradikalismus in Bayern nach 1918, Bad Homburg 1969
Schönhoven, Klaus: Die Bayerische Volkspartei 1924–1932 (Beiträge zur Geschichte des Parlamentarismus und der politischen Parteien 46), Düsseldorf 1972

Wichtige Figuren aus dem Umfeld der Hauptperson Hitler lassen sich deutlich erkennen.

Aretin, Erwein von: Krone und Ketten. Erinnerungen eines bayerischen Edelmannes, hrsg. v. Buchheim, Karl, und Aretin, Karl Otmar von, München 1955
Düren, Peter Christoph: Minister und Märtyrer. Der bayerische Innenminister Franz Xaver Schweyer (1868–1935), Augsburg 2015
Mennekes, Friedhelm: Die Republik als Herausforderung. Konservatives Denken in Bayern zwischen Weimarer Republik und antidemokratischer Reaktion 1918–1925, Berlin 1972
Schwend, Karl: Bayern zwischen Monarchie und Diktatur. Beiträge zur bayerischen Frage in der Zeit von 1918 bis 1933, München 1954
Weiß, Dieter J.: Kronprinz Rupprecht von Bayern (1869–1955). Eine politische Biografie, Regensburg 2007

Quellen der Zitate

1 Die Front ist fern

Seite 12
(1) Hofmiller, Revolutionstagebuch, 14
(2) Hofmiller, Revolutionstagebuch, 17
Seite 13
(1) Hofmiller, Revolutionstagebuch, 43
Seite 14
(1) Hofmiller, Briefe 1, 178
Seite 16
(1) Müller, Mars, 59
(2) Graf, Gefangene, 198
Seite 17
(1) Hofmiller, Revolutionstagebuch, 23
Seite 18
(1) Graf, Gefangene, 296 f.
Seite 20
(1) Hofmiller, Revolutionstagebuch, 15
(2) Hofmiller, Revolutionstagebuch, 16
(3) Graf, Gefangene, 197 f.
Seite 22
(1) Hofmiller, Revolutionstagebuch, 19
Seite 23
(1) Hofmiller, Revolutionstagebuch, 11 f
(2) Hofmiller, Revolutionstagebuch, 19
Seite 24
(1) Hofmiller, Revolutionstagebuch, 15
(2) Hofmiller, Revolutionstagebuch, 14
Seite 25
(1) Graf, Gefangene, 196
Seite 26
(1) Graf, Gefangene, 332 ff.
(2) Graf, Gefangene, 331
Seite 29
(1) Müller, Mars, 192

2 Das Land bricht in Teile

Seite 35
(1) Müller, Mars, 62
Seite 38
(1) Graf, Gefangene, 280
Seite 42
(1) Fechenbach, Eisner, 8
Seite 43
(1) Müller, Mars, 219

Seite 44
(1) Graf, Gefangene, 282
Seite 45
(1) Brettreich, Denkschrift
(2) Fechenbach, Eisner, 16
Seite 47
(1) Graf, Gefangene, 282
(2) Graf, Gefangene, 283
Seite 48
(1) Müller, Mars, 221
(2) Müller, Mars, 221
Seite 49
(1) Graf, Gefangene, 305 ff.
Seite 52
(1) Müller, Mars, 220
(2) Graf, Gefangene, 324
(3) Brettreich, Denkschrift
Seite 56
(1) Krull, in: Sichel, 14 I
Seite 58
(1) Krull, in: Sichel, 21 II
Seite 59
(1) Graf, in: Schmolze, 40
(2) Krull, in: Sichel, 17 I
Seite 62
(1) Müller, Mars, 243 ff.
Seite 63
(1) Graf, Gefangene, 280
(2) Hofmiller, Revolutionstagebuch, 44

3 Die Front rückt näher

Seite 72
(1) Bachsteffel, Königshirsch, 41
(2) Bachsteffel, Königshirsch, 41
Seite 73
(1) Bachsteffel, Königshirsch, 42
(2) Hofmiller, Revolutionstagebuch, 11
Seite 74
(1) Graf, Gefangene, 345
Seite 75
(1) Albrecht, Landtag, 376
Seite 77
(1) Graf, Gefangene, 345
Seite 78
(1) Fechenbach, Eisner, 32
Seite 79
(1) Graf, Gefangene, 344 ff.
(2) Hofmiller, Revolutionstagebuch, 21
Seite 80
(1) Müller, Mars, 242
Seite 81
(1) Müller, Mars, 260
Seite 82
(1) Hofmiller, Revolutionstagebuch, 21
(2) Müller, Mars, 250
Seite 84
(1) Brettreich, Denkschrift
Seite 85
(1) Hofmiller, Revolutionstagebuch, 49
Seite 86
(1) Graf, Gefangene, 344
Seite 87
(1) Graf, Gefangene, 344
Seite 88
(1) Hofmiller, Revolutionstagebuch, 23

4 Ein Staat schafft sich ab

Seite 92
(1) Heimpel, Violine, 274
Seite 97
(1) Burschell, Erinnerungen, 189
(2) Burschell, Erinnerungen, 190
(3) Graf, Gefangene, 346
Seite 98
(1) Burschell, Erinnerungen, 191
(2) Müller-Meiningen, Aus Bayerns, 28
Seite 100
(1) Fechenbach, Eisner, 35
Seite 101
(1) Denkschrift Brettreich
(2) Denkschrift Brettreich
Seite 102
(1) Fechenbach, Eisner, 36
(2) Denkschrift Brettreich
Seite 103
(1) Denkschrift Brettreich
(2) Denkschrift Brettreich
(3) Denkschrift Brettreich
Seite 104
(1) Denkschrift Brettreich
(2) Fechenbach, Eisner, 36
(3) Fechenbach, Eisner, 37
Seite 105
(1) Denkschrift Brettreich
Seite 106
(1) Siegert, Aus Münchens, 7
(2) Siegert, Aus Münchens, 7 ff.
Seite 108
(1) Hofmiller, Revolutionstagebuch, 37
Seite 109
(1) Müller, Mars, 261 ff.
Seite 111
(1) Müller-Meiningen, Aus Bayerns, 30
(2) Geßler, Nürnberger, 115 ff.
Seite 112
(1) Schmolze, Revolution, S. 67 ff.
(2) Müller, Mars, 261
(3) Graf, Gefangene, 348
Seite 113
(1) Hofmiller, Revolutionstagebuch, 25 ff.
(2) Denkschrift Brettreich

5 Der Umsturz

Seite 115
(1) Fechenbach, Eisner, 38
Seite 118
(1) Denkschrift Brettreich. Ähnlich: Müller-Meiningen, Aus Bayerns, 31
Seite 119
(1) Müller, Mars, 264
(2) Müller, Mars, 264
Seite 122
(1) Denkschrift Brettreich
(2) Müller, Mars, 264 ff.
Seite 123
(1) Müller, Mars, 265
Seite 124
(1) Fechenbach, Eisner, 39
(2) Burschell, Erinnerungen, 192
Seite 125
(1) Graf, Gefangene, 352 ff.
(2) Müller, Mars, 265

Seite 126

(1) Fechenbach, Eisner, 39 ff.

(2) Fechenbach, Eisner, 40

(3) Burschell, Erinnerungen, 192 ff.

Seite 128

(1) Hofmiller, Revolutionstagebuch, 28

(2) Fechenbach, Eisner, 39 ff.

Seite 129

(1) Fechenbach, Eisner, 40

(2) Burschell, Erinnerungen, 194

Seite 131

(1) Fechenbach, Eisner, 41

Seite 131

(1) Graf, Gefangene, 354

(2) Burschell, Erinnerungen, 194

Seite 132

(1) Burschell, Erinnerungen, 195

(2) Burschell, Erinnerungen, 195

(3) Burschell, Erinnerungen, 195

Seite 133

(1) Müller, Mars, 267

Seite 136

(1) Graf, Gefangene, 357 ff.

Seite 137

(1) Fechenbach, Eisner, 42

Seite 138

(1) Siegert, Aus Münchens, 13

Seite 139

(1) Siegert, Aus Münchens, 13

Seite 140

(1) Burschell, Erinnerungen 197

Seite 141

(1) Denkschrift Brettreich

Seite 142

(1) Fechenbach, Eisner, 42 ff.

(2) Schmolze, Revolution, 104

Seite 142

(1) Fechenbach, Eisner, 43

(2) Mitchell, Revolution, 88

Seite 144/145

(1) Fechenbach, Eisner, 44

(2) Fechenbach, Eisner, 44

Seite 146

(1) Hofmiller, Revolutionstagebuch, 29

Seite 148

(1) Kalmer, Beamtenschaft, 202

Seite 149

(1) Kalmer, Beamtenschaft, 201 f.

Seite 150

(1) Kalmer, Beamtenschaft, 220

Seite 151

(1) Hofmiller, Revolutionstagebuch, 33

6 Der Volksstaat

Seite 152

(1) Birnbaum, Achtzig Jahre, 71 ff.

Seite 153

(1) Hofmiller, Revolutionstagebuch, 46

Seite 154

(1) Graf, Gefangene, 364

Seite 155

(1) Niekisch, Gewagtes Leben, 38 ff.

Seite 156

(1) Hofmiller, Revolutionstagebuch, 84

Seite 159

(1) Müller, Mars, 269 ff.

(2) Müller, Mars, 273

(3) Müller, Mars, 274

Seite 160

(1) Hofmiller, 52

Seite 161
(1) Hofmiller, 83
(2) Graf, Gefangene, 368
Seite 164
(1) Burschell, Erinnerungen, 205
Seite 166
(1) Hofmiller, Revolutionstagebuch, 80
Seite 167
(1) Müller, Mars, 277
Seite 170
(1) Beckenbauer, Ludwig III., 264 f.
(2) Beckenbauer, Ludwig III., 265
Seite 171
(1) Beckenbauer, Ludwig III., 270
Seite 172
(1) Hofmiller, Revolutionstagebuch, 57
(2) Hofmiller, Revolutionstagebuch, 32
Seite 174
(1) Hofmiller, Revolutionstagebuch, 86 ff.
Seite 176
(1) Hofmiller, Revolutionstagebuch, 68

7 Intermezzo

Seite 178
(1) Heymann, Erlebtes, 165
Seite 180
(1) Heymann, Erlebtes, 167

8 Politischer Stellungskrieg

Seite 184
(1) Hofmiller, Revolutionstagebuch, 79
Seite 186
(1) Hofmiller, Revolutionstagebuch, 105
Seite 187
(1) Graf, Gefangene, 368
Seite 188
(1) Grau, Kurt Eisner, 428
Seite 189
(1) Schmalzl, Auer, 280
Seite 190
(1) Mitchell, Revolution, 134
Seite 191
(1) Hofmiller, Revolutionstagebuch, 107
Seite 192
(1) Klemperer, Man möchte, 47 ff.
(2) Klemperer, Man möchte, 48
(3) Klemperer, Man möchte, 49
(4) Klemperer, Man möchte, 49
Seite 194
(1) Klemperer, Man möchte 50
(2) Klemperer, Man möchte 50 ff.
(3) Klemperer, Man möchte, 51 ff.
Seite 195
(1) Klemperer, Man möchte, 53
Seite 196
(1) Hofmiller, Revolutionstagebuch, 131
(2) Graf, Gefangene, 359 ff.
Seite 197
(1) Zorn, Bayerns Geschichte, 163
Seite 199
(1) Fechenbach, Eisner, 50
(2) Fechenbach, Eisner, 51 ff.
Seite 200
(1) Hofmiller, Revolutionstagebuch, 78

Seite 201
(1) Hofmiller, Revolutionstagebuch, 137
(2) Graf, Gefangene, 383
(3) Graf, Gefangene, 383
Seite 202
(1) Graf, Gefangene, 384 ff.
(2) Graf, Gefangene, 385
Seite 203
(1) Graf, Gefangene, 385
(2) Graf, Gefangene, 385
Seite 204
(1) Hofmiller, Revolutionstagebuch, 92
Seite 206
(1) Müller, Mars, 290
(2) Müller, Mars, 290
Seite 207
(1) Fechenbach, Eisner, 53
Seite 208
(1) Graf, Gefangene, 366
Seite 209
(1) Hofmilller, Revolutionstagebuch, 126
Seite 210
(1) Hofmiller, Revolutionstagebuch, 111
(2) Graf, Gefangene, 388 ff.
(3) Hofmiller, Revolutionstagebuch, 114 ff.
Seite 211
(1) Hofmiller, Revolutionstagebuch, 126
(2) Hofmiller, Revolutionstagebuch, 127
Seite 212
(1) Graf, Gefangene, 395
(2) Graf, Gefangene, 395
(3) Graf, Gefangene, 395
Seite 214
(1) Graf, Gefangene, 389
Seite 215
(1) Hofmiller, Revolutionstagebuch, 126
Seite 216
(1) Graf, Gefangene, 390 ff.
Seite 217
(1) Graf, Gefangene, 391
Seite 218
(1) Hofmiller, Revolutionstagebuch, 132
Seite 220
(1) Heymann, Erlebtes, 166
Seite 221
(1) Hofmiller, Revolutionstagebuch, 134

9 Die Urkatastrophe

Seite 225
(1) Hofmiller, Revolutionstagebuch, 138
Seite 226
(1) Graf, Gefangene, 392
Seite 227
(1) Hofmiller, Revolutionstagebuch, 148
Seite 229
(1) Schmolze, Revolution, 213

Seite 230
(1) Schmolze, Revolution, 213
(2) Schmolze, Revolution, 226
Seite 232
(1) Hofmiller, Revolutionstagebuch, 147 ff.
(2) Müller-Meiningen, Aus Bayerns, 112
(3) Müller-Meiningen, Aus Bayerns, 112
Seite 233
(1) Müller-Meiningen, Aus Bayerns, 115
(2) Müller-Meiningen, Aus Bayerns, 117
Seite 234
(1) Pranckh, Prozess, 11
Seite 235
(1) Graf, Gefangene, 389 ff.
Seite 236
(1) Müller-Meiningen, Aus Bayerns, 121
(2) Fechenbach, Eisner, 62
Seite 237
(1) Fechenbach, Eisner, 62
(2) Pranckh, Prozess, S.13
(3) Niekisch, Gewagtes, 50
Seite 238
(1) Müller-Meiningen, Aus Bayerns, 123
(2) Niekisch, Gewagtes, 51
Seite 239
(1) Niekisch, Gewagtes, 51
(2) Schmolze, Revolution, 242
Seite 240
(1) Schmolze, Revolution, 242
(2) Hofmiller, Revolutionstagebuch, 153
Seite 241
(1) Hofmiller, Revolutionstagebuch, 156
Seite 242
(1) Hofmiller, Revolutionstagebuch, 160
(2) Hofmiller, Revolutionstagebuch, 161
Seite 243
(1) Hofmiller, Revolutionstagebuch, 164
Seite 244
(1) Müller-Meiningen, Aus Bayerns, 127
Seite 246
(1) Niekisch, Gewagtes, 41
(2) Niekisch, Gewagtes, 52 ff.
Seite 248
(1) Köglmeier, Räteinstitutionen, 114
Seite 250–252
(1) Landau, Recht, 249 ff.
(2) Landau, Recht, 250
(3) Landau, Recht, 252
(4) Landau, Recht, 252

10 Der Weg zur Räterepublik

Seite 254
(1) Klemperer, Man möchte, 89
(2) Klemperer, Man möchte, 88 und 89
Seite 256
(1) Hofmiller, Revolutionstagebuch, 167

Seite 257
(1) Graf, Gefangene, 416 ff.
(2) Hofmiller, Revolutionstagebuch, 169
(3) Hofmiller, Revolutionstagebuch, 170 ff.
Seite 259
(1) Müller-Meiningen, Aus Bayerns, 159
(2) Müller-Meiningen, Aus Bayerns, 156
Seite 262
(1) Graf, Gefangene, 425 ff.
(2) Klemperer, Man möchte, 93 ff.
Seite 263
(1) Mitchell, Revolution, 264
Seite 265
(1) Leviné, Leben, 80
Seite 267
(1) Müller-Meiningen, Aus Bayerns, 173
(2) Klemperer, Man möchte, 109
Seite 268
(1) Hofmiller, Revolutionstagebuch, 177
(2) Graf, Gefangene, 431
Seite 269
(1) Graf, Gefangene, 432
Seite 270
(1) Hofmiller, Revolutionstagebuch, 173 f
(2) Hofmiller, Revolutionstagebuch, 178
Seite 271
(1) Hofmiller, Revolutionstagebuch, 178
(2) Schmolze, Revolution, 270
(3) Mitchell, Revolution, 274
Seite 272
(1) Mühsam, Eisner,30
(2) Toller, Jugend, 125 ff.
Seite 273
(1) Graf, Gefangene, 420
(2) Graf, Gefangene, 420 ff.
Seite 274
(1) Graf, Gefangene, 418
(2) Graf, Gefangene, 420
Seite 275
(1) Graf, Gefangene, 423
(2) Toller, Jugend, 130
Seite 277
(1) Klemperer, Man möchte, 114
(2) Klemperer, Man möchte, 128
Seite 278
(1) Müller-Meiningen, Aus Bayerns, 175
Seite 279
(1) Mitchell, Revolution, 275 ff.
(2) Klemperer, Man möchte, 113
Seite 280
(1) Hofmiller, Revolutionstagebuch, 180
Seite 281
(1) Hofmiller, Revolutionstagebuch, 181 ff.
(2) Hofmiller, Revolutionstagebuch, 184 ff.

11 Die zweite Räterepublik

Seite 283
(1) Graf, Gefangene, 444
Seite 284
(1) Hofmiller, Revolutionstagebuch, 190
(2) Klemperer, Man möchte, 141
Seite 285
(1) Hofmiller, Revolutionstagebuch, 201 ff.
(2) Hofmiller, Revolutionstagebuch, 191
Seite 286
(1) Klemperer, Man möchte, 143 und 144
Seite 287
(1) Leviné, Leben, 92 (s. a. Karl, 224) aus Leviné, S. 144
Seite 288
(1) Hofmiller, Revolutionstagebuch, 183
(2) Hofmiller, Revolutionstagebuch, 206
Seite 289
(1) Klemperer, Man möchte, 115 und 116
Seite 291
(1) Karl, Münchner Räterepublik, 241
(2) Klemperer, Man möchte, 145 und 146
Seite 292
(1) Hofmiller, Revolutionstagebuch, 203
(2) Hofmiller, Revolutionstagebuch, 203
Seite 294
(1) Zorn, Bayerns Geschichte, 203

12 Die Gegenrevolution

Seite 297
(1) Die Münchner Tragödie, 32 ff.
(2) Die Münchner Tragödie, 45
Seite 298
(1) Hofmiller, Revolutionstagebuch, 215
Seite 299
(1) Hofmiller, Revolutionstagebuch, 218
Seite 300
(1) Klemperer, Man möchte, 165 und 166
(2) Klemperer, Man möchte, 167
Seite 301
(1) Klemperer, Man möchte, 172
(2) Siegert, Aus Münchens, 129 ff.
Seite 304
(1) Herz und Halfbrodt, Fotografie, 211 II und 212 I
Seite 306
(1) Hofmiller, Revolutionstagebuch, 224
Seite 307
(1) Klemperer, Man möchte, 178 und 179
Seite 308
(1) Müller-Meiningen, Aus Bayerns, 208

Seite 309
(1) Müller-Meiningen, Aus Bayerns, 198
Seite 310
(1) Graf, Gefangene, 463
Seite 311
(1) Graf, Gefangene, 457 ff.
(2) Graf, Gefangene, 460
Seite 312
(1) Hofmiller, Revolutionstagebuch, 227

13 Soldatenrat Adolf Hitler

Seite 313
(1) Müller, Mars, 338
Seite 314
(1) Müller, Mars, 338 ff.
Seite 315
(1) Hitler, Mein Kampf, 225
(2) Hitler, Mein Kampf, 224 ff.
Seite 318
(1) Hitler, Mein Kampf, 227
Seite 319
(1) Hitler, Mein Kampf, 227
(2) Weber, Wie Adolf Hitler, 117
Seite 320
(1) Weber, Wie Adolf Hitler, 117
(2) Hitler, Mein Kampf, 235
Seite 321
(1) Hitler, Mein Kampf, 235
Seite 322
(1) Hitler, Mein Kampf, 235
(2) Weber, Wie Adolf Hitler, 183
Seite 323
(1) Kershaw, Hitler, 169
(2) Joachimsthaler, Hitlers Weg, 235
Seite 325
(1) Hitler, Mein Kampf, 238
(2) Joachimsthaler, Hitlers Weg, 260
Seite 326
(1) Kershaw, Hitler, 173
Seite 327
(1) Weber, Wie Adolf Hitler, 188
(2) Weber, Wie Adolf Hitler, 188
Seite 328
(1) Kershaw, Hitler, 149
Seite 329
(1) Klemperer, Man möchte, 192
(2) Klemperer, Man möchte, 193 und 194
Seite 331
(1) Hitler, Mein Kampf, 388
Seite 332
(1) Zorn, Bayerns Geschichte, 146
Seite 334
(1) Joachimsthaler, Hitlers Weg, 256
Seite 335
(1) Hitler, Mein Kampf, 544
Seite 336
(1) Müller, Im Wandel, 139
(2) Müller, Im Wandel, 140
Seite 337
(1) Müller, Im Wandel, 129
Seite 338
(1) Müller, Im Wandel, 143
(2) Müller, Im Wandel, 143 ff.
Seite 339
(1) Müller, Im Wandel, 144
Seite 342
(1) Hofmiller, Revolutionstagebuch, 138

Seite 343

(1) Hofmiller, Revolutionstagebuch, 133

Seite 344

(1) Graf, Gelächter, 415

(2) Graf, Gelächter, 394

Seite 345

(1) Graf, Gelächter, 394 ff.

(2) Graf, Gelächter, 395

Seite 347

(1) Hofmiller, Revolutionstagebuch, 155

Bildnachweis

1 SZ Photo – 2 ullstein bild – 3 Ludwig III. ullstein bild – 4 Bundesarchiv, Bild 183-2006-1024-500 – 5 Münchner Stadtbibliothek/Monacensia Bildarchiv – 6 ullstein bild/Roger Violett/Albert Harlingue – 7 ullstein bild – 8 ullstein bild – 9 Bayerische Staatsbibliothek München/Bildarchiv – 10 Germaine Krull, Selbstporträt 1916/Museum Folkwang Essen – 11 Bayerische Staatsbibliothek/Bildarchiv – 12 Bayerische Staatsbibliothek/Bildarchiv – 13 Bayerische Staatsbibliothek/Bildarchiv – 14 Bayerische Staatsbibliothek/Bildarchiv – 15 Landeshauptstadt München/Historisches Bildarchiv – 16 Bayerische Staatsbibliothek/Bildarchiv – 17 Bayerische Staatsbibliothek/Bildarchiv – 18 Bayerische Staatsbibliothek/Bildarchiv – 19 Bayerische Staatsbibliothek/Bildarchiv – 20 Bayerische Staatsbibliothek/Bildarchiv – 21 Bayerische Staatsbibliothek/Bildarchiv – 22 Bayerische Staatsbibliothek/Bildarchiv – 23 Bayerische Staatsbibliothek/Bildarchiv – 24 Bayerische Staatsbibliothek/Bildarchiv – 25 Bayerische Staatsbibliothek/Bildarchiv – 26 Bayerische Staatsbibliothek/Bildarchiv – 27 akg images